IEE

INNOVATION &
ENTREPRENEURSHIP
EDUCATION

大学生创新创业基础

《大学生创新创业基础》编委会/编

FOUNDATION FOR STUDENTS' INNOVATION & ENTREPRENEURSHIP

中国林业出版社

图书在版编目（CIP）数据

大学生创新创业基础 /《大学生创新创业基础》编委会编 . — 北京 : 中国林业出版社 , 2016.8
国家林业局普通高等教育“十三五”规划教材
ISBN 978-7-5038-8593-8

Ⅰ . ①大… Ⅱ . ①大… Ⅲ . ①大学生－职业选择 Ⅳ . ① G647.38

中国版本图书馆 CIP 数据核字 (2016) 第 140541 号

大学生创新创业基础
FOUNDATION FOR STUDENTS' INNOVATION & ENTREPRENEURSHIP

国家林业局生态文明教材及林业高校教材建设项目

出版人：金　旻
策划编辑 / 责任编辑：吴　卉 张　佳
责任校对：苏　梅 高兴荣

电　话：（010）83143552
出版发行：中国林业出版社
（100009，北京市西城区刘海胡同 7 号）
E-mail：jiaocaipublic@163.com
经　销：新华书店
印　刷：北京雅昌艺术印刷有限公司

版　次：2016 年 8 月第 1 版
印　次：2016 年 8 月第 1 次印刷
开　本：889mm × 1194mm 1/16
印　张：19.75
字　数：450 千字
定　价：48.00 元

执行主编

刘东黎 兰思仁 吴　松 林　强
陈少雄 申书兴 刘文勇 朱道弘

执行副主编

骆有庆 王长新 赵龙庆 马国军 吴锦程
梁　广 周　燕 张堂松 郑远见 吴　昊

参与编写人员（以姓氏笔画为序）

于志明 马　琦 王业超 王春光 王晓丹 尹华北
冯立新 朱　明 乔　榛 刘　涛 刘玉峰 刘永宽
刘建平 刘德权 许健松 李友善 李存东 李海东
杨　辉 吴友苗 吴正刚 吴彦宁 邱容机 邹庆浩
邹学忠 伯力海提·斯马义 汪红梅 沈兆梅
张　旭 张鲁平 陈月霄 陈岭伟 林钻辉 周兴元
郑　辉 赵　航 胡先奇 胡志东 段华友 饶　鑫
姚廷超 袁永华 索　红 徐志红 徐信武 高　讷
高永杰 姬惠惠 黄　波 黄大乾 黄秋婷 葛遵峰
韩同吉 曾海滨 靳　岷 缪培仁 潘　瑞 魏　枫

总策划 刘东黎
策　划 吴　卉 张　佳
插　画 毛佳雯
装帧设计 黄晓飞 陈明元

《大学生创新创业基础》教材工作小组

杨长峰 唐　杨 吴　卉 王思明 张　佳 张东晓
高兴荣 肖基浒 田　苗

引　言

梦想飞扬

“不同时代有不同时代的英雄，创业创新者就是今天这个时代的英雄。”——国务院总理李克强

无疑，我们现在迎来了创业的最好年代。“大众创业、万众创新”上升为国家战略，政府简政放权、减免小微企业税费，1元就可以注册公司，不再需要提交验资报告，创业几乎零门槛，放开金融牌照、允许混业经营，降低各种税费，甚至提供资金支持，直到高校“允许在校生休学创业”……在各类优惠政策、公共资源、社会资本的推动下，民众的参与热情水涨船高，在咖啡馆、微博、微信里，从互联网到传统行业，人人都在谈创业点子、聊融资。

这世界向来不缺乏成功故事和励志传奇，创业当然是一条通往财富巅峰的康庄大道。但是，你是否已经想清楚，你为什么要创业？创业对你而言意味着什么？

互联网时代的创新，绝不仅仅是产业的迭代和产品的更新。对于满怀斗志和激情的创业者而言，他们不应只看到光环里的成功，而忽略了光环背后更有意味的景象；他们不应只知道拼命挤向风口，成为那只幸运的飞猪，更应多几分反复的印证和冷静的省思。

于是，我们看到了这部面向广大青年，尤其是大学生创业者的《大学生创新创业基础》。本书最大的价值，在我看来，就在于帮助挣扎于创业初期的年轻人擦亮眼睛，立稳脚跟，拨冗就简，指点迷津。

可以说，本书就是一系列很紧凑、很全面也很具指导意义的创业课。它从创业素质培养、创业计划、融资渠道、团队管理等多方位入手，从零开始对大学生创业内涵予以指点。对创业者所需要的市场调研、盈利模式和项目咨询的具体方法，也都一一说透，清晰简明，易于掌握。从每章开头的“学习目标”到内文中的“案例”和“扩展阅读”再到末尾的“思考与实践”，本书还灵活安排了很多互动内容，包括资料图片甚至漫画等，提升读者兴趣，指导他们为创新发力。全书风格清新，文字浅白，论述严谨，而且可读性很强。总之，本书可供有志创业的广大青年群体阅读，同样也适合作为高校创新创业教育的基础教材，适用于本科生、研究生的公共课程，以及经济管理类专业本科生、研究生、MBA 的专业课程等，也可作为创新创业指导老师教学科研的参考资料。

在时下，创新和创业不是口号和标语，而是一个充斥无数繁琐细节的工程。比如，创业者选择的项目是否能获得国家政策最大限度的支持，创业者有没有把这一点想得很透彻？目前我国的资本市场仍相对落后，创业投资在起步阶段期间融资尤其困难，许多创业计划都难以付诸实践，国家为推进“双创”已出台的政策，我们该如何利用？目前这个在很大程度上被改善了的创新创业环境，我们该如何借势顺力、调整选择？本书将相关内容整合得相当全面，解析浅白明了，是同类书籍中突出的亮点。

青年创业者正值大好年华，渴望自我实现，渴望在这次创业大潮中完成自身的独特使命。然而他们普遍缺乏经验，思想准备不足，创业风险意识不强，往往缺乏细致充分的调研，尤其市场化经营运作经验不足，创业难免带上一些盲目性。而在创业路上，行业背景、团队情况、核心技术资源，也包括社交和管理技能等，无不是事业成功的关键所在，在这些方面的认识不够清醒，青年人的创业空间将在很大程度上受到限制。那么，在创业之初，究竟该如何选择最适合的创业道路和模式？如何拥有融资平台？团队之间如何协作？从创业方向的选择到商业模式的确立，从找合伙人到找钱，从做产品到管团队，创业征途中可能遇到的问题，在本书中大多列有深入浅出的讲解；知识的实用性、可操作性，显然是被高度重视的。读者在阅读本书的过程中，可以逐步熟悉组建创业团队，识别、评估创业机会，确立企业战略、摸索融资渠道、掌握市场营销、财务管理和风险防范等关键程序。这本书对创业涉及的知识盲点进行了一次集中的照亮，同时提供创业干货，帮助创业者努力补平短板，提高创新思维的应用能力，帮助初创企业站稳脚跟并发展壮大。

创业不易，创新更难。据北京市人力资源和社会保障局创业指导中心的一份数据显示：2013 年北京地区高校毕业生 22.9 万人，有意从事自主创业的学生人数只有 10%，而最终选择创业的仅为 1%。从微观层面来看，不是所有的机会都能转换为成功的商业模式，失败的概率极高，创新也常常面临着市场竞争激烈、转化周期漫长的无奈。如果缺乏长远眼光，只满足于小打小闹，真正可以生存和推广的创业项目却只是凤毛麟角。即使存活下来的项目，也谈不上什么竞争力，项目同质化严重，科技含量低，同时创新匮乏，商业模式缺乏突破。由于用地、价格、人才等因素制约，一些地方的孵化器和众创空间闲置率仍相对较高。这些都是要冷静看到的现实。站在大潮之上，要想乘势而行、高飞远举，光有热情和灵感还远远不够。创新创业同样需要一个萝卜一个坑的踏实坚守，在没有充分准备的前提下，仅凭一腔热血盲目试水，就可能会出现一触即溃或长期困顿的局面。本书针对不同类型的创业企业，结合现实状况，分析点明了不同创业阶段的陷阱、瓶颈及合理解决对策。

《大学生创新创业基础》一书，理论知识、案例延伸都很厚实。我们在书中看到了很多真实的人物和故事，客观性强，可读性强，书中案例的主人公既“在云端”又“接地气”，他们是各个领域的先行者，对互联网有着多年深刻的认知，契合如今“互联网+”的创业趋势，又长期奋斗在创业前线，有着丰富的实践经验。他们的成功和失手，对于创业路上的同行者而言，都有着重要的借鉴和警示意义。将这些宝贵案例融合到创业和创新的知识体系中，可以帮助创业者理解近些年来许多产品和模式的失败和成功，帮助他们避开可能的危机与困境，同时获得路径上的支持，并由此降低创业成本。

如马云所说，“前20年是互联网技术的大发展，未来30年是互联网融入社会的时代，这30年才真正蕴含着创业的巨大机会”。的确，纵观历史，我们迎来了创业的最好时代。与此同时，创新热潮顺应了国家经济形势转型的大势所趋，承担了打造新经济的历史使命。既然是“创新”和“创业”，对人的综合素质与能力理所当然地要求更高，所以关于创业的教育本身，其实也就是促进当下青年尤其是大学生全面发展的重要途径。现在有一些关于创业教育的指导课程和教材，将创新创业教育与创业技能、知识画了等号，这样的定位实在过于狭窄。青年大学生是精力最充沛、思想最活跃、最富创新精神的青年群体，他们有专业技能，有想象力，他们的创业思路里也很有创业点，说到底，关于创业的引导与教育，都不是鼓励学生盲目跟风创业，而是要培育养成一种创新创业的精神。

大众创业，创新是关键；万众创新，教育是基础。创新与创业教育都有着丰富的内涵，有其自身规律性。面对当今时代的技术革命与产业变革，“双创”教育承载着特殊的使命与责任。它首先应当是一种理念、一种精神教育，其本质是一种素质教育。所谓“教为不教，学为创造”(西南林业大学党委书记吴松语)、“教无定法、教要有法。创新创业教育本身就是要突破、丰富、延展传统教育，融德育教育、专业教育、素质教育、职业教育于一体”（黑龙江大学党委书记刘德权语），勇于创新的精神、批判性思维能力、独立自主的精神、跨界复合的能力、环境适应能力、交往合作能力等，全是创新创业者不可或缺的软技能、软实力；与此同时，也是教育革新的内在要求。对于这一点，海南师范大学校长林强说得很透，以后“大学现有的教育理念、教学模式、评价方式都要发生改变，几百年来的大学运行模式面临嬗变”。

“双创”教育要以育人和服务社会为根本目的，引导培养学生具备创新精神、创新能力将成为大学的主要任务。不仅要注重创造物化成果，更要注重培养创业精神。本书也将积极的处事态度、良好的行为方式和严谨的工作作风，以及青年创业者的社会责任感、良性的竞争精神的养成放在重要位置。的确，舍掉这些内容，创业能力的良性发展将在很大程度上受到束缚。

创新和创业，是我国未来经济持续健康发展的希望。目前我国有 9 亿多劳动力、1 亿多受过高等教育和有专业技能的人才，可以预言，未来的创业环境将会持续改善，中国的创业热潮将会朝着更健康的方向发展。风向在改变，潮流在改变，道路在改变，环境在改变，在互联网大潮的推动下，自主发展的精神蔚然成风，创新创造的血液在全社会自由流动。尤其新一代的年轻人，摆脱“等、靠、要”的依赖情绪，以更加合理、更加健康的方式自我设计、自我实现、自我成长。为适应国家创新驱动战略、培养创新型人才，为防止昙花一现或一哄而上，我们需要用合理有效的方式帮助创业者制订计划，帮助他们顺利开局。本书为此做了有益的尝试，帮着青年创业者们理性选择创业人生，正确选择创业方向。这一条自我挑战的征途没有终点，它使强者愈强，让更多人能够领略到险峰上的无限风光。也希望越来越多对于未来有所准备的青年，都能轻装上阵，走进更宽广的天地；都能破茧成蝶，没有辜负伟大的时代，和自己的梦想。

中国林业出版社总编辑　刘东黎

2016 年 7 月

教为不教，学为创造。

西南林业大学党委书记：吴　松

创新创业教育的核心是“人”，根本目的是促进人的全面发展。所以，高校要做好创新创业教育工作，一是要先当受教育者，再当教育者，要深入了解社会和学生的需求，牢固确立学生的主体地位，真正按照发展的需要来培养人；二是要把创新作为根本，从人才培养模式创新开始，推动学校各项工作的整体创新，探索形成面向全体、面向过程、面向育人、面向未来的创新创业教育体系。只有这样，我们的创新创业教育才能有的放矢、与时俱进，切实提高学生的创新创业能力。

福建农林大学校长：兰思仁

信息网络时代的来临使人类获取知识的方式、途径发生了根本性改变，传统的大学教书传授知识的使命也必将随之改革。未来大学可能更像一个个研习、探究知识的道场，以育人和服务社会为根本目的，引导培养学生具备创新精神、创新能力将成为大学的主要任务。这就意味着大学现有的教育理念、教学模式、评价方式都要发生改变，几百年来的大学运行模式面临嬗变，创新引领未来。

海南师范大学校长：林　强

全面深化高等教育综合改革目的是为了提高人才培养质量，提高我国高等教育的国际竞争力。加强高等教育创新创业教育，是国家实施创新驱动发展战略的迫切需要，也是促进毕业生更高质量创业就业的重要举措。大众创业，创新是关键，万众创新，教育是基础。为适应国家创新驱动战略、培养创新型人才，必须加强大学生创新创业教育。通过开展创新创业教育，不断激发学生的无穷智慧和创造力，在未来的工作和生活中施展才华。

内蒙古农业大学副校长：王春光

不仅要注重创造物化成果，更要注重培养创业精神。创业教育要推动大学生开展创业活动，创造有形的物化成果，但不能把注意力全部放在这个上面。目前，一些高校的创业教育有功利化的苗头，仅仅关注学生创办企业的数量和初创企业的盈利情况。这样催生的许多初创企业往往昙花一现，不能维持多久。事实上，能够创办企业的大学生毕竟是极少数。对多数大学生来说，经过创业教育提高分析问题、解决问题的能力，具备战略眼光、决策能力、良好的心理素质和创业品质，在未来遇到合适机会时能够成功创业更为重要。

华南农业大学党委副书记：陈少雄

思想的火照亮与引领着人类不断前行的路，启智教育让我们不断突破禀赋的桎梏，在创新中发展与进步。面对当今时代的技术革命与产业变革，大学教育承载了满满的使命与责任。需要教者与学者紧跟时代主题、适应时代需求、完成时代使命。教无定法、教要有法。创新创业教育本身就是要突破、丰富、延展传统教育，融德育教育、专业教育、素质教育、职业教育于一体。

黑龙江大学党委书记：刘德权

高校创新创业教育核心是立德树人，根本是提升学生的创新精神、创业意识和创造能力，目的是提高人才培养质量。高校必须把创新创业教育贯穿人才培养的全过程，融入专业教育的全环节，成为推进教育教学改革的着力点。大学生创新创业是“大众创业、万众创新”重要基础和动力源泉，有利于提高“大众创业、万众创新”的人才智力支撑能力，有利于改善“大众创业、万众创新”的创新创业生态环境。

沈阳农业大学副校长：吕　杰

目 录

第一篇
认识创新创业

第二篇
准备创新创业

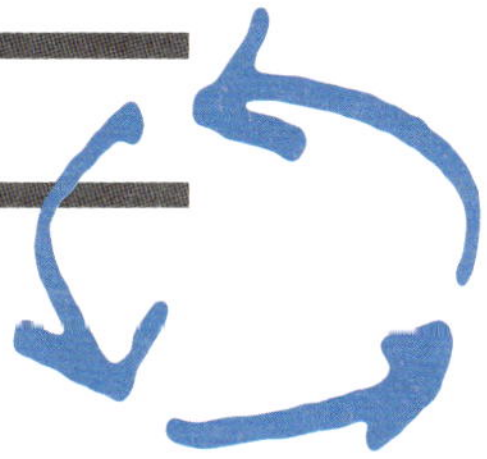

第三篇
走进创新创业

青春是整个人生旅程中最绚丽的一站，最奇妙的一站，最灿烂的一站。青春孕育着无穷无尽的能量等着我们去开采，去挖掘，去释放。人生的意义在于对人生价值的认识、诠释，乃至于实现，而青春正是我们实现人生价值的黄金时期。时代在召唤，创新创业的大潮已经兴起，这是我们最好的时代。让我们释放青春的能量，点燃创新创业的梦想！

第一篇

020—089

认识创新创业

第一章

我们的时代和我们的选择

◥学习目标

·了解“双创”的时代背景

·理解创业与创新的关系

·领悟创业也是一种职业选择

第一节 时代最强音——“双创”

一、什么是“双创”

国务院总理李克强 2014 年 9 月在夏季达沃斯论坛上公开发出“大众创业、万众创新”的号召（简称“双创”），当时他提出，要在 960 万平方千米土地上掀起“大众创业”“草根创业”的新浪潮，形成“万众创新”“人人创新”的新态势。此后，他在首届世界互联网大会、国务院常务会议和各种场合中频频阐释这一关键词。每到一地考察，他几乎都要与当地年轻的“创客”会面。几个月后，又将其前所未有地写入了《2015 年国务院政府工作报告》予以推动。在 2015 年 6 月 4 日的国务院常务会议后，“双创”再度吸引了人们的注意，该次会议决定鼓励地方设立创业基金，对众创空间等的办公用房、网络等给予优惠；对小微企业、孵化机构等给予税收支持；创新投贷联动、股权众筹等融资方式；取消妨碍人才自由流动的户籍、学历等限制，为“双创”创造条件；发展创业孵化和营销、财务等第三方服务，加强知识产权保护，打造信息、技术等共享平台。

创业是创办企业的简称。正如著名管理学大师彼得·德鲁克在其著作《管理的实践》中指出：“任何通过营销产品或服务来实现本身目的的组织都是企业。”但是，创办企业的人可以分为两类，为谋生创办企业的业主和为不断满足消费者需求变化而不断创新的企业家。企业家要有企业家精神，这个精神的具体体现就是不断创新，抓住新的机会、采取新的行动、提供新的产品和服务。创业指的是企业家不断发现商业机会，采取行动将机会变为市场价值的过程。在这个过程中，要求创业者具备创业精神，而创新则是展现创业精神的特定工具，是赋予资源的一种新的能力、使之成为创造财富的活动。

> **“创新是企业家的特定工具。他们利用创新改变现实，作为开创其他不同企业或服务项目的机遇”**
>
> ——彼得·德鲁克

创新为企业的发展和经济的增长做贡献，是经济发展的新动能。创新不是毫无目的的冥思苦想，或纯学术的研究发明，而是要落在商业化上的应用。创新包括新产品、新生产方法、新市场、新原材料、新组织形式，是指新产品、新过程、新系统和新服务的首次商业性转化。创业正是使创新进行商业化转化的载体。为了对创新有一个更深刻的理解，我们需要看看国际上的大家们对创新的论述。从经济学的观点看，美国经济学家熊彼特认为，创新是指把一种新的生产要素和生产条件的“新结合”引入生产体系。熊彼特的创新概念包含技术性变化的创新及非技术性变化的组织创新。例如，引入一种新产品、引入一种新生产方法、开辟一个新市场、获得原材料或半成品的新供应来源、建立新组织形式等都属于创新。英国学者弗里曼认为，技术创新在经济学上的意义只是包括新产品、新过程、新系统和新装备等形式在内的技术向商业化实现的首次转化。他在《工业创新中的成功与失败研究》中指出，技术创新是技术的、工艺的和商业化的全过程，其导致新产品的市场实现和新技术工艺与装备的商业化应用。参与美国国家科学基金会开展的组织对技术的变革和技术创新研究的两位学者迈尔斯和马奎斯，在该基金会1969年的研究报告《成功的工业创新》中指出，技术创新是从新思想、新概念开始，通过不断地解决各种问题，最终使一个有经济价值和社会价值的新项目得到实际的成功应用。他们在美国自然科学基金报告《1976年：科学指示器》中明确地将创新定义为技术创新，是将新的或改进的产品、过程或服务引入市场。

回顾改革开放以来的历程，每一次创业与创新潮涌之时，都是我国经济的新跃进和大发展之际。1978 年，以家庭联产承包制的确立为标志开启了农民的解放与创业大潮。1992 年，小平同志的南巡讲话为发展市场经济确定了基调，我国迎来了一大批优秀人才下海创业潮。同样的，“双创”时代出现了新的创业热潮，以大学生等 90 后年轻创业者、大企业高管及连续创业者、科技人员创业者、留学归国创业者为代表的创业“新四军”的涌现，使创新创业已成为一种价值导向、生活方式和时代气息，预示着一种新的发展动力。

“双创”的本质，是全面推进改革，重新理顺市场和政府的关系，重塑个人价值和社会责任，再造资本与实体经济的格局。一切束缚发展要素流动、发挥作用的制度都要得到清理。我国已处在一个大繁荣开启的时代门口，将进一步释放改革红利，只要把自上而下、自下而上的两种力量结合好，尊重人民首创精神，不断完善顶层设计和总体规划，把经济、政治、文化、社会、生态等方面的体制改革有机结合起来，就能逐步形成一个高效协同的制度体系。这对未来的发展会起到积极的推动作用。

二、为什么倡导“双创”

“双创”的提出，有其深刻的国际和国内背景。从国际环境来看，第三次产业革命到来，德国适时提出工业4.0模式（图1-1），国际经济呈现出创新发展的新机遇；从国内环境来看，2015年，在世界经济低迷和金融市场动荡的情况下，前三季度我国经济增长6.9%，尤其是就业比较充分，其中“双创”起了重要支撑作用。《2015年国务院政府工作报告》中，“双创”被提升到中国经济转型和保增长的“双引擎”之一的高度，说明“双创”已成为撬动社会变革的杠杆。除了就业，“双创”这根杠杆还能撬动哪些巨石？

毫无疑问，首先，是结构性改革和调整。当前我国发展进入新常态，处在发展方式和新旧动能转换关键期，模仿式发展的边际效用递减，要想推动发展从过度依赖自然资源转向更多依靠人力资源，“双创”是个“必选项”。

其次，是经济下行的压力。从2015年开始，中国经济

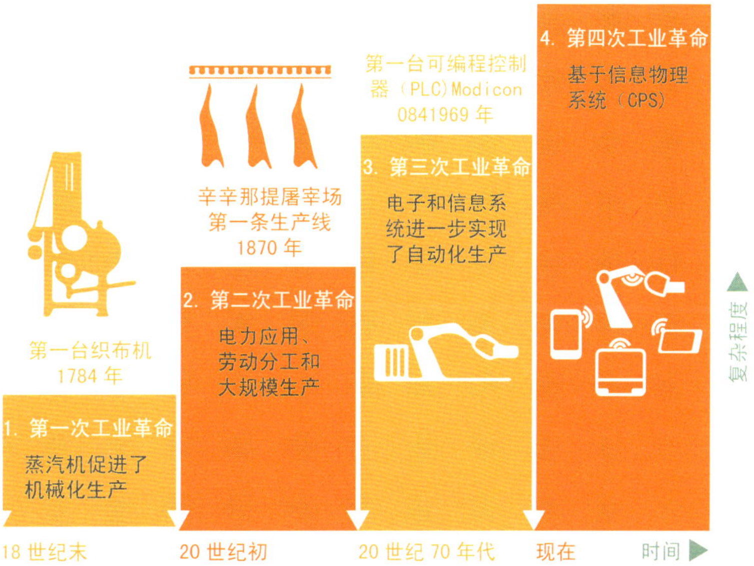

图 1-1 从工业 1.0 到工业 4.0

下行压力加大，昔日两大强劲引擎均告疲软：投资增速因资金不足持续走低；出口亦因外需复苏乏力而较2014年下滑。在此情况下，作为培育新增长点的关键一招，推动“双创”被政府提到前所未有的高度。

最后，更深远的影响在于社会公平。李克强总理讲过，“双创”对推进社会公平，促进社会正义有着强烈启示，它让所有人都有机会在可能的条件下，去创业，去创新。“双创”还是收入分配改革和促进社会公正的切入点，可以增加大量就业岗位，提供更加公平的机会和通畅的上升通道，让更多人通过自身努力富起来。

“双创”既是发展之道、活力之源，也是公平之道，可以激发市场活力、潜力和社会创造力，打造发展新引擎。“以创新赢得未来已成为这个时代的新共识，双创精神正在塑造当代中国人的新品格。”李克强总理的话，一言以蔽之。“大众创业、万众创新”首要在“创”，核心在“众”。在互联网时代，无论“草根”还是精英，都可以投身“双创”，一展长才。案例1-1

当前，一些地区和行业，由于市场主体不活跃，国有份额较高，传统外向型经济利润空间进一步摊薄，陷入困境。与此同时，以互联网平台为支撑的新农村、新农业、新农民大量涌现，打通了农村接入市场的壁垒，一些地方启动的精准扶贫项目也在“互联网+”的背景下整合了各方资源和市场力量，走出了新路径。大众创业创新的势头没有受到经济影响，新组织、新平台、新交流、新行业每时每刻都在涌现，各种要素以更加公平、自由、快捷的方式在重塑市场和商业模式。

根据麦肯锡的调查，在1万个经营创意中，1000个成立了公司，100个得到了风险投资，20个通过IPO（首次公开募股）筹集到了股市资金，2个成为市场领导者。因此，诺贝尔经济学奖获得者菲利普斯认为，大规模“草根”持续参与的创业，是培育对经济增长有贡献的市场领导者的关键，是国家繁荣的基础。以我国庞大的人口基数和近7000万的科技人力资源存量，一个大众“双创”的时代会不断提升我国在全球经济发展中的地位。

“有效的领导者有一个方面相似：他们都有很高的情商”

——丹尼尔·戈尔曼

案　例 1-1

大疆创新："双创"时代下的"独角兽"

在神话传说中，独角兽是一种高贵而稀有的生物。在美国硅谷，人们把那些在新一轮融资时估值超过10亿美元的创业公司称为"独角兽"，而那些用创新颠覆传统的企业也成了"准独角兽"，它们都被视为"新经济"的代表。

近年来，受益于国内创新创业环境，在中国这一片土地上，也诞生了一大批"独角兽"企业，大疆创新就是其中之一。9年的时间里，大疆从一家创客企业，成为占据全球小型无人机市场七成份额的龙头，它将原本只为部分玩家开发的无人机带到了大众消费领域。

创新基于市场需求

大疆创始人、CEO兼CTO汪滔在香港科技大学求学时，通过研究生设计项目掌握了无人机自主悬停技术，并在2006年创办了大疆。大疆早期的作品是一款被称为"风火轮"的无人机。在这款产品诞生时，无人机的用户集中在航模发烧友领域，市场非常有限。

大疆经过市场调研后发现，影视传媒机构和摄影爱好者若要进行航拍一般都是以搭载直升机的方式进行，这种拍摄方式成本昂贵、门槛较高且通常体验也不佳。大疆捕捉到这一市场需求，并加快推动飞行控制、图像传输、云台等核心技术的研发突破，创新性地将无人机与运动摄像机进行功能集成，创造了开箱即飞的世界首款航拍一体机"大疆精灵Phantom1"。

在2013年，大疆研发出了精灵系列的第二代产品Phantom2，被誉为"全球第一款空中照相机"。到了Phantom3，大疆又将云台技术进一步升级，使得无人机在空中可以不受外力干扰，拍摄出稳定的图像。2016年，大疆推出的精灵Phantom4，最大亮点就是障碍感知功能。从精灵系列的第一代到第四代产品，大疆都通过创新引领着业界的风潮。

专注研发坚持做好产品

每一款大疆产品的诞生都是源于用户的需求，加上产品的飞控系统、飞机、云台和摄像头全都自主研发，大疆无人机凭借良好的操控性和性价比迅速在国内外市场站稳脚跟。在打造产品的过程中，专注技术研发，是大疆从始至终坚持的。大疆认为，身为制造业者，做好产品是天职。"不要强化商术，忽视产品；不要加剧竞争，弱化创造"成为大疆的信条。

国内的一些科技企业以前"走出去"的时候往往选择的是从低端市场进入，而大疆在海外占有率最高的却是欧美等高端市场。如今，大疆在全球小型无人机市场占有七成市场份额，超过八成的产品销往海外。市场研究公司The NPD Group发表报告称，在2015年4月至2016年4月期间，美国无人机销售额增长了224%，接近2亿美元。其中，大疆在北美无人机市场上的份额高达50%，是遥遥领先的品牌。IDC最新的《中国航拍无人机市场季度跟踪报告，2016年第一季

→资料来源：
→http://baike.baidu.com/

度》显示，现今在中国市场销售的航拍无人机品牌大约有20家左右，大疆占据了70%以上的市场份额。

时刻准备开创"蓝海"

市场饱和永远是一个相对的概念，一项技术或者一项产品可以应用的领域，永远超过想象。大疆始终坚守着这种"想象力"，极力捕捉各类市场的潜在需求，时刻准备着开创一片新的蓝海。在无人机获得大众消费者的关注之后，大疆也开始拓展空中增值应用，并开发诸如安防、农业、运输、测绘等专业市场的行业机会。

2015年以来，大疆已经逐步开放SDK（软件开发工具包），基于SDK，行业客户可以开发更加适合本行业的产品。在光伏产业，大疆无人机和飞行平台可以针对集中式和分布式电站，解决电站前期勘测和后期运维作业中的问题；在农业领域，大疆发布了农业植保机，MG-11可载荷10千克，一次飞行时长在10～12分钟，可完成15亩左右的农药喷洒，是人工效率的40倍以上。

过去9年，大疆呈现爆发式增长的态势，公司人数由初创时的20人已经增加到现在5000人，分支机构遍布全球各地。

三、怎么做好"双创"

（一）从宏观层面上来说

从宏观层面做好"双创"工作，应该：

1. 破解创业服务供需匹配的错位与缺口

调查显示，创业者对创业服务的需求，依次为创业投资资金（60.3%）、信息资源服务（52.1%）、技术交流平台（45.8%）、市场对接或项目推介（40%）；而创业者可获得的创业服务，依次是技术交流（45.2%）、信息资源服务（44%）、办公空间（32.3%）、科技中介服务（23.7%）。可见，公共服务供给和创业者需求存在错位。同时，供需缺口仍普遍存在。以信息需求为例，公共服务还存在较大供需缺口，主要体现在政策信息传递的深度不够，在调查的12项政策中，知晓率比较好，但具体政策的了解率只有3%～4%；所有创业公共服务平台都把市场信息提供、融资渠道介绍作为主要内容，但其有效性、可及性还有一定差距，专业的高技术人员创业对特定行业和技术服务的对口信息也不足。这种信息不对称可以改进但并不能通过服务完全解决。

2. 注重个性化解决方案

2013年，科技工作者面临的创业困难是缺资金、缺好项目、缺管理经验及害怕承担风险，2015年，新一批有创业经验的科技工作者面临的困难除了资金略有好转以外，缺管理经验由2013年的33.6%提高到2015年的38.9%，而原来没有深度考虑的一些问题，如团队、技术和市场的问题，成为创业面临的主要难题。这些问题虽然带有普遍性，但解决方案必须是个性的，不能完全通过统一的政策解决。

3. 营造更好的市场环境

当前，商事制度改革、专利保护和服务方面进展很快，公共服务平台也有亮点。融资渠道更加便捷或多样化，但服务敏捷、可及性还有较大提升空间。服务本身是第三产业核心，但从产业角度看，吃、住、行、购、游、教、体比较成规模，受重视。而新型服务由于范围小、与产业契合度高，仍没有受到重视，如农村的电商，缺乏理念教育、互联网技术普及、产品传播推广等一系列服务。同时，在“双创”的大潮中，保护消费者权益也成为重要的一环，消费者的信心是市场驱动力之一。“双创”的系列政策中，保护消费者权益有缺项，如服务消费保障平台缺失、商家虚假服务是否可以入信用平台记录等也有待研究。

4．改进社会传播策略与方法，营造长效创业氛围

“双创”可以成功地营造良好的创业氛围。创业大潮风起云涌，其中理想实现和财富效应是两个重要的支点，但创业本身是一个高风险、高收益的事业，真正的商业成功者是少数。按照麦肯锡的研究，一项创意只有万分之二的概率能取得市场成功，因此，创业过程中面对困难勇往直前的精神，应该受到鼓励，而创业工具、创业技能、融资服务应通过渠道和平台传播，培养良性、可持续的长效创业氛围。这样才有利于市场活力的培育。

5．大力发展咨询、开发、设计等嵌入式第三方服务

对于创业者而言，咨询、开发、设计等服务价格昂贵，企业经营规模达到1亿~3亿元左右才开始寻求专业技术解决方案，建议尝试专业技术服务收费模式，采取组合报酬方式，即按专业服务时间付劳动报酬、按照对企业发展的持续投入和效果付期权、按照项目完整评估便利性付项目经费等组合付费模式，降低专业服务和产业对接门槛，加大力度促进第三方服务业落地，通过政府购买引导第三方服务和产业嵌入式发展，实现共赢。

（二）从高校层面上来说

对于高校，最重要的是培养学生的“双创”意识。以培养具有创业基本素质和开创型个性的人才为目标，培育学生的创业意识、创业精神、创新创业能力为主的教育，训练基本的创业技能，培养具有创新思维和创业能力的高素质创新型人才的教育称之为创新创业教育，简称“双创”教育。“双创”教育本质上是一种素质教育，我国正处于全面推进阶段，很多高校都进行了积极的探索，形成了许多具有特色的“双创”教育模式，如“校政行企一体化”“管理创新、教育主导、丰富载体、深度融合”等。

1．思想上领导层要高度重视“双创”教育建设

高校本身应紧跟时代的发展，全面落实并积极执行国家的教育方针政策。高校发展的内涵是培养具有高校特色的、社会认可的高素质人才。高校“双创”教育的责任就是尽可能降低或减少高校新成果或新人才的流失，对有创造创新品质、创业能力和开拓精神的高素质人才进行全方面培养。做好“双创”教育对提升就业质量，展示学生实践创新能力和创新精神都有着重要的意义。

因此，我国高校的教育理念理应及时转变，“双创”教育要贯穿到人才培养的始终，培养大学生敢于开拓、勇于创新、大胆实践、不怕失败的优秀创业品质。为了做好这项工作，政府要做好“导演”，政策到位；高校应当好“演员”，执行到位。只要上下齐心协力，“双创”教育才会有美好未来。

2．行动上要逐步落实“双创”教育平台建设

搭建“双创”教育平台并走产学研相结合的道路，不仅仅是将学生创新和创业相关的资源整合到一起，而

是注重将多方面理论专业知识与实践应用融合，为学生提供集功能融教学、科研、实训、服务和孵化于一体的“双创”教育平台。

对于不同高校“双创”的教育平台重心也是各异的。作为“双创”教育开展的主阵地，综合型大学侧重的是创新成果转化的过程；而教学型大学侧重的是为学生提供实习和实训，使学生以体验的方式感知“双创”，该平台就是一个场所，一个阵地；对于高职高专院校来说，其“双创”教育平台的职能是培养适应生产、建设、管理、服务第一线需要的技术应用型人才，即培养具有“创新意识+创业素质+创业技能”三元互动的人才。

“双创”教育平台是一个庞大而系统的工程，要想真正实施好，有三条路可供选择。其一，是自上而下之路，即先建好高校“双创”教育上层领导机构，再建设下层执行机构。通过行政的执行力，促使校内有效资源充分利用。这种方法易教育规模化，但有时官味太重，易形成“空架子”工程。其二，是自下而上的方法。因为许多高校都有第二课堂，学生社团和文化团体，各种大赛组织，通过基层活动带动平台建设。这种方法可行度高，执行起来也容易，但往往“各自为政”，融合时形成太平台有一定困难。其三，是上面二者融合，互相取长补短，既有“上层建筑”，又有下层扎实有效的“基石”，寻找最佳结合点，着力构建高效平台。

3．落实上要做好“双创”教育资源建设

“双创”教育能否成功展开需要有高效的课程载体，优秀的课程体系。该课程体系主要由以下三个方面构成:一是面向全部学生的课程，主要培养其“双创”意识，激发其“双创”动力；二是面向局部、典型学生的课程，主要培养潜质生，培养其“三基”即基本知识、基本技巧和基本技能；三是重点突出，注重实践课程，主要培养学生理论转化实践的能力，采用项目活动与企业实战相结合的方法，有针对性地引导学生创业。要保证该课程体系良好实施，以下三点也是值得注意的：

第一，课程建设要适合“双创”教育活动。如何将一些重要的内容整合到课程中非常重要，在建设“双创”教育类课程时，一定要了解创业活动的特点和创业设计的主题，对内容进行提炼，整合。初级课程中可开设一些基础专业课程和基础人文课程，有少量的实践兴趣课程。中级课程中增加适量专业课程和实践课程。高级课程中要注重理论与实践的融合与转化，为即将开展的创业做好铺垫，重在培养学生实际创造能力。

第二，课程建设要融入“双创”精神。作为“双创”活动的实施者除必须具备创造创新能力和经营管理能力外，还具有很多特质，如冒险、不怕失败、敢作敢为、工作勤奋、渴望成功等。

第三，课程建设要理顺“双创”时序。“双创”活动是环环相扣的有机整体，在“双创”课程建设中，课程的先后要着重思考。另外，需要注意的是，对“双创”教育课程中要侧重模拟、实践和体验类课程设置，但也不能因偏重技能而忽视了完整知识体系结构。

“比创业失败要糟的唯一一件事情——是根本不创业”

——塞斯·高汀

第二节
创新助力创业

一、创新是创业的原动力

创新理论的奠基人熊彼特认为，所谓“创新”，就是“建立一种新的生产函数”。也就是说，把一种从来没有过的关于生产要素和生产条件的“新组合”引入生产体系。

现代管理大师彼得·德鲁克认为，创新是赋予资源以新的创造财富的能力的行为，是有系统地抛弃昨天，在市场薄弱的地方、在新知识萌芽的时期、在市场的需求和短缺中寻找新机会。诺贝尔经济学奖得主、2014年度中国政府“友谊奖”获得者埃德蒙·费尔普斯指出，创新就是大众参与的“草根创新”，它是国内“土生土长”的，一个经济体创新的意愿和能力，来自经济体的内部而不是外部。如果新产品没有市场意义，未能在经济层面取得成功，那只能算是发明，而不是创新。

从概念上讲创新是以新思维、新发明和新描述为特征的一种概念化过程。它有三层含义：①更新；②创造新的东西；③改变。创新是人类特有的认识能力和实践能力，是创造成功的最主要的途径，也是一个人快速成长的推动力。从认识的角度来说，创新就是更有宽度、更有深度地观察和思考这个世界；从实践的角度说，创新就是能将这种认识作为一种日常习惯融入到日常的学习工作中，做到每时每刻都在创新，所以创新是无限的，也是无止境的。

创新在经济、社会、科学等的研究中有着举足轻重的地位。而在我们的创业中，创新同样有着举足轻重的地位，许多公司把创新能力作为考察员工能力的一个重要方面。在创业的道路上，创新可以为我们的发展做更好的铺垫，使我们前进的道路更加的简单，更加的方便。创新是一个民族进步的灵魂，无论到什么时候，都是优剩劣汰，一个人或一个国家想在这个社会上拥有强者的地位，就必须不断创新。

总体而言，狭义的创新，就是把技术和经济结合起来，涉及从新思想产生到产品设计、生产、营销和市场化等一系列行动；广义的创新力求将科学、技术、教育等与经济融汇起来“不仅要生产思想，还要利用别人生产的思想”，表现为不同参与者和机构（包括企业、政府、学校、科研机构等）之间交互作用的网络，任何一个网络节点都可能成为创新行为实现的特定空间。

不是所有的创新活动都能够成功。创新的道路和过程是艰难的，不可能一蹴而就，更不会一帆风顺。那么我们在生活中要如何开拓创新呢？首先，要敢于标新立异，不能墨守成规，我们要有开放的思想，要有快速发现问题的能力，在工作或学习中多多思考，凡事不能浅尝辄止；其次，还要有敢于提出问题的勇气，要大胆设想，敢想敢做，但不是鲁莽地去做，一定要建立在经过仔细思考的基础上，从而做到理性创新。

创新过程中最可贵的精神是不轻易说不。要相信自己，不怕失败。失败与成功，失去与得到，总是相对的。有付出，才有收获。在创新的过程中，一时的失败是常有的。面对失败，既不应退缩，更不能放弃。屡遭挫折，只要不屈不挠，坚持不懈，总能走向胜利。真正的失败往往是一次失败之后便失去了自己的志向，失去了斗志，从此一蹶不振，但所有的成功都来自从失败中奋起、在失败中找经验，从而在失败中前进。

二、创新的基本类型

创新的形式是多样的，不同分类标准有着不同创新形式。从企业创新的角度看，创新可以分为产品创新（Product Innovation）、工艺（流程）创新（Process Innovation）、服务创新（Service Innovation）、商业模式创新（Business Model Innovation）四大类型。

1. 产品创新

产品是指能够提供给市场，被人们使用和消费，并能满足人们某种需求的任何东西，包括有形的物品、无形的服务、组织、观念或它们的组合。产品创新是企业发展的关键，是一项系统工程。它以市场竞争为基本出发点，是市场经济的企业行为，是从市场到市场的全过程。

当然，目标市场的需要和欲望并不只是现在的需求，也包括消费者将来可能产生的需求，甚至包括营销者创造的需求。产品创新以现实或潜在的市场需求为出发点，以技术应用为支撑，开发出差异性的产品或全新的产品，满足现实的市场需求，或将潜在的市场激活为一个现实的市场，实现产品的价值，获得利润。

根据创新产品进入市场时间的先后，产品创新的模式可以分为率先创新和模仿创新。率先创新是指依靠自身的努力和探索，产生核心概念或核心技术的突破，并在此基础上完成创新的后续环节，率先实现技术的商品化和市场开拓，向市场推出全新产品。模仿创新是指企业通过学习、模仿率先创新者的创新思路和创新行为，摄取率先者的成功经验和失败教训，引进和购买率先者的核心技术和核心秘密，并在此基础上改进完善，进一步开发。

在产品创新的具体实现中，主要有自主创新和合作创新两种方式。自主创新是指企业不是对外有技术被动依赖于购买，而是通过自身的努力和探索产生技术突破，攻破技术难关，达到预期的目标。合作创新是指企业间或企业、科研机构、高等学院之间的联合创新行为。当今全球性的技术竞争不断加剧，企业技术创新活动中面对的技术问题越来越复杂，技术的综合性和集群性越来越强，即使是技术实力雄厚的大企业也会面临技术资源短缺问题，单个企业依靠自身能力取得技术进展越来越困难。合作创新通过外部资源内部化，实现资源共享和优势互补，有助于攻克技术难关，缩短创新时间，增强企业的竞争地位。企业可以根据企业自身的经济实力、技术实力选择适合的产品创新方式。

2. 工艺（流程）创新

工艺（流程）创新是指生产和传输某种新产品或服务的新方式，如对产品加工过程、工艺路线及设备所进行的创新。工艺（流程）创新与产品创新密切相关，产品创新的目的是提高产品设计与性能的独特性，工艺（流程）创新的目

的是提高产品质量，降低生产成本，提高生产效率，降低消耗与改善工作环境等。

产品创新与工艺（流程）创新经常是交替出现的。首先，新工艺可能使得新产品的生产能够实现，比如，新的冶金技术的开发可以带来自行车链条生产的革新，进一步又使得多齿轮传动自行车开发得以实现。其次，新产品也可能使得新工艺（流程）开发得以实现。最后，一个企业的一种产品创新，同时对于另外一个企业来说可能是一种工艺（流程）创新。

3. 服务创新

服务创新就是使潜在用户感受到不同于从前的崭新内容，是指新的设想、新的技术手段转变成新的或者改进的服务方式。

考察服务创新有四个维度：①服务概念，即供应商以什么概念吸引新老客户；②客户接口，即供应商与客户端交互平台；③服务传递，即供应商和客户间有效传递所共创或获取的价值途径；④技术选择，即如何开发新技术并应用于服务系统中，推出新服务概念，设计更先进的客户接口、建立更有效的传递系统。

实现服务创新有以下五种途径：①全面创新，借助技术的重大突破和服务理念的变革，创造全新的整体服务。其比例最低，却常常是服务观念革新的动力；②局部革新，利用服务技术的小发明、小创新或通过构思精巧的服务概念，而使原有的服务得到改善或具备与竞争者服务存在差异的特色；③形象再造，是服务企业通过改变服务环境、伸缩服务系列、命名新品牌来重新塑造新的服务形象；④改型变异，通过市场再定位，创造出在质量、档次、价格方面有别于原有服务的新的服务项目，但服务核心技术和形式不发生根本变化；⑤外部引入，通过购买服务设备、聘用专业人员或特许经营等方式将现成的标准化的服务引入到本企业中。

4. 商业模式创新 扩展阅读1-1

商业模式就是如何创造和传递客户价值和公司价值的系统。商业模式创新旨在对企业基本经营方式进行变革，是创新客户价值和公司价值的传递方式，是现代经济环境下企业获得核心竞争力的关键。

三、创业是创新的载体

创业是一个跨学科、多层面的复杂现象，这一特点使得这一领域既引人注目又显得复杂，不同学科都从其特定的研究视角、运用本领域的概念和术语对其进行观察和研究，这些学科包括经济学、管理学、心理学、社会学、人类学等，但对创业的定义迄今学术界尚未能达成共识。

通常意义上，创业是人类社会生活中一项最能体现人的主观能动性的社会实践活动。它是一种劳动方式，是一种需要创业者组织、运用服务、技术、器物作业的思考、推理、判断的行为。创业有广义和狭义之分。广义的创业，是指生活在各个领域的人们为开创新的事业所从事的社会实践活动，其突出强调的是人们在社会实践中所体现的一种特定的精神、能力和行为方式。狭义的创业是一个经济学的范畴，是指主体以创造价值和就业机会为目的，通过组建一定的企业组织形式，为社会提供服务从而获取利益的行为。

“创业”概念起源于英文“venture”和“entrepreneurship”。“venture”用于表示动词“创业”，指“创业”正在呈增长态势。“entrepreneurship”则主要用于表示静态的“创业状态”或“创业活动”，从“企业家”“创业者”角度来理解“创业”。创业是通过必要的时间和努力发现与把握商业机会，通过创建企业或企业组织结构创新，筹集并配置各种资源，将新颖的产品或服务推向市场，从而最终实现企业经济价值和社会价值的过程。当然，从更广泛的意义上说，创业，就是创造事业，是最高层次的就业。创业者进入市场、创建实业，是生活态度和生活方式的重大转折，是为自己创建一个发挥才华、实现价值、奉献社会、报效祖国的舞台。

创业在不同人那里有不同的原因，但主要有三种：①一些自我意识很强的人，想通过自主创业来证明自己的能力，从而来实现自我价值，得到社会的认可；②选择创业的人都认为自我空间很重要，他们通过自主创业，以实现自己的人生价值；③部分选择自主创业的人认为自己的事业，做起来会更有工作激情、更投入、更有干劲。

创业需要做好的准备：

扩展阅读 1-1

互联网模式下的商业模式创新

→资料来源：
→根据网络素材整理

商品模式创新在现代经济环境下的意义越来越凸显，它决定着企业竞争力和生存空间。在互联网时代，拓展互联网思维的商业模式创新不计其数，形成了以 Uber、Airbnb 为代表的共享经济模式，以 Warby Parker 为始创的互联网直销模式，以顾客互动为本源的社区电商等。无论是哪一种模式，它们的根本价值在于实现目标顾客不同消费层次的价值满足。

第一，垂直化电商。这种商业模式细分到某一特定商品品类，整个过程变成自创品牌—自主设计—自己生产（或外包）—网上直销。这意味着借助互联网跳过多个中间商环节，以实现最高性价比，将优化流程获取的额外利润与顾客分享，并通过社交媒体的密集宣传和沟通，不断加强顾客忠诚度，在线上打造独有的品牌形象。

第二，共享经济模式。作为共享经济最具代表性的两只巨无霸，Uber 和 Airbnb 分别为出租车业和酒店业带来了革命性改变，也让人们看到了共享经济的巨大潜力。未来，共享经济这种新的经济模式将逐渐渗透到各个行业，包括快递业、家政服务业、租赁业、个人服务业等。共享经济即按需提供服务，代表的是一种全新的交易模式，通过建立实物或服务的交易平台，在线撮合供需双方成交，完成并收取佣金。

第三，社区电商。社区电商与传统电商不同，传统电商（如亚马逊、阿里巴巴）以卖家和商品为中心，开发各种折扣手段强推商品。而社区电商则始终围绕顾客做文章，让顾客带动顾客消费。如 Farmigo 打造食品社区，让顾客直接从农户购买生鲜农产品。从运作模式上看，Farmigo 是连接顾客和农场的中介，对于顾客而言，Farmigo 是一个在线市场，顾客通过它直接从农民手中购买新鲜农产品；对于农民而言，Farmigo 是一种销售渠道，农民通过它管理农产品的生产、销售和配送。

（1）想创业，首先要有明确的目标，目标确立后能坚持不懈。

（2）创业要有激情、要有拼劲，同时要有一定的风险意识，要有不怕失败的心态。

（3）能正确认识自己，知道自己的长处和短处，从而能够发挥自身优点，改正缺点或者避免缺点。

（4）选择项目要结合自己的优势，选择自己熟悉或者感兴趣的行业。

（5）注意多和有经验的商务人士交流，以获得更多的灵感，同时也应该积极向别人请教。

创业的道路是艰辛的，不过收获与付出是成正比的。有多少的付出，你就会得到相应的回报。在创业的道路上，你付出的或许会比你得到少一些。但是到后来你会发现，在这条道路上，你得到了别人一生都不会得到的东西。

四、创新与创业相辅相成

创业和创新是两个不同的领域，但将二者放在一起强调，是因为二者是一对“孪生兄弟”，关系密切。创业是创新的载体，创新是创业的动力。从创业和经济学的角度来看，创新的目的是支持企业能生产出消费者愿意购买的商品，因此，如果创新离开了创业企业这个载体，创新的成果就是闭门造车，落得个被束之高阁的结果。在我国，一直被广受诟病的科研脱离实际，产学研脱节的现象，就是科研技术创新不能以创业企业作为载体的佐证。而创业企业在创业的过程中，不思进取，不锐意创新，也会最终被市场和消费者抛弃，破产关门。

创业企业不创新而失败的例子比比皆是，曾经风光无限的手机巨头摩托罗拉、诺基亚、爱立信在苹果和三星智能手机创新大潮的冲击下逐渐退出了人们的视野。相机胶卷巨头柯达也在数码相机的冲击下走下神坛，走向没落。

因此，创业是创新的载体，创新是创业的动力。正是基于此，《国务院关于大力推进大众创业万众创新若干政策措施的意见》特别强调“双创”的意义在于“支持各类市场主体不断开办新企业、开发新产品、开拓新市场，培育新兴产业，形成小企业‘铺天盖地’、大企业‘顶天立地’的发展格局，实现创新驱动发展，打造新引擎，形成新动力”。同时强调“推进大众创业、万众创新，是扩大就业、实现富民之道的根本举措”。可见，“双创”是促进更多的人创业，兴办更多的企业，并创造更多的就业机会。而创业的动力则是创新，通过“双创”共同发力，形成经济发展的新动能。

创业是创办企业，为市场上的消费者生产产品或提供服务。创业者只有从消费者的需求出发，能生产或提供满足消费者需要的产品或服务，才能生存并发展下去。换句话说，创业企业要能满足消费者的需求，取决于产品是否有用、是否好用、是否价格合理、是否新颖、是否与众不同、是否方便购买。为此，创业者要在产品功能、产品质量、产品成本、产品设计、生产工艺、生产流程、销售方式等方面不断满足消费者的需求变化，不断创新，才能立于不败之地。因此，创业者必须创新，以创新推动企业的发展。

创新对创业者来说，不是科技发明，而是技术应用创新，是开发新的产品、采用新的生产方法和新的工艺流程、构建新的组织形式、采取新的营销模式，以便适应消费者追求新产品、个性化产品、高性价比产品、便利购买产品的诉求。新产品的开发可以满足消费者变化的需求，消除审美疲劳；个性化产品的生产，可以满足消费者追求与众不同的差异化需求；高性价比的产品可以满足广大消费者以合理的价格买到质量稳定的产品；便利购买的产品可以使消费者方便获得产品，节约时间和成本。

创业和创新服务不能截然分开，要一体开展，二者有主次，但不能偏废。创业是创新的载体，没有企业，再好的创新都不能找到存在的可能。而创新是创业的动力，企业不创新也就成了没有生命力的病体，最终会消亡。因此，创业服务是要帮助企业创立起来，当然，创业服务不仅要帮助企业把实体办起来，更重要的是要从创业者选择项目开始，一直到企业的经营过程，都要为创业者提供创新服务。鉴于目前人力资源和社会保障部门、科技部门、教育部门、农业部门、发展与改革部门、共青团、妇联、工会等政府部门和群团组织都建立了各自的“双创”服务体系，并与社会机构合作，为“双创”开展服务，导致部门之间的“双创”服务分割，有的偏重创业服务，有的偏重创新服务，甚至是将创新服务的重点仅仅放在科技创新方面。这样创新创业体系，一方面是资源浪费；另一方面是效果不佳。各行政部门和群众团体以及“双创”服务机构应牢固树立起为在为创业者提供创业服务的同时，还要提供创新服务理念，任何割裂这二者的服务都会影响到创业的效果。

创业不等于创新，创新也不等同于创业，各自都有明确的研究边界，但两者却并非相互独立，而是有着不可分割的内在联系。简单地讲，首先，创新是建立一种新的生产函数，是引进生产要素的“新组合”；而创业则是这种“新组合”的市场化或产业化实现过程。其次，创业的关键在于创新，创新是创业的源泉，持续创新必然推动和成就创业;创新成果的商品化、市场化依靠创业，因而创业使得创新的经济价值、社会价值得以实现。再者，创业与创新正呈现出越来越显著的融合趋势，这种融合是一个动态整合、集成与优化的过程，并非只发生在新企业启动或创建阶段，而是伴随整个创业和企业成长的过程，在这一过程中，创新精神、创业能力和市场意识始终是创业成功和企业持续成长的内在动力。创业与创新，你中有我，我中有你。

“要想不被替代，必须永葆差异”

——可可・香奈儿

第三节 创业也是一种职业选择

一、创业是自我价值的实现

创新的价值在于创业。从一定程度上讲，创新的价值在于将潜在的知识、技术和市场机会转变为现实生产力，从而增长社会经济实力，造福于人类社会，而实现这种转化的根本途径就是创业。创业者可能不是创新者或者发明家，但是必须具有发现商业机会的能力和不怕失败的精神；创新者也并不一定是创业者或是企业家，但是创新的成果则是由创业者推向市场，从而开发出商品潜在的价值，使创新的成果能推动经济的发展。这也从侧面体现了创新与创业的相互关联。

创业推动并深化创新。创业可以推动新发明、新产品或新服务的不断涌现，创造出新的市场需求，从而进一步推动和深化各方面的创新，因此也就提高了企业或整个国家的创新能力，推动社会经济的增长，增强了国家实力。◥案例 1-2

青年创业者的创业价值目标包括维持生计、追求经济利益、谋求个人发展、帮助他人、实现自我、挑战自我等多种取向。这种价值目标的多样性不仅表现在不同青年之间，同一青年个体内部的创业目标选择也具有多样性，也就是说每一个青年创业者的创业目标都不是单一的。依据后现代主义理论，维持生计属于传统价值观的范畴，追求经济利益、谋求个人发展属于现代价值观的范畴，帮助他人、实现自我、挑战自我则具有后现代性的表征。这就说明了当代中国青年的价值观具有"时空压缩"的特点，即传统性、现代性和后现代性同时并存于青年的价值结构中。青年创业者在不同的创业阶段有不同的价值目标。最初创业时青年创业者往往更注重追求经济利益，随着事业的发展会更加关注自我价值的实现和个人的满足。

当我们在工作中有了创新

◥案　例 1-2

"渔大夫"李强

李强农学院的同学在农科所或科研单位就业后，他却选择在江南的一家渔业养殖场打工，待遇不好，工作十分辛苦。对此，很多同学嘲笑他，一个名牌大学生沦为高级打工仔有所不值，家人也很不理解。李强却有自己的职场规划，先苦后甜。

原来，他是在拜师深造。在打工两年里，他利用技术员的合理身份，遍访周边牛蛙、甲鱼、螃蟹等养殖场，向高级渔技师学艺。自认为成了这方面的行家里手后，他辞工回来，办了一间"渔大夫"诊所，为遍布市郊八十多个养殖场"送医送药"。由于技术精湛，专业熟，本市又独此一家，那些患了"渔病"的养殖户只会想到他。为避免遭遇全部损失，尽管开的"诊断费"和治疗费相对较高，也乐意付。现在，李强年"出诊"收入在八万左右。

李强的成功具有典型性，尤其对于刚出校门的大学毕业生来说。厚积薄发，不鸣则已，一鸣惊人。在世人不屑的平凡岗位中积累自己的创业优势，找准市场需求的空白点，后发制人，就能占领行业的制高点。有别他人，才显另类，聚财有后劲。

→资料来源：
→根据网络素材整理

的想法时，我们就应努力让它成为现实，只有这样才能实现人生的价值，同样，创业能让我们有更高的工作热情，创业能让我们拥有更活跃的因素，它能让我们对生活更有热情，更能体会到工作和生存的价值。不管怎样，我们都始终要充满热情地去生活、工作、学习。

具有创新的意识，才能让我们在工作或是在生活中有所发现，才能不断提高自己，发现自己，也能从中培养自己多方面兴趣，提高自己的知识层次。

二、职业规划

职业规划，又称为职业生涯规划或职业生涯设计，是指个人与组织相结合，在对一个人职业生涯的主客观条件进行测定、分析、总结的基础上，对自己的兴趣、爱好、能力、特点进行综合分析与权衡，结合时代特点，根据自己的职业倾向，确定其最佳的职业奋斗目标，并为实现这一目标做出行之有效的安排及计划。

职业规划的目的绝不仅是帮助我们按照自己的优势条件找到一份非常好的工作，实现个人目标，更重要的是帮助我们真正了解自己，为自己确定事业发展大计，筹划未来，确定我们一生的发展方向，根据主客观条件设计出合理且可行的职业发展方向。◥案例 1-3

（一）职业规划的重要性

做好职业生涯规划是非常重要的。

1. 挖掘潜能，增强竞争实力

一份行之有效的职业规划将会：①引导我们正确认识自身的个性特质、现有与潜在的资源优势，帮助我们重新对自己的价值进行定位并使其持续增值；②自觉分析自身优势与劣势；③使我们树立明确的职业发展目标与职业理想；④引导我们评估个人目标与现实之间的差距；⑤引导我们前瞻与实际相结合的职业定位，搜索或发现新的或有潜力的职业机会；⑥使我们学会如何运用科学的方法采取可行的步骤与措施，不断增强我们的职业竞争力，实现自我们的职业目标。

2. 增强发展的目的性与计划性，提高成功的机会

职业规划要有计划、有目的，不可盲目地“撞大运”，很多时候我们的职业生涯受挫就是由于规划没有设计好。好的计划是成功的开始，“凡事预则立，不预则废”就是这个道理。

3. 职业规划是成才的有效方法

人生在世，谁都想成就一番事业。然而，事业的成功，并非人人都如愿以偿，问题何在呢？如何做才能使事业获得成功呢？这是每个大学生都非常关心的问题。职业规划为我们提供了成功的技术与方法。职业生涯设计可使我们充分认识自己，客观分析环境，科学地树立目标，正确选择职业，运用适当的方法，采取有效的措施，克服职业生涯发展中的

案 例 1-3
三年后我们的差距竟如此大

赵小川和李维是大学同学，都是市场营销学专业的本科生，也是非常要好的朋友，在学校的表现都属于优良的水平，毕业以后，分别进入了不同的单位工作。三年之后，两个人的命运却产生了差异，赵小川已经成为公司的骨干，担任部门的主管，每月的收入在 8000 元左右；李维还是公司的一般职员，收入只有 3000 元，正准备寻找机会跳槽。在这三年期间，两个人都跳过槽，都换过 3 家公司，可是最后的结果却大相径庭。为什么会有如此大的差异呢？原来，赵小川毕业后进入一家电器连锁店做销售代理，工作中勤学好问，很快掌握了销售技巧，成为了卖场一名不错的销售员；半年之后，破格提拔成为电器连锁店的组长；第三年，跳槽到国内知名的电器销售连锁店做部门的主管。李维毕业后进了一家卖电讯器材的公司做销售员；一年后跳槽到一家网络公司做网管；第三年，换工作进了一家生产企业做办公室的文员。认真分析两个人的经历，发现赵小川一直在自己熟悉的电器销售行业工作，期间跳槽也是为了有更好的位置，而李维却没有找准自己的发展方向，在不同的行业跳来跳去，最后还是只能从事低端岗位的工作。

→资料来源：
→根据网络素材整理

困阻，避免人生陷阱，获得事业的成功。

事实证明，无论从事什么工作，只要经过科学的职业规划与设计都可能成才。

（二）职业规划的步骤

在现代社会，一个人只有尽早做好职业规划，认清自我，不断探索开发自身潜能的有效途径或方式，才能准确地把握人生方向，塑造成功的人生。实践证明，在职业生涯中能够取得成功的人，往往是那些有着一种清晰的职业规划的人。

关于职业规划的制订，正日益变成一个专业化的领域，现在很多专业的职业咨询机构和有关专家在进行职业咨询、指导时，通常采用 5 个“W”的思考模式，它构成了制订职业规划的前提性步骤：

第一，Who are you? 要求一个人对自己做一个深刻反思与认识，对自身的优势与弱点都要加以深入细致的剖析。

第二，What do you want? 要求一个人对自己未来职业发展的目标和前景，做出一种愿望定位、心理预期和取向审视。

第三，What can you do? 要求一个人对自己的素质、尤其是自身的潜能和实力进行全面的测试和把握。

第四，What can you support you? 要求一个人对自己所处的环境状况和所拥有的各种资源状况有一个客观、准确的认识和把握。

第五，What can you be in the end? 要求一个人对自己所提出的职业目标以及实现方案做出一个具体明确的说明。

通常情况下，清晰、全面地回答了以上这样 5 个问题，就为能够系统地制订出一份个人的职业规划准备了一个重要前提。

三、创业规划

创业也是一种职业选择，对于一个立志创业的人来说，职业规划与其创业规划在一定程度上是同一个东西。

（一）创业规划的制订

要制订一份好的创业规划，从原则上说，应该把握三个主要内容：自己能够做什么，社会需要什么，自己拥有什么资源。因此，有必要进行自我分析、环境分析和关键成就因素分析。

1. 自己能够做什么

作为一个创业者来说，只是知道自己想干什么，这还是不够的，更重要的是，应该知道自己能够做什么、做到什么。当然，这也是相对而言的，因为一个人的潜能发挥是一个逐渐展现的过程。但是，一个人对自己的兴趣、潜能有一个基本的认识，仍然是一项具有前提性的工作。

2. 社会需求什么

一个人在明确自己想做什么、能做什么的同时，还应考虑社会的需求是什么这一重要因素。如果一个人所选择的创业领域既符合自己的兴趣又与自己的能力相一致，但却不符合社会的需求，那么，这种创业的前景无疑会变得暗淡。由于分析社会需求及其发展态势并非一件易事，因此，在选择创业目标时，应该进行多方面的探索，以求得出客观而正确的判断。

3. 自己拥有什么资源

要创业，就必然依赖各种各样的资源。创业者应该清楚地审视自己所拥有或能够使用的一切资源的情况，是否足以支持创业的启动和创业成功之后可持续地进行。这里所说的资源，不仅指经济上的资金，还包括社会关系，即通过自己既有人际关系以及依靠既有人际关系的进一步扩展所可能带来的各种具有支持性的东西。

总之，一份创业规划也必须将个人理想与社会实际有机地结合，创业规划同样能够帮助一个人真正了解自己，并且进一步评估内外环境的优势、限制，从而设计出既合理又可行的职业事业发展方向。只有使自身因素和社会条件达到最大程度的契合，才能在现实中发挥优势、避开劣势，使创业规划更具有可操作性。

一份创业规划能够在多大程度上取得实际成功，就取决于它在多大程度上对以上三个原则进行了准确地把握，并进行了最完美的结合。

（二）创业规划的基本内容

一份创业规划至少应该包括以下一些主要方面的内容：

1. 确立创业目标和方案

一个人要把一个创业理想变成为现实，首先就必须确立一个创业目标并制订一个总体计划。

2. 制订创业原则和步骤

创业原则常常是在创业理念的指导下确立的，它会产生有效的创业实践构想，并使创业活动赢得新的资源。创业步骤是把整个创业过程和有关阶段加以具体划分，但是，它在深层上仍然是创业目标、创业原则的一种体现。

3. 创造创业的基本条件

创业，从来不是等到条件成熟了之后才开始的。创造创业的基本条件，这本身就是创业的一个重要组成部分。这种条件既包括创业领域的内在条件，也包括创业领域的外在条件。

4. 确定创业的期限

有必要制订一个关于创业成功的时间表。

四、创业与职业的关系

（一）创业能力适用于各种职业发展

广义的创业，可以理解为个人根据自身的性格与能力、兴趣、专业、机会等选择适合自己事业，开创事业（这个事业既可以是创办企业，也可以是职业），把握机会，并为事业的成功整合各类资源，付出巨大的时间和精力，最终实现人生目标的过程。因此，创业是要在自己所从事的行业和领域进行价值创造，成就一番事业。

实际上，创业精神是创业的灵魂，也是创业过程的集中体现。所以，创业首先是一种理念、一种精神，一种不满足于现状、敢于创新、敢于承担风险的精神，这种精神也是我们从事任何职业的一种宝贵精神。此外，创业能力的要求是一种综合的较为全面的考虑问题和解决问题的能力，比如，危机意识、理性思考问题的能力、敏锐的洞察力、领导力、组织协调能力、交际能力、沟通能力等，都是具有普遍性和时代适应性的能力，无论你从事何种行业或职业，哪怕是其中的一种能力，都将在个人的职业发展中发挥巨大的作用。

（二）创业是一种就业形式

创业作为就业的一种有效手段，这是现代社会增加就业最有意义的途径，因为，在这种创业到就业的实现过程中，不仅为人们提供了新的职业，而且还创造出新的财富，是一种高级别的就业形式，几乎所有国家都把创业作为解决就业问题的有效手段。◥扩展阅读 1–2

（三）创业是更为明确的职业规划

在经济进入新常态的今天，寻找和开辟新的发展机会和新的就业空间至关重要。创业可能是经济投入很小、但可能带来无限空间经济的发展路径，也是能够持续扩大就业增量的就业途径。到新的空间去发展、去经营，其就业是能够生存和发展的，是真正的“增量性就业”，也是使经济维持可持续发展的就业。如果说，离职的白领应当去创业，离城返乡的农民工可以创业而且能够创业成功，那么，具有新知识和现代意识的大学生也就更应当成为“以创业促就业”的重要力量。

科学技术的发展是永无止境的拓展路程，进化者会时刻跟踪前沿技术的发展，并借鉴到产品中来，“进化者”这个名字也是取意于此。虽然进化者现在的技术还不是很完美，但他们会随着技术的发展不断完善自己的产品。我们期待着进化者就像它的名字一样不断进化，勇往直前，再创辉煌！

扩展阅读 1-2

创业也是一种职业规划

→资料来源：
→2015-12-13 大学生就业与创业联合会

现如今全民创业炒得越来越热，很多人都渴望一展拳脚去实现自己的梦想。然而众所周知创业的失败率是极高的，如果说 2% 的创业者成功了，那么剩下的 98% 怎么办？

经考察，他们中的好多人都进入其他的项目中作为核心成员继续打拼。为什么创业后的他们如此抢手？与没有创业经历的打工者相比他们多了些什么？

有责任感 创业后想的是天气不好会不会影响生意；满心念的是如何求生存要发展；再棘手的问题也得硬着头皮解决；一天二十四小时开机，生怕错过什么机遇。

懂得感恩 创业后经常要求人，若是有贵人可以帮自己一把便是莫大的感激；遇到困境无助时，才知道家人的支持、恋人的陪伴、朋友的理解能给人多少温暖和鼓励。

更加真实地看待自己 创业后，事无巨细都得考虑周到，很多还需要亲自去处理，这就必须面对自己各方面能力的不足，包括执行力、竞争力、凝聚力等。

改变思考问题的方式 创业后想的是自己的努力和策略可以创造多少价值；遇到问题只是解决了还不够，还要考虑问题的根源是什么，如何预防；遇到比自己能力高的人才想的是如何网罗到自己旗下；希望有个好的导师来指点和帮助自己，越来越意识到自己的不足。经历了创业的洗礼，人的各方面能力包括心理素质都会有极大地提高。对待公司问题能够以主人翁意识来思考，会变得越来越谦卑、好学和感恩。即便创业失败了，试问这样的员工哪个老板不想要呢？所以说创业也是一种职业规划。

思考与实践

1. 我们处于最好的时代，也是最好的创业时代。那么，对于目前的你，是否存在着创业机遇？为什么？
2. 创新与创业的关系是什么？
3. 你认为创业是否是一个更好的职业？为什么？

第二章

我们眼中的“创新”

学习目标

- 了解创新者与非创新者的区别
- 学会创新活动的一般规律
- 掌握提高创新思维的方法

人类每一次重要的发明和发现，都是因为创新。创新能够带来什么？是创造，也是颠覆；是开辟的新路，也是丰裕的果实；是国家的繁盛，也是人类社会的进步。带来创新的人是谁？他们拥有好奇，又探索好奇；他们忍受孤独，又享受孤独；他们向往财富，又创造财富；他们承接文明，又提升文明。他们是点点繁星，明亮夜空。他们用非凡创造力，成就永无止境的创新之路。

2004 年，一位哈佛大二的学生在宿舍里开始了自己的创业项目，一个名为 Facebook 的社交网络就这样诞生了。Facebook 迅速在校园传播开来，这个年轻人就是马克·扎克伯格。2012 年 5 月 18 日，位于纽约时代广场的纳斯达克电子交易市场迎来了美国历史上第三大新股上市公司，扎克伯格的 Facebook 公司以每股 38 美元，募集了 184 亿美元。今天，Facebook 公司的用户数量超过 16 亿人。这样的规模大于世界上任何一个国家的人口数量，而它的市值最高曾达到 3000 亿美元。这些财富，不是靠对自然资源的抢占，不是靠对大众的横征暴敛，更不是靠烧杀掳掠。它来源于头脑，来源于改变和提高人们生活的愿望。类似的巨变，覆盖了现代社会的大部分领域，一台计算机可以储存中世纪所有图书馆里的全部抄本和卷轴的信息；五条现代的货船可以装下 1500 年时全世界所有船队的货物；人类的首次环球之行用了三年时间，现在却用不了一天，而所有这些都能关联到一个词汇，这就是“创新”。◥案例 2-1

◥案　例 2-1

80 后颠覆式创新：“极米锤”诠释工匠精神

一群 80 后，放弃百万年薪，从深圳来到成都，创办“极米科技”。2013 年他们创办极米科技；2014 年 8 月，极米获得创东方领投的 A 轮 1 亿元融资，成为智能硬件史上最大一笔金额融资；2015 年 6 月，极米获得芒果传媒 Pre-B 轮价值 3 亿元人民币的战略投资；2015 年 7 月，极米“智能微投 Z4X”以 1125 万元的众筹金额，成为京东众筹史上第一个千万级家庭娱乐产品。2016 年 4 月 25 日，李克强总理考察成都菁蓉创客小镇，体验了极米最新款无屏电视，勉励他们不断创新，越做越好。

做一件不一样的事情

创始人钟波，毕业于四川电子科技大学，此前在台湾一家著名的电视芯片制造公司工作了九个年头，年薪超过百万，并拿到了公司 500 多万元的股权。

预感传统电视机制造业在受到互联网思维的冲击下即将被颠覆，钟波决定抓住这次机会：辞去原公司技术总监的职位，回老家成都创业。抱着“将来的世界一定是无屏的”的信念，钟波拿出所有家当，与小伙伴凑足 1000 万元，作为极米的创始资金。为了让团队安心做研发，钟波离开创业资源丰富的深圳，将公司迁至成都菁蓉创客小镇。到今天团队已经发展到 200 多人，其中一半以上是研发人员。

刚开始创业时，一些员工家属还留在深圳，十几个大男人只身来到成都，吃饭睡觉都挤在一个房间，而且是上下铺，曾经都是年薪几十万、上百万的人，现在却要如此艰苦，确实不容易。“三十而立，创新不可能一蹴而就，它会是一段艰苦而漫长的过程。钟波与他的团队用了近三年的时间，将极米无屏电视打造成行业标杆，占据了国内50%以上的市场份额。他们利用科技创新超越了国际巨头LG，市场占有率跃居全球行业第一，创造了又一个领跑世界的中国自主创新品牌。五年后的极米能否颠覆电视行业，我们不能断言。但我们知道，极米的创新精神会引发每一位有志从事创新创业的人们深刻思考。

四十不惑”，处在这样一个中间带的钟波依然坚持着自己的梦想：做一件不一样的事情。这个不一样的事情就是要用做好的产品去打动人、感染人，做一种有情怀的产品。

80 后的颠覆式创新

钟波一手创建的极米科技专注于智能微投创新，致力于巨幕无屏超级电视研发，打造属于我们每一个人的私人家庭影院。

极米公司研发出的无屏电视，将投影技术、智能化技术和固态光源技术融合在一起，用一个巴掌大的盒子，在任何可供投影的地方最大可以投射出 6 米宽的屏幕，画面相当于 36 台 50 英寸电视拼接在一起，且在白天不拉窗帘的情况下也能显现清晰逼真的观影效果。

智能硬件领域不乏“当红炸子鸡”，而他们都在不约而同地在搭建自身的粉丝营销体系。苹果有果粉，小米有发烧友，乐视有乐迷。极米从一开始就将自己的创业想法和过程通过类似日记的形式不断地呈现在网上，创业两年间就积累起一百多万的忠诚粉丝。这些粉丝提出了许多建议，极米根据这些建议不断调整、改进，让产品更加符合市场的需求。

确实，用户是上帝。但正如乔布斯所说：其实，用户并不知道自己的需求，直到你将产品呈现在他们面前时。而极米就是要做一款创新型的产品，这款产品能改变人们的生活方式，提高人们的生活品质。

不将就的工匠精神

“把一样东西做好并不是工匠精神的全部，将专注、极致、创新深入流程再造之中，才是工匠精神应有之义。”钟波说，他忙来忙去就忙一件事：不计成本，“一根筋”地“死磕”技术和产品。为了做出一台完美的无屏电视，钟波和团队通宵达旦，吃睡在办公室，终于熬到第一代产品上市，钟波却挥起锤子砸掉它，宣布从头再来，原因是“体积不够小”。

从推出第一代产品开始，为了彰显“不将就”的信念，团队立下一个规矩：对不甚满意的样机，一律当众砸毁。创业四年多来，钟波砸毁的样机至少有 30 台。这把砸毁不满意产品的铁锤，被命名为“极米锤”。这把“极米锤”，催促、倒逼和见证了极米团队在用户最关注的领域不断实现重大创新。极米无屏电视至少比行业水平快半年，使极米始终占据着市场领导者的角色。

钟波认为工匠精神就是：可以做到 100 分的考题，就是 99.9 分也不交卷。对于试用者反馈的问题，设计团队进行汇总评估，如果试用者反映仍有“痛点”，已基本成型的样机就会被砸毁。优化设计的产品最大限度令用户满意后，才上市销售。

→资料来源：
→http://finance.sina.com.cn/chanjing/gsnews/2016-05-27/doc-ifxsqxxu4527087.shtml

第一节 创新、创意与创造

你眼中的创新是什么？创新有律可循吗？如何提高自身的创新思维？下面，我们一起开启你的创新之旅……

在我们的学习、工作和生活中，充满了许多不确定性，唯有不懈追求才是实现创新的根本保证。创新，很多人认为这是一件“高大上”的事情，似乎离我们普通人很远。然而，纵观历史长河，我们发现：创新人人可为，关键在于对认识事物发展规律的执著追求，在于正确掌握并使用批判思维，不断反思。◥案例 2–2

创意对创新具有始动功能，假如没有创意，创新就不可能存在。创意可以证明每一个人都具有创造力，由此也破除了对创新的神秘感。我们说，创意是思维过程，创造是把这种设想物化为有形的新产品，创业是利用新产品创建一个新事业，因此无论是创意、创造还是创业，这整个过程都是创新。

一、创新含义和特征

（一）“创新”的由来

创新是一种尝试性的新过程，朱勇的创新项目“葛根素的提取方法研究”若要真正成功，一定是开放后的“流出”，也就是必须使创新成果为生产和实践服务，给社会带来效益。中国人聪明，创新能力强，我国每年国家统计局统计的数万

◥案　例 2–2

坚持好的创意，越努力才能越幸运

吴薇是福建农林大学植物保护专业 2012 级学生，她所在团队的作品《埃及伊蚊对 Bti 侵染的差异蛋白质组学分析及其生理响应机制》荣获第十四届“挑战杯”全国大学生课外学术科技作品竞赛一等奖和全国“累进创新奖”铜奖。在她看来，能取得这样好的成绩，好的创意，老师的指导和平时的积累都至关重要。

“挑战杯”国赛上吴薇同学说道，我们希望研究能够真正开发出环保高效可降解的生物杀虫剂，让人们免受化学杀虫剂的危害。因此，基于这种考虑，我们通过测定埃及伊蚊受到 Bti 侵染后蛋白质差异变化和酶含量变化两方面，来揭示杀蚊新资源对埃及伊蚊的分子作用机理，为今后我们要开发出更加有效的 Bti 制剂提供了理论基础。有人说我们是幸运的，但我更想说，实验是枯燥的，往往充斥着大量的失败后重来和挑灯夜战，越努力才能越幸运。

在科技创新的道路上行走，要有面对坎坷、面对寂寞的准备，要在平时的积累中提炼好的创意，在论证其可行性的基础上，坚持自主思维，努力实践，就可能取得最终的成功。

→资料来源：
→根据福建农林大学提供素材整理

项科研成果中，只有30%左右可以转化为生产力，而发达国家有60%～70%的成果转化率。不能把创新科研成果转化成生产力，那就会失去了创新真正的意义。◥案例 2-3

1912年，美国经济学家熊彼特在他的德文著作《经济发展理论》中，首次提出了创新的概念。熊彼特认为，“创新”就是把生产要素和生产条件的新组合引入生产体系，即“建立一种新的生产函数”，其目的是为了获取潜在的利润。熊彼特的理论一开始并没有引起足够的重视，直到1934年他的作品用英文出版后，才引起了学界的广泛关注。20世纪90年代，我国把“创新”一词引入了科技界，形成了“知识创新”“科技创新”等各种提法，进而发展到社会生活的各个领域，使创新的说法几乎无处不在。

（二）创新的概念

英文“创新”一词是“innovation”，起源于拉丁语“innovare”，释义为“更新、变革、制造新事物”。《现代汉语词典》中“创新”的解释是“抛开旧的，创造新的”。

创新的含义解释：以现有的思维模式提出有别于常规或常人思路的见解为导向，利用现有的知识和物质，在特定的环境中，本着理想化需要或为满足社会需求，进而改造或发明，并能获得一定有益效果的行为。创新是以新思维、新发明和新描述为特征的一种概念化过程。创新是人类特有的认识能力和实践能力，是人类主观能动性的高级表现形式，是推动民族进步和社会发展的不竭动力。

创新的社会学解释：人们为了发展需要，运用已知的信息和条件，突破常规，发现或产生某种新颖、独特的有价值的新事物、新思想的活动。创新的本质是突破，即突破旧的思维定势，旧的常规戒律。创新活动的核心是“新”，它或者是产品的结构、性能和外部特征的变革，或者是造型设计、内容的表现形式和手段的创造，或者是内容的丰富和完善。

在我国研究与实践领域，凡属突破传统、具有开拓性的

◥案　例 2-3
葛根素的提取方法研究

荆楚理工学院2012级生物工程系学生朱勇的创新训练计划“葛根素的提取方法研究”是将荆门的特产变得“高大上”的项目。朱勇的创新创业点子很接地气，跟荆门的联系尤为紧密，讲起自己的创新来自信满满，朱勇说“我刚到荆门的时候，打听到荆门的特产其中一种就是葛根，目前荆门的葛根主要是将其制成葛根粉出售，这样会丧失一部分营养素，非常可惜，而目前葛根素的提取方法不仅复杂，而且提取的过程很不科学。我就留了心，想从这里面做点文章”。大一上学期的时候，朱勇和其他同学成立了六人的实验小组，在确定实验方向时，他考虑到了葛根素的提取并获得老师的支持。立题之后，朱勇和实验小组的同学们在老师的帮助下开始查找资料，并购买了葛根素标准品。他们几乎将课余所有时间都投入到实验中，双休、假期，他们始终埋头在实验室中。经过无数次的实验，他们终于在葛根素提取的纯度和利用率方面达到了理想的目标。“下一步，我希望进一步改进提取方法，使我们这个项目能够在工厂大规模生产。”朱勇说。

思想、行为、成果等都称之为创新，即广义的创新概念，也是国内比较倡导的一个概念。它涉及理论创新、观念创新、科技创新、体制创新、制度创新、管理创新、市场创新、文化创新、教育创新等几乎所有领域。◥案例 2–4

我们可以这样理解，创新一定是人们能动地进行的首创性活动，是破旧立新、与时俱进，是一种新的价值的实现或者是新思想、新概念在实际生活中的成功运用，也可以是形成新思想、新观念和新理论的过程，更可以是一种精神境界。

“在今天看来怪异、不必要、脱离常规，甚至是无法容忍的东西，可能对解决明天的问题必不可少”

——皮埃尔·奥米迪亚

（三）创新的特点

创新作为一种活动，既是一个过程，还是一种境界，具有以下特点：

1. 首创性

首创性即“第一次”，是历史上从未有过的，是“无中生有”或者是“有中生新”。新的变动、新的组合、新的改进等，都可以是创新。这种创新可以是完全的“新”，也可以是部分的“新”，只要对旧事物有所突破、有所超越、有所改进，与别人的有所不同，就是创新。

2. 时效性

创新作为一种活动，在思想、理论、技术形成或产品投放市场后，经过一定时间又会被更新的东西所替代，这种替代使得创新具有时效性。正因为这种时效性，所以我们在开展探究性教学或者进行科学研究时，就必须探索项目所处的时期，并需要对发展的前景进行预测。

3. 成果性

成果性是指创新必须以新的成果来体现，不管是物质的还是精神的，是器物的还是制度的。当然，创新过程中会有失败，但失败不是创新，只是创新的一个阶段、一个环节，是不可避免的阶段。

4. 价值性

创新的价值性体现在创新成果产生的社会效益或经济效益，其价值标准是社会性的，以不损害社会利益为前提。与之相反，那些损害社会利益的活动，即便是首创，也绝不是创新。如制造新的毒品，搞新的迷信活动，发明新的计算机病毒等，都不是创新。

5. 综合性

从创新活动过程来看，创新是许多人共同努力的结果，即多人投入的产出活动。它既需要科技人员的理论知识和技术，又需要生产者和管理者的共同联合、协作，才能使创新达到预期的目的。因此，创新是一项综合性的活动。

（四）创新的分类

创新活动是丰富多彩的，人类不可能永远墨守成规，必然会有发展、变化、开拓与创新。在不同范围、不同领域的创新活动也就必然是多姿多彩的，创新就自然形成了不同类型。为了全面地把握各种创新的性质特征以及它们之间的区别与联系，就必须对创新进行分类研究。根据不同的标准，可从以下方面对创新进行划分：

1. 根据创新成果的首创性划分

这是最常见的创新划分方法。这种分类法将创新分为原始创新、集成创新与消化吸收再创新三大类型。原始创新是属于重大技术领域从无到有的开拓，其本质属性是原创性和第一性。集成创新是指创新过程中应用到的所有单项技术都不是原创的，其创新之处在于对这些已经存在的单项技术按照自己的需要进行了系统集成，并创造出全新的产品或工艺。引进、消化吸收再创新是最常见、最基本的创新形式，

案 例2-4 职业技术学院学生的专利技术

2010年6月2日，浙江工商职业技术学院“学生专利洽谈会”很是热闹，现场有韩国爱特科电器公司、宁波市海曙三高模具厂、澳大利亚浙博克洁具公司、宁波创佳工业设计公司等20多家国内外企业前来抢购该校80多项学生专利，另外还有18家企业也来电预订，表示很有意向购买该校学生的专利产品。

“同学，你的电器专利产品的转让意向价格是多少？”“产品设计专业娄梦琳同学的两个专利产品，我都要了。”一个漂亮的拉杆箱，打开盖子，却是一个小体积、折叠式的便携式野外烧烤箱；看似电视遥控器，其实却是电磁辐射测定器，有了它，你可以知道电视机等家电放在哪里辐射最小；还有具备太阳能发电装置的凉亭、具有照明功能的扫帚、便携的LED感应灯、有显示功能的药箱……这些琳琅满目的创新项目和发明技术，都是该校学生半年内新鲜出炉的专利。姚滟的“具有照明功能的雨伞”国家专利吸引了5家企业争相购买，最后被韩国爱特科电器公司以10万元的价格抢走。

“这些产品的设计，源自我们在日常生活中碰到的问题，以及从中挖掘出来的灵感。”该校建筑与艺术学院学生童泽平说：“这与学校提供给我们的创新教育是息息相关的，以前我们在日常生活中碰到问题，很多想法一闪而过，但在专业课教师的带领下，我们每学期有1/3的时间会走出教室到公司、企业、市场……寻找问题、发现问题，就在这个过程中，我们慢慢就有了创新意识，对很多出现的问题去钻研，去思考，学会了创新。”

“学校专利作品越来越多，得益于注重培养学生的专业技能与创新创业能力。”该校校长谢一风说，教师布置给学生的作业大多来自企业的开发项目，这些作业让学生时时处于实战之中，有的放矢地发明创新。

是产品价值链某个或者某些重要环节的重大创新。

2. 根据创新成果在世界范围内的影响划分

可将创新分为绝对创新与相对创新。绝对创新是在全世界范围内实现首创的创新。相对创新是不考虑其成果是否是全世界范围内实现的首创的创新。

3. 根据创新成果的自主知识产权划分

创新可分为自主创新与模仿创新。自主创新就是自己创造出来的有自主知识产权的创新。模仿创新是指通过模仿率先创新者的创新构想、创新行为和创新成果而做出的创新。

4. 根据创新活动的领域划分

创新可分为科技创新、制度创新、文化创新、教育创新、理论创新与营销创新等。

二、创意的含义和特征

（一）创意的含义

汉语“创意”原本是指写文章有新意。在英文中，“creative”和“idea”是两个关于创意的最普遍、最有代表性的英文词汇。广告大师James Young的名著*A Technique for Producing Ideas*被译为《产生创意的方法》后，“Idea”作为创意一

> **“我没有失败，我只有发现了一万种行不通的方法而已”**
>
> ——托马斯·爱迪生

词被广泛使用。◥案例 2-5

“创意”最基本的含义是指创造性的主意，一个好点子，一种从未有过的东西。因此，它既是一个静态的概念，也是一个动态过程。静态，是指创意性的意念、巧妙的构思，即通常所说的“好点子”“好主意”；动态，是指创意性的思维活动，是“从无到有”这一逻辑思想的产生过程。一定程度上，创意是运用有关的、可信的方式，在无关联的事物之间建立一种新的、有意义联系的艺术。我们也能从内容上发现，创意是能够产生创造性社会后果或成果的思维过程，核心特性是创新性，却不等同于创新。

（二）创意的特征

创意常得益于灵感，它是在灵感诱发下形成的观念形态的想法和念头，整体上比灵感更加完整。因此，创意具有突发性、形象性、自由性和不成熟性等特征。

1. 突发性

创意来源于一闪而现的灵感，是一种突变式的思维飞跃，从而使感性材料或灵感启示迅速升华为理性认识，变成想法、意念。

2. 形象性

关于思维方式，爱因斯坦说“在我的思维机制中，书面的文字和口头的语言似乎不起任何作用。作为思维元素的心理的东西是一些符号和一定明晰度的意象，它们可以由我‘随意地’再生组合……这种组合活动似乎是创造性思维的主要形式”。这就是说，爱因斯坦在产生创意时，他主要的思维活动是形象思维。有了创意以后，才可以用概念来审查、推论，运用逻辑思维来证明或否定创意。

3. 自由性

创意思维的目标是确定的，但从思维的方向来说，则是多路的、散漫的、全方位的、灵活的，具有充分的自由性。在创意的选择上，也是自由开放的，甚至是由着自己的性子去思考自己最愿意做的事，甚至可以是隔行的“业余爱好者”。思维开阔、自由奔放、不受拘束，有时能获得十分宝贵的创意。

4. 创意的不成熟性

创意具有相对模糊性和不成熟性。创意不是创新思维的最终产物，它是介于灵感、经验与创新设计方案之间具有媒介性质的思维存在。因此，创意诞生后，还必须有一个证明和证伪的过程，有一个去粗取精、去伪存真、由表及里的再思维过程。

三、创意的过程

要将一个不成熟的创意变成为创新成果，这样的创意至少要经历以下三个阶段：

（一）创意的孕育

所谓创意的孕育，即提出假设与构想的“沉思阶段”，也称为创意的酝酿期。其准备过程是有意识地积累所研究领域的知识，并按一定规则予以划分，形成一种“问题态”，在此基础上进行创意活动。创意的产生是一个从酝酿期到明朗期的过程，具体包括从提出假设、构想到制作方案、设计的过程。

晚清学者王国维在其传世佳作《人间词话》中描述的“三境界”与创意有着绝妙的相似。可以体会：

第一境界：昨夜西风凋碧树，独上高楼，望尽天涯路——这是一种悬想境界，相当于“发现问题”的准备期。

第二境界：衣带渐宽终不悔，为伊消得人憔悴——这是一种苦索境界，相当于创意“酝

案　例 2-5

让大学生放下手机重回课堂的项目

米奇·加德纳和罗博·里查德森，北加州奇科大学的两名学生兼Sigma　Kai兄弟会成员。里查德森主修计算机科学，他发现自己在受某件事情的困扰。用加德纳的话说：在课堂上的时候，同学们总是盯着自己的手机，发短信、刷脸书等，就是没人听讲。他俩对这问题讨论越多，就越反感这种行为。他们想：如果技术会导致手机上瘾，那也应该有办法解决这个问题。于是，他们弄了个名为Pocket Points的APP——只要学生在课堂上不玩手机就能获得奖励。采用“地理围栏”技术（圈定了校园的GPS“围栏”），该APP能感知到学生何时进入了校园范围并自动锁定他身上的手机。当学生身处校园，只要手机上该应用开启/手机锁定，就能获得积分。积分可以在当地商店兑换披萨、咖啡、酸奶等奖励。而一旦离开校园范围，手机自动解锁，又可以欢乐地各种圈人了。北加州奇科大学是他们的APP首发的地方，几周之后，全校1/3的学生都在用它。惊异于Pocket　Points的反响，他们在宾夕法尼亚州立大学也进行了推广。同样地，几周时间内，大约1/3的学生投入了该APP的怀抱。

地方报纸为此写了篇报道。事情就是那么巧，北加州奇科大学另一初创公司成功传奇——克里斯·弗里德兰（Chris Friedland），Build.com的CEO，看到了这篇文章。他同意约见两位初出茅庐的学生，而且非常喜欢他们和他们的APP，不仅对此投资，还成为了他们的导师和一大助力。有了弗里德兰的投资，两位小伙伴的事业开始腾飞。当到别的学校推广Pocket　Points时，他们会利用Sigma　Kai兄弟会的关系雇佣几个校园“大使”。这些大使四处宣传该APP，促成本地业务开展。该APP如今已入驻100所学校，且采用率接近50%。还有1200多家商店使用该Pocket Points对学生进行营销并提供积分兑换服务，比如棒约翰、必胜客、星巴克、坚宝果汁和一些LuLu之类的在线商店。而两位创始人最近也刚筹到新一轮的150万美元资金。

2016年1月，Pocket　Points开始对店铺收取广告费，对在线商店收取联营费。仅仅几个月时间，收益就达到了每月5位数的健康值，且还在以逐月翻番的速率增长。

目前，23岁的加德纳和21岁的理查德森暂时离开学校转去全职经营公司了，该公司拥有20名全职员工，加德纳乐在其中，梦想推进扩张计划。因为两位大学生创始人面临的是自己“一生仅此一次”的机遇，首创将给他们带来无限商机。

资料来源：
http://toutiao.com/a6275892111641084162/

酿”或“潜伏”期。

第三境界：众里寻他千百度，蓦然回首，那人却在，灯火阑珊处——这是一种顿悟境界，相当于“思想闪现”或“明朗期”，即创意的产生。

王国维先生描述的本是“古今之成大事业、大学问者”必经过的三种之境界，但“三境界”也生动形象地刻画了创意人在创意产生时的比较客观的行为和心态，准确地描绘了创意孕育在悬想期—酝酿期—顿悟期的思维过程。

创意的孕育重点是在酝酿阶段。这一阶段将根据所发现并界定的问题，对所收集的资料、信息进行加工和处理，探索并解决问题。因此，这一阶段不仅需要大脑高强度劳动，而且经常还需要少则几分钟，多则数日，甚至数年的时间。酝酿阶段是创意形成的一个潜伏期，需要不断地从正面、反面进行各种假设、构想，让各种知识、信息在头脑中反复地组合、交叉、撞击和渗透，甚至暂时搁置问题，让信息处于孕育状态，然后创造性地加工，不断地否定、选样、提出各种新的假设、构想。

（二）创意的诞生

创意的诞生即顿悟和灵感产生的成型阶段，也称为创意的明朗期。这一阶段是指发现了解决问题的途径与方法，形成了解决问题的初步假设，找到了问题的答案或得出了结论。

经过潜伏期的漫长酝酿，创造性的新观念有时会在头脑乱七八糟的关系中突然接通，出现豁然开朗的感觉，是一种“山重水复疑无路，柳暗花明又一村”的感觉。灵感的到来，有时是突然的，有时甚至是戏剧性的。可能会出现在半睡眠的模糊状态，也可能会出现在正从事的其他活动中。正如阿基米德在洗澡时不经意间发现了“浮力定理”一样。

在这一时期，问题的明朗化可以是突发的、跳跃的，也可以是渐进的、连续的，可以是直觉的，也可以是逻辑的。但这一阶段获得的观念可能是正确的，也可能是错误的，还有待进一步验证。从心理状态上来看，因为豁然开朗，因为突如其来，所以这一阶段是高度兴奋的。

（三）创意的验证

完整创意过程有一个必不可少的阶段，即对创意的验证阶段。再好的创意，再妙的“灵感”，如果不经过充分的验证，也只能成为“纸上谈兵”。创意的验证过程就是把灵感产生的思维结果付诸实施，用新的技术固化顿悟引发的创意思维成果。其实，创意方案在创意的产生过程中已基本完成。从案例 2-2 中的获奖成果来看，吴薇同学的团队在思考“埃及伊蚊对 Bti 侵染的差异蛋白质组学分析及其生理响应机制”时，实际上就已初步构成了解决问题的轮廓。但是否切实可行，还在于实验的进一步验证和判断。

四、创意的方法

（一）换位思维

绝大多数创造性思想都是源于思维角度的改变。对任何事情，你都应该尝试从不同角度、不同位置、不同群体等方面去观察与思考，往往会有意想不到的发现。视角的特别，也往往决定了创造力的高低。比如，研发产品，最好把自己当成服务终端，考虑一下是不是可以做得与别人不一样，也可以把自己当成竞争对手，多问问“为什么做成这样”，与“为什么不做成这样”。这样的思维方式，可能会让你发现问题并加以革新和完善。

（二）分解与综合

如果你能将关注的事物分解得足够细，把大问题分解成无数个小问题，对每一个问题都细致考察一遍，你就可能找到突破口或开辟新的领地。比如，研究生物学，可以将多细胞的行为分解到单细胞水平，甚至单分子水平，这样必定会遇到很多技术问题，但也可能激发你建立新的技术体系。另外，对自己研究的领域，你也可以这样要求自己：提出 100 个或更多个问题，在这 100 个问题中一定会有你的思想火花。

（三）头脑风暴

它是一种思维发散的方法。成员们聚集在一起，就某项议题展开开放式的讨论，各抒己见，不做评判，讨论结束后再经筛选分析，获取有价值、有意义的观点。扩展阅读 2-1

（四）移植思想

你可以将别的领域的思想

扩展阅读 2-1

创意的方法：头脑风暴

→资料来源：
→根据网络资料整理

基本概述

当一群人围绕一个特定的兴趣领域产生新观点的时候，这种情境就叫做头脑风暴。由于团队讨论使用了没有拘束的规则，人们就能够更自由地思考，进入思想的新区域，从而产生很多新的观点和问题解决方法。当参加者有了新观点和想法时，他们就大声说出来，然后在他人提出的观点之上建立新观点。所有的观点被记录下但不进行批评。只有头脑风暴会议结束的时候，才对这些观点和想法进行评估。头脑风暴的特点是让参会者敞开思想使各种设想在相互碰撞中激起脑海的创造性风暴，其可分为直接头脑风暴法和质疑头脑风暴法，前者是在专家群体决策基础上尽可能激发创造性，产生尽可能多的设想和方法；后者则是对前者提出的设想、方案逐一质疑，发现其现实可行性的方法，这是一种集体开发创造性思维的方法。

基本程序

· 确定议题：一个好的头脑风暴法是从对问题的准确阐明开始。因此，必须在会前确定一个目标，使与会者明确通过这次会议需要解决什么问题，同时不要限制可能的解决方案的范围。

· 会前准备：为了使头脑风暴畅谈会的效率较高，效果较好，可在会前做一点准备工作。如收集一些资料预先给大家参考，以便与会者了解与议题有关的背景材料和外界动态。

· 确定人选：一般以 8 ~ 12 人为宜，也可略有增减（5 ~ 15 人）。

· 明确分工：要推定 1 名主持人，1 ~ 2 名记录员（秘书）。

· 规定纪律：根据头脑风暴法的原则，可规定几条纪律，要求与会者遵守。

· 掌握时间：会议时间由主持人掌握，不宜在会前定死。一般来说，以几十分钟为宜。

· 设想处理：通过组织头脑风暴畅谈会，往往能获得大量与议题有关的设想。至此任务只完成了一半。更重要的是对已获得的设想进行整理分析，以便选出有价值的创造性设想来加以开发实施。

方法用到自己专注的领域，或者将自己的思想方法拓展到其他领域，也就是学科交叉。你要养成一个好习惯，一旦产生什么想法，立刻记录下来，完善后再思考是不是可以将其推广到相关领域。如你的实验室成果可不可以应用到日常生活或医学研究中去，可不可以申请专利、开发产品或工业化大生产。你这样思考的时候，就能连带出更多相关性的问题，进而实现思维的拓展。

（五）预测未来

你可以想象一下，20 年后人们会怎样生活和工作，然后把目标聚焦到具体领域。这些预测结果就可以作为你研究要达到的目标。比如计算机行业，未来肯定是功能大整合，一台掌上电脑就可以满足你几乎所有的信息处理工作，如打电话、看电视、上网、教育、咨询、服务、仪器控制等。所以，这个行业的一种创新就是不断整合。

（六）关注新技术或新思想

新技术或新思想实际上就是创造力的最佳生长点，你要敏锐地把握最新信息，了解前沿动态。对待新事物的第一反应是：这是我创新的机会，可不可以在此基础上更进一步，或者拓展开来，为我所用。即使这样的想法没什么实际价值，也要把它记下来，作为一种思维训练。所以，越是自己不擅长的，越要去接触它，不能完全依靠兴趣（喜好有时候会成为一种思维定势）。因为新技术必定不完善，有众多值得拓展的空间，获得新想法的几率也更高。

五、创意与创新的关系

（一）创意与创新的区别

1. 从二者的概念来看

创意是一种创新性的思维活动，可以是逻辑思维、形象思维、逆向思维、发散思维、系统思维、模糊思维和直觉、灵感等多种认知方式或者是综合运用的结果。而创新是指突破传统、具有开拓性的思想、行为、成果等。可见创意只是大脑领域发生的活动，而创新包括了思想、行为和结果。也就是说，创新必须有创意，但创意不等同于创新。

2. 从二者的特点来看

创意具有突发性、不成熟性，是人的大脑的突发奇想，是尚未开始投入实践的灵感和想象。而创新具有成果性、价值性，是已经行动并取得成果的一系列活动的总和。创意是创新的开始，成败未知；创新是“创意 + 行动”的结果，创意只有在行动中成功了，这一系列活动及成果才叫创新。

3. 从二者的结果来看

创新有失败，但失败不是创新，只是创新的一个阶段、一个环节。而创意要打破常规，可以天马行空甚至从胡思乱想开始，有着明显的自由性和不成熟性，所以创意往往是虚构的、示意的，更多的是一种艺术形式或者产品的最早期构思，而并非是一种真实的产品。即使是对产品的构思、主意或者所谓的“点子”，绝大多数也并不能最终实现。也正因为如此，创意诞生后，还必须对创意进行证明和证伪。

（二）创意与创新的联系

1. 一切创新都始于创意

创意是一种思维活动，它是创新的开始，创新始于创意。工具、机器、作品、体制、机制等，一切创新都始于创意。有了创意才有以后的行动，创意也只有在行动中成功了，创意才成为创新的组成部分。

2. 创意属于创新的一部分

从广义的创新概念可以得知，具有开拓性的思想、行为、成果等都称之为创新。确切地说，无论是理论创新、观念创新、科技创新、体制创新与制度创新等，都离不开最初创意的萌芽。创意的成型以及创意的进一步验证，是最后投入实践获得成功的关键，所以说，创意是创新必不可少的一部分，没有创意的创新是不完整的。

3. 创新是创意的理想结果

创意是大脑的创新性思维活动，具有一定的艺术色彩，最终是否能成为一个产品，开始时我们无从得知。但是，每一个创意的诞生都渴望着能够落地成型，通过“创意—策划—执行—反馈—再创意—再策划—再执行……”的循环往复过程，把创意思维变成创新成果，实现创意的终极目的。因此可以说，创新是创意的理想结果。

六、创造的含义

创造严格的定义还没有能取得一致的看法，但公认的基本特征应具备两个条件。首先，创造必须是首创的、新颖的，绝不是简单的重复，更不能模仿；其次，创造必须能够解决实际问题或理论问题，对社会有意义、有价值，概括地说，创造是指提供新颖和有意义的成果的活动。

创造还有狭义创造和广义创造之分。狭义创造产生的成果所具备的新颖及有意义是指对世界和人类的范围来说的“首创”或“前所未有”；而广义的创造所产生的成果所具备的新颖及意义是对某一地区、部门、系统的范围来说的。一般来说，发明创造是从相对部门或地域的广义发明创造开始，逐步做出前所未有的乃至对世界都有重要影响的创造。从这个意义上说，没有广义创造，就没有狭义创造，广义创造是狭义创造的基础。爱因斯坦发明的相对论属于狭义发明创造，属于首创、前所未有的、震惊世界的成果，对全世界和全人类都有重要的意义；而我国研制成功的原子弹、载人航天卫星等成果属于广义发明创造，虽不是世界首创，但却是完全靠我国自己的力量研制出来的，对中国、中国人民的范围来说仍是“首创”或“前所未有”，仍不失为震惊世界的伟大创举。

七、创新与创造的关系

无论是创新还是创造，所遇到的问题和加以解决的思维方法都是相同相通的。“创新与创造”的能力既源于天赋，更来自于后天的教育培养，来自于通过各种形式的启发和引导，包括从创新与发明创造思维方法、认知障碍及其克服，到创新的非认知调控和创造性人格特征分析等。总之，创新教育所希望达到的目标就是用一种新的方式、比较高的效率培养创新与发明创造型人才。

将创新与发明创造区别开来，被认为是熊彼特的另一大贡献。熊彼特认为：只要发明还没有得到实际上的应用，那么经济上就是不起作用的。无论是科学发明还是技术发明，在发明未能转化为商品之前，发明只是一个新观念、新设想，在它们没有转化为新装置、新产品、新的工艺系统之前，不能创造任何经济价值。他还认为“作为企业家的职能而要付诸实际的创新”“也根本不一定必然是任何一种的发明”。因此，可以说发明是创新的必要条件之一，但不是充分条件。对于源于科技发明的技术创新来说，发明仅仅是创新过程中的一个环节。换句话说，创新是人类创造活动的一种，其本质就是创造。创造在不同的领域有不同的习惯叫法，如科学领域的创造习惯称为“发明”或“发现”；体育竞赛中的创造习惯称为“破纪录”；文学艺术领域的创造习惯称为“创作”；技术领域中的创造习惯称为“革新”。

创新和创造虽有一定的联系，但仍有区别。

第一，创新是一个经济学范畴的概念，必须有收益。如果根据新的思想，生产出新的产品，虽然很新颖，若不能应用，没有收益，这可以说是发明创造，但不是严格意义上的创新。

第二，创造是一个绝对的概念，而创新则是相对的概念。例如，发明创造申请专利时，先要考虑自己是不是第一个做的，若别人已经做过，你就不可能再申请专利了。它在“首创”或“第一”问题上是绝对的。创新是一个相对的概念，它不必像申请专利那样要查清是不是“第一”或“首创”，是不是人家已经第一个做过了。创新有一个相对的范围，不必先考虑在部门、系统内过去有没有人做过，只应了解做的程度如何，我们做了以后有哪些进步，可否有收益。

第三，创造既有促进社会发展的积极发明创造，也有阻碍社会发展的消极“发明创造”；而创新必须是促进社会发展的积极创造。如计算机的发展是积极创造，而电脑算命、计算机病毒则是消极创造；核科学和技术的发展是积极创造，而核武器的发展则是消极创造；生物和化学科学的发展是积极创造，而生化武器、毒品提炼技术则是消极创造。没有人会将伪科学或假冒伪劣称为技术创新。

第四，创造强调是第一次的首创，也可以是全盘否定后的全新创造；创新则更强调是永无止境的更新，它一般并不是对原有事物的全盘否定，而通常是在辨证的否定中螺旋上升。

第二节 创新的规律和培养

一、创新的规律

所谓规律，就是事物发展过程中的本质联系和必然趋势。从无限的宏观到无穷的微观，在不断运动、变化和发展着的丰富多彩的物质世界里，任何事物或现象都是有规律的并受其规律支配。因此，认识世界、改造世界都必须先研究和掌握其固有的规律性，创新活动也是如此。◥扩展阅读 2-2

（一）创新活动依赖于创新主体的综合素质 ◥扩展阅读 2-3

创新活动的主体是人，要进行创新活动，创新主体就必须具备相应的创新素质，包括科学的观察能力、浓厚的创造兴趣、敏捷的思维能力、灵巧的动手操作能力、顽强的创造意志等。

1. 观察能力

创新活动始于科学观察。观察是人们通过感觉器官或借助于科学仪器，有目的、有计划地感知客观对象从而获得科学事实的一种方法。运用科学观察方法不仅能获取大量的感性经验材料，还能够发现问题和提出科学问题。具有科学的观察能力是进行创新的前提。

2. 创造兴趣

常言说，兴趣是最好的老师。兴趣是指人们对特定对象的喜爱和趋向，它是人们在认识客观事物的活动中产生的一种乐趣。科学家的成功常常是因为对科学有着浓厚的兴趣，这种兴趣能驱使他们去探索科学的奥秘。

扩展阅读 2-2

创新需要遵循规律吗？

1939 年，前身为爱迪生实验室的美国通用电气公司发现，尽管公司目前高学历的大学毕业生比以前增加了不少，但新发明、新发现、新产品、新技术的开发，新专利的申请却大大少于爱迪生实验室时代，这不能不引起公司决策层的重视。经认真细致的分析研究，终于找到了原因。原来这些大学生尽管学业成绩非常出色，但在学校时都没有学过怎样进行创新思维。对怎样提出意见、怎样从事创造发明的知识和方法了解得很少，更缺乏这方面的实际经验和切身体会，因此造成他们的创新意识薄弱，创新能力不强，只习惯于按部就班地干一些机械性、模仿性的技术工作。

为了改变这一状况，公司组织人员总结了爱迪生生前从事创造发明的方法和经验，编写了一套“创造工程培训班”的教材。经过系统的培训，职工们的创新能力和水平大大提高，申请发明专利的数量比培训前提高了三倍。与此同时，美国纽约 BBDO 广告公司副经理奥斯本总结了一系列的创新思考的方法和创造技法，于 1941 年出版了《思考的方法》一书，在美国引起了一场创新思维的学习推广热潮。由于奥斯本对创造学的研究和推广起了开拓者和奠基人的作用，被后人誉为“创造学之父”。

→资料来源：
→http://blog.sina.com.cn/s/blog_5e5b5c580100fbxe.html

要从事创新活动同样也离不开浓厚的兴趣，只有产生浓厚的创造兴趣，才能产生执著的追求心理，并在艰苦的征程中去实践。

3. 思维能力

创新素质的核心是创新思维能力。千百年来，人类正是凭借着创新思维在不断地认识世界、改造世界。从这个意义上说，人类一切创新成果，都是创新思维的外现与物化。创新活动是复杂的，它的出现需要依赖于多种思维形式的参与，如类比思维、联想思维、直觉思维、灵感思维、求异思维等，但科学创新活动中首要的还是批判性思维。◥扩展阅读 2-4

4. 动手能力

运用创新思维获得的新颖构思，这也仅仅是观念的东西，要把观念的东西转化为实际的物质成果或制度成果，必须通过动手来实现。同时，良好的动手能力可以诱导、启发创新动机，更好地瞄准创新对象，确定创新方向。

5. 创造意志

意志是人自觉地确定目的，并支配与调节自己的行动克服各种困难，从而达到预定目的的心理品质。创新的重要特征就是克服困难，做前人和别人没有做的事。因此，进行创新活动离不开顽强的意志，要有坚持不懈、顽强拼搏、不达目的誓不罢休的勇气。

（二）创新活动的动力是人类不断发展的需要

需要就是人对某种目标的渴求或欲望，是一种主观的、不平衡的状态。一般来说，当人们产生某种需要而又未得到满足时，会产生一种不安和紧张的心理状态。在遇到能够满足需要的目标时，这种紧张的心理状态就会转化为动机，推动人们去从事某种活动、某种创造，向目标前进。创新的动机就是人类为了满足自己的需要而产生的，因此创新活动与动机有着密切的关系。

从人类的发展史来看，客观世界不会自动满足人的需要，为了改变客观世界使之适合人的需要，人们开始了持续不断的创新过程。这些更多的新的需求，包括物质的、精神的或者是制度层面的需求，它让人们有了开展创新活动的动机。创新活动就是在这种强烈的创新欲望和强烈的创造动机下，才能激发出巨大的创造力，才有可能推动自我去探索新问题、产生新思路，最终取得创新成果服务于社会发展。一个人如果没有创造欲望和创造动机，就不可能有创新思维并开展创新活动。因此，创新过程中应充分发挥创造动机的导向功能和维持创新活动的功能。比如，经济新

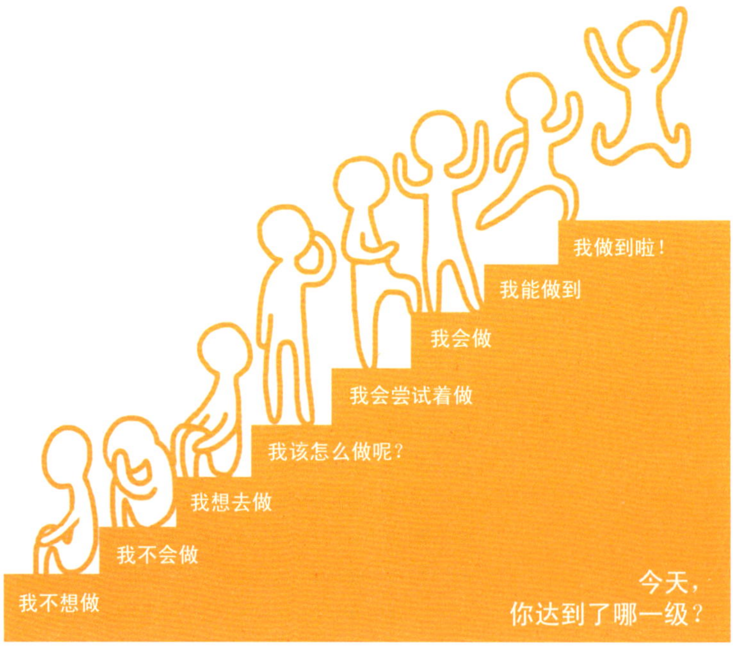

扩展阅读 2–3

我们需要脚踏实地的学习与实践

一、努力学习

成为创新者，必然有“从难、从严、过细”的学习过程，还要有“边练、边悟、边总结、边充实、边提高”的创新过程。学习的目的是为了更好地创新，而创新又是学习的必然进化。

1. 何为“学习”

经过了多年的学习，你认为什么是学习？学习就是通过阅读、听讲、研究、观察、理解、探索、实验、实践等手段获得知识或技能的过程，它是一种使个体可以得到持续变化（知识和技能，方法与过程，情感与价值的改善和升华）的行为方式。学习需要建立在模仿基础之上，观察并模仿是学习最初的起点。

2. 学习的三个阶段

学习不只是模仿，学习是分阶段的：学习过程第一步：通过观察、体验，进行简单的模仿——复制、粘贴；学习过程第二步：在“模仿”的基础上进行细节的调整和改变——加法、减法；学习过程第三步：通过多年经验积累，形成颠覆式改变——乘法、除法。

二、勇于实践

你可以通过下面的实践途径进一步深化你的创意，努力将其转化成创新：①参观考察。我们通过到科研机构或相关企业进行调查研究是理论联系实际最有效的形式；②讲座报告。参加企业家或专业人士的专题讲座和学术前沿报告，能够使你了解创新创业过程中的研究方法与实际问题，进而可以借鉴他山之石；③科研立项。现在几乎所有大学都在开展某种形式的本科生科研项目计划。通过申报项目、查找资料、项目结题等一系列的实践研究，不仅能强化你学以致用的能力，还能拓宽你的知识面，提高你科学研究的水平，更能形成相应的研究成果。如新产品、新工艺、发明专利、调查报告等。如何进行科研项目选择呢？具体内容详见第八章；④创新竞赛。每年国家教育部、各省教育厅、你所在的学校等相关部门都会举办各类创新类赛事。通过参加这些竞赛，能够提高你运用专业知识解决实际问题的能力，还能提高你的创新思维和实践能力；⑤问题研讨。进行公开的问题讨论是培养创新意识的极为重要的实践环节。通过讨论，相互补充思想；⑥模拟训练。随着管理实验室的建立和投入使用，创新实验室、开放实验室、创新基地、模拟企业管理系统、ERP 系统、电子商务系统等教学辅助平台已经更多地运用在教学过程中。你可以通过这些模拟训练平台进行科学研究与发明创造，从而更好地掌握创新创业技能。

扩展阅读 2-4

创新思维的原则和过程

创新的方法是依据创新思维的特点，对人们从事创新活动的经验进行分析，对众多创新规律进行归纳之后才总结出来的。因此，它能为你更好地认识创新活动、更好地运用创新方法、更好地为解决问题提供条件。

一、尊重原则

创新原则就是开展创新活动所依据的法则和判断创新构思所凭借的标准。在创新活动中，要遵循如下的原则：①科学原理原则。创新必须遵循科学技术原理，不得有违科学发展规律。近百年来，许多才思卓越的人耗费心思，力图发明一种既不消耗任何能量，又可源源不断对外做功的“永动机”。但无论他们的构思如何巧妙，结果都逃不出失败的命运。其原因在于他们的创新违背了“能量守恒”的科学原理。②市场评价原则。创新设想要获得最后的成果，必须要经过市场的严峻考验。爱迪生曾说：“我不打算发明任何卖不出去的东西，因为不能卖出去的东西都没有达到成功的顶点。能销售出去就证明了它的实用性，而实用性就是成功。”③相对较优原则。创新不可盲目追求最优、最佳、最美、最先进。创新产物不可能十全十美。在创新过程中，利用创造原理和方法，获得许多创新设想，它们各有千秋，这时，就需要你按相对较优的原则，对设想进行判断选择。④机理简单原则。在现有科学水平和技术条件下，如不限制实现创新方式和手段的复杂性，所付出的代价可能远远超出合理程度，使得创新的设想或结果毫无使用价值。在科技竞争日趋激烈的今天，结构复杂、功能冗余、使用繁琐已成为技术不成熟的标志。因此，在创新的过程中，你要始终贯彻机理简单原则。⑤构思独特原则。我国古代军事家孙子在其名著《孙子兵法·势篇》中指出：“凡战者，以正合，以奇胜。故善出奇者，无穷如天地，不竭如江河。”所谓“出奇”，就是“思维超常”和“构思独特”。创新贵在独特，创新也需要独特。在创新活动中，关于创新对象的构思是否独特，你可以考察它新颖性、开创性及特色性。⑥不轻易否定原则。不轻易否定是指在分析评判各种产品创新方案时应注意避免轻易否定的倾向。在飞机发明之前，科学界曾从“理论”上进行了否定的论证；过去也曾有权威人士断言，无线电波不可能沿着地球曲面传播，无法成为通信手段。显然，这些结论都是错误的，这些不恰当的否定之所以出现是由于人们运用了错误的“理论”。切记：你应在尽量避免盲目地、过高地估计自己的设想的同时，也要注意珍惜别人的创意和构想。简单的否定与批评是容易的，难得的却是闪烁着希望的创新构想。⑦不简单比较原则。显而易见，就是不要随意在两个事物之间进行简单比较。不同的创新，包括非常相近的创新，原则上不能以简单的方式比较其优势。如市场上常见的钢笔、铅笔就互不排斥，即使都是铅笔，也有普通木质的铅笔和金属或塑料焊接的自动铅笔之分，它们之间也不存在排斥的问题。

二、过程控制

不少杰出的创新都留下了动人的传说：瓦特看到壶盖被蒸汽顶起而发明了蒸汽机，牛顿被下落的苹果砸了头而发现了万有引力，门捷列夫玩纸牌时想出了元素周期表……如果创新如此简单，就实在是不用学习了。创新是由创新思维的过程所决定的，而结果仅是过程的成功产物。创新的“四阶段理论”是一种影响最大、传播最广，而且具有较大实用性的过程理论，由英国心理学家沃勒斯提出。该过程理论认为创新的发展分四个阶段：准备期、酝酿期、明朗期和验证期。①准备期。准备期是准备和提出问题阶段。一切创新是从发现问题、提出问题开始的。问题的本质是现有状况与理想状况的差距。爱因斯坦认为：提出一个问题往往比解决一个问题更重要，因为解决问题也许仅是一个数学上或实验上的技能而已，而提出新的问题，却需要有创造性的想象力，而且标志着科学的真正进步。准备期还可分为三个步骤：一是对知识和经验进行积累和整理；二是搜集必要的事实和资料；三是了解自己提出问题的社会价值，能满足社会的何种需要及价值前景。②酝酿期。酝酿期也称沉思和多方思维发散阶段。在酝酿期要对收集的资料、信息进行加工处理，探索解决问题的关键，因此常常需要耗费很长时间，花费巨大精力，是大脑高强度活动时期。这一时期，要从各个方面，让各种设想在头脑中反复组合、交叉、撞击、渗透，按照新的方式进行加工。加工时应主动地使用创造方法，不断选择，力求形成新的创意。切记：创造性思维的酝酿期通常是漫长的，而且很有可能最后失败，但你只要坚持下去，方法正确，未来才会充满希望。③明朗期。明朗期也称突破期。这一阶段很短促、很突然，呈猛烈爆发状态。久盼的创造性突破在瞬间实现，人们通常所说的“脱颖而出”“豁然开朗”“众里寻他千百度，蓦然回首，那人却在，灯火阑珊处”等都是描述这种状态的。如果说“踏破铁鞋无觅处”描绘的是酝酿期的话，“得来全不费工夫”则是明朗期的形象刻画。在明朗期灵感思维往往起决定作用。这一阶段的心理状态是高度兴奋甚至感到惊愕，像阿基米德那样，因在入浴时获得灵感而裸身狂奔，欣喜呼喊：“我发现了！我发现了！”④验证期。验证期是评价阶段，是完善和充分论证阶段。突然获得突破，飞跃出现在瞬间，结果难免稚嫩、粗糙甚至存在若干缺陷。验证期是把明朗期获得的结果加以整理、完善和论证，并且进一步得到充实。创新思维所取得的突破，假如不经过这个阶段，创新成果就不可能真正取得。切记：验证期的心理状态较平静，你需要耐心、周密、慎重，不急于求成和不急功近利是很关键的。

常态下的供给侧结构性改革带来了许多新的问题。如何改？又给自己带来了怎样的便利和问题？这些就给社会科学创新、管理创新、制度创新提供了很好的动机导向。

（三）创新活动受到环境的制约

生活在一定的时间与空间中的人类当然离不开环境，包括自然环境和社会环境。同样，创新活动也受到其环境的深刻影响。所谓创新环境，就是指影响主体在创新活动的各种外部条件。

创新活动受到环境因素的影响和制约，主要表现在两个方面：一方面是创新环境影响创新思维的形成和能力的发展，如社会文化背景、传统观念、家庭与学校的教育方式等，都对人的创新意识、自信心、独立性的形成，对思维方法和创新技法的拿捏都会产生很大的影响；另一方面创新环境有可能制约已有创新潜力与能力的发挥。我们常常看到这样的现象：一个有能力有水平的人，工作恪尽职守，尽职尽力，但创新成果却寥寥无几，甚至一事无成。然而一旦换了个环境，便如鱼得水，创造才能得到充分施展，创新成果接二连三地涌现。

创新离不开特定的环境，友好的环境能够促进主体创新才能的发挥，对创新有着促进作用。相反，不利的环境因素对创新具有阻碍作用。当然，也有部分创新主体不畏逆境，通过反向激励，奋力拼搏，取得巨大成绩。算盘算出来的“两弹一星”，可谓典型的逆境中创新。

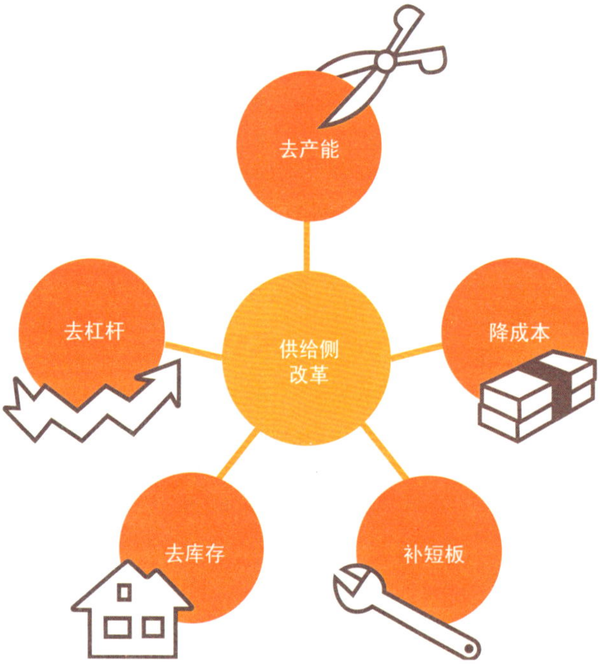

二、创新过程的基本要素

创新过程是一个探索性很强和风险很高的控制过程，要高效率地完成这一过程，需要具备三个基本要素，即推动过程发展的持续动力、明确而可行的控制目标和灵活有效的控制方法。与之相对应，创新过程的三个基本要素是创新动机、创新敏感和创新方法。创新动机驱动人们主动寻找创新目标，创新敏感使人们能够较快地捕捉到正确的创新目标，创新方法使人们能够高效地实现创新目标，三者有机统一才能构成一个成功的创造过程。

（一）创新动机

没有创新的欲望，就没有创新的行动。但动机不是主观自生的，它产生于在实践中不断发展的客观需要。没有创新，人们会生活在穴居野处、茹毛饮血的野蛮时代；没有创新，中国人民至今还会在黑暗与痛苦中挣扎。在科学技术日新月异、综合国力竞争日趋激烈的时代，我们必须高举创新旗帜，实现在理论、制度、科技、管理等各个领域的全面创新。树立高度的历史责任感和社会责任感，培养强烈的创新动机。同时，走出一些认识误区，克服一些不敢创新的心理障碍。创新不只是天才的事，实际上牛顿、达尔文、爱迪生在少年时代被普遍认为智力平常，他们的卓越成就主要在于后天的教育和训练。因此，我们要看清当前和长远的关系，以大无畏的创新勇气冲破一时的重重阻力赢得光明未来。

（二）创新敏感

创新动机是创新过程的必要思想前提，而创新目标的确立才是创新过程的实际开端。确立创新目标需要具备必要的知识基础，但更重要的是具备高度的创新敏感，创新敏感是创新过程的灵魂。所谓创新敏感，就是善于发现问题并确立相应的强烈的怀疑精神、批判精神和敏锐的经验直觉、理论直觉。古往今来，人海茫茫，真正做出重大创造性贡献的人凤毛麟角，其中一个重要原因就是普通人往往缺乏高度的创新敏感。

要培养高度的创新敏感，首先，要养成在学习和实践中用寻觅和审视的眼光看问题的习惯。创新往往是从质疑开始的，没有经过缜密思考的东西，即使它是公认的成熟理论也不能无条件接受。有人认为学的知识越多思维受限越多，因此应当一切立足于另辟蹊径。这实际上是注定不能成功的。只有正确处理继承与创新的辩证关系，才能形成科学意义上的创新敏感。其次，在学习和实践中造就敏锐的经验直觉和理论直觉。但直觉不是凭空产生的，是建立在一定的经验基础和理论基础上的。一个孤陋寡闻、闭目塞听的人不会有什么真正的直觉。由于直觉带有可错性，绝不能一条道跑到黑，否则又会从另一个极端丧失创新敏感。“良好的开端是成功的一半”，敏锐而正确的直觉在创新敏感中的地位不可低估。◥扩展阅读 2-5

（三）创新方法

依靠创新敏感筛选确定了明确可行而又富有价值的创新目标后，能不能实现它取决于是否具有良好的创新方法。唯有正确的行为结构即良好的创新方法才能使人达到成功的彼岸。要实现创新目标需要从两个方面着手，一是提高自身把握能力；二是降低问题难度。狭义的创新方法主要在于降低问题难度，可以从五个方面着手：一是化繁为简；二是化整

扩展阅读 2-5

麻省理工学院的创新模拟训练

麻省理工学院有一个有奖励创新模拟训练项目。学生的创新创业计划是由风险投资专家、创业者和校园外的有关人士评定，而不仅是学院教师打分，第一名将获得 5 万美元的奖励，第二名则获得 2.5 万美元，第三名 1 万美元，每一个取得资格的选手则可获得几百美元。在创新创业比赛中，至少有 500 名学生拟订了自己的创新创业计划，他们可以认识到哪些计划仅仅因为趣味，哪些能真正带来财富，这样可以为他们在以后开办自己的事业打下良好的基础。

资料来源：
http://wenku.baidu.com/

为零；三是化无形为有形；四是化此为彼；五是化不确定为确定。

1. 科学抽象是化繁为简的基本方法

通过科学抽象舍弃无关因素和次要因素，抽取少数本质要素，就可以使问题大大简化，从而为认识事物的本质和规律创造出有利条件。

2. 科学分析是化整为零的基本方法

一个问题作为整体，其难度超出了主体把握能力，通过科学分析，将其要素分解开来分别加以考察，化为一系列较小的问题，就可以使每个小问题的难度都在主体把握能力之下。

3. 想象方法和模型方法是化无形为有形的基本方法

做出模型摆在眼前可以使复杂机制变得易于理解，直觉也有了直观载体。把看不见的抽象物或不能尽收眼底的事物用符号来表示并建立对应的符号关系，相当于建立了一个可视的平面模型，有利于直觉作用的发挥。

4. 变换方法是化此为彼的基本方法

基本思路是把一个问题由难于把握的形式变换为易于把握的形式，或者把一个复杂问题用一个同构的简单问题所取代。变换方法本质上是一种类比方法，由于对象变换后是不是真的具有类同性往往难以预知，因此变换方法的结论具有或然性。当一个研究对象难于理解时，人们可以寻找一个与之相似的比较简单的对象加以考察，考察结果往往会对研究原来的对象提供重要启示，这就是一般的类比。移植和模拟是两种特殊的类比。在类比、移植和模拟过程中，选择与研究对象相类同的另一个对象是问题的关键。变换方法是一种综合运用多种方法的灵活性很强的方法，也可以说所有方法的精髓就在于有效的巧妙变换。

5. 逻辑方法是化不确定为确定的基本方法

逻辑方法的精髓在于找出有效推理的确定程序，从而把一些过去凭智巧解决的问题化为按机械的确定程序操作就可解决的问题。在数理逻辑趋于成熟和计算机普遍应用的现代条件下，许多逻辑推理可以借助机器来完成，逻辑方法的威力也将与日俱增。

创新动机、创新敏感和创新方法是创新过程不可或缺的基本要素，它们之间的关系辩证而微妙。尽管创新过程无神秘性可言，但也的确存在一些只可意会而难以言传的需要凭借悟性才能把握的东西。只要我们充分发挥主观能动性，做一个善于学习、思考和实践的有心人，积极投身创新活动，就一定能够绽放艳丽的创新之花！

三、创新人才的培养

创新人才的培养牵涉到国家、社会、学校以及学生自身等多个方面，我们认为重点是培养大学生良好的创新意识和创新素质，积极营造宽松的创新环境。扩展阅读2–6

（一）积极培养良好的创新意识

良好的创新意识不但能改善学生的创新心理和创新情绪，而且能改善创新质量和创新效果。具有创新动机，树立创新信念，才有可能形成良好的创新意识。

1. 培育强烈的创新动机

创新动机的核心是事业心和责任感，这是激发大学生创新动机产生的思想基础。因此，大学生应当结合国家发展、社会进步和学校的实际，培育自己强烈、积极、正确的创新动机，使自己创新成才的理想具有强大的精神支持。

2. 树立坚定的创新信念

信念是事业的立足点，是成功的领航灯。如果没有坚定的创新信念，大学生的创新活动就难以持之以恒地开展下去。作为立志创新的大学生，既要相信创新人人可有、时时可见、处处可用，又要相信尽管创新无坦途可言、无侥幸可依，但只要通过自己的努力奋斗和不懈追求，就有可能到达成功的彼岸。

（二）不断提升大学生创新素质和能力

有知识与能力，不一定就能创新，创新还需要有良好的基本素质。知识和能力是形成素质的基础，但只有经过主体自身的内化和升华，知识和能力才会形成素质；反之，有良好的素质，就能更好地掌握更多知识，形成更强的能力。一般来说，一个立志创新的人，大多数已具备一定的创新素质，但接触到具体的创新活动时，又常常感到自己的素质存在不足。为此，需要进一步培养创新兴趣、情感，磨炼创新意志，训练创新思维，才能达到最终的目的。

1\. 创新兴趣的培养

兴趣既是激发人们从事创新活动的诱发剂，又是人们从事创新活动的推动力。试想，如果一个人对科学创新不感兴趣，那他怎么能取得创新成果呢？一个没有崇高的理想和奋斗目标的人，只凭一时的兴趣去创新，这种创新兴趣也是靠不住的。怎样才能产生兴趣呢？应该先有这样一种主观意识：每门学科、每个行业都有其特有的吸引力，都值得下决心去寻找，并发现其中的乐趣。人们只要善于挖掘和欣赏本学科、本行业特有的内涵，对事业的兴趣便会自然而然地产生了。

2\. 创新情感的培养

大学生参与创新首先应当是主动的，对创新充满热情，保持愉快的情绪，创新动机显著，创新目的明确。无论是巴甫洛夫，还是爱迪生，他们取得的杰出成就与他们对创新怀有的满腔热情密不可分。其次，要用具实的情感去感受创新美。美不

扩展阅读 2-6

首届中国“互联网+”大学生创新创业大赛

首届中国“互联网+”大学生创新创业大赛总决赛于2015年10月19～20日在吉林长春举行。国务院总理李克强对大赛作出重要批示。批示指出：大学生是实施创新驱动发展战略和推进大众创业、万众创新的生力军，既要认真扎实学习、掌握更多知识，也要投身创新创业、提高实践能力。中国“互联网+”大学生创新创业大赛，紧扣国家发展战略，是促进学生全面发展的重要平台，也是推动产学研用结合的关键纽带。教育部门和广大教育工作者要认真贯彻国家决策部署，积极开展教学改革探索，把创新创业教育融入人才培养，切实增强学生的创业意识、创新精神和创造能力，厚植大众创业、万众创新土壤，为建设创新型国家提供源源不断的人才智力支撑。

本次大赛共有1800余所高校、57000多支团队、20万名大学生参赛，并带动百万学生参与。

资料来源：
http://politics.people.com.cn/n/2015/1020/c1024-27720490.html

仅能使人心旷神怡、眼界开阔、浮想联翩，还会强化创新成果。构造美令人赏心悦目，相似美可以把握创新规律，奇异美可以培养创新能力。大学生需要用真心来感受创新美，这种感受越真切，情感就越容易得到升华，科学的真理就越容易被人们所认识。

3. 意志的磨炼

创新的道路从来就是荆棘从生，每一步都可能遇到困难与挫折，这就需要磨炼创新者的意志品质。首先是培养勇敢果断的决心。创新的勇士绝不安于现状，不满足于既成，不瞻前顾后，敢于冒险，不畏艰险。怕苦就永远尝不到蜜的甘甜，怕风险就永远观赏不到世间奇伟之观。其次是培养坚忍不拔的恒心。这是一种不达目的誓不罢休的精神状态，有了这种毅力，创新者就会勇往直前，百折不挠。正如狄更斯所言，顽强的毅力可以征服世界上任何一座高峰。但是，顽强的毅力绝不是在嘴上养成的，它需要到实践中不断磨炼。

4. 创新性格的塑造

主要是通过教育，使创新者知道哪些是良好的性格，哪些是不利于创新的性格等。有的创新者误将固执、狭隘和自负当做有独立性和自信的表现，其结果势必会妨碍创新能力的发展，应在性格教育中予以纠正。

5. 反思和批判精神的培养

反思、矛盾、问题常常是开启思维的钥匙。创新活动中，一定要敢于疑别人之不疑，善于想别人所未想。坚定信心，敢于质疑，善于独立思考，坚持己见而不随波逐流，提倡"坚信真理，维护真理，传播真理，为真理而斗争"的精神。

（三）积极营造宽松的创新环境 ◥扩展阅读 2-7

创新能力的强弱不仅取决于资金、人才等资源投入，还取决于创新环境。创新环境是创新主体所处空间范围内各种要素结合形成的关系总和，包括有利的政策体系、健全的体制机制、浓厚的文化氛围等。从"李约瑟之谜"到"钱学森之问"都指向一个问题：创新离不开良好环境。

1. 良好的政策环境是创新的重要保障

实践表明，运用行政手段来集聚创新资源会导致缺乏竞争，反而会扼杀创新。这就需要政府部门营造政策环境，利用市场化手段保护和支持大学生创新活动，不断提高创新效率。

2. 完善的市场环境是创新的基础支撑

市场需求是创新的原动力。哪里有市场需求，哪里就需要创新，哪里就应该有大学生创新的影子。营造良好市场环境，形成优胜劣汰的市场机制，是创新的基础支撑。

> **"索尼成功的关键……是永远不要追随他人。经商亦然"**
>
> ——井深大

3. 顺畅的合作环境是创新的必要条件

大多数创新不是单打独斗的结果，创新越来越需要人才、研发、资源合作。在创新资源全球化、创新人才国际化、创新组织网络化的新形势下，支持创新必须营造顺畅的合作环境。我国科研人员大多数集聚在大学和科研院所，很多研究与市场脱节，有效创新不足，而企业又缺乏科技领军人才和骨干。大学生走人才合作、资源合作、研发合作之路，必将成为科技创新的新模式。

4. 有效的投融资环境是创新的"催化剂"

风险投资是解决创业者初创期、高风险创新项目和中小企业融资问题的有效途径。风险投资和资本市场提供资金支持与包装上市服务，将为大学师生创新成果的产业化带来更多便利。

5. 有利的社会文化环境是创新的沃土

创新能力强弱与社会价值理念、思维习惯、行为方式等社会文化环境密不可分。勇于创新、敢为人先的社会理念有助于打破陈规，将新方法、新技术、新工艺、新产品市场化；鼓励竞争、崇尚合作的价值理念有助于拓展创新视野、提高创新效率；追求成功、宽容失败的社会氛围有助于营造开放、公平的创新创业环境。

6. 富有活力的教育环境是大学生创新精神养成的根本

大学教育应致力于培养创新者，使其具备创新意识、实干精神，敢于面对失败、承担风险，善于洞察未来、把握机会，具有组织协调和成本控制能力。大学应重视课程体系和教学内容改革，适应创新人才培养需求；重视校园文化建设，让学生切身感受创新的大学氛围；教师更应该勇于创新，争做大学生创新教育的楷模。

【Tips】

亲爱的同学们，大学生创新活动除了学校的学习教育活动，还可以结合各自的专业特点参加各级各类创新大赛！

挑战杯课外学术科技作品竞赛是影响相对较大、综合性较强的大型赛事，除此之外的赛事还有许多。比赛不是目的，但通过赛事活动可以锻炼大家的科技创新能力和水平，为今后无论走向学术创业还是非学术创业都打下良好的基础，收获许多通向未来成功的种子。创意无垠，创新无界。

各类创新计划赛事：

全国大学生基因应用创意大赛

ABB大学生创新大赛（ABB机器人创新挑战赛）

3DDS’全国3D大赛

全国大学生节能减排社会实践与科技竞赛

全国大学生物联网设计竞赛

全国大学生信息安全竞赛

ACA 全国大学生创新竞赛

MDV中央空调设计应用大赛

全国大学生智能互联网创新大赛

华为杯中国大学生智能设计竞赛

施耐德电气绿色能源全球创新案例挑战赛

“互联网+”大学生创新创业大赛

……

切记：每年每项举办的时间与形式都有所不同，你要积极关注与你相关的赛事，积极参加，会取得意想不到的收获。

扩展阅读 2–7

TRIZ理论

TRIZ 理论翻译为“发明问题解决理论”。它是前苏联科学家根里奇·阿奇舒勒（G. S. Altshuller）在 1946 年创立的。他也被尊称为 TRIZ 之父。

1946 年，阿奇舒勒开始了发明问题解决理论的研究工作。当时他在前苏联里海海军的专利局工作，在处理世界各国著名的发明专利过程中，他总是考虑这样一个问题：当人们进行发明创造、解决技术难题时，是否有可遵循的科学方法和法则，从而能迅速地实现新的发明创造或解决技术难题呢？答案是肯定的！阿奇舒勒发现任何领域的产品改进、技术的变革、创新和生物系统一样，都存在产生、生长、成熟、衰老、灭亡，是有规律可循的。人们如果掌握了这些规律，就能能动地进行产品设计并能预测产品的未来趋势。以后数十年中，阿奇舒勒穷其毕生的精力致力于 TRIZ 理论的研究和完善。在他的领导下，前苏联的研究机构、大学、企业组成了 TRIZ 的研究团体，分析了世界近 250 万份高水平的发明专利，总结出各种技术发展进化遵循的规律模式，以及解决各种技术矛盾和物理矛盾的创新原理和法则，建立一个由解决技术，实现创新开发的各种方法、算法组成的综合理论体系，并综合多学科领域的原理和法则，建立起 TRIZ 理论体系。

TRIZ 理论的核心思想主要体现在三个方面。首先，无论是一个简单产品还是复杂的技术系统，其核心技术的发展都是遵循着客观的规律发展演变的，即具有客观的进化规律和模式；其次，各种技术难题、冲突和矛盾的不断解决是推动这种进化过程的动力；第三，就是技术系统发展的理想状态是用尽量少的资源实现尽量多的功能。

20 世纪 80 年代中期前，该理论对其他国家保密，80 年代中期，随一批科学家移居美国等西方国家，逐渐把该理论介绍给世界产品开发领域，对该领域产生了重要的影响。

21 世纪，每个国家都不可能离开全球市场而独立发展，在经济全球化的趋势下，就必要在激烈的市场竞争中求生存，而成功生存的法定就在于创新。TRIZ 理论正可以帮助我们实现发明创新的夙愿。

—资料来源：
→http://baike.baidu.com/

思考与实践

1. 结合你的专业，设计一项创新科研计划，并征求专业老师的意见。
2. 如果和光线一起旅行，你会看到什么？和你的朋友们谈谈你的想法。
3. 约上你的朋友们一同观看纪录片《创新之路》，谈谈关于创新的话题。

第三章

我们眼中的“创业”

◥学习目标

·理性认识创业和大学生自主创业

·了解创业的基本过程和要素

·掌握创业精神的内涵

第一节 理性认识创业

有博友曾在微博里征集大家对“创业”的理解和看法，给“创业”下个定义。从众多微博网友的留言中很容易看出——“仁者见仁，智者见智。”不妨我们来看一看：

创业是做自己
创业是一种精神
创业是历练和修行
创业是一种生活态度
创业是改变，是创新
创业是无中生有
创业是坚持和勇气
创业是实现自我价值
创业是谋生手段
创业是创造财富
创业是整合资源
……

创业到底是什么？我们又该如何认识创业？其实，我们可以把创业看做一种特殊思维模式。面对有限的资源，利用自己的“智商”“情商”和“胆商”，聚焦于发现和创造机会，而不受限于资源的困乏。作为一种活跃而有效的经济形式，近两年来，创业呈现出健康的发展态势。但是，即使环境有利，创业仍需坚持冷静、理智、平和的心态，拒绝狂热的冲动。

◥案例 3–1

◥案　例 3–1

郭敬明和他的小时代

郭敬明之所以被称之为出色的创业者，是因为相比于其他同龄创业者，他的创业行为更符合社会发展的需求，更符合这个时代的标签。他准确定位用户群体——高中生、大学生以及初入社会的年轻人；掌握年轻人的心理诉求；采取泛娱乐化战略，以多种形式打造一个全方位的娱乐标签；展开仪式感的营销，“首映嘉年华”活动把单纯的“看电影”包装成一个盛大的Party，鼓励影迷们盛装到电影院参加活动。从文化创意产业发展的视角来看，他是以互联网为载体，利用“粉丝经济”的口碑效应，满足年轻消费者需求的供给侧创新典范，是创新商业模式的成功者。

→资料来源：
→根据网络资料整理

郭敬明，这个伴随着 80 后成长的名字，如今他的小说也影响着 90 后，并开始被 00 后所喜爱，我们在这里不评判他的文学水平和导演水平，单以一个创业者的身份来看，他是极其成功的。

郭敬明大学时期便开始创业，他常年霸占着中国作家收入排行榜榜首，他在大学时便成立“岛”工作室，出版一系列针对自己小说受众的期刊，而后成立柯艾文化传播有限公司，逐渐建立起自己的商业版图。

而且，以今天各个期刊纷纷转型产业链服务来看，郭敬明早在 2005 年就察觉了这一点，从那时起他就为刊物读者提供“立体服务”，例如，推出音乐小说《迷藏》，推出小说主题的写真集，拍摄《梦里花落知多少》偶像剧，在青春读物的基础上打造了一条属于自己受众的文化消费产业链，开始深耕产业布局。而今，郭敬明已经用自己的小说《小时代》拍出了电影，第一部便直奔 5 亿的票房……

知乎上有人这么描述郭敬明，“其实中国的年轻人并没有什么本质的变化。对于大学和社会的幻想，对于爱情和成功的畅想，对于华服美食的渴望，是每一代中学生的必由之路。真正重要的其实仍是郭敬明本人。他或许是中国这二十年来唯一一个认真去满足上述需求的作者”。真正伟大的创业者是怎样的？——满足大众的需求。

一、理性认识大学生自主创业

大环境的变化，催生了“大学生创业者”这样一个用激情与理想博弈现实的群体。“创业不仅仅是遥远的梦想”这句话已回荡在众多中国高校校园中。大学生以智力和科技实施的创业活动，使大学生创业成为一种可能，并形成了一种新的择业趋向，它不仅使科技与生产力直接相连，而且加速了科技成果的物化过程，能为社会提供更多的就业岗位。然而，大学生尚未完全深入社会，社会关系简单，创业想法单纯，并且没有足够的经验，往往导致了创业的成功率不高。

在你的身边很可能就有这样的“风云人物”：兄弟院系的几位师兄，合租了校园周边的小店面，利用课余时间接受光盘刻录、网页制作等业务，另外还兼营电脑耗材销售和简单维修；某校“打工皇帝”大学期间凭借在网络公司做兼职，积累了十几万的原始资金，还未毕业就与朋友合伙在校门外开起了酒吧……也许，不是每个人都梦想着通过创业获得大众眼中的“成功”，成为媒体宣传的“青年企业家”“财富新贵”，但是，自主创业的确有它特殊的魅力，掌舵事业、生活方向的成就感和满足感吸引了越来越多的大学生以一种“初生牛犊不怕虎”的精神投入其中。所以如果你怀着创业的梦想，请保留心中这份悸动，努力做好创业的准备。

> **“由于历史的原因，率先形成生产中心的地区，将会吸引更多的生产商”**
>
> ——保罗·克鲁格费

对于当下大学生毕业创业的现象，尽管国家和政府出台了一系列关于鼓励大学生自主创业的优惠政策，可是大学生创业者自身条件的不足，使得很多的创业投资石沉大海。为此，对于大学生自主创业的现状和困难，必须有一些基本认识。

1. 薪资底线与收入期待普遍较高

麦可思调查结果显示，大学生创业者是一批对收入有更高期待的人群。就本科生而言，收入期待高于同届毕业生约62%，而通过创业他们的收入确实高于受雇的同届毕业生。赚钱是影响大学生创业的最重要因素。

2. 创业教育效果有待提高

2015年11月，东北师范大学发布的《中国大学生就业创业发展报告》显示，只有12.78%的大学生创业者主要从创业课程获取创业知识，多数大学生创业者未接受过系统的创业教育。让创新创业课程走进所有高校，适合全体学生，有效促进学生创业，仍有很长的路要走。

3. 受到“天时”“地利”“人和”各方困扰

（1）“天时”的约束。一方面，大学生创业教育相对简单、肤浅，相关创业优惠政策尚未完善落实；另一方面，目前大学生毕业直接创业，风险较高，也很难得到家庭的信任和支持。

（2）“地利”的不足。目前，大学生创业项目多数处于极低水平，相对单一，缺乏竞争力，多数项目处于竞争激烈的红海，具有颠覆性的创新项目非常稀有。从规范性来讲，项目缺乏缜密的论证，多是基于创业者偶然的灵感和简单的想法，难以真正落地。

（3）“人和”的缺陷。当下的大学生无论是思维的敏捷，还是视野的开阔，都远远超过上一代人。然而，创业不是做学问，不是坐而论道，它需要经验，需要较好的协调能力，需要较强的团队意识。在这些方面，大学生的差距也是较为明显的。正如俞敏洪所说，现在孩子大多是独生子女，作为一个大学毕业生来说，他们的人生经验、人与人之间的相处能力和对于行业的了解、容忍度等都是不够的。

4. 部分创业动机不纯

动机决定了投入程度。有些创业者着眼于大学生创业政策支持和资金扶持，而把自主创业当成了解决就业问题的救命稻草。持有这种思想的创业者是有问题的、不成熟的，难以支撑完成整个创业项目周期。

以上对大学毕业生自主创业的分析，不是一味否定大学生自主创业的意义，更不是在反对大学生大胆自主创业，而是提醒大学毕业生们在创业之前，需要更多的对行情、自身素养和社会的熟知。

二、了解创业过程模型

创业，需要经历一个从无到有、创建自己的事业的过程，系统性较强，环环相扣。在这期间，从产生创业想法到设立新创企业并获取回报，涉及甄选商机、组建团队、寻求融资、市场调研、周密计划、工商注册、经营管理等环节，综合来看，就是杰弗里·蒂蒙斯于1999年在《新企业的创建》（*New Venture Creation*）一书中提出的创业过程模型，如图3-1所示。

蒂蒙斯教授认为，成功的创业活动必须对机会、团队和资源三者进行最适当的匹配，并且还要随着事业的发展而不断进行动态平衡。创业过程由机会启动，在创业团队组建之后，就应该设法获得创业所必需的资源，这样才能顺利实施创业计划。

创业的核心是发现和开发机会，并利用机会实施创业。因此，识别与评估市场机会是创业过程的起点，也是创业过程中的一个关键阶段。资源是创业过程不可或缺的支撑要素，为了合理利用和控制资源，创业者往往要制订设计精巧、用资谨慎的创业战略，这种战略对创业具有极其重要的意义。而创业团队则是实现创业这个目标的关键组织要素。

在创业过程模型中，机会、资源和团队这三个创业核心要素构成一个倒三角形，创业团队位于这个三角形的顶部。在创业初始阶段，商业机会较大，而资源较为稀缺，于是三角形向左边倾斜；随着新创企业的发展，可支配的资源不断增多，而商业机会则可能会变得相对有限，从而导致另一种不均衡。创业者必须不断寻求更大的商业机会，并合理使用和整合资源，以保证企业平衡发展。机会、资源和团队三者必须不断动态调整，以实现动态均衡。这就是新创企业的发展过程。

在创业过程中，由于机会模糊、市场不确定、资本市场风险以及外部环境变化等因素经常影响创业活动，致使创业过程充满了风险。因此，创业者必须依靠自己的领导、创造和沟通能力来发现和解决问题，掌握关键要素，及时调整机会、资源、团队三者的组合搭配，以保证新创企业顺

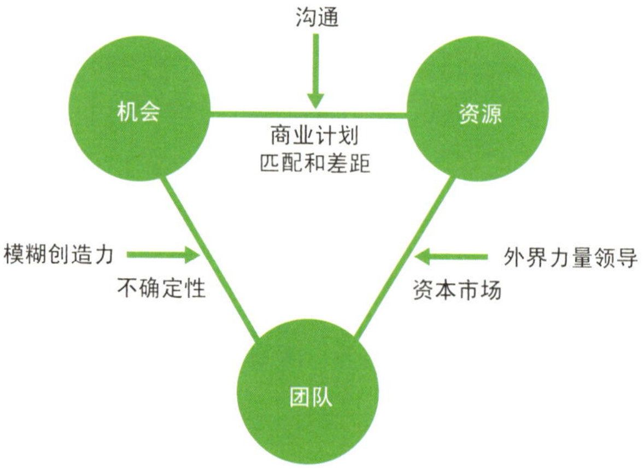

图3-1 创业过程模型

利发展。

也就是说，创业过程是由机会驱动、团队领导和资源保证的；创业过程依赖于机会、资源和团队这三个要素的匹配和平衡；创业过程是连续的寻求平衡的行为组合。任何创业活动，三要素都是缺一不可的。创业长久之道，就是动态把握创业过程，抓住创业过程关键点，踩准创业节奏。

我们需要从这个创业活动模型中明确几个要点：

1. 创业过程中“团队”为何如此重要

创业的第一要素是团队。在三要素中，只有团队是由能动性的“人”组成的要素。三要素的平衡与匹配，需要“人”的活动才能实现。“人”决定着机会的识别与开发，决定着资源整合与平衡匹配，管理并制约创业活动的进程。没有“人”，创业活动就不会发生；没有要素匹配的“人”，创业活动就不可能成功。

2. 创业成功率为何那么低

该理论主要阐明的是创业的必要条件，而非充分条件。成功，意味着诸多主客观条件都具备的情况下的自然结果。创业成功，不仅要求具备三要素，还要求三要素的平衡匹配，甚至要素之外的很多因素都必须具备和相辅相成。创业过程中要可达成并维持这样的平衡系统才能成功，而这样的状态和结果绝非易事。无论多“牛”的创业者或创业公司，在创业过程中，都可利用这个模型指导自己在不同创业阶段的主要任务，分析并制订企业创业的战略规划。

3. 找个适合的创业项目怎么那么难

创业机会和创业项目是客观存在的。问题在于这些创业机会或项目，是不是你能发现，是不是你想选择并看重，是不是你拥有基本资源，是不是能平衡三要素的关系来启动创业活动。人的资源优势是有限的，人的价值判断是有选择性的，三要素都具备并匹配的创业机会是非常少的。

4. 创业活动始于创业机会

是机会在先，还是创业者在前呢，还是都有可能呢？这个问题被很多学者争论过，根据蒂蒙斯创业过程模型，很容易得出答案：商业机会是核心驱动力，是创业活动的前提。

创业者需要学习创业知识，了解创业规律，积累创业经验，规避创业风险，才能提高创业成功率。◥案例 3-2

◥案　例 3-2

看“三只松鼠”如何把握创业过程

安徽“三只松鼠”电子商务有限公司成立于 2012 年，是中国第一家定位于纯互联网食品品牌的企业，是当前中国销售规模最大的食品电商企业，也是食品行业人和产业投资者关注的焦点企业。该公司创业四年来，成功逆袭传统销售企业和同业电商，成为坚果行业的一匹黑马。

“三只松鼠”品牌一经推出，立刻受到了风险投资机构的青睐。2012 年 3 月，获得 IDG 资本 150 万美元 A 轮投资；2013 年 5 月，获得今日资本 600 万美元 B 轮投资；2014 年，再次获得今日资本、IDG 资本两家境外基金第三轮 1627 万美元（折合 1.2 亿人民币）天使投资；2015 年 9 月 16 日，获得峰瑞资本（FREES FUNDD）第四轮 3 亿元人民币投资。一家成立仅四年多的公司，其坚果系列已位居全网销量第一，2015 年收入达 25 亿。“三只松鼠”在线上用不到三毋庸置疑，“三只松鼠”的未来，一定是慢食快活的休闲食品品牌。“三只松鼠”之所以能够成功获得大量投资，与其选择的商业机会和组建的创业团队是分不开的。当然，“三只松鼠”品牌初长成，在强大的互联网面前，还是很脆弱的。品牌只是外功，产品才是本质。不同的创业阶段会有不同的重点，须把握好三要素的动态搭配。

年的时间完成了线下至少需要十年才能完成的事情。

“三只松鼠”为何频频受到风险投资机构的青睐？又是凭什么能取得如此骄人的业绩？是什么支撑“三只松鼠”快速跨越生存阶段、公司化阶段而步入集团化阶段？

如果做模型推演，“三只松鼠”的成功主要源于以下两点：

抓住“蓝海”商机

坚果类市场是个“红海”市场，但是碧根果（“三只松鼠”的主打产品）是个“蓝海”市场。所以，“三只松鼠”选择碧根果作为主打，是有深刻动机的。

“三只松鼠”对应的受众主要为办公室一族和宅人。他们购买坚果的本质需求是给这个无聊或者忙碌的下午添一点滋味，次级需求是满足口腹之欲和补脑强身。从这个需求点出发，他们最重视的不是价格便宜，而是不要给自己带来不愉快。买着太累，不愉快；坏的太多，不愉快；包装太蹩脚，不愉快；外壳太硬，不愉快；吃完了手太脏，不愉快；壳没处扔，不愉快……他们希望一点不愉快都不要有。他们希望淘宝上有这么一家坚果店，看见它的招牌，就尽管去买，而不用担心这个担心那个。

强大的团队与另类的管理

“三只松鼠”拥有强大的电商团队。2012年2月1日，“松鼠老爹”章燎原发布第一条微博求贤令，开始为三只松鼠招纳有志之士。章燎原挖了很多人才，囊括了电商的各个方面。这是他崛起的第一前提：再好的设想、战略，没有靠谱的人去实施，那就等于空气。

当外界还在质疑三只松鼠时，章燎原便在微博上炫耀自己的团队：“我的团队由一群具备独特能力的粉丝组成，我相信假以时日，他们会成为中国最好的。”其团队的特色：这个“疯人院”里不设部门而设岗位；不设立过多领导岗位，而多设立专业性岗位；多培养大师级人物，少培养管理类人物；组织架构足够扁平，岗位发展多给空间，自然形成内部竞争与协作的氛围。

“三只松鼠”的管理也别具特色。在“三只松鼠”，大方向和小细节都抓得很好。大方向是，抓评论、抓客户回馈；细节则体现在平面设计和客户体验全流程。

→资料来源：
→根据网络资料整理

第二节 发扬创业精神

一、"魂"——创业精神

（一）基本内涵

什么是创业精神？同"战略""商业模式"等词汇一样，"创业精神"的涵义并不固定。熊彼特将创业精神看做是一股"创造性的破坏"力量，创业者采用的"新组合"使旧产业遭到淘汰，原有的经营方式被新的、更好的方式所摧毁；米勒认为创业精神不仅指创业者的个性特征，也可以指企业的行为特征；霍华德·H·史蒂文森教授是哈佛商学院创业研究领域的教父，他将创业精神定义为：追寻现有资源范围以外的机遇；管理学大师彼得·德鲁克将创业精神描述为是一个创新的过程，在这个过程中，新产品或新服务的机会被确认、被创造，最后被开发来生产新的财富。

从以上可以看出，虽然对创业精神内涵阐述的表现形式各异，但都蕴含了共同之处。创业精神是指创业过程中形成的，同时又为创业提供动力和支持的人的一种潜质和人格，它体现创业主体的人生观和价值观。◥案例 3–3

（二）基本特征

创业精神具有以下几方面特征：

1. 高度的综合性

创业精神是多种精神特征的综合体，诸如创新精神、拼搏精神、进取精神及合作精神等都是形成创业精神的特质。如果你及你的创业团队在这方面有所欠缺，则需要重点培养和提升。

2. 三维整体性

无论是创业精神的产生、形成和内化，还是创业精神的外显、展现和外化，都是由哲学层次的创业思想和创业观念、心理学层次的创业个性和创业意志、行为学层次的创业作风和创业品质等三个层面所构成的整体，缺少其中任何一个层面，都无法构成创业精神。见表 3-1。

3. 超越历史的先进性

创业精神的最终体现就是开创前无古人的事业，创业精神本身必然具有超越历史的先进性，想前人之不敢想、做前人之不敢做。无论是技术创新、商业模式创新还是制度创新，你都应该努力做到这一点。

（三）四大要素

很多大企业家在创业初期，借着在街边售卖饮料、在车库里生产些小玩意，逐步培养起自己的经商技能。好像每一位成功的大人物都是为了商业而生的，从乔布斯到马云、刘强东、李书福等，无不如此。

那么，这些企业家到底有哪些与众不同之处？是什么令这些人能够充满自信地积极面对失败挫折，先人一步达成自己的目标？根本原因是他们具有自己的创业精神。既然创业精神如此重要，行动起来，你可以通过以下四种力量来构建企业家精神。

1. 激情——成功创业的内在动力

成功创业者共有的特征是他们都充满了创业激情，这种激情来自于创业者认为他

表 3–1 创业精神的三个层次

创业精神层次	内容
哲学层次	创业思想和创业观念
心理学层次	创业个性和创业意志
行为学层次	创业作风和创业品质

案　例3-3

浙商：“草根”的传奇创业精神

浙商的草根气质和创业精神对整个浙商群体来说，都至关重要，这一点早已被一系列成功浙商的实践所证实。

→资料来源：
→http://www.cyzone.cn/a/20100507/149960_4.html

在中国的企业家群体里，浙商是一个独特的存在。如果没有他们赖以成长的草根意识和创业精神，那么在这一代浙江商人中将不可能走出伟大的企业和真正的企业家。

在人才辈出的浙商群体中，宗庆后无疑是个标志性人物。身为草根，以草根精神去创业；注重买卖，以买卖的原则去开拓市场；看重家族血缘，以家长作风去治理企业——不管这些理念在一个全球化时代可能给企业带来多么巨大的风险，但这并不影响宗庆后把娃哈哈塑造为妇孺皆知的一个中国品牌。

宗庆后的俭朴和霸气是出了名的，他所坚持的那些商业理念似乎从未改变。在宗庆后看来，娃哈哈能够在开放最早、竞争最充分的饮料市场独树一帜，很大程度上得益于自己对这些理念的默默坚守。宗庆后今天所拥有的成就很少有人能望其项背，但他的商业实践在庞大的浙商人群中并不是独一无二的，类似的“草根”随处可见。万向老板鲁冠球曾经是打铁的，正泰老板南存辉曾经是修鞋的，被称为东方好莱坞的——横店影视集团老板徐文荣曾经是种地的，饰品大王周晓光曾经则是一个走街串巷的女货郎。相同的草根出身，相同的创业精神，相同的经营理念——在过去的 30 年中，使越来越多的浙江商人因此走向成功。

站在浙江这块土壤上，宗庆后对身边的各种商业实践总是能够一针见血：做企业、做市场，就是解决一个“卖”字，解决一个“买”字，这两个字解决好就行了。事实上，宗庆后的这一观点一直就被成千上万的浙商所践行、所印证，他们卖水、卖鞋子、卖服装、卖五金、卖塑料、卖纺织品，在这里一切都围绕着买和卖，区别只在于各人所达到的境界不同。即便是在新经济中脱颖而出的马云、陈天桥等这些浙商，在互联网产业热潮最为汹涌的年头，也坚持不靠天花乱坠的商业故事去吸引投资，而是像卖鞋子、卖袜子那样挨家挨户上门推销他们的互联网产品和创新服务。这也就是为什么当中国不计其数的互联网公司都销声匿迹的时候，马云的阿里巴巴、孙德良的中化网和网盛公司却能够迅速壮大，并赢得全球客户的信赖和尊重。“我们永远不能失去的就是这种创业精神。”孙德良的解释可谓一语中的。

的企业将积极地影响人们生活这种信念，也来自于创建企业王国的雄心壮志。仅有激情无法成功，但缺乏激情也同样如是。假如你有很好的机会和坚实的团队，但却没有燃烧的激情和愿景，事情很容易就会变得一团糟。◥案例 3–4

20 岁时，戴比 · 菲尔兹几乎一无所有。作为一个年轻的家庭主妇，她毫无商业经验，但她拥有绝佳的巧克力甜饼配方，并梦想全世界的人都能分享到。1977 年，菲尔兹开设了自己第一家店 Mrs. Field' s，尽管很多人认为她仅靠卖甜饼无法将业务维持下去。菲尔兹的果断决定和雄心壮志使得小小甜饼店变成了一家大公司，如今公司已经有 600 多个销售点遍布美国和其他 10 个国家。

创业激情解释了为什么人们舍弃安定的工作而去创建自己企业；为什么许多亿万富翁有了财务保障后还在不停工作；为什么许多初创企业在激烈竞争中能兴旺发达。因为，创业者愿意长时间工作，全身心付出直到企业成功。

在此，有必要提示：创业者应该具有激情，但他不应该太过乐观。如果认为只要有激情就无所不能，那是非常错误的。对商业创意具有热情很重要，但理解创业的潜在缺陷和风险也很重要。创业者应该明白，只有当激情与技能相一致并用于合法商业机会时，才能把握最有效的商业创意。

激情并非成功的唯一要素，但要想在缺乏激情的情况下打造成功的公司会更为困难。如果你能把工作和激情并在一起，会在创业路上获得更多快乐与收获。

2. 自信——成功创业的心理支柱

创业过程充满各种挑战和困顿，积极的正面思考是创业者应具备的素质。对创业者而言，信心贵于黄金。亚马逊（Amazon.com）创始人杰夫 · 贝索斯非常清楚积极思考的能量，他以“每个挑战都是一次

◥案 例 3–4

缺乏激情导致企业失败

照片保管网创建于 2006 年，是一家提供在线照片备份服务的企业。公司采用全自动运行，这意味着你一旦下载了软件并设置好选项，它就会自动为你备份照片而不需要人为介入。而大多数照片共享网站，比如 Flickr、Zooomr 等，需要用户手工上传照片。照片保管网在允许用户浏览、展示和操作照片方面，也为用户尽力着想。企业的顾客满意度排名很高，CENT 网称它是“最佳照片备份网站”。然而，在 2007 年年底，公司创建者关闭了该网站。到底发生了什么事呢?

照片保管网在技术上很优秀。尽管照片存储市场竞争激烈，但公司拥有鲜明的产品特色与满意顾客。按照公司共同创建者克里斯 · 肖的说法，企业失败的原因有三方面。第一，照片保管网积极寻求百思买连锁的合作，希望将它的存储服务特许给百思买公司经营，或将服务与百思买公司产品进行捆绑销售。尽管公司获得了积极反馈，但没能形成决策。第二，照片保管网没能像预料的那样快速成长。肖及团队成员最终明白，人们说自己关心什么，并不意味着会为此花钱。第三，肖承认，他及其管理团队对运营在线存储公司感到厌倦。

尽管公司失败还有其他因素，但肖再次提到，“我们学到的最大教训是：做那些让你激情澎湃的事情。在创业领域，如果你感到厌倦，你就只有死亡”。

→资料来源：
→根据网络资料整理

机会”为座右铭，把一家很小的互联网创业公司发展成全球最知名的互联网公司之一。

亚马逊于 1995 年 7 月正式启动，两个月内就轻松实现每周 2 万美元的销售额。20 世纪 90 年代末，互联网公司纷纷倒闭，亚马逊的股价也从 100 美元降至 6 美元。雪上加霜的是，一些评论家预测，美国最大的书店巴诺（Barnes & Nobles）启动在线业务，这将彻底击垮亚马逊。紧要关头贝索斯挺身而出，向外界表达了乐观和信心，针对批评言论，他还一一列举公司的积极因素，包括已经完成的和准备实施的。贝索斯带领亚马逊不断壮大，出售从图书到衣服、玩具等各种商品。今天，亚马逊年度营收已超过百亿美元，这很大程度上要得益于贝索斯的积极思考。

3. 领导力——成功创业的必要基础

创业不是一个人在战斗，创业是一种领导过程，是一个感召团队为共同愿景而努力奋斗的过程。

360 创始人周鸿祎说：“我跟马云是有差距的。如果比懂技术、懂产品，可能马云不如我。但是他可能更懂领导力，更懂人性。所以马云可以驾驭更大的事业。”马云认为，领导力的最后实力在于勇气和坚持。真正的将军是在特别的时候才看得到的将军。大败敌军，掩杀过去的时候，这个将军的勇气和领导力你是看不出来的。撤退的时候才看得出来谁是优秀的将军。撤退的时候，在压力面前、在诱惑面前，要敢于做到理想不减。

4. 适应力——成功创业的必备能力

抵抗风险、乐于尝试创新，以及迅速增长、快速抓住机会的能力体现着一个公司的适应能力。绝大多数创业者在自己的创业之路上失败，是因为他们的适应能力太差，他们不会根据客户要求，市场现状等实际情况进行灵活改变。所以，首要的一件事，是你要去适应，而第二件事，则是需要你快速适应。

身为一家初创公司的领导，一名创业家，你需要有能力快速做出决策，而且在必要的时候，能够灵活改变决策。没错，在起步的时候，你可以做一个规划，但是，千万不要太过依赖规划。实际上，绝大部分初创公司在发展中间阶段，都会彻底改变自己在成立之初时的全部规划。

具备适应能力是创业者应具备的最重要的特质之一。每个成功的创业者都乐于改进、提升或按照客户意愿定制服务，以持续满足客户所需。Google 创办人拉里·佩奇（Larry Page）和谢尔盖·布林（Sergey Brin）更进一步，他们不仅对变化及时反应，还引领发展方向。凭借众多新创意，谷歌不断引领互联网发展，将人们的所见所为提升到一个前所未有的新境界拥有这种先锋精神，也无怪乎谷歌能跻身最强大的网络公司行列。目前，Google 除搜索引擎之外，还涉猎自动驾驶汽车、手机操作系统、电子商务、电子支付、无人机等领域。

二、积极投入到创业中去

（一）发扬精神，勇于创业

青年处于创新创业的活跃期，大学生是“双创”的主力军。当中国企业界“大咖”如马云、史玉柱、马化腾等纷纷走过中年，许多张青春面孔早已蓄势待发。在各种青年企业家榜单上，新人辈出是不变的主调。这群成功创业的青年虽然有着不同的梦想，但都有着相似的激情、奋发向前的创业精神和令人期待的未来。

成功的定义没有唯一，人生的真意并非成功一种。创业不是就业的唯一途径，但却是实现自我梦想、点燃青春火焰和丰富人生体验的重要途径。最珍贵的不是青年创业者的创富指数，而是他们勇于创新的进取精神和敢于挑战的奋斗激情。

我国的大学生创业者的比例也在逐年递增。2015届大学毕业生自主创业比例达到了3%，人数高达20.4万人。国家的利好政策推力和通过创业教育培养起来的“创业基因”开始显现力量，大学生自主创业的质量在提高。

中国经济的发展需要越来越多的青年创业英雄，需要越来越多的具有创新获活力的创业企业。相信在不远的将来，创业精神的力量会帮助越来越多的个人和企业，乃至整个国家和地区在21世纪竞争的时代走向成功和繁荣!

（二）掌握方法，尊重规律

创业有方法吗？成功有规律吗？无数人梦寐以求想得到创业的方法和成功的规律。实际上，创业的确是有方法的，成功也确实是有规律的。创业的方法就在于摸清事物本身的规律，正确做出判断，并付诸实践。作为创业者，要综合直接和间接经验，做出正确决策，合理调配各种资源，把握“天时、地利、人和”，使创业取得最佳效益，从而成就一番事业。

对于大学生，创业意愿强烈，但由于缺乏实践经验和社会经验，通过创业教育，无疑是掌握创业规律和方法的高效路径。在大学校园中，对创业教育的重视日益显著。现在，美国有80%的大学和学院开设创业课程，它反映了创业教育在美国的普及范围。2015年12月，我国教育部发布了《关于做好2016届全国普通高等学校毕业生就业创业工作的通知》，要求从2016年起，所有高校都要设置创新创业教育课程，对全体学生开发开设创新创业教育必修课和选修课，纳入学分管理。

（三）不怕失败，坚忍不拔

因为创业天然充满冒险与不确定，失败率自然会很高。开发新事业的过程有点儿类似于科学家在实验室中经历的情形。例如，在发现满足特定目标的最佳组合之前，化学家必须试验很多种化学品组合。正如在获得成功之前，开发新的商业创意需要调研、试验与调试。挫折与失败在这个过程中不可避免，坚忍不拔的品质就尤为重要。

在企业初创阶段，没有什么事情是按照计划进行的，程序化的事情很少，决策则无处不在。而且，创业者在初始阶段会遭受众多的拒绝，创业者的新奇想法与他人现有的知识体系也往往是相悖的。另外，创业阶段要不可避免地遭遇各种竞争，今天认为理所当然的技术，创业初期可能被当做没有前途的发明。如果说成功的创业者有什么过人之处，那就是他们的坚定不移、坚忍不拔。

创业，是从无到有、从创业者到创业家、从被动到主动的过程，是人生的挑战和升华。显然，创业的人要承担更多风险，要为自己的判断承担责任。摸索到创业成功的方法并不容易，甚至要经历很多磨难。一个成功的创业者必须能够承受起事业的挫折和低潮，只有经过锤炼的创业者，才能够寻找和总结出成功创业的方法。

扩展阅读3-1

> **“弄清何事可为、何事应为，就会找到出路”**
>
> ——亚伯拉罕·林肯

扩展阅读 3-1

拿破仑·希尔的17条黄金定律

1883 年，拿破仑·希尔出生在一个贫寒之家，他的父母从小就教育他去做好每一件事情，并激励他去获得成功的方法。他在 18 岁上大学时，为一家杂志社工作，有幸采访了人际关系学家戴尔·卡耐基。从此，他应卡耐基之邀，配合这位可敬的导师从事对美国成功人士的研究工作，他访问了福特、罗斯福、洛克菲勒、爱迪生等 504 位成功者，并对他们进行了深入研究。20 年间，他获得了博士学位，并完成了具有划时代意义的八卷本的《成功规律》一书。该书归纳出了很有价值的 17 条黄金定律，该定律涵盖了人类取得成功的所有主观因素，使成功学这门看似神秘的学问变成了具体的、可操作的法则。轮船大亨罗伯特·达拉认为，他如果 50 年前学到这 17 条黄金定律，可能只需要一半的时间就能取得当时的成就。拿破仑·希尔的 17 条黄金定律如下：

第 1 条 保持积极的心态

第 2 条 要有明确的目标

第 3 条 多走些路

第 4 条 正确的思考方法

第 5 条 高度的自制力

第 6 条 培养领导才能

第 7 条 建立自信心

第 8 条 迷人的个性

第 9 条 创新制胜

第 10 条 充满热忱

第 11 条 专心致志

第 12 条 富有合作精神

第 13 条 正确对待失败

第 14 条 永葆进取心

第 15 条 合理安排时间和金钱

第 16 条 身心健康

第 17 条 养成良好的习惯

→资料来源：
→http://baike.baidu.com/

第三节 知识创新与知本创业

一、创新与创业的关系

（一）创新与创业的融合

1975 年 7 月，当美国微软公司刚刚成立的时候，除了比尔·盖茨、保罗·艾伦和他们的秘书之外可以说是几乎一无所有。然而，凭着比尔·盖茨天才的创新和创业能力，一个引导世界的计算机软件公司诞生了，并在现代高科技企业行列中独领风骚。◥案例 3-5

创业在本质上是人们的一种创新性实践活动。无论是何种性质、类型的创业活动，它们都有一个共同的特征，即创业是主体的一种能动的、开创性的实践活动，创业是一个从无到有的实践。尽管有人认为，创新具有特定的经济学内涵，但是，通过理论或实践创新推出新的认识成果和物质产品，毕竟还是创新实践的标志性内涵，正是在这样的意义上，创业从本质上体现着创新的特质。创业活动与一般成熟企业的管理活动之间最大的区别就在于创业是在一个空白的基础上的起步，它的任务是要创办、建立起一个新的企业；而成熟企业的管理则在于要把已经建立起来的企业做大做强。前者是从无到有，后者则是从小到大、从弱到强。创业正是具有创新特质的实践活动。

创新是创业的手段，创业者只有通过创新，才能使所创的企业生存、发展并保持持久的生命力。创新是创业的基础，创业是创新的载体。创新是对

尽管创新与创业有着各自明确的研究边界，创业也不等于创新，创业则是“新组合”的市场化或产业化的实现过程，而创新与创业有着不可分割的内在联系，并非相互独立甚至对立，创新是创业的源泉，创业的关键在于创新的社会价值得以实现。两者的交集表现为相互交叉、渗透与集成融合。

◥案　例 3-5 博业激光的知本创业故事

博业激光是一个典型的由回乡大学生创办的技术型企业，四名大学生花费近三年研制的激光雕刻切割机已经在中国的市场上崭露头角。就是这个不起眼的企业日后成为了瑞安市第一家“国家软件企业”和第一家新政下的“国家高新技术企业”。博业激光主要的产品属于国家重点支持的高新技术领域：先进制造技术中的激光加工技术领域。公司主要从事激光切割加工技术、激光雕刻技术、激光发生器制造和控制系统技术领域的产品开发和制造。

因为创办者都是搞技术出身，所以确立的以自主创新，自主研发为特色的发展模式就顺理成章了。中国中小功率激光雕刻切割设备具有广阔的市场前景，但是由于国内激光控制系统的落后和应用技术的不完善，中小功率的激光雕刻切割机被进口品牌占据，价格很高，难以普及。设计一套具有完全自主知识产权的高性能的激光雕刻切割控制系统成为公司完成战略目标的重点工作。

当具有完全自主知识产权的博业第一代智能型的“博业激光雕刻切割控制系统”在 7 个月日夜攻关后正式投产时，博业人终于打破了进口产品的技术壁垒，完成了第一次的技术飞跃。

7 年过去了，通过持续的创新“博业激光雕刻切割控制系统”已经过四次换代；激光雕刻切割机也由最初的单一产品发展到现在的八大系列的七十余款产品。博业激光已成为我国激光加工设备制造业骨干企业。

→资料来源：
→中国标识网编辑部 2010-02-01

人的发展总体的把握，创业着重于对人的价值的具体体现。仅仅具备创新精神是远远不够的，它只是为创业成功提供了可能性和必要的准备，如果脱离了创业实践，缺乏一定的创业能力，创新精神也就成了无源之水，无本之体。创新精神所具有的意义，只有作用于创业实践活动才能有所体现，才有可能最终产生创业的成功。因此，思博创新与知本创业要有机融合，相辅相成。

（二）创业与创新的关系

创业离不开创新。创业与创新立足于“创”，“创”是共同点，是前提。“创”的目的是出新立业。创新在于所创之业、产品、观念、机制能不能弃旧扬新，标新立异，没有创新，创业就无从谈起，创新和创业是密不可分的实践活动。

创业过程中，新产品的开发，新材料的采用，新市场的开拓，新管理模式的推行等，都必须有广泛的创新思维作先导，最后，创业才能成功。没有创新思维与创新决策，就无法开创新的事业；没有创业实践，创新意识就无法转化为新的产品，创新就失去了意义。创新不是蛮干，是巧干；不是凭空想象而是源于对知识的掌握，对现实的了解，对事物客观规律的准确把握。创新与创业是相辅相成的，无法割裂的关系。例如，海尔集团之所以能不断、全面、成功地推出深受市场欢迎的小容量洗衣机、变频健康空调、环保节能冰箱、拉幕式彩色电视机等新型家用电器，一个重要的原因就是重视设计为主导，以创新设计为支柱，正确处理技术和创新的关系。同时也考虑到广大消费者在生活中的一些问题，以实用、节能、方便、质量为前提，对旧产品进行重新设计，变革生产技术。所以，海尔集团以创新技术实现了再创业，使他的产品更进一步地打向国际市场。试想一下，如果当时海尔集团没有顺应市场和消费者的需求，没有对产品进行重新设计和技术创新，今天它的企业能做的如此大吗？它的市场能打向国际市场吗？

> **“进行创新时要做好准备，因为每个人都会说你疯了”**
>
> ——拉里·埃里森

创新是创业的源泉，是创业的本质。创新的价值体现在创业过程中把潜在的知识、技术和市场机会转化为现实生产力。在创业过程中需要具有持续旺盛的创新、创新意识，才可能产生富有创意的想法或方案，才可能不断推动新发明、新产品或新服务的不断涌现，寻求新的模式、新的出路，创业可以创造出新的市场需求，创业推动并深化创新，因而提高了企业或是整个国家的创新能力，推动经济增长。韩国三星公司为了巩固公司在行业领域的领先地位，他们在产品设计上经常有突破性的方案，通过创新产品的设计降低成本，同时保持并改善产品整体的可靠性和功能。所以，创新是企业发展和企业再创业的核心。

在现代经济社会中，经济的发展关键在于创新。生产技术的革新和生产方式的变革是经济发展的根本保证。任何一个只有单一品种的企业，随着时间的推移，必然会经历成长、发展、停滞到衰退，只有不断地进行生产技术的革新和再创造，才能永远处于成长和发展的阶段。例如，美国的 IBM 就是通过不断的技术创新而使企业不断发展的。1924 年，托马斯·沃森宣布将公司改名为国际商业机器公司，生产作为会计使用的计算机工具——电动式“打孔机”；1952 年研制出 IBM 第一台存储程序；1960 年，IBM 推出 360 系统；1970 年，推出 370 系统；1980 年，IBM 全球推出 4300 系统的中型主机，并在随后推出 3030

与3090系统。

在经济全球化、信息网络化、竞争国际化的新形势下，创新是创业企业立足于市场的根本保证，是推动创业企业发展的无形力量。一个企业拥有多少创新技术是衡量其发展水平的重要指标，也反映了创业企业的发展水平。在现代经济中，创业企业必须进行有效的科技创新，从而获得自主品牌。企业通过自身的努力和探索产生技术突破，并在此基础上依靠创新能力，系统地推进后续环节，从而达到技术创新成果的商品化和产业化，进而实现技术创新利润和价值的创新活动。通过自主创新进行创业，或进行技术创新再创造的企业有很多。例如，英特尔的实验室为了获得更多的原创创新技术，成立了“Lablet”研究所，并与美国伯克利大学、英国剑桥大学、中国清华大学等多所大学建立了合作关系，进行产学合作研究，参与“Lablet”研究所的大学教授可以休职2~3年进行专职研究。Intel确立计算机硬件与软件平台、通讯和网络、微架构和电路、硅片技术和制造等四个研发目标方向。

总之，创新和创业相互联系，不可分割。只有坚持创新，才能与时俱进，永葆活力；只有坚持创业，才能改变面貌，壮大经济；只讲创业不讲创新，可能是鲁莽草率，盲人害马，违背科学的发展观和正确的政绩观；只唱创新的高调，好高骛远，而不扎扎实实艰苦创业，付诸实践，最终只能坐而论道，失去根基。所以，要想创好业，使所创企业长期发展下去，就必须有创新作为基础，没有创新的企业只会昙花一现，好景不长。大学生创业，更需要有思博的创新，即创新意识、创新思维、创新技能和创新品质，如果没有创新，整个的创业链条就会断裂。创新是创业者实现创业的核心，创业者通过创新实现创业，而且创业者要通过创新实现创业精神，而创业精神即是创业者必须具备的品质，是创业者的一种内在品质，也是创新的一种具体表现。

二、创新成果转化与知识产权保护

（一）创新成果转化

1. 来自英美国家的启示

为推动创新科技成果转化，英国部分大学成立了专门的公司，负责本大学的技术成果商业化工作。如剑桥大学成立的剑桥企业有限公司，对有意愿申请专利的剑桥师生，公司的专业人士会帮助分析有关专利的情况，如有潜在市场，将帮助其准备专利申请材料、提供专利申请费用并帮助联系购买专利的公司；申请者如想成立公司进行专利的商业化运作，公司会提供相应的建议和支持，为创业公司提供种子资金，介绍其他投资机构并与可以提供后续资金的组织建立联系，为高校师生和研究人员的科研成果寻找市场。

英国政府为了促进大学、科研院所的创新科技成果向企业和科技园区内公司转化，制订了一系列支持大学与企业合作的计划。设立大学挑战基金，对研究成果转化为市场产品的最初阶段进行支持；开展“知识转移合作伙伴计划”，鼓励大学与企业合作，促进技术与知识转移；设立新的高校创新基金，3年投资1.4亿英镑，促进地方政府结合本地区的实情，建立大学与企业的创新联系。英国政府推出的系列支持大学与企业合作的举措，促进了大学与企业界的紧密联系，加速实现了大学科研成果的转化，为高新技术产业化提供了技术源泉。

长期以来，美国探索出了一套行之有效的高校创新科技成果转化机制，使高校成为孕育科研成果的主要基地。其中，非盈利性的“大学技术经理人协会”（简称AUTM），是美国高校技术转移领域的大平台。AUTM目前已形成包括350多所大学、研究机构、教学医院、

“所有商品的价值，都是通过劳动实现的”

——卡尔·马克思

政府机构以及数百家公司在内的技术转移“产业—政府—高校”结合网。AUTM会对美国高校的技术转移进行有效的指导和保护，为旗下会员提供包括技术转移领域的调查报告、技术转移专业发展课程、综合培训、同行审议的专业期刊、涉及各领域的知识产权保护专家团等专业的服务咨询。通过会员制，AUTM每年把美国高校内负责技术转移的“技术经理人”，以及社会上与高校技术转移相关的各行业人士聚集到一起，开展交流活动。

AUTM堪称美国高校技术转移的大平台，相应的绝大多数高校、科研机构也设有技术转移的小桥梁——技术转移办公室（简称TTO），专门负责本单位与科研成果转化相关的各项事宜。TTO的主要工作包括：为科研人员的新科研成果申请专利、将专利授权给产业界以促进产生新发明，最终生产普通大众受益的实际产品，然后将技术转移所得收入返回给科研人员，用于进一步研究和教育。TTO与产业界的合作，促进了美国高校的创新科技成果转化，推动了硅谷等以高校为中心的高新技术产业地带的形成。

2. 知本创业

相对于传统的创业，知本创业具有明显的时代特征，它主要表现在以下几方面：

（1）知本创业是知识的“资本运动”

拥有知识是知本创业的首要条件。知识本身不会引来财富，除非加以组织，并以实际的行动计划精心引导，才能达成累聚财富的确切目标。“知识就是力量”，对于创业来说知识只不过是“潜在的”力量而已。只有经过“资本运动”，人们才能将知识转变为创业的知本。

（2）知本创业是一种创新过程

创新对于知本创业者来说具有十分重要的意义。尽管任何创业都需要创新，但是知本创业尤其需要创新精神和创新能力。举世闻名的知本创业家比尔·盖茨就是以创新为依托，创办实业而取得成功的；中关村的王江民也是以研发出“反毒软件”而迅速致富的。从一个个知本创业成功的经验中不难看出，知本创业是一种创新过程，创新是知本创业的灵魂。

（3）知本创业以知本型企业为目标

知本创业可以有不同的追求目标。一般来说，它所追求的长远目标是创办知本型企业，适应知识经济的需要。知本型企业一般具有以下特点：

第一，投入的物质成本较低。知本型企业的“软件”投入占较大的比例，物质资本投入相对较低。

第二，产品或服务具有智能性。一是产品或服务本身有智能，比如里茨卡尔顿饭店集团安装的知识型服务系统，是一个可记录客户喜好、需要并自动把信息传送到世界各分支机构的系统。二是可帮助使用者学习，比如通用汽车公司的计算机辅助维护系统，其最初的设计只是为了帮助新修理工诊断和修理汽车，现在它已成为一个更智能的，可使有经验的修理工完善他们技能的系统。

第三，知本型企业易筹集资金。由于知本型企业是智能型产业，代表未来的发展方向，它有传统产业无可比拟的优势，所以各种资源更易向知本型企业倾斜，使企业在市场资源配置不断变化的过程中获得有利的地位，使它占有的资源市场份额更具优势。雅虎公司短短几年就发展壮大起来是钢铁等传统企业不能与之相提并论的。

第四，知本型企业创办更容易。由于知本型企业中，高智慧是其主要的生产要素，所以创办起来更加容易，而不像传统的企业须有大量的人力、物力、财力投入。

3. 典型的知本创业

（1）科技创业。科技创业，简单的理解是将科技成果转化为创业资本并进行创业的实践活动。创业者在科技创业的实际运行中，一般采用两种途径：其一，自己从事科技创造活动，将获得的科技创造成果（如专利）转化为新产品，在此基础上创办经济实体，进行创业；或者将科技创造成果作为知本入股，与他人合伙创业。其二，引进或者购买他人的科技成果，通过技术创新或者技术改进开发生产新产品，创办经济实体进行创业。

无论采用哪种方式，科技创业都应当充分发掘科技成果的经济价值。有条件的创业者，更要将眼光盯在高新技术的开发利用上，力争在高科技创业方面有所作为。

（2）服务创业。服务属于第三产业。从知本创业的愿望出发，创业者主要是利用智力开展“智业服务”，传统常见的服务公司如策划、咨询、中介等领域的创业公司。

在如今的网络信息时代，中国移动、腾讯、阿里巴巴等中国企业，都已经跻身世界级的企业行列，他们无不是靠中国庞大的消费人群滋养和成长的，在庞大的人口带动下，中国将会形成巨大的内需市场。而这个市场，也会滋养更多创业公司。中国创业的机会和空间更多是在服务业。

（3）文教创业。在新经济时代全面到来的今天，人文教育工作者不仅能够创业，而且还能够创造出辉煌的事业。

• 文化创业

文化艺术产业指通过文艺创作、演出和文化服务等形式，向社会提供文化产品和文化服务的行业。文化艺术行业又可细分为文化娱乐业、文化服务业和媒介文化行业。

• 教育创业

教育活动既是精神产品的生产过程，又是精神产品的传播过程。这是由教育自身的特点决定的。在从事知识传播的社会行业中，最重要的是教育行业。教育产业十分宽广，开设民办学校，开展职业培训，都是有前途的创业之路。在尤其强调“终身学习”的社会里，抓住“终身教育”对于创业者来说等于找到了一座取之不尽、用之不竭的金山。

（二）知识产权保护

近两三年来国内大学生创业热情高涨，怀揣着一份梦想踏上了创业的路途，在这条路上遇到了各种问题，管理、财务、资金、销售等，在这中间最大的问题就是如何保护核心技术、保护自己的成功果实和开发市场并站住脚！对于广大创业或者有志于创业的大学生而言，无论是办企业或者个体户或者是淘宝卖家，对于知识产权的保护都不能忽视，无论是保护技术、保护设计图还是防止侵权或者侵犯他人知识产权（商标等），都需要了解一些知识产权，有助于解决创业初期很多难题，同时通过知识产权还能获得税收优惠和政策支持，吸引投资，或者技术入股转让换来运营的资金，帮助企业迎风起航！

与传统企业相比，创业型公司有很多特点：创始人一般都很年轻；没有很大的家底同时也没有很大的负担；以改变传统行业为己任。另外，创业型公司也有很多的缺点：相比传统企业，市场不是现成的而是需要培养，创业型公司缺乏各种资源；抗风险能力很低。所以，要想超越传统行业企业，创业型公司只有在技术或商业模式上下工夫。创业初期千万不要忽略知识产权保护，在创业初期，如果对知识产权问题没有足够的重视，就可能会给创业公司带来无谓的损失和风险。◥案例 3-6

创新性公司要想解决这个问题，只有一个依靠，那就是：知识产权。知识产权是一种垄断性权利，法律赋予权利人类似物权一样的绝对权，在创业初期，知识产权保护虽然不能马上为企业带来直接的利润，但可以帮助企业避免未来无谓的损失和风险，大家在进行产品研发和业务构建的同时，也要做好早期知识产权的保护。例如，2010年年初，中国知网无意间发现有一家名为“蜂巢网”的网站的经营项目与自己有许多雷同。“蜂巢网”是一位名叫萍萍的在校大学生的创业成果。她观察发现中国知网上的学术论文价格比较低，如果可以获得论文所有权，然后用高价卖出就能赚许多钱。开业后的一年半时间里，她通过转卖论文已经获利6万元利润。然而，中国学术期刊电子杂志社将萍萍告上了法庭，他们声称“蜂巢网”未经许可，复制发行他们的数据库作品，严重侵犯了合法权益。法院在审理后认为，《中国优秀硕士学位论文全文数据库》是汇编作品，依法享有著作权。萍萍将原告的汇编作品题录摘要复制后编入自己的数据库里，放在自己的网站上供人免费检索和查阅，这是侵犯原告著作权的行为，应该承担民事责任。因此，法院判令萍萍赔偿中国学术期刊电子杂志社经济损失费等9.6万元。萍萍的创业精神值得我们学习，但是，她知识产权方面知识的缺乏导致了无谓的损失。

案 例 3-6

深圳朗科：创新专利让我底气十足

朗科状告PNY，是国内企业第一次在境外起诉外国企业侵犯中国企业发明专利权的事件。事实上，激励企业自主创新的一个重要因素就是要有效地保护属于自己的知识产权。

美国东部时间2006年2月10日，深圳朗科公司委托美国摩根路易斯律师事务所向美国得克萨斯州东区联邦法院递交了一纸诉状，将美国PNY科技有限公司告上法庭，要求PNY立即在全美停止生产和销售闪存盘，并且索赔巨额赔偿。

一家中国厂商在美国本土状告一家美国厂商侵犯其发明专利权，这在此前还没有先例。所以，2月16日，当朗科公司在北京召开新闻发布会宣布这一消息的时候，立刻引起各界关注。是什么让朗科具有如此的底气？朗科的负责人说，是不间断的自主创新，是属于我们自己的优势专利。

小小闪存盘专利带动大产业

这一切，均源于小小的闪存盘。

1999年，留学归国人员邓国顺与成晓在深圳创办了朗科公司，并投入500万元用于研发闪存盘。闪存盘是世界上首创基于USB接口、采用闪存介质的新一代存储产品。朗科公司关于闪存盘的全球基础性发明专利——“用于数据处理系统的快闪电子式外存储方法及其装置”，曾在2002年7月获得国家知识产权局授权，该专利填补了我国在计算机领域20年来发明专利的空白，荣获了中国专利特别金奖及中国专利金奖。

凭着这项专利，朗科所发明的闪存盘专利在深圳迅速产业化，仅用两年时间朗科就实现了销售收入从“零”到“亿”的突破。IBM公司曾向用户推荐使用朗科优盘，其后DELL、方正各大电脑厂商开始掀起了一场捆绑销售优盘的热潮。朗科优盘连续3年实现全国销量第朗科作为闪存盘的发明者，作为移动存储领域的技术领跑者，作为中国IT企业向国外企业收取专利费的开拓者，它的成功就是两个字——创新。依托于不断创新的技术，使得朗科在创业这条路上砥砺前行，取得重大的成功。

一，公司业绩增长保持年均300%的速度，朗科成为全球移动存储及无线数据领域的领导厂商。

持续创新增加科技含量

在闪存盘专利的基础上，朗科公司又开始了新的技术创新。

在不断创新的同时，朗科与众多厂家合作，共同促进闪存盘市场的发展，如与三星、IBM、明基等企业建立了长期的合作关系或专利许可合作。此外，朗科公司积极参与国家闪存盘产品标准的制订工作，并作为核心成员被吸收进国家工业与信息化部移动存储器标准工作组，共同进行闪存盘标准的制订。

朗科公司总裁邓国顺表示，知识产权是企业自主创新的灵魂，企业一方面要不断推陈出新；另一方面要加强对自主知识产权的控制力，提高知识产权保护意识和应用能力，只有这样企业才能保持旺盛的生命力。

→资料来源：
→根据网络素材整理

大学生自主创业过程中忽视知识产权作用的现象非常普遍，一方面，是因为高校对知识产权知识的教育比较少；另一方面，是因为学生主观上对知识产权没有引起足够的重视。

那么创业型公司应该怎么办呢？不同创业公司的知识产权保护重点知识产权从分类上看主要包括，线下部分：商标，著作权，专利；线上部分：域名。

首先，时间宜早不宜晚。由于我国注册商标采取“在先注册”保护原则，明白“保护越早，成本越少”的道理。所以建议大家按照“市场未动，商标先行”的原则，确定产品名称后即着手商标查询和申请，不必等到产品上线之后，以便抢占先机。

其次，可以聘请专业的团队来保护公司的知识产权。在商标申请前，找专业的商标代理机构或律所就拟申请的商标做咨询和检索，了解你申请商标是否符合申请要求及是否有其他人已经在该类别注册了相同或近似商标（跨境业务的也需要做境外检索）。如果拟注册商标已被第三方注册，应及时考虑是否更换相关商标，或者考虑从第三方购买该商标（早期购买的价格一般比后续产品已有一定知名度后的购买更有优势）。◥案例 3-7

下面以互联网企业为例说明。互联网诞生那天开始，一直奉行免费原则，只有免费的东西才能得到有效地传播，各大论坛、社区以破解收费软件为己任，互联网上可以得到各种免费的资源，比如音乐、电影、书籍等。当互联网的免费文化遇到我国的山寨文化，技术和商业模式创新很难得到尊重和保护，对于创新性公司来说无疑是最不利的。从品牌塑造的角度来讲，互联网创业企业公司名称、产品或服务名称（品牌）及公司域名最好能够相同或尽可能保持一致，因此线下及线上知识产权保护需要同时进行。互联网创业企业应根据自己业务类型进行有针对性的重点保护，比如以软件开发为主营业务需重点关注：logo的商标保护、icon的著作权保护、自主开发的软件模块及工具的著作权保护、域名保护。以高科技产品的研发制造为主营业务的企业除上述外，还需要关注专利部分的保护。知识产权一般来说包括：著作权、商标、专利。专利：发明、技术应用等。商标：企业logo、贴在商品上的企业标志。版权：设计图、软件源代码、文字、音乐和摄影等。简单地说，自己独立开发的计算机软件可以视为我国《著作权法》保护的作品，商业模式可以通过附加商标的形式来告诉消费者谁才是正宗，革新技术可以申请为专利。通过这三个方面，创业型公司的大部分核心竞争力可以得到保护。

商标和域名是创业初期最先需要着手的，在确定品牌或产品名称时即可以开始做的，毕竟互联网创业企业无论主营业务是什么，都和上述两项知识产权分不开。在创业最初期阶段也许不用马上进行，但在产品上线或销售之前，还是建议请专业的律师事务所或知识产权代理机构进行统筹规划，以避免后续产生不必要的争议或纠纷。著作权和专利则需根据企业实际研发进程判断，建议在可以进行保护申请的最早时点着手办理。扩展阅读 3-2

案　例 3-7

搜狗诉百度输入法专利侵权索赔 2.6 亿元

在互联网市场的激烈“厮杀”中，总少不了知识产权的身影。2015 年 10 月，搜狗公司以 17 件输入法专利权被侵犯为由，将百度公司诉至法院。总计 2.6 亿元的索赔额刷新了我国专利诉讼索赔数额的纪录。

作为输入法软件市场的先行者，2006 年，搜狐公司正式发布搜狗输入法产品，并一炮打响。2010 年，搜狗公司从搜狐公司分拆出来独立运营，搜狗输入法也成为搜狗公司的一张“王牌”。也是在 2010 年，百度公司推出百度输入法，正式进军输入法市场。

2015 年 10 月，搜狗公司以百度公司的百度输入法产品侵犯了其 8 件专利权为由，向北京知识产权法院提起 8 起专利侵权诉讼，索赔 8000 万元。11 月，搜狗公司又针对 9 件专利分别向北京知识产权法院、上海知识产权法院及上海市高级人民法院提起专利侵权诉讼，指控百度公司侵犯其专利权，并索赔 1.8 亿元。

对于此次纠纷双方实力对比，业内人士介绍，从两家公司的专利布局情况来看，搜狗公司在输入法领域的技术研发起步较早，专利申请量较多，具有比较明显的技术优势。百度公司虽然在该领域的技术研发起步较晚，但其近两年的专利申请量呈现快速增长态势。

搜狗公司与百度公司此次在输入法市场上的短兵相接，背后是输入法软件巨大的市场潜力。近年来，输入法软件已经成为除浏览器和即时通讯软件外，我国网民使用最频繁的软件之一。越来越多的互联网企业试图通过打进输入法市场，来增加用户黏性，争夺用户流量。互联网行业作为知识密集型行业的典型代表，知识产权也成为互联网企业在市场竞争中最为重要的“武器”之一。为争夺市场，互联网企业纷纷亮出自有专利在市场中“厮杀”。此次搜狗公司向百度公司索赔 2.6 亿元之巨，更是尽显专利之“利”。

从中国目前国情来看，创业者们不应只看到他们的成功，更应发觉创业过程中哪些不可忽略的因素，例如，开发核心技术，并且进行知识产权保护，尤其是互联网核心技术，如果不进行保护，将在极短时间内被人仿冒、侵权，得不偿失！但是，目前这个状况并不理想，如果创业型公司不注意我国有关知识产权保护的规定，知识产权有可能成为创业型公司的命门。

资料来源：
中国标识网编辑部 2010-02-01

扩展阅读 3-2

大学生创业中不能忘做的三件知识产权大事

如果你是互联网方向的创业者，那么这三个方面都不能忽视：网页编码、APP 源代码、互联网系统或者应用的程序都需要进行软件著作权登记，保护自己的代码不被人复制盗用，进一步保护就需要申请专利，为更好宣传企业，帮助产品更好销售，创业者需要设计一个独特的企业 logo 和注册商标，要不然这份创意就会被人盗用、冒充、侵权，没有进行版权登记或者商标注册的企业 logo 在侵权时是无法提供足够有利证据的。

如果你是做设计的，开工作室的，那么版权登记必不可少，这是国内保护文字、图片、美术、音乐、设计图等作品最有力的防侵权、防假冒工具。近年来，国家版权局不仅对音乐版权严打狠抓，对版权登记手续和费用也进行了精简，所以无论是个人还是企业进行版权登记手续等简单了，费用也少了很多，甚至很多地方都免费登记。另外，也可以对企业 logo 进行版权登记，或者商标注册，对企业宣传和产品销售有着不可忽视的作用。

如果你有了发明或者很好的技术想要创业，选择专利是最正确的方向，专利可以用于技术入股，作为创业者的投资本钱，在初期就可以转化为实实在在的成果。在创业前可以先进行企业工商注册，而后申请专利，再将技术转化为产品销售。

→资料来源：
→根据网络资料整理

思考与实践

1. 根据蒂蒙斯的创业过程模型，选择一家企业作为案例分析样本，将它的创业过程进行描述。
2. 约上你的小伙伴一起观看电影《硅谷传奇》（Pirates of Silicon Valley），讨论一下你们都发现了硅谷创业者们身上的哪些创业精神。
3.《中华人民共和国商标法》可以泛读，了解下相关情况。
4.《中华人民共和国商标法实施条例》可以简单看。
5.《中华人民共和国著作权法》用的会比较多，应该认真学习。
6.《中华人民共和国专利法》可以泛读，了解相关情况。

在认识了创新创业的基础上，我们再来说说准备创新创业的话题。作为创业者，你在哪些方面还比较欠缺？如何识别好的商业机会？怎样组建一支高效的创业团队？通过什么样的方式关注创业政策？这些都是你需要考虑的。本篇将带领你步步深入，做好创新创业实践前的准备工作。

第二篇

090—171

准备创新创业

第四章

思考与行动中的创业者

学习目标

- 了解企业家精神的八个特征
- 分析归纳创业者的独特技能和素质
- 学会创业者素质评估的基本方法
- 掌握创业者素质提高的具体途径

第一节 榜样的力量

说起榜样，你会如数家珍般地列出一份长长的企业家名单，微软的比尔·盖茨、通用的杰克·韦尔奇、美孚的洛克菲勒、海尔的张瑞敏、联想的柳传志、新东方的俞敏洪等。如果了解他们的创业经历，你会发现他们极其相似，都善于创造新鲜事物，敢于承担责任，具备高度的敬业精神等。这些优秀的品质不仅是一面镜子，也是一面旗帜，更是激励你们不断前行的一种力量!

你眼中的企业家是什么样的人？◥案例 4-1

什么是企业家精神呢?

一种创新意识：新思路、新策略、新产品、新市场、新模式、新发展；

一种责任意识：敬业、诚信、合作、学习；

一种独特品格：冒险精神、准确判断、果断决策，坚忍执著；

一种价值观念：创造利润，奉献爱心，回报社会；

一种文化修养：广博的知识，高尚的道德情操，丰富的想象力。

百森商学院提出，创业不仅仅是一门学科，它还是一种生活方式。企业家精神是企业家思维模式的抽象表达，其核心是创造或识别机会并抓住机会。这种精神加快了新事物的原创力，也塑造了一批又一批优秀的企业家。作为新时代的创业者，你应学习这种精神，它不仅影响你创办企业的成功率，还会影响你的生活。其特质表现在八个方面，如图 4-1 所示。

一、创新是企业家的灵魂

美国英特尔公司提出：一家企业要在市场中占据主导地位，那么就要做到第一个开发出新一代产品，第一个淘汰自己的产品。熊彼特关于企业家是从事“创造性破坏”的创新者观点，凸显了企业家精神的实质和特征。作为创业者，你要具有创新思想，善于运用已知信息、有限资源，突破常规、打破旧俗，创造性地解决问题，见表 4-1。

表 4-1 “创新型”企业家代表人物

比尔·盖茨	17 岁完成并销售了他人生中第一个电脑编程作品
乔布斯	21 岁在自家的车库组装出了第一台苹果电脑
松下幸之助	23 岁在大阪的一个小作坊里发明了电灯插座
巴菲特	26 岁给他的投资人写了第一封致股东的信，阐述自己的投资理念
杨致远	26 岁在学校里创办全球第一个入口网站雅虎
李嘉诚	27 岁开办了长江塑胶厂，生产出了第一支塑胶花
俞敏洪	29 岁离开北大，选择在废弃的工厂开办英语培训班
卡梅隆	30 岁自编自导了第一部电影作品《魔鬼终结者》
马云	31 岁在杭州街头的大排档里推销中国黄页的伟大计划

二、冒险是企业家的天性

坎迪隆和奈特两位经济学家，将企业家精神与风险或不确定性联系在一起。创业者需要具有冒险精神，敢为人先，勇于尝试，善于捕捉商业机会。

切记：不是所有的活动你都要冒险，你还需要有合理的方法来降低或避免风险。◥案例 4-2

三、合作是企业家的智慧

洛克菲勒说过，“坚强有力的合作伙伴是事业成功的基石”。随着创业者不断涌现，越来越多的人愿意加入这一行

案　例 4-1
一份创业者的简历

他是谁呢？“深凹的颧骨，扭曲的头发，淘气地露齿而笑，拥有一副5英尺（1.53米）、100磅（45千克）的顽童模样，这个长相怪异的人有着拿破仑一样的身材，同时也有着拿破仑一样伟大的志向。”这是《福布斯》杂志对他的评价。我想你已经猜出他就是阿里巴巴的创始人——马云。

“最大的失败是放弃，最大的敌人是我们自己，最大的对手是时间。”这是马云经常告诫员工的话。从马云的创业史上来看，你会发现他在某些方面是与常人不同的，如善于思考、勇于实践、坚持不懈等。你的哪些素质比较欠缺？怎样完善与加强这些素质？如何在思考与行动中成长？这些问题都是需要你认真考虑的。

资料来源：
http://baike.baidu.com/subview/16360/5414449.html

1964 年，出生于杭州。

1982 年，第一次高考失败。先后做过秘书、搬运工、三轮车送货员。

1983 年，第二次高考失利，准备参加第三次高考。由于家人反对，只能白天上班，晚上念夜校，但决心永不放弃。

1984 年，第三次高考艰难过关。总分与本科线相差 5 分，由于英语专业招生指标未满，被杭州师范学院破格升入外语本科专业。大学期间，当选学生会主席，担任两届杭州市学联主席。

1988 年，从杭州师范学院外国语系英语专业毕业，被分配到杭州电子工业学院（现杭州电子科技大学），任英文及国际贸易讲师。

1992 年，成立海博翻译社，请退休老师做翻译。期间卖礼品、卖鲜花、卖药品。

1995 年，从杭州电子工业学院辞职，创建中国第一家互联网商业公司——杭州海博电脑服务有限公司，并推出了“中国黄页”。

1997 年年底，迫于无奈而与“中国黄页”分开，第一次创业失败。同年，受外经贸部约请，共同创建中国国际电子商务中心（EDI），并开发了外经贸部官方网站、网上中国商品交易市场、网上中国技术出口交易会、中国招商等一系列网站。

1999 年 3 月，正式辞去公职，创建阿里巴巴网络有限公司。

2003 年 5 月 10 日，创立淘宝网，开始抢夺 eBay 易趣 C2C 市场。

2004 年 12 月，创立第三方网上支付平台支付宝。

2005 年 8 月 17 日，收购雅虎中国，出任中国雅虎董事局主席。

2013 年 5 月 28 日，阿里巴巴集团联合银泰集团、复星集团、顺丰、中通、圆通、韵达等多家民营快递企业联合成立菜鸟网络科技有限公司，出任董事长，并同时启动中国智能骨干网（CSN）项目建设。

2013 年 8 月 22 日，在 UC 优视 9 周年之际，出任 UC 优视董事。

2015 年 10 月 23 日，《2015 信中利 · 胡润 IT 富豪榜》发布，以 1350 亿元资产蝉联中国 IT 业首富，在 13 年里财富增长 540 倍。

2015 年 10 月 26 日，2015 年福布斯中国富豪榜在北京发布，以 218 亿美元财富，排名第二。

2015 年 11 月 4 日，名列《福布斯》全球最有权力人物排行榜第 22 位。

2016 年 5 月 8 日，任中国企业家俱乐部主席。

列，但你会发现这一群体多数属于合伙创业。合伙创业有利于思想的汇集，组合后的智慧与力量能够降低你的创业风险。这样就要求你要具有强烈的合作意识，善于与他人配合、协作，形成团队合力。创业者的人脉圈，往往决定了其事业的高度。血缘、地缘、业缘，同乡、校友、同僚、战友等，都是形成人际交往圈的重要因素。◥扩展阅读 4–1

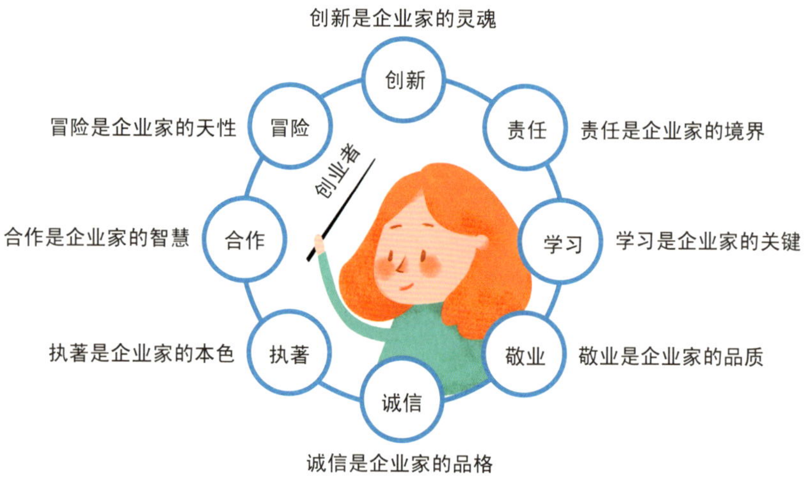

图 4–1 企业家的 8 个特征

四、执著是企业家的本色

“只有偏执狂才能生存。”格鲁夫这句名言告诉我们：在遵循摩尔定律的信息时代，只有坚持不懈持续不断地创新，以夸父追日般的执著，咬定青山不放松，才可能稳操胜券。在发生经济危机时，资本家可以用脚投票，变卖股票退出企业，劳动者亦可以退出企业，然而企业家却是唯一不能退出企业的人。正所谓“锲而不舍，金石可镂；锲而舍之，朽木不折”。纵观历史，跌宕起伏的改革之路让很多企业家潮起潮落，命运旦夕变幻。今天，很多企业家历经了改革大局，坚持走到了今天，他们也开始传播他们曾经的成功秘诀。

失败的考验，是每一个人都会经历的，有的人会轻言放弃，有的人会在困境中寻找希望。在创业过程中，你要不断塑造自己坚持不懈的性格，更要坚信“坚持下来总会有成功的可能性”。

扩展阅读 4–1

向狼群学习团队合作

在动物界中，狼是最有秩序和纪律的动物之一，有极强的团队精神。它是仅次于人类的，能够凭借机巧的战略、战术和智慧，同大自然较量的动物。多一些对狼的了解和研究，你会惊叹狼的生存智慧和团结合作能力。尤其是团结合作能力，那是人类所欠缺的。一群狼中，每匹狼有着不同的岗位分工，例如，有的负责安保，有的负责育婴，有的负责看护。狼群的社会秩序非常牢固，每个成员都明白自己的作用和地位，也清楚地知道自己应该为群体的繁荣与发展承担一份责任。不管做任何事情，它们总能依靠团体的力量去完成。狼与狼之间的默契配合，成为狼成功的决定性因素。

→资料来源:
→http://blog.sina.com.cn/s/blog_4cf1e1770100bh9i.html

五、诚信是企业家的品格

诚信是企业家的立身之本，企业家在修炼领导艺术的所有原则中，诚信是绝对不能摒弃的原则。市场经济是法制经济，更是信用经济、诚信经济。没有诚信的商业社会，将充满极大的道德风险，显著抬高交易成本，造成社会资源的巨大浪费。美国经济学家托斯丹·邦德·凡勃伦在其名著《企业论》中早就指出："有远见的企业家非常重视包括诚信在内的商誉。"诺贝尔经济学奖得主弗里德曼更是明确指出："企业家只有一个责任，就是在符合游戏规则下，运用生产资源从事利润的活动。亦即须从事公开和自由的竞争，不能有欺瞒和诈欺。"

所以说，一次交易有没有达成不重要，但它会影响你以后的交易，因为你要做一名诚信的创业者。◥案例 4-3

六、敬业是企业家的品质

德国著名社会学家、政治学家、经济学家、哲学家马克

◥案 例 4-2 有冒险精神的比尔·盖茨

比尔·盖茨靠什么法宝建立了他的微软帝国？他为何在竞争激烈的现代经济中独占鳌头而历久不衰？在比尔·盖茨看来，成功的首要因素就是冒险。在任何事业中，把所有的冒险都消除掉的话，自然也就把所有成功的机会都消除掉了。他自己的一生当中，最持续一贯的特性就是强烈的冒险天性。他甚至认为，如果一个机会没有伴随着风险，这种机会通常就不值得花心力去尝试。他坚定不移地认为，有冒险才有机会，正是有风险才使得事业更加充满跌宕起伏的趣味。他是一个具有极高天分、争强好胜、喜欢冒险、自信心很强的人，他在本行业内的控制力是惊人的，以至《资本家》杂志在 1991 年 4 月曾经发表一篇评论说：微软公司正在屠杀对手，看来似乎会几近垄断软件工业。

事实上，对冒险精神的培养，比尔·盖茨从学生时代就开始了。他在哈佛的第一个学年有意制订的一个策略包括：怎么花尽可能少的时间，而又能够得到最高的分数。通过这个策略他发现了一个企业家应当具备的素质：如何用最少的时间和成本得到最快最高的回报。他总是在培养自己好斗的性格，因而被人称作"红眼"（人在紧张时肾上腺素冲进眼睛，导致眼睛通红）。久而久之，他成为令所有对手都胆怯的人物，因为他绝对不服输，绝对不会退缩，绝对不会忍让，更不会妥协，直到他自己取得胜利。

这种个性成为他创业时期的最明显的特征，他使一个个对手都败在自己的手下。但是他同时又是一个最不满足的人。到了 20 世纪 90 年代，他已经成了世界首富，但是不满足的心理依然驱使着他继续自己的冒险事业。他在一次接受记者的采访时说："我最害怕的是满足，所以每一天我走进这间办公室时都自问：我们是否仍然在辛勤工作？有人将要超过我们吗？我们的产品真的是目前世界上最好的吗？我们能不能再加点油，让我们的产品变得更好呢？"

→资料来源：
→http://www.zuowen.com/sucai/mingren/qiyegs/

斯·韦伯在《新教伦理与资本主义精神》中写到，“这种需要人们不停地工作的事业，成为他们生活中不可或缺的组成部分”。对于企业家来说，货币只是成功的标志之一，对事业的忠诚和责任，才是他们的顶峰体验和不竭的动力。

敬业精神将决定你对待事情的态度，“做不做”与“做的好不好”是有区别的。具体来说，想要成功创业，首先你要百分之一百的认可你的产品与服务，坚信你的产品给社会创造的独特价值，然后再去思考如何做大、做强的问题。

七、学习是企业家的关键

彼得·圣吉在其名著《第五项修炼》中说到，“学习不仅是人类的天性，也是生命趣味盎然的泉源。真正的学习，涉及人之所以为人的此意义的核心。透过学习，我们重新创造自我。透过学习，我们能够做到从未能做到的事情，重新认知这个世界及我们跟它的关系，以及扩展创造未来的能量。事实上你我心底都深深地渴望

案　例 4-3

卡尔的一诺千金

快下班时，百事可乐公司的总裁卡尔·威勒欧普接到市长邀请他参加晚宴的电话，他毫不犹豫地谢绝道：“很抱歉，我已经说好今天晚上陪女儿过生日。我不想做一个失约的父亲。”

走出办公大楼，卡尔给女儿买了生日礼物，驱车直奔市中心新开业的游乐园，去那里与妻子一道为女儿过生日。为避免打扰，卡尔和妻子都关闭了手机，他们全身心地陪伴着女儿，开心地享受着这个愉快的节日。卡尔正兴致勃勃地看着女儿吹灭红红的蜡烛并开始切分蛋糕，他的助理急匆匆地赶来了。他把卡尔叫到旁边，小声汇报——有一个本公司非常重要的客户，很想在这个晚上与他见一面。

“可是，我已答应了女儿，今天整个晚上都陪在她身边。”卡尔面露难色。“客户此前确实没有约定，他只在此地做短暂的停留，是临时决定要拜见总裁的……”助理委婉地建议道。

怎么办？一边是女儿，而另一边是重要的客户。卡尔没有犹豫，他转身告诉助理：“我觉得我还是应该留下来陪女儿，你去接待一下客户，并替我转达真诚的歉意，跟他约好时间，届时我会亲自登门拜访。”“卡尔先生，您是不是先去……”助理提醒总裁这个客户实在太重要了。“爸爸，您先去忙工作吧，妈妈陪我一样很快乐。”得知内情的女儿十分理解父亲，催促父亲去见客户。

“不，我已说过，我不想做一个失约的父亲。今天晚上，市长的宴请和客户的约见，确实都很重要，但我一个月前向女儿许下的承诺更重要，谁都不能改变我作出的承诺。”卡尔一脸的坚定，让助理打消了继续劝说的念头。

第二天，卡尔上班做的第一件事，就是打电话向那位客户道歉，客户非但没有生气，反而由衷地赞叹卡尔的“一诺千金”，此后，卡尔和这位客户竟成了非常亲密的合作伙伴，甚至在公司经营遭遇最大困难的时候，也不曾动摇彼此的信任。

→资料来源：
→http://www.zuowen.com/e/20140804/53df085302b78.shtml

这种真正的学习”。学习与智商相辅相成，以系统思考的角度来看，从企业家到整个企业必须是持续学习、全员学习、团队学习和终生学习。例如，向爱德华兹·戴明学习质量和品牌管理；向约琴夫·M·朱兰学习组织生产；向彼得·德鲁克学习市场营销及管理等。

作为创业者，你要有强烈的求知欲，并具有很强的学习能力，不仅要快速学习和掌握创业所需的各种知识与技能，还要善于从其他创业者的成功与失败中获得经验与教训。“向竞争对手学习，然后走自己的路”，是山姆·沃尔顿常常挂在嘴边的一句话，一旦发现竞争对手有先进的做法，即便是一个很小的细节，立刻变为己用，并努力做到更好。其早期的竞争对手斯特林商店开始采用金属货架来代替木制货架，沃尔玛发现了金属货架的优点后，很快成为全美第一家百分之百使用金属货架的杂货店；沃尔玛的另一家竞争对手富兰克特特许经营店实施自助销售时，山姆·沃尔顿先生连夜去学习，回来后开设了自助销售店，当时是全美第三家。

学习就是一种改变，改变以往的经验，进而引起行为方式的变化。就像英特尔公司前董事长和首席执行官安迪·格鲁夫在回顾其多年的企业管理经验时总结道：“企业就是一个活着的器官，它需要持续褪去皮肤，方法必须要改变，注意力必须要改变，价值必须要改变，这些所有变化的总和便是企业的转变。”

八、责任是企业家的境界

加拿大不列颠哥伦比亚大学尚德商学院院长、创业学教授丹尼尔·莫佐克非常强调社会责任对于企业家的重要性，“没有人能够脱离社会、脱离社区而取得成功。但不幸的是，现在有相当数量的年轻企业家们，他们认为自己的责任只是使股东权益最大化，除此之外别无他物，但这真是大错特错了”。

“我始终认为，无论是做父母还是做生意，无论是经营企业还是经营社团机构，虽然扮演的角色不同，但敢于担当、勇于承担责任的人会最接近成功，在你成就他人和社会的同时，他们也成就了你”，马来西亚华裔女企业家协会总会长谢叔珍接受新华社记者专访时说道。如果企业家没有对社会的使命感和责任感，那它就成为了一部赚钱的机器；而一个对社会负有使命感和责任感的企业家，他不会被单一的逐利牵着走，他一定有自己的理想，立足于有益于社会的理想。例如，国外的通用、微软、Facebook、松下、丰田等，中国的联想、海尔、蒙牛、娃哈哈、华为等都是非常典型的例子。一旦成为创业者，你就要表现出对自己、团队、家庭、国家和社会的责任感和使命感，并乐于为之付出与奉献。

据英国《每日邮报》报道，美国佛罗里达州的 2 岁小女孩驾驶一辆玩具小汽车玩耍，因其驾驶鲁莽，速度较快，巡逻警察看见后将其叫停，并被罚款 4 美元。看完这个报道，你有什么样的触动？我们应该感谢那位巡逻警察，他让小女孩从小就应该建立责任意识，无论是大事还是小事，都要对自己的行为负责，这是每一个人都需要注意的问题。◥案例 4–4

企业家精神更像是一种超越与升华，指引创业者去努力、去塑造自己。我们希望通过“榜样们”的创业实例，引发你们的思考，激活你们的创业斗志，点燃你们的激情，推动你们敢于挑战自我。创业本身是一个风险性极高的社会活动，存在较高的不确定性。每个创业者的自身情况与所面对的创业环境都各有差异，所表现出来的企业家精神也各不相同，但如果能做到敢于承担风险，善于与他人团结合作，创造性地组织资源，这样就能够提高你的创业成功率。

案　例 4-4

一张废纸，成就了汽车大王福特

一个刚刚毕业的大学生，去一家汽车公司应聘。和他同应聘的三四个人都比他学历高，当前面几个人面试之后，他觉得自己没有什么希望了。他敲门走进了董事长办公室，一进办公室，他发现门口地上有一张纸，弯腰捡了起来，发现是一张渍纸，便顺手把它扔进了废纸篓里。然后才直到董事长的办公桌前，说："我是来应聘的福特。"事长说："很好，很好！福特先生，你已被我们录用了。"福特惊讶地说："董事长，我觉得前几位都比我好，你怎么把我录用了？"董事长说："福特先生，前面三位的确学历比你高，且仪表堂堂，但是他们眼睛只能看见'大事'，而看不见'小事'。你的眼睛能看见'小事'，知道自己的职责所在，将来自然看到'大事'。所以，我才录用你。"福特就这样进了这个公司，后来，福特把这个公司改为"福特公司"，也相应改变了整个美国国民经济状况，使美国汽车产业在世界占据鳌头，这就是今天"美国福特公司"的创造人福特。

第二节 创业者画像

在上一节的内容中，我们讲述了企业家的一些故事，通过他们的实例，可以让你学习到企业家精神，了解他们如何去思考问题、面对问题及解决问题，进而发挥他们榜样的力量。除了成功的企业家，我们还要说说正在创业路上的人们，我们称他们为创业者。创业者应该是什么样子的？他们与常人一样吗？如果有区别，他们在哪些方面会表现出与众不同？如果让你给创业者画上一幅画像，你会如何下笔？

一、创业者的与众不同

创业者可以把那些最微不足道、最平凡的事情和条件转变为一次出类拔萃的机会。创业者脑子里成天装满了各种梦想，或者说他代表的是一种潜在的力量。他用想象照亮未来，就像化学里的催化剂一样，促使各种变化的发生。

创业者将种种"假设"和"如果"付诸实践的时候，他就会变成世界上最快乐的人。在科学领域，那些具备创业者素质的人通常会从事一些极其抽象的工作，例如，粒子物理、基础数学以及天文学理论；在艺术界里，他们通常会在高尚的先锋艺术方面崭露头角；在商场上，创业者的角色往往是改革的发起人、伟大的战略家、新市场的发现者，成为令全世界折服的商业巨子，如IBM的创始人汤姆·沃森以及麦当劳的创始人雷·克洛克。

创业者通常是创造力的源泉，他最擅长的就是处理未知的事物，加速未来的到来，创造可能性，扭转混乱的局面，以及营造和谐的气氛。

创业者愿意改变现状，从而才能推动他的团队继续朝他的梦想方向前进。久而久之，创业者就形成了自己的世界观：在这个世界上，过剩的是机遇，缺乏的是激情和行动。

二、年轻一代的创业者

在21世纪的前十年，中国的创业者大多来自60后、70后，这个群体凭借年龄和市场机会上的先发优势，但是，随着新的产业、行业及其细分市场的不断出现，每一年仍然会有很多创业者加入这一行列，而且年龄上越来越年轻。

《创业邦》杂志连续六年推出了“30岁以下创业新贵”，大多白手起家，之前很少被媒体提及。最重要的是：他们都通过自己的创意或点子赢得了人生第一桶金，在互联网、金融、教育等行业的细分市场中风生水起。看一下表4-2，他们都做了什么项目？

美国咨询公司尼尔森对中国90后市场做过一份《90后生活形态和价值观研究报告》，报告对中国年轻消费者提炼出四个关键词：“正能量”“若即若离”“抓信息”“开放”。“正能量”意味着乐观、个性、乐于享受；“若即若离”显示出渴望独立又依赖“圈子”；“抓信息”就是保持新鲜、保持连接；而“开放”则是对生活有着个性与品质的结合。

在这些新特质的引领下，年轻人的生活、消费、工作、创业等都呈现出前所不同的方式。而众多投资者及大企业平台，正在为年轻人提供了越来越广阔的创业空间。在投资机构方面，除了前面提到“一起唱”的创始人尹桑、“脸萌”CEO郭列等一批90后新锐收到了IDG的橄榄枝，红杉资本、真格基金等主流创投也都开始瞄向90后这块沃土，期待着孵化出下一个扎克伯格。在大企业平台方面，走在前面的如海尔，早就通过“人单合一”实现了让员工在企业大平台上自主创业，将来这种无边界化的全新生态平台，也将为你们提供前所未有的创业机遇。

三、创业素质要求

你们既然是年轻的一代，一定会存在一些与创业前辈所无法比拟的商业经验和管理智慧。创业成功的案例是少数，在其背后可能会存在成千上万的失败者，而他们的经验和教训更值得你们去学习与借鉴。你认为创业者需要具备什么样的创业素质呢？

创业素质，就是创业者身上具备的内在特征，它对创业成功起着至关重要的作用。我们通过一些创业案例进行分析，总结出创业者需要具备的核心创业素质，分别为知识素质、能力素质、身心素质，如图4-2所示。

（一）知识素质

创业者拥有的知识体系对创业成功起着举足轻重的作用。在知识大爆炸、竞争日益激烈的今天，你如果单凭热情、勇气、经验或只有单一专业知识，要想成功创业是很困难的。要对在创办企业中所遇到的问

表4-2 年轻创业者典型代表

创业者	性别	出生年份	创业项目	项目介绍
黄佳佳	男	1985年	51Talk	以小米为榜样的英语教育机构
肖 盾	男	1985年	一起作业网	进入3万所中小学的课内辅导软件
张旭豪	男	1985年	饿了么	狼性扩张中的外卖公司
陈 第	男	1986年	有米	手机应用广告平台
柴 可	男	1986年	大姨吗	一夜成名的经期管理应用
陆文勇	男	1987年	e袋洗	互联网洗衣
郑 超	男	1987年	汽车超人	汽车应用软件
熊逸放	男	1989年	亿航无人机	体感操控功能的无人机
徐 逸	男	1989年	bilibili	90后最爱的弹幕站点
李 卉	女	1989年	麦客	简洁易用的轻态表单工具
余小舟	女	1990年	空空狐	平台型社区电商
余佳文	男	1990年	超级课程表	可以社交的课程表
王 璐	女	1990年	Daina Wang	服务到家的高级时装定制
孔 淼	男	1991年	诸葛io	精细化的运营分析工具
尹 桑	男	1992年	一起唱	在KTV安装的线下K歌社交
孙高峰	男	1993年	宅米	区域化在线生活购物平台

题做出正确判断与决策，你必须掌握广博的知识，并具有一专多能的知识素质，主要包括专业技术知识、经营管理知识、行业相关知识。◥案例 4-5

1. 专业技术知识

专业技术知识是知识素质的基础，是创业者掌握和运用专业知识进行专业生产或提供服务的知识体系。为了做好创业项目，你要熟悉某一专业的特殊性，还要拥有创业项目必要的专业技术知识。

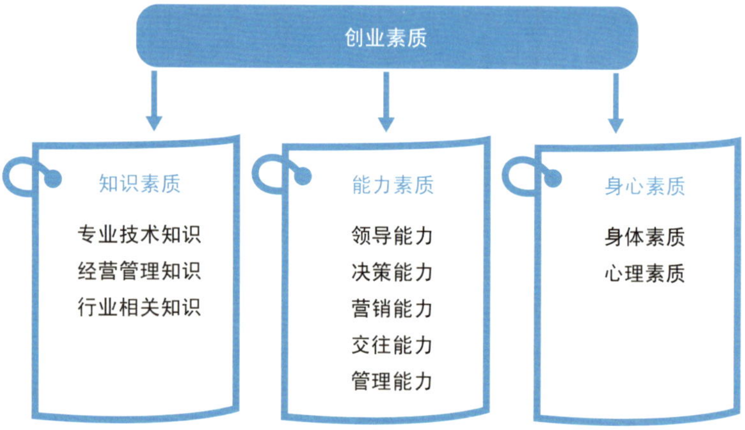

图 4-2 创业者需要具备的创业素质

◥案 例 4-5

知识成就创业梦想——创业者福鑫的创业之路

福鑫是一个技术型的创业者，同时他又有着技术人才不常有的机会识别能力；他善于领导团队，还是一个冷静和理性的创业者，能够把握时代的动向。在创业的浪潮中，技术和知识能够使你换发更灿烂的光彩。

→资料来源：
→根据西北农林科技大学提供素材整理

总经理福鑫，一个热爱科技创新，热衷于挑战和探索，有梦想的 90 后创客。2015 年以“十佳优秀毕业生”的身份毕业于西北农林科技大学。

在校期间，福鑫利用所学的专业知识，设计出“基于 iBeacon 的 LBS 云室内定位个性化推荐系统”。他凭借此作品获得首届百度校园极客大赛全国冠军，作品受到百度的高度评价，被誉为最有“钱”途的项目。其后分别获得全国高校移动互联创新应用大赛二等奖等 18 项国家级奖项。2014 年和他的团队年放弃多家企业 offer，并创建福阳网络科技有限公司。2015 年，他们团队与硅谷、斯坦福和欧洲等世界级 3000 多家创客团队在深圳“南山杯”创业大赛同台竞技，最终进入企业组 20 强。福鑫个人也获得“陕西大学生创业明星”称号。

“我们是一群这个的人：黑客、艺术家、冒险家和诗人。我们做每一件事情，都是为了突破和创新，我们坚信与众不同的意义，我们坚信帮助他人的价值。”这是福鑫对团队的评价。在创业的路上，他们经历过很多风雨，刷爆了 N 张信用卡，甚至放下过尊严，只为实现自己的梦想。在团队齐心合力下，他们愈挫愈勇，终于迎来了春天。2015 年 7 月成功推出场景开放系统 1.0 版本——基于 iBeacon 的可视化移动感知系统；2016 年 3 月上线基于移动感知的虚拟现实视觉导览系统及其产品——云游；2016 年 5 月上线基于 WiFi 和 iBeacon 的行为大数据分析及应用平台——WiB。目前，他们产品已得到市场的广泛认可，创业前景一片光明。

2. 经营管理知识

松下幸之助说："经营企业，是许多环节的共同运作，差一个念头，就决定整个失败。"创办企业是一个过程，包括市场调查、项目选择、组建团队、创业融资、企业注册、市场营销、组织管理、财务管理、风险管理等多个方面的知识体系。如果你在某一方面存在短板，都有可能影响创业成功率。

3. 行业相关知识

"以其全才而制天下，是故临大事而不乱"。在创业的过程中，可能会遇到法律纠纷、商务谈判、招投标等特殊事件，这样就要求创业者不断完善自身的知识体系，补充行业相关知识，向着全才、通才去发展。

（二）能力素质

想要创办企业，你必须具有出色的创业能力。它是一种能够顺利实现创业目标的知识与技能。能力素质主要表现在五个方面。

1. 领导能力 ◥扩展阅读 4–2

领导能力可以理解为创业者如何能够带领团队跟随他去完成一件事情的能力。这种能力是一系列的行为组合，通过这些行为能够激励创业团队成员完成团队的目标。

2. 决策能力

美国著名的管理学家赫伯特·西蒙曾经提出"管理就是决策"的著名论点。无论在创办企业还是经营企业的过程中，创业者都会面对众多不同的选择（如企业选址、制订价格、竞争策略选择等），他们必须根据团队的具体情况采用科学的评估方法进行快速的决策。这种能力来源于他们在各种复杂情境中进行决策的经验积累。

当你遇到难以决策的时候，你可以通过完成表 4-3 的填写，分析你的经营决策，进而做出正确的选择。

扩展阅读 4–2

六种领导风格

根据戈尔曼的研究，一共存在六种领导风格，每一种领导风格都源于情商的不同组成部分。

- 远见型领导　动员大家为了一个共同的想法而努力。
- 关系型领导　努力在员工之间营造一种和谐的氛围。
- 教练型领导　发展人才以备将来之需。
- 民主型领导　通过大家的参与而达成一致意见。
- 示范型领导　树立极高的绩效标准并且自己会带头做榜样。
- 命令型领导　需要别人的立即服从。

→资料来源：
→http://wenku.baidu.com/

【Tips】

具体来说，你需要不断的塑造自己，使自己：

1.学会科学的经营管理知识和方法，提高管理水平。

2.掌握与本企业相关的科学技术知识，依靠科技进步增强竞争能力。

3.熟悉相关政策法规来维护自己的合法权益。

4.知晓市场经济方面的知识，如财务会计、市场营销、国际贸易、国际金融等。

5.了解有关世界历史、世界地理、社会生活、文学、艺术等人文素养方面的知识。

3. 营销能力

营销能力是市场营销技能最直接的体现，也是所有市场销售行为结果的体现。对于创业者来说，制订行之有效的营销计划非常关键。新创企业资金不足，难以支付大量的广告费用，企业只能通过创业者亲自拜访目标顾客获得订单。在美国成长性企业500强的调查中，有12%的创业者是通过中介机构取得早期收入的，另有88%的创业者则是向终端用户直接销售。而且，在几乎所有的案例中，创业者多数是负责销售的中坚力量。

4. 交往能力

斯坦福研究中心指出："一个人赚的钱，87.5%来自于人际关系，12.5%来自于所学的知识。"经营企业就是与人打交道的过程，创业者们在研发、采购、销售、融资等环节为了取得既定的效果，都要展示出他们的交往能力。

5. 管理能力

管理能力从根本上说就是提高组织效率的能力。想要准确地把握组织的效率，创业者要不断提高自身的战略管理能力、文化管理能力、信息管理能力、人力资源管理能力、组织管理能力，见表4-4。

（三）身心素质

创业者身心素质是身体素质与心理素质的总称。

1. 身体素质

创业者们具备健康的体魄和充沛的精力。新创企业的经营与管理是艰苦而复杂的，他们不但要深入实际调查研究、处理文件、主持会议，而且要协调新创企业内外部关系，与各方人士交涉，每一项工作均需要付出巨大的心力和体力。因此，在创办企业之前，你要衡量自己的身体条件，评估自己是否适合创办企业。

2. 心理素质

创业者们需要具备良好的心理素质。纵观大学生创业者成功的案例可以看出成功的创业者大多是不以物喜，不以己悲的，面对成功和胜利不沾沾自喜，得意忘形；在碰到困难、挫折和失败时他们不灰心丧气，消极悲观；在心理素质中最为重要的是自信心、独立性、坚忍性、敢为性、忍耐性、适应性。

表4-3 经营决策分析表

备选解决方案	潜在优势	潜在劣势	方案可能的结果

★填表说明：
①在备选解决方案中填写方案描述；②在潜在优势中填写有利于方案执行的重要因素；③在潜在劣势中填写不利于方案执行的重要因素；④在方案可能的结果中填写解决问题的可能性。

表4-4 创业者管理能力要求

管理能力	具体表现
战略管理能力	创业者们具有战略眼光，能从总体上把握形势，既考虑当前利益，又考虑长远利益
文化管理能力	创业者们既能塑造新创企业积极向上的组织文化，又能不断借鉴和吸纳其他企业的优秀企业文化
信息管理能力	创业者们时刻关注市场信息，能够建立科学的信息情报系统，为企业的发展与决策奠定基础
组织管理能力	创业者们采用科学的方法使新创企业形成一个有机整体，并保证其高效率地运转
人力资源管理能力	创业者们在创办企业过程中善于发现人才、合理使用人才和主动培养人才

第三节 行动中反思

你已经做好了创业的准备吗？你们会比他们更具备竞争优势吗？你在哪些方面还比较欠缺？你需要什么样的创业伙伴来弥补劣势？这些都你们需要进行反思的。

一、你是创业者还是创业爱好者？

创业爱好者与创业者是有差异的，接下来从八个方面来了解一下。◥见 P106~107

二、在评价中思考

“知己知彼，百战不殆”。在创业之前，你需要进行充分的准备，其中对自己的创业素质进行正确的评估是非常重要的一个环节，你需要采用科学的方法对创业特质进行正确评估，找出自己的不足，不断完善自己，以提高创业成功的概率。你可以通过他人评价法、类比分析法、实践认知法准确客观评估自己的创业素质。

（一）他人评价法

心理学家指出，别人对自己的态度是一面认识自己的“镜子”。每个人都处在一定的社会关系中，通过与他人相处，从他人对自己的态度中可看到自己在创业素质方面的优势和劣势，为自我评价和自我认识提供基础，见表 4-5。

“工作不应该是一项义务，而应该是一种乐趣。这不只是某些人道主义者的观点。人们相信，带着乐趣工作的员工会有更高的生产率”

——里卡多·塞姆勒

（二）类比分析法

“见贤思齐，见不贤而内自省”。除了听取别人对自己的评价外，还可以通过学校中、社会上和自己地位、条件相类似的人进行比较来认识你的创业素质，并以别人的行为作为确定自己的位置与形象的参照物。当看到别人的长处和短处时，就应该想想你是否有同样的长处和短处。常常把自己与周围的学生创业者、朋友、同学相比，不仅有助于认识你的创业素质，也有助于提高你的创业素质，激发你奋发向上，见表 4-6。

表 4-5 创业者创业素质他人评价表

评价人	我身上具备的创业素质	我身上欠缺的创业素质
a		
b		
c		
d		
e		

表 4-6 创业者创业素质类比分析表

比较对象	我身上具备的创业素质	我身上欠缺的创业素质
a		
b		
c		
d		
e		

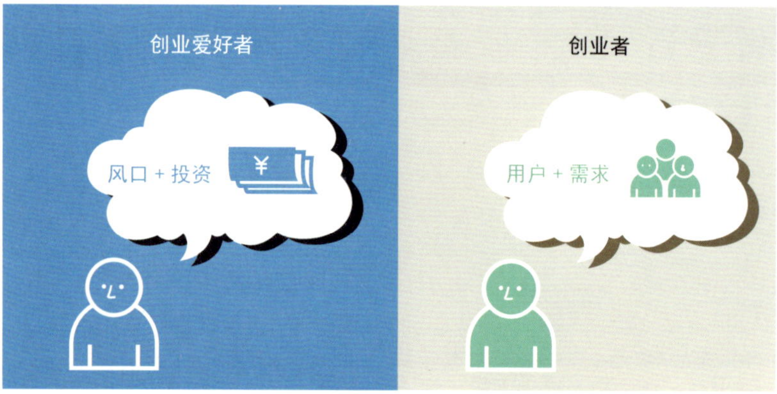

1. 创业的第一步想到什么

2. 哪家公司厉害

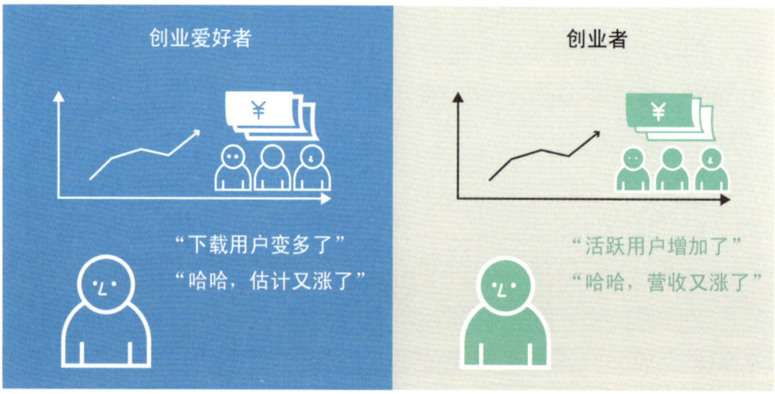

3. 关注哪些数字

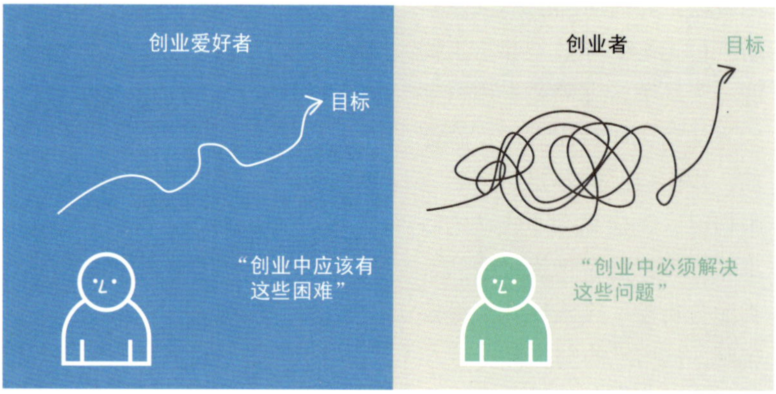

4. 达到目标会经历的困难

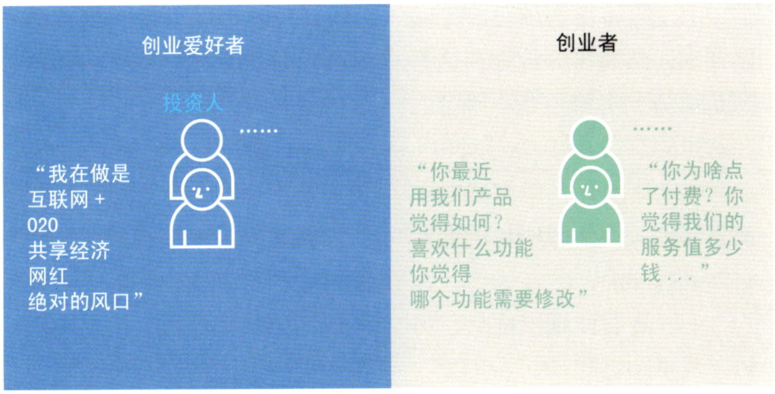

5. 见哪些人

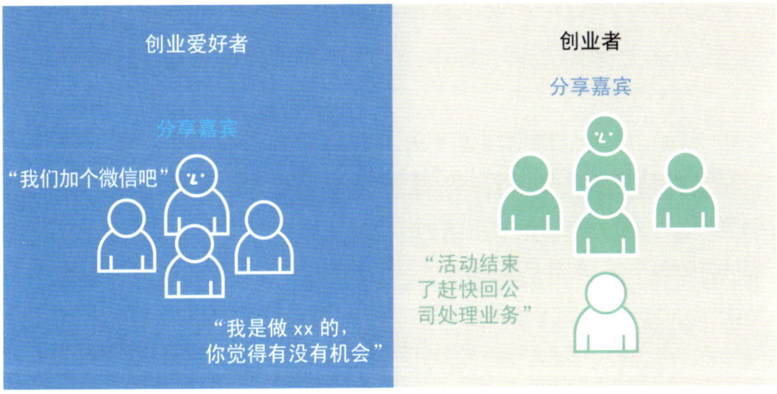

6. 参加分享活动

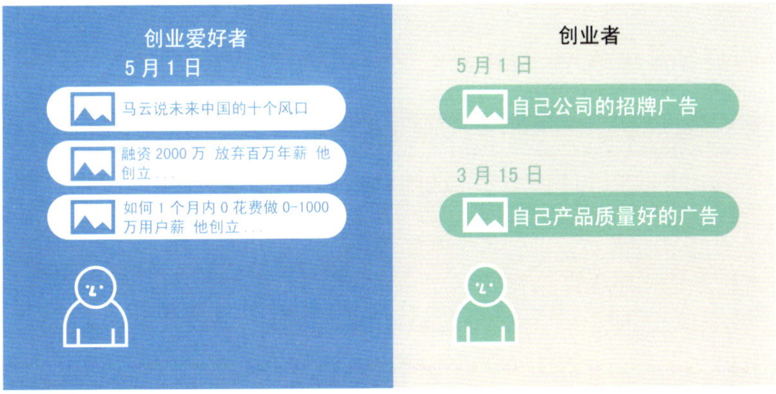

7. 分享的朋友圈

8. 看什么科技媒体

（三）实践认知法

“实践出真知”。要想正确认识自己，发现自己是否具备较为全面的创业素质，洞悉自己的缺点和不足，你还需参加创新创业实践活动中，通过无数次的成功与失败，准确了解你的创业素质，再将预期目标与实际效果进行对比，检验你的预想是否准确，提高自己的判断能力，进而制订学习、实践计划，提高你的创业素质。见表 4-7。

三、创业素质系统测评

所有的测评都是用于帮助你认识自己，得分的高低不代表在这方面具有不良属性或者具有缺陷，因此，不需要给你贴上一个“好”或“差”的标签。测评的目的在于帮助你更准确地评出自身的优劣势，为你创办企业提供一个有价值的参考。通过完成下面的测评，评估你的创业素质。

（一）企业家精神测评

具体要求：

（1）实事求是地填写表 4-8；

（2）填写每一项时，先阅读要求，然后再评价你在这方面是优势、劣势还是不确定，在对应的空白处打“√”；

（3）让另外一位家庭成员或者与你关系比较密切的朋友对你进行评价；

（4）最后计算出优势、劣势以及不确定的“√”总数。

（二）创业素质测评

具体要求：

（1）实事求是地填写表 4-9；

（2）填写每一项时，先阅读要求，然后再评价你在这方面是优势、劣势还是不确定，在对应的空白处打√；

（3）让另外一位家庭成员或者与你关系比较密切的朋友对你进行评价；

（4）最后计算出优势、劣势以及不确定的√总数。

通过企业家精神测评与创业素质测评，得出优势、劣势、不确定的具体分数，然后进行比较。如果优势多，说明你创业潜质较高；如果劣势多，说明你目前还存在短板；如果不确定较多，说明自我认知或他人对你的认识不足，需要进一步使用其他的测评方法。你可以通过完成本章的附件 1、附件 2 进一步对自己进行测评。

表 4-7 创业者创业素质实践认知表

参加的实践活动	我身上具备的创业素质	我身上欠缺的创业素质
a		
b		
c		
d		
e		
f		

表 4-8 企业家精神测评表

评估内容		自我评估			他人评估		
		优势	劣势	不确定	优势	劣势	不确定
企业家精神	创新：创造性地解决问题						
	冒险：敢于承担风险						
	合作：善于与他人进行合作						
	敬业：把现有工作当成事业成功的内在需求						
	学习：持续学习，终生学习						
	责任：敢于承担责任						
	执著：百折不挠、坚持不懈的毅力和意志						
	诚信：说的到做得到						
总计							
优势（合计）		劣势（合计）		不确定（合计）			

表 4-9 创业特质测评表

评估内容		自我评估			他人评估		
		优势	劣势	不确定	优势	劣势	不确定
知识素质	专业技术知识：生产产品、提供服务的实践知识						
	经营管理知识：有效经营企业所需的知识						
	行业相关知识：较为丰富的知识面						
能力素质	领导能力：善于领导团队，能够有效地激励他人						
	决策能力：果断地做出决策						
	营销能力：具备良好的市场营销技能						
	交际能力：善于沟通，妥善处理内外部关系						
	人力管理能力：善于发现、使用、培养人员						
	战略管理能力：眼光长远，能从总体上把握形势						
	组织管理能力：高效地、科学地组织人员						
	信息管理能力：善于收集、整理与分析信息						
	文化管理能力：善于塑造积极向上的组织氛围						
身心素质	身体素质：具有健康的体魄和充沛的精力						
	自信心：充满自信，坚持信仰如一						
	独立性：善于独立思考、独立工作						
	坚忍性：百折不挠、坚持不懈的毅力和意志						
	敢为性：敢于实践，敢冒风险						
	克制性：善于克制，防止冲动						
	适应性：灵活地适应各种变化						
总计							
优势（合计）		劣势（合计）		不确定（合计）			

第四节 创业者能教出来吗?

创业者是否能培养出来?创业能否成功取决于他们的天赋?这样的观点一直在争论。我们能培养出马云吗?乔布斯、盖茨、戴尔不都没有上完大学吗!如果继续学习能创造出苹果、微软、戴尔、新东方这些伟大的公司吗?

创业教育之父杰弗里·蒂蒙斯教授认为:“创业者在遗传上并非异于其他人。没有人天生就是创业者,每个人都有成为创业者的潜力。某个人是否成为创业者,是环境、生活经历和个人选择的结果。即使创业者天生就具备了特定的才智、创造力和充沛的精力,这些品质本身也不过是未被塑性的泥巴和未经涂抹的画布。创业者是通过通过多年积累相关技术、技能和精力才被塑造出来的,这当中包含着许多自我发展历程。”每一个创业者的经验与才能都是不一样的,你或许没办法模仿与复制,但创业者的管理水平、看问题的眼界、处理问题的方法都能通过后天的努力得以提高。所以,你可以通过三种途径提高你的创业素质,如图 4-3 所示。

一、重视创业素质,修炼自身内功

通过创业素质测评,我想你已经知道了自身在哪些方面存的短板。首先,你要重视创业素质的自我培养,注重培养自己的能力,锤炼自己的胆量,培养自己的创业人格、创业思维、创业意识与技能。这里向你推荐两种方法:阅读书籍与结交朋友。

(一)阅读书籍

本教材只能提供一个创业的大致线索,更多的内容还要靠你们自己去学习与补充。(向你们推荐几本相关书籍,见下页)。

(二)结交朋友

要创业,就要有资源积累,其中最为重要的就是人脉资源积累。

二、剖析个体意愿,做好知识储备

拿破仑·希尔告诉我们,有了目标才会成功。无论是生活还是创业,都需要从确定目标开始,你想怎样度过自己的一生,你能否干出一番事业,完全取决于你自己。要想创业成功,你的知识储备够用吗?这里向你推荐两种学习途径:学校教育平台与在线教育平台。

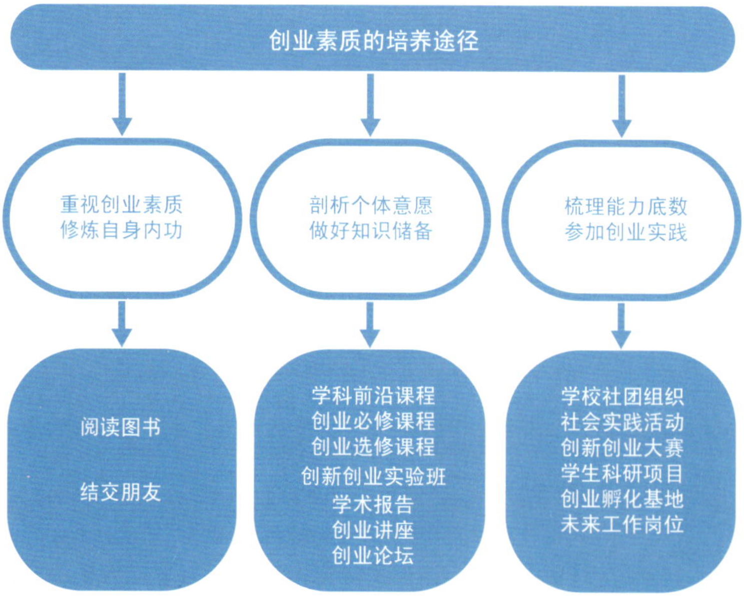

图 4-3 创业素质的培养途径

（一）相关教育平台

你要修读自己所在学校面向全体学生或部分学生开发开设的研究方法、学科前沿、创业基础、就业创业指导以及财务、金融、法律、营销、管理等方面的必修课程和选修课程；你还可以积极参加校内外相关学术报告、创业讲座及创业论坛；某些院校开设了创新创业实验班，按照人才培养方案系统的培养潜在创业者，这可能是你更好的一种选择。

（二）相关学习平台

你可以运用“互联网＋教育”的模式进行创业相关课程的学习与修读。近年来，很多高校及社会教育机构建设了很多教育平台，你要善于挖掘适合自己需求的资源，达到拓展知识的目的。这里向你推荐一些比较不错的教育资源平台：

1. 创业者网
http://www.cyz.org.cn/
2. 网易公开课
http://open.163.com/
3. 智慧树
http://www.zhihuishu.com/
4. 优课联盟
http://szu.benke.chaoxing.com/
5. 中国大学 MOOC
http://www.icourse163.org/
6. MOOC 学院
http://mooc.guokr.com/

三、梳理能力底数，参加创业实践

创业成功与否，完全取决于创业者创业能力的高低，同样的环境下，创业能力越强的人抓住机遇、成功创业的可能性就越大。你可以通过以下 6 个方面来提高创业能力。

（一）学校社团组织

你可以利用大学社团得到实践锻炼。学校社团的每一项活动，从最初的策划到最后的实施是一个系统的综合过程。全程组织或参与，可锻炼你的组织、协作、资源利用的能力。

（二）社会实践活动

你可以利用大学课余时间或寒暑假期寻找兼职工作。兼职工作的经历能够让你了解社会，扩宽你的视野，提高你的综合能力，如市场调查、团队协作、组织策划能力等。

（三）创新创业大赛

你可以参加校内外的创业类比赛，如“创青春”全国创业计划大赛、全国“互联网＋”大学生创新创业大赛等，能够提高你的动手实践能力。

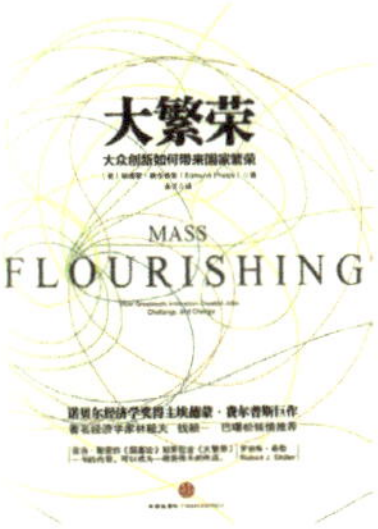

《大繁荣》

作者是诺贝尔经济学奖得主、美国经济学家埃德蒙•菲尔普斯，这是一本兼具现实意义和思想深度的作品，《大繁荣》对任何关心经济增长源泉和社会发展未来的读者都是必读之选。

《共享经济时代》

作者是雷切尔·博茨曼 和 路·罗杰斯，这是一部被美国《时代》周刊评为，改变世界的十大创意之一的书籍。

《必然》

作者是凯文·凯利，本书全面介绍了科技这个新物种的基因特征、所思所想、行为规则和未来走向。

（四）学生科研项目

你要积极参与校内外的科研项目，如创新创业训练项目。你通过参与科研项目，能够锻炼自己动手能力，寻找创业金点子，还能够向项目导师学习实践经验。

（五）创业孵化基地

你可以利用高等学校的创业园或其他平台进行创业模拟训练。你在参与创业实践的过程中，既为将来开展创业活动积累了经验，也培养了分析问题和解决问题的能力、组织协调能力、管理能力、应变能力、语言表达能力等，还为你提供应对挫折、面对各种困难的心理准备，能够提高你创业成功率。

（六）未来工作岗位

在未来的工作中，你能够学习到创业所需要的知识与技能，如市场销售、组织调动、人力资源管理、财务管理、物流管理等创业核心知识。你还要与相关书籍对照进行学习，理论联系实际，积累大量的实践经验，为未来的创业打好基础。◥案例 4-6

◥案　例 4-6

在创新创业大赛中成长的创业者

随着中国经济发展进入新常态，呼唤着当代大学生勇敢地投身于创业实践，在实践中不断增强自己的创新创业能力。尹然平能够走向创业之路，源自于创业竞赛。在大赛中创建团队、梳理思路、制订计划，有益于发现自身的不足，也利于未来创业活动的开展。评委与专家的意见也能帮助你完善创业项目。目前，尹然平的团队已经开始盈利，最初的想法一步步变为现实，我们期待着他们团队能够再创佳绩！

尹然平，华南农业大学 2013 级企业管理专业的研究生。2013 年 2 月创立广州迅睿网络科技有限公司，采用“高校 + 政府 + 公司 + 农户”四位一体的模式，以“e 村 e 品”农产品导购平台为核心，开发出一套汇聚优质农产品的电子商务系统。团队致力于为消费者提供优质、健康、安全的农产品，并解决乡镇农户农产品销售渠道不畅通的问题。

尹然平是如何走上创业之路的？尹然平最初建立团队，目的是为了参加团中央举办的“挑战杯”大学生创业计划竞赛。谁知从那一刻，他与创业竞赛便有了不解之缘，也踏出了创业的第一步。在 2014 年广东团省委举办的“中国好梦想”创业大赛中，广州迅睿团队获得了二等奖，并成为广东青年网商联盟的成员单位。也就是在那一刻开始，这群有梦想的 90 后青年，开始把想法变成现实，把创业当成事业。他们在大赛中接受评委和风投的意见，逐步修改创业计划和方向，把业务做精做细。

以农产品导购平台开辟创业新径，以挑战杯点燃逐梦激情。谁曾注意到耀眼光芒下的汗流浃背，谁能体会傲人业绩前的废寝忘食。积淀与磨合，他在逆境中生长涅槃，青春与热血，他在创新路上永不停歇。为了更好地推动项目进展，他们和华南农业大学校团委联合发起了暑期“三下乡”特别行动之“雁行计划”，建立了 28 支志愿服务团队，下乡为农民普及电子商务知识。“三下乡”的揭阳之行，让他们更加坚定了“电商脱贫”的道路。揭阳市的军埔村，原来是一个贫穷落后的小村落，经过几年时间的发展，很多农村劳力、留守妇女和返乡青年，纷纷做起了电子商务，电商一条街已经成了当地一个独特的风景。“揭阳市陈东市长非常赞赏我们的想法，亲笔书写了‘仰望星空存理想，脚踏实地接电气’的题词，勉励我们继续负重前行”，尹然平介绍说。为了使更多的农民接触外面的世界，拥抱更美丽的蓝天，他愿意做那只孤独的领头雁。

→资料来源：
→根据华南农业大学提供素材整理

附件 1
创业者人格特质测评

具体要求：

本测试可以帮助你了解自己的人格特质。请根据你在大多数情况下的反应，选择“很少或从不”，或者“经常或完全是”。 分别用“×”、“√”标记。

1. 在你的家庭中，有人曾和你谈论过有关创业的经历吗？
2. 你经常生病吗？
3. 你被别人辞退过吗？
4. 你喜欢上学吗？
5. 你过去是一个非常好的学生吗？
6. 你在高中或大学时参加过社团活动吗？
7. 你参加过学校的文体活动吗？
8. 你是家里的第一个孩子吗？
9. 你小时候父亲经常在家吗？
10. 你在 10 岁之前，家里人认为你该帮忙做些家务零活吗？
11. 你会担心别人对你的看法吗？
12. 你在冒风险时会感到兴奋吗？
13. 你觉得让别人为你做事容易吗？
14. 你认为凡事在开始前就要把相关工作都安排好吗？
15. 你是否会从那些只为证明自己能力的事情中感受到快乐？
16. 你发现自己经常能想出新主意吗？
17. 你经常关注细节吗？
18. 你是否认为未来的工作应该有保障？
19. 你会有意寻找一种直接的方式来得到想要的结果吗？
20. 你是否很容易厌烦？
21. 你是否会时不时为自己的成就感到骄傲？
22. 你是否能把精力长时间的集中在一件事情上？
23. 有时候你需要别人的鼓励来使自己继续前进吗？
24. 当你在做自己喜欢的事情的时候，你会发现意外的动力来源吗？
25. 你是否认为个人满意感不只意味着有足够的钱花在自己身上？
26. 你曾经着意在工作上越过自己的职权吗？
27. 对于糟糕的处境，你会试图寻找它的好处吗？
28. 当事情进展不顺时，你会归咎于别人吗？
29. 你喜欢在没有了解所有潜在问题的情况下就去做事吗？

30. 你会把拒绝（被拒绝）归为个人原因吗？
31. 总体而言你认为自己是因为有好运气才成功的吗？
32. 你喜欢自己能够在工作上做决定吗？
33. 你大多数醒来的时候都很快乐吗？
34. 你能够接受失败而不被击垮吗？
35. 你是否认为创业要承担巨大的风险？
36. 你认为成功的创业者一定要有大学学历吗？
37. 你是否会努力从过去的错误中学习？
38. 你是否经常发现问题的答案无处不在？
39. 你喜欢给棘手的问题找出答案吗？
40. 当别人告诉你某件事情不可能做成的时候，你还会坚持吗？
41. 你是否经常读书？
42. 在社交活动中你更愿意让朋友来做决定吗？
43. 你喜欢规则有序的社会吗？
44. 你愿意为了实现自己的目标而长时间工作吗？
45. 你是否有自己的存款账户及其他投资？
46. 你是否更多地以人为导向而不是以目标为导向？
47. 你更愿意独自做出最终决定吗？
48. 你在聊天时， 是否谈论人比谈论事件或观点的时候更多？
49. 尽管受到别人的批评，你是否仍然自我感觉很好？
50. 你是否会尽可能减少睡觉的时间来做事？

参考答案：

个人背景

1. √（家庭训练）
2. ×（态度、精力、健康）
3. √（生活经历）
4. √（教育）
5. ×（平均的是普通的）
6. ×（独立）
7. √（成就需要）
8. ×（责任心）
9. ×（早期责任）
10. √（早期经历）

行动方式

11. ×（自信， 控制点）
12. √（承担风险的能力内部控制点）
13. √（领导力）
14. √（管理，目标设定）
15. √（以成就为导向）
16. √（创造性，创新）
17. ×（急躁，以风险为导向）
18. ×（内部控制点）
19. √（果断，极度自信）
20. √（急躁，精力旺盛）
21. √（自信，独立）
22. √（坚定不移，果断）

23.×（自我激励，自控）
24.√（精力旺盛，多策略的）
25.√（自我中心）
26.√（自信，极度自信）
27.√（乐观， 灵活）
28.×（个人责任，解决问题能力）
29.√（多策略的，承担风险）
30.×（灵活，自信）
31.×（内部控制点）
32.√（独立，责任心）
33.√（乐观）
34.√（果断，乐观）
35.×（自信，内控力）
36.×（多策略的，进取心）
37.√（主动，乐观）
38.√（深谋远虑，有见解，执著）
39.√（适应不明确的情境，进取心）
40.√（乐观）

生活方式

41.×（没有空闲时间）
42.×（控制，责任心）
43.×（以目标为导向，时间管理）
44.√（执著，果断）
45.√（以利润为导向）
46.×（成就需要）
47.√（独立，自信）
48.×（以创意为导向，创造力）
49.√（适应不明确的情境，自信）
50.√（时间管理，精力旺盛）

结果说明：

你所选结果与参考答案进行对比，每项与参考答案相符记1分，最接近50分的得分为最具有创业者特征。这些得分只代表创业倾向，而且这种倾向可能会随着时间的改变而变化。

附件2
大学生创业者个人特质自我测评

具体要求：

本测评没有对错，要求实事求是的回答，在符合你的情况或接近你的情况的答案上做标记。

1. a. 不用别人告诉我做什么，我会独立完成一些事情。
   b. 如果有人告诉我做什么，我会顺利完成一些事情。
   c. 尽管事情很简单，但除非是我必须要做的，否则我不会去做。
2. a. 我喜欢与人交往，愿意与任何人进行沟通。
   b. 我有很多的朋友，我不需要在与其他人沟通了。
   c. 我认为与其他人交往非常麻烦。
3. a. 当开始做事的时候，我会与别人一起合作。
   b. 我会让其他人去做，如果喜欢我会与别人合作。
   c. 我会让其他人去做，我不愿意和其他人一起做事情。
4. a. 我愿意负责事情。

b. 如果必须是我做，我会负责的，但是我更宁愿让他人负责。

c. 周围总有人愿意显示他们的聪明，就让他们去负责吧。

5. a. 我喜欢在事情开始前做一个计划。我经常将事情安排的井然有序。

b. 我会做好大多数的事情，如果太困难，我就会放弃。

c. 如果有人安排和处理整个事情了，那么我就随遇而安了。

6. a. 只要是我需要做的事情，我不介意为此而努力工作。

b. 我会努力工作一段时间。

c. 我不会为了有成就，就去努力工作的。

7. a. 我能很快地做出决定，并且大多数都是对的。

b. 如果我有足够多的时间，我就能够做出决定。如果时间很短就做出决定，我会经常性的改变主意。

c. 我不喜欢做决定，因为我经常做出错误的决定。

8. a. 人们相信我说的，我从来不说谎话。

b. 我大多数的时间里都讲真话，但有些时候却做不到。

c. 我经常说谎话。

9. a. 如果我决定了做什么事情，就不会让任何事情阻止我。

b. 如果没有其他的事情干扰，我经常会完成我的事情。

c. 我经常就会改变方向或者放弃。

10. a. 我的健康状况非常好，我几乎不生病。

b. 我有足够的精力去做我想做的事情。

c. 在我的朋友看来，我的身体非常不好。

结果说明：

1. 多数选择是 a，例如，7～10 个。你是个优秀的创业者。

2. 少数选择是 a，多数选择是 b，例如，小于 7 个 a 或者 7～10 个 b。独自创办企业，你可能会遭遇到很多困难。建议寻找一个或两个能够弥补劣势的合作者。

3. 大多数选择是 c，例如，7～10 个。目前你不适合创办和经营企业，如果你希望创办企业，那么需要努力提高个人的创业素质。另外，你可以在一个企业里工作或其他你更感兴趣的工作。总之不要气馁！

参考资料：《大学生 KAB 创业基础（教师用书）》. 高等教育出版社

思考与实践

1. 约上你的伙伴做一次创业者访谈，讨论一些关于创业的话题。
2. 阅读图书《乔布斯传》，思考你在乔布斯身上学习到了什么？
3. 让你的朋友或家人对你做一次创业素质测评，找出自己所欠缺的创业素质。
4. 针对你的不足，制订一份详细的创业素质提升计划。

第五章

创新、识别、评估商机

◥ 学习目标

· 知道机会所具备的基本特征

· 学会寻找商业机会的具体途径

· 掌握甄别商业机会的基本方法

案 例 5-1

Think Gum（睿思口香糖）公司商机的识别

马特·戴维森通过修读《药物与大脑》选修课程发现了机会，是不是他的运气太好了？为什么是他而不是其他的同学发现了机会？他如何判断机会的市场价值？这些问题都涉及商机的寻找与甄别。创新创业的实质是具有创业精神的个体对具有价值的机会进行挖掘、开发、利用的过程。在一些创业故事中，商机的确定似乎可以瞬间完成，这是一种错觉和误导。马特·戴维森发现了这一创意后，并没有立刻进行项目的组建与运营，而是通过查阅相关资料及询问相关人士等多种方法进行大量的市场调研。根据调研的结论，他再次修复与重塑商业机会，最终创建了睿思口香糖公司。事实上，商机确定是非常复杂的，包括机会的来源、形成、甄选、评价等过程。作为创业者，这些问题你都要进行学习，并发现其中的规律。

马特·戴维森是加州大学伯克利分校的在校生，主修分子与细胞生物学专业。他选修了一门非常有趣的课程，课程名为《药物与大脑》，关注药物对思维过程的影响，如注意、动机、学习和记忆。戴维森了解到，某些香味（如迷迭香、薄荷油）能用来提高注意力，减少粗心的错误。他甚至利用所学知识从校园灌木采集迷迭香，将其添加在口香糖中，他发现，迷迭香与薄荷口香糖混合使用，能够促进他的注意力和记忆。

香草与口香糖混合提升思维功能的创意，使戴维森非常兴奋。他开始阅读能找到有关香草对注意力和记忆影响的科技论文。逐渐地，他形成一个创意，生产一种有助于学生更好应付考试和课堂发言的口香糖。

2006 年春天毕业后，戴维斯在纽约市一家研究所工作了一年，他仍然继续思考他的商业创意。他决定在投资大量金钱之前，慢慢筹划并测试创意的可行性，而不是匆忙生产某种产品。在获得行业专家的建议后，他把每种已知的能提升大脑功能的香草和添加剂都买了一点。戴维森设立了两个标准，以确定某种成分是否能够添加在口香糖里：①有科学依据为支撑，该成分却有大脑促进功能；②该成分口感好。例如，有些添加剂非常有效但味道太差。戴维森最终选定 4 种成分：银杏酚、马齿苋、瓜那拉（巴西特产）、长春西汀。

2007 年秋天，戴维森进入斯坦福大学攻读博士学位，同时创建了睿思口香糖公司。公司的口香糖产品包括 6 种成分：薄荷油（提高意识）、迷迭香（鼓舞情绪、提升记忆）、长春西汀（提高短期记忆）、马齿苋（加速认知）、银杏酚（提高记忆）、瓜那拉（精神振奋）。这些成分共同产生了戴维森追求的效果。

创建睿思口香糖公司的过程中，戴维森清楚了口香糖的生产情况。他发现，口香糖生产商有风险规避的倾向，对尝试新类型口香糖毫无兴趣。戴维森不得不寻找愿意合作的制造商。当找到制造商并了解相关成本后，戴文森着手计算相应数据，以确信企业具有财务可行性。为了使预测尽可能准确，他收集了多方面报价信息——口香糖成本、商标获取成本、甚至包装成本。最终结果令人满意，2007 年春天，他订购了第一批 10 万片睿思口香糖。

戴维森的耐心最终获得回报。首批口香糖两个月内就销售完了。他接着下了更大的订单，到 2008 年冬天为止，已经售出 100 万片睿思口香糖。这种口香糖在戴维森的网站有售，在加利福尼亚一些零售店也能买到，而且远销加拿大和英国。戴维森的下个目标是拓展分销渠道，在更多零售店销售产品。

→资料来源：

→布鲁斯 R. 巴林格，R. 杜安 爱尔兰著 . 杨俊，薛红志，译 . 创业管理：成功创建新企业 [M]. 北京：机械工业出版社，2010 年，第 42 页

第一节 波洛斯的启示

你知道机会女神波洛斯吗？

在泰国有一个很奇怪的雕像：从雕像的正面看是一个非常婀娜多姿的女人，但是女人乱蓬蓬的头发挡住了她的脸，看不到她的面容是美丽还是丑陋，但你走到雕像的背后回头看时，会发现她的后脑光秃秃的，一根头发也没有，只有她的后背写着“机会”二字！

泰国人是这样解释的：机会，就像这个女人，当她长发遮面向你走来时，充满诱惑，但又让人疑惑，不知道长发下面遮盖的是怎样的面孔？因此你通常都会犹豫着不敢去拥抱她；而当她走过你的身边，长发飞起的一刹那，你发现她的确是一个美女的时候，想伸手去抓她，却因为她的后脑勺没有一根头发，身上又一丝不挂，你无法抓住任何东西。

“机会女神”波洛斯的故事，会带来诸多启示：机会就在你的身边，如果没有留意身边的事情，就有可能错过了许多良机。一般而言，机会都是在反对声中开始，掌声中成熟或结束，犹豫者失去机会，观望者没有机会，等待者永无机会。就像马克·吐温所说：“我极少能看到机会，往往在我看到机会的时候，它已经不再是机会了 。”机会从来不对某一个人格外青睐，也不会对谁格外吝啬，你们所做的就是在它到来之前，去努力做好准备，这个过程或许非常短暂，或许极度漫长，抓住机会，就能改变人生，成就梦想！◥案例 5-1

一、机会

任何重要的行动都来自于某种想法，创业活动更不例外。每个想法难道都是机会吗？它可能是一种创意或创新，但不一定就是机会。我们为了突出机会的重要性，强调识别机会更加注重甄别与评估。

什么是机会？纽约大学柯兹纳教授认为：“机会是未明确的市场需求或未充分使用的资源和能力。”机会识别首先需要从识别甚至创造需求开始。市场需求多数情况下不明确，也很抽象，需要你敏锐地辨识，甚至创造。为了了解顾客需求，可以直接向顾客询问他们对待你产品的态度，他们可能希望更美好、更便宜、更便捷、更适用，这些都是你努力的方向。在这样的方向指引下，你要努力创新甚至创造新的业务，进而创造价值。你要坚定地相信你会经常给消费者带来惊喜，带来消费者没有想到的产品和服务，就像“物联网之父”凯文·阿什顿在《创造》一书中说的一句话：“我们比自己想象中更像达·芬奇、莫扎特和爱因斯坦。”

创业的本质是创新，创业也是创新的实现方式之一。而在创业的过程中，机会一定是不可或缺的重要要素，这一重要要素可以把你的创新发展成事业或企业。所有的创意、创新都能变成机会吗？答案当然是否定的。◥扩展阅读 5-1

二、揭开机会的面纱

创业的旅程不仅要有充满阳光、笔直平坦的高速公路，也有迂回曲折、上下起伏的羊肠小路，沿途你也可能遇到龙卷风、沙暴、飓风和火山爆发，也可能在渺无人烟时耗尽了汽油。

在得到风险投资之前，马云一直被称为疯子、骗子及狂人，没有人相信他会造就一个互联网的商业帝国，他说自己与阿里巴巴是“一路被人骂过来的”。类似的例子还很多，所以说，机会识别是非常复杂、微妙、困难的过程。如果从想法转变成高潜力商机的历程是难以捉摸和高风险的。

（一）机会是一种客观的存在

客观存在，是相对主观意志而言的。机会的角色是存在的，你的角色是识别和把握。无论你看到看不到，抓住抓不住，机会都在那里。所以，还有一句话：世界上并不缺少机会，只是缺少对于机会的发现。◥案例 5-2

（二）机会是一种无形的事物

通过波洛斯与马云的故事，你会发现机会的存在经常处于一种潜伏的状态，人们只能凭感觉意识到它的存在，而无法用视觉看到它。机会总是隐藏在经济社会现象的背后，其真相往往被掩盖着，通常很难找到它的踪影。正如法国文学大师巴尔扎克所说：“机会女神总是披着面纱，难以让人看到她的真面目。”◥案例 5-3

（三）机会不会一直存在

“机不可失，时不再来”，凡是机会都有时效性，错过了时间，机会就失去了效用。机会的时效性表现为：一是稍纵即逝，二是一去不返。虽然机会时常出现，但同样的机会是不会重新再来的。同样，由于机会往往是被社会所共有的，只要稍一迟疑，机会就会被别人抢走。机会通常是一个不断移动的目标，存在着一个“机会窗口”期，你要抓住某一市场机会，其机会窗口应该是打开的，而且这扇窗必须开足够长的时间以实现必需的市场回报。

（四）机会往往会伴随风险

机会往往都与风险并存。由于大多数机会出现时间的短暂性，你对它的全部本质往往看不太清楚，又因为它是关系未来的事物，受多方条件制约，机会常呈现若明若暗的状态。机会只属于那些有胆有识的人，在机遇和风险面前左顾右盼、裹足不前常常会坐失良机，但不顾条件一味蛮干也会受到惩罚。徐振江的失败给更多创业者提供了宝贵的经验：机会与风险是一对双胞胎，高机会的出现更能带来高风险。你要始终保持一个清醒的头脑来判断机会。你的产品到底具不具备竞争优势？有没有专注用户最细的需求？能否在某一方面建立相应的技术壁垒？在这些问题没有考虑清楚的时候，太过追求速度，盲目扩张，往往会出现高风险。◥案例 5-4

扩展阅读 5-1

机会窗口一般模型

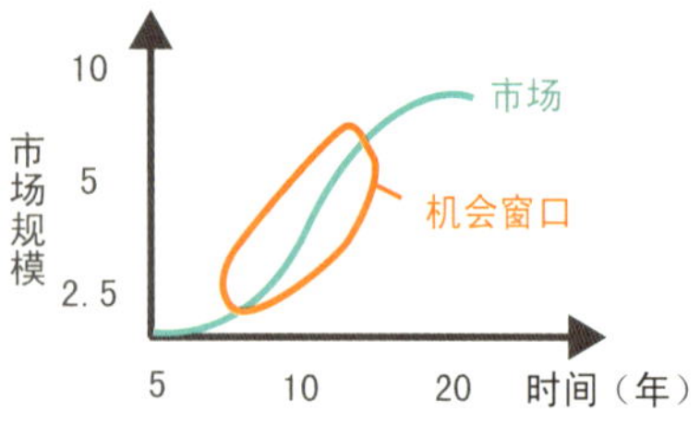

左图描述了一个一般化市场上的机会窗口。市场在不同时间成长的速度各不相同，随着市场快速扩大，就会有越来越多的商机。当一个市场变大、形成之后，环境就不一定那么有利了。因此，在市场开始扩展到足够大的程度，并开始形成一定结构时（例如，图表显示的第5年），机会窗口打开；当市场成熟了之后，这扇窗就开始关拢（例如，图表中显示的第10年）。

◥案 例 5-2

商机无处不在：线上打印

→资料来源：
→根据东北农业大学提供素材整理

校园复印社的时闲时忙，应该是同学们司空见惯的一种现象了吧。可偏偏有的同学从中发现了自己的创业机会。

东北农业大学 2012 级的唐志宏同学注意到，同学们去打印复印的时间点都集中在中午吃饭时间段和下午吃饭时间段。除了这两个时间段，复印店都很清闲。能不能让资源得到一个合理配置？使得学生吃饭时间段去打印不用排队，而复印店不忙时的机器得到良好利用？现实生活中解决自己遇到的问题，或者解决周围人遇到的问题，都可能成为我们创新创业的机会。

唐志宏先是选择了学生上传文件到 QQ 邮箱—复印店老板接到邮件后打印—自己免费配送打印文件到寝室的模式，帮助复印社提高营业额 20%。进而，他又采用建立网站的方式解决第一阶段创业中存在的问题，同时吸引更多的校园用户。

经过团队成员的努力，半年时间他们的业务已经覆盖哈尔滨和牡丹江两座城市的 7 所高校，使用人数超过 1 万。据他估算，全国大学生打印复印的市场份额有 33 亿。

◥案 例 5-3

无意间发现的商机：微波炉

→资料来源：
→http://trisvr.com/keji/1011.htm

微波炉最早的名称是“爆米花和热团加热器”，它的出现源自一个武器研发项目。微波炉的发明者是美国自学成才的工程师珀西 · 勒巴朗 · 斯宾塞，二战爆发后，他在一家公司从事雷达技术开发。

某一天，他在实验室做实验时，一块巧克力棒黏在了短裤上。斯宾塞注意到，当他运行磁控管时，裤子上的巧克力棒融化了。一般人可能认为，他身上的体温将巧克力融化。斯宾塞没有按照这种逻辑思维去判断这件事，相反，思维敏捷的他给出了一个更为科学的解释：肉眼看不见的辐射光线“将其煮熟了”。斯宾塞对这一发现充满了好奇，他利用这种装置让鸡蛋爆裂，还去烤爆米花。最后，他用箱子将其包装起来，作为一种烹饪美食的新工具推向市场。

◥案 例 5-4

一个 90 后创业失败的故事

→资料来源：
→http://www.newdur.com/post/4634.html

徐振江，这是一位 1996 年出生的年轻创业者，他针对学生群体洗衣难的问题，推出了一款洗衣 O2O 产品，叫“9 块洗”。顾名思义，9 块钱就可以给学生提供一袋洗衣服务，通常每个袋子可以装进 3 ~ 5 件衣服。每袋成本基本控制在 5 元钱以内，4 元钱净利。随后，他为了快速推进项目，开始到处找投资。但他没料到，2014 年下半年，e 袋洗发力疯狂铺市场，以 e 袋洗的体量，只要简单的模式复制就可以把自己吃掉。2014 年 8 月，徐振江跟投资人沟通，主动终止了项目，投资人也随之撤资。

所有说，机会与风险是一对双胞胎，高机会的出现更能带来高风险。你要始终保持一个清醒的头脑来判断机会。你的产品到底具不具备竞争优势？有没有专注用户最细的需求？能否在某一方面建立相应的技术壁垒？

第二节 商机源于生活

很多人深感创业项目难找，往往是对市场洞察不深的原因。机会既可能是自然生成的，也可能是需要你来创造的，且多数是后一种情况。你要想把握机会，那就需要搞清并关注机会的来源。其实，机会就在你的身边，它可能在你最熟悉的班级、校园、城市中，也可能蕴藏在你最擅长的专业、兴趣、经验中。在多留意你生活中的细节，你会有意想不到的收获。◥案例 5-5

一、发挥优势资源，把握商业机会

优势资源，是你具有的强项与特长，优秀与特别之处。发现优势，是对以往生活积累的审视。在你过去的生命历程中形成了哪些技能？奠定了哪些知识？形成了怎样的结构？培养了哪些兴趣爱好？哪些事情能够做得更好？这些都可以称之为你的优势资源，发挥它们，把握商业机会。

（一）专业优势

专业是我们立足之本，我们要善于发现自己专业的优势。这样专业知识、同学、老师就成了自己的技术支持和人力支持。夏雷的创业项目就是结合了他的所学专业，这就是他的优势资源。◥案例 5-6

（二）兴趣优势

兴趣，有的是与生俱来的，有的是后天养成的。不论哪种情况，都是对潜藏自身某种特质的呼应，都是自身特质的外

◥案　例 5-5 一个苹果三种商机

同样的产品，却呈现不同的机会，是由于经营思想上对市场的“加工”深度不同决定的。同样的机会，不同的人看到的会不同，让不同的创业者来开发，效果也会不一样。

三个年轻人一同结伴外出，寻求商业机会。在一个偏僻的山镇，他们发现了一种又红又大、味道香甜的苹果。由于地处山区，信息、交通都不发达，这种优质苹果仅在当地销售，售价非常便宜。

第一个年轻人立刻倾其所有，购买了10吨最好的苹果，运回家乡，以比原价高两倍的价格出售。这样往返数次，他成了家乡第一名万元户。

第二个年轻人用了一半的钱，购买了100棵最好的苹果苗，运回家乡，承包了一片山坡，把果苗栽种上，头三年没挣上一分钱。

第三个年轻人找到果园的主人，用一元钱买走了一把种苹果树的泥土。他带着这把泥土，返回家乡，把泥土送到农业科技研究所，化验分析出泥土的各种成分、湿度等。然后，他承包了一片荒山坡，用了整整三年的时间，开垦、培育出与那把泥土一样的土壤。然后，他在上面栽种上苹果树苗。

10年过去了，这三位一同结伴外出寻求商机的年轻人命运迥然不同。第一位购苹果的年轻人现在每年依然还要去购买苹果，运回来销售，但是因为当地信息和交通已经很发达，竞争者太多，所以每年赚的钱很少。第二位购买树苗的年轻人早已拥有自己的果园，但是因为土壤的不同，长出来的苹果有些逊色，但是仍然可以赚到相当的利润。第三位购买泥土的年轻人，他种植的苹果果大味美，和原来的苹果不相上下，每年秋天引来无数竞相购买者。

→资料来源：
→一个苹果三种商机，《金点子生意》，2009第11期

◥案 例 5-6

利用专业优势，发现创业机会——创业者夏雷的故事

→资料来源：
→根据西北农林科技大学提供素材整理

夏雷，2015 年研究生毕业于西北农林科技大学，在校期间学习的专业是农业工程。通过大量地调研，他发现农村生产的农产品滞销较为严重，而城市白领总是抱怨菜价居高不下。在这种相互矛盾的需求情况下，他开始筹划创业项目——村社通。

村社通就是农村与社区的平台。通过平台可以实现农产品与城市过剩资源的双向销售，促进社区及农村的信息化管理并解决农产品滞销及推广问题。利用大数据技术分析平台交易数据，挖掘消费者消费意愿，用于指导农产品的针对性生产与销售。开辟城市二手资源回流农村业务，让农村居民享受城市对农村的反哺。此外，开发线下家庭农场、开心农场等活动，增强线上线下的互动，为线上经营提供宣传、辅助和引导。

夏雷确定了项目思路后，和学校的 3 名信息工程专业的本科生及自己的研究生同学组建了创业团队，并利用学校与老师注册了杨凌村社通信息有限公司，目前运营良好。

在表现。比如，音乐家是以音符作为生命存在的形式，作家是以文字作为生命存在的形式，画家是以色彩作为生命存在的形式。

仔细看看那些成功的创业者，他们的商机往往是实现他们兴趣、爱好、梦想的过程。“汽车狂人”李书福就是因为酷爱带有发动机的摩托、汽车，才狂热地投身其中，最终成功。南茜 · 穆勒喜欢为家庭聚餐制作开胃食品，朋友们经常称赞她，告诉她这些食品有多么的美味，后来他建立了南茜特种食品公司。你的兴趣爱好是什么？你如何把它们转化成一个不错商机呢？◥案例 5–7

（三）经验优势

你组织过哪些社团活动？策划过哪些商业方案？参加过哪些专业实习？有过哪些兼职经历？这些都有可能成为你的经验优势。你可以从自己的相关经验入手选择商业机会。松下幸之助曾经做过电器插座生产线上的学徒。开心网的创始人程炳皓曾经参与新浪网的策划、运营以及上市。1994 年，大三学生江南春和几个合作伙伴成立了永怡广告公司，到了 2001 年江南春发现广告代理公司的利润很低，重新思考方向，最后他把新目标放在商业楼宇的电梯上，弥补了市场空白，成立了分众传媒。

二、关注市场动态，挖掘商业机会

有哪些企业是刚刚成立的？又有哪些企业是逐渐走出市场？它们进入市场以及被市场淘汰的原因是什么呢？仔细留意你身边的市场动态，你可能会挖掘到不错的机会。

（一）打开眼界，模仿复制

做一件事需要专注，但在确定做什么之前一定要开阔眼界。说到眼界，不能不说那古老的“读万卷书，行万里路”。何以打开眼界，读上几本与商业机会有关的书，看上几百个别人创业的故事，走上几个乃

案 例 5-7 把爱好发展成事业：杨致远

→资料来源：
→http://baike.baidu.com/

我国台湾出生的杨致远 10 岁来到美国，在斯坦福大学硕士毕业后留校，结识了费罗。回到斯坦福，两人在一辆学校拖车上成立一间小型办公室。恰在这时他们迷恋上了互联网。每天，他们有数小时泡在网上，分别将自己喜欢的信息连接在一起，上面有各种东西，如科研项目、相扑信息、网球比赛信息等。开始时他们各自独立地建立自己的网页，只是偶尔对彼此的内容感兴趣才相互参考，随着链接的信息越来越广，他们的网页也就放在了一起，统称为“杰里万维网导向”也就是后来的“Yahoo！”

至十几个地方，接触一些专家，结交一些企业界人士，你会发现，可以做的事情不仅仅是开个店，你会有更广阔的思路、更有创意的点子、更有商业价值的机会！

（二）关注资源，深度挖掘

挖掘是机会发现的一个途径：面向存在、天然、隐蔽的资源，经过寻找而发现，选择而确定，提炼而结晶，加工而升级，成为有市场价值的东西。可挖掘的具有资源性质的东西很多，范围很广。你把他们从隐蔽状态挖掘出来之后，既要尊重他们的原生态，这是特点、特色、独具的价值所在，还要改进、提升、完善，有的还要进行功能的转化、用途的变更、价值的延伸。

斯鲁特兄弟在芝加哥展览会上看到了一个奇特产品，将三四杯的水倒进碗里，在里面放入很少量的小球，结果小球很快吸光了所有的水。他们认为这种由硅砂做成的神奇小球具有很强的饮水功能，是做小猫褥袋最合适的材料。于是，他们同中国的一家硅胶企业签订了生产合同。事实证明斯鲁特兄弟是正确的。现在，美国的杂货店和大卖场里被称为“水晶珍珠”的完全透明的小球褥垫卖得很好。而且，兄弟俩还因此获得了全美宠物协会颁发的杰出技术进步奖和 1999 年度《小猫迷》杂志所颁发的奖励。加藤信三是日本狮王牙膏公司的一名普通员工，刷牙时牙龈出血，想到如何改变现有的牙刷。他把牙刷放到放大镜下观察，发现刷毛顶端是四方形的，所以他建议公司把刷毛顶端改成圆形的，新产品投入市场，销路极好，占到日本同类产品的 40% 左右。中国的瓷器举世闻名，但中国的茶杯在欧洲市场上的销路并不是很好，日本人经过深入的调查之后，发现欧洲人的鼻子比较高，中国的茶杯存在缺陷，所以改变现有的茶杯，设计出斜角杯。◥案例 5-8

（三）市场细分，弥补空白

你的生活中，每天都会出现一些新鲜的事物，VR 眼镜、特斯拉、Apple Watch、无人机、Uni（有你）。这些新事物给你带来了什么灵感呢？每一个新技术或新产品的出现，都伴随着混乱、混沌、模糊的市场真空区域。这种真空区域恰恰就是初创企业肥沃的土壤。你要仔细观察这种技术或产品。它们还可以应用到哪些领域？哪类人群最需要他们？他们身上具备哪些特征？你将如何满足他们的需求？这个过程就是市场细分。你在寻找目标客户的过程中，不要力求“大而全”，利用有效的资源，打造“小而强、小而精、小而美”的商业机会可能是你正确的选择。◥案例 5-9

> “如果后入者可以超越先锋，企业迟些进入会更好”
>
> ——彼得·戈尔德和杰拉德·特里斯

三、运用思维方式，创造商业机会

史蒂夫·乔布斯说："一个企业的目标就是去创造那些消费者需要但无法形容和表达的需求。"商机的创造不仅体现在人们没见过、没用过的实物，更包括那些未听过、未曾预见的未来，以此刺激新的消费热点，创造新的生活方式。我们可以模仿，我们可以挖掘，但是更多的机会是你运用独特的思维方式创造出来的。

（一）痛点思维

痛点，顾名思义，是痛苦的点，是用户在使用产品或服务时抱怨的、不满的，让人感到痛苦的接触点。转化到产品上来说，就是产品的原始需求中被大多数人反复表述过的一个有待解决的问题或有待实现的愿望。你可以通过这种思维模式寻找商机，就像企业家约翰·加德纳说的那样："每个问题都是一个绝佳的隐藏着的机会。"

案例 5-8

一个简单发明的奇迹

1987 年，美国弗吉尼亚州的两个邮递员汤姆·科尔曼和比尔·施洛特无意中看到一个小孩手里拿着一种发绿色亮光的荧光棒，他们思考：这个小东西能用在什么地方呢？他们决定把棒棒糖放在荧光棒的顶端。最后，他们将发光棒棒糖专利卖给了美国开普糖果公司。

这个发光棒棒糖才是奇迹的小开端。两个邮递员继续往下想：棒棒糖舔起来很费劲，时间久了，小腮帮一定会很酸。棒棒糖能不能带一个能自动旋转的插架？由电池驱动小马达，通过小齿轮减速可以转动糖果。如果有这样的棒棒糖，腮帮就不会酸了，而且还增加了糖果的娱乐性。事实证明，旋转棒棒糖获得了巨大的成功！这种小东西通过超级市场以及自动售货机销售，在 6 年的时间，一共卖出了 6000 万个。这哥俩也得到了丰厚的回报（每个售价 2.99 美元）。

更大的奇迹还在后面。开普糖果后期被另外一家公司收购。原领导人约翰·奥舍开始寻找利用旋转马达能解决的新问题。经过沃尔玛超市时，他看到了电动牙刷。他发现电动牙刷的价格都高达 50 美元左右，所以，整体的销售量都很小。为什么不用旋转棒棒糖的技术，用 5 美元来制造一只电动牙刷呢？于是，美国日用品市场上最畅销的旋转牙刷诞生了！ 2000 年，奥舍团队的公司卖出了 1000 万把这样的牙刷。

这样的结果让宝洁公司的老板坐不住了。宝洁公司派出一个高级经理与奥舍谈判。经过短时间的讨价还价，2001 年 1 月，宝洁决定收购这家小公司，具体的价码如下：由宝洁首付预付款 1.65 亿美元，以奥舍为首的 3 个创始人在未来的 3 年内继续留在宝洁公司。但最后，宝洁提前 21 个月结束了它与奥舍 3 人的合同。因为，宝洁发现电动牙刷太好卖了，远远超出了他们的预期。这种产品通过沃尔玛超市在全球35个国家销售，成为席卷全球市场最快的一款产品。这就意味着：宝洁在合同期满后付给奥舍 3 人的钱要远远超出预期。最后奥舍和他的两位创业伙伴一次性拿到了 3.1 亿美元，加上原来 1.65 亿美元的预付款，一共 4.75 亿美元。

→资料来源：
→http://www.zybang.com/question/c0128ae2f3d3afa88f87286fde0b9ec6.html

（二）趋势思维

趋势思维，就是在变化中看到未来的发展方向，通过预测的方式创造商业机会。彼得·德鲁克在《创新与企业家精神》一书中指出："变化为新颖且与众不同的事物的产生提供了机会。"没有变化，就没有机会。你要在这种瞬息万变的变化中分析出未来的发展趋势，并加以利用，就能创造出商业机会。在你生活的环境中，有哪些变化趋势呢？这些趋势能够为你带来什么样的机会呢？表 5-1 为你提供一份参考，你要洞悉趋势，顺势而为，可能创造出新商机。

很多现有的企业在实现规模经济的同时留下了许多市场缝隙，从这些遗留的缝隙中，你依然可以寻觅到商业机会。安徽的胡小平发现"小菜没人做，嫌进货麻烦"的现象，决定进入该行业，迅速占领市场，创建品牌"小菜一碟"。创业者米勒发现越来越多的人关注自身健康，在 1977 年推出"淡啤酒"。黄鹤楼香烟采用提高香精香料，提倡减害，推出"淡雅香"。

（三）组合思维

组合思维，就是将现有的 2 项以上的技术、产品、服务、功能、原理等因素组合起来，实现新的用途和价值而获得的商业机会。老子说："世间万

案　例 5-9

瞄准细分市场，发现创业机会

南京农业大学 2010 级学生张雨轩，在集结了一群志同道合的小伙伴后，开始了他们的创业之路。

2012 年，他们团队利用 3 个月的时间完成了新型活性炭产品的研发。团队成员利用"农林三剩物"之一的甘蔗渣为原料，采用"微波辅助磷酸一步活化法"及"化学改性技术"，制作出新型活性炭。这种新型活性炭比表面积可达 1100~1300 平方米 / 克，并且富含中、微孔与酸性基团，具有良好的市场发展前景。

在进行市场转化过程中，他们并没有开发众多的相关产品，而是选择了人们存在迫切需求的雾霾防护口罩。这种新型雾霾防护口罩，内部采用环保型净化材料，配合先进的五层过滤技术，能有效净化空气中大量的含氮有机颗粒物、酸性氧化物、重金属离子、可吸入颗粒物（PM2.5）及病毒、有害气体等物质。口罩经过中国安全防护用品检测中心 N95 级别测试，过滤效率可达 95% 以上。口罩采用免养护设计，杀菌环保，无需洗护，定期更换即可。口罩外形设计也符合人体工程学，贴合面部，透气性好，佩戴时不会在眼镜上产生雾气，彻底解决了戴眼镜的消费者无法在冬季佩戴口罩的烦恼。并且口罩可折叠存放，不易变形，方便携带。

新型雾霾防护口罩研制成功后，他们立刻已经申请了 4 项相关专利（3 项已经获得了授权），并于 2013 年 12 月正式注册了南京多恩环保科技有限公司。

目前，张雨轩的公司已与苏州某防护用品有限公司签订生产协议，与多家企业签署销售合同与合作协议，还在淘宝、苏宁易购、一号店等网络购物平台设有网店进行直接销售。张雨轩及所创办的公司还曾被网易传媒、江苏卫视、江苏新闻广播、南京日报、现代快报、南京电视台等媒体宣传报道。

看了张雨轩的创业故事，你会发现她在开发相关产品前，一定进行了深入的思考。她将新型活性炭应用到需求量较高的某一细分市场中，挖掘出一个具有发展潜力的商业机会。

→资料来源：
→根据南京农业大学提供素材整理

表 5-1 利用环境变化趋势而发现的新商机一览表

环境类型	环境变化趋势	具体表现	产生的新商机
人口环境变化	社会老龄化	退休人数增多，平均寿命延长	养老院、老年护理、居家养老用品、家政服务
	男女比例失调	需要寻找终身伴侣的平台	婚介服务、交友俱乐部、征婚节目
	开放二胎	家庭成员数量变化	双人用品、保姆服务、蒙特梭利教育
	非家庭生活方式更加丰富	单身贵族、丁克家庭、周末夫妻、非婚同居、学生宿舍、三代同堂、养老院集体生活	方便食品，便携家具，简约生活方式，旅游用品，自助游、自驾游社团，派对、聚餐用品
	家庭结构变化	大龄青年、宅男宅女、独生子女增多，离婚率增高，职业妇女、失业青年增多	婚介服务、职业培训、心理咨询、职介中心、就业创业培训
经济环境	实际收入提高	恩格尔系数越小	娱乐业、休闲业
	跨国企业、连锁企业增多	企业由集中经营为零散分工合作、企业在不同地区	统一管理的软件开发：网络视频会议、多方会话通信
	高储蓄率和净资产提高	银行存款增多，家庭固定资产增多	轻型汽车、家庭娱乐用品、高科技通信用品、教育和信息市场、投资顾问、理财师
	传统行业经济不景气	传统行业急需转型升级	传统行业转型升级服务、“互联网 +”服务产品数量、重量调整
自然环境	自然资源短缺	自然资源日益减少	寻找替代品、开发新能源、开发节能产品、废物利用回收渠道
	环境污染	我们生活的环境日益恶化、生态破坏	生化、生态和环保方面的服务和产品、环境监测、环境治理
技术环境	信息技术	信息庞杂，无纸化办公，大型展会增多	软件定制、信息管理、编程人员、会展服务、广告、传媒、出版市场
	电子技术	网络通信、机器人、VR、无人机、3D 打印技术	相关产品开发、保养与维护
	生物技术	近年生物学大力发展、创新	生物医疗、生物药品、物种杂交化学化工方面的产品及服务
	新型材料	目前新材料有 60 多万种	新型材料的利用、相关的所有产业应用
	空间技术	航天技术的发展	网站、软件、农业生产等
政治法律环境	食品卫生法	国家加强对食品安全卫生的监管越来越严格	绿色、环保、无毒、无公害高质量食品、科学检验等
	消费者权益保护法	保护消费者利益越来越重视	诚实守信的产品、质量过硬的产品、关于食品安全和环保类的咨询和服务
	鼓励特定商业活动	国家鼓励国产动画、鼓励建设停车场、鼓励电瓶汽车	喜羊羊与灰太狼等相关产品或服务；智能门禁考勤系统、停车场系统、通道管理系统、电瓶汽车研发与保养、电瓶充电等
	社会主义文化大发展大繁荣	文化创意产业的发展	广告、建筑、艺术及古董市场、工艺、设计、电影与录像带、休闲软件游戏、音乐、表演艺术、出版、软件与计算机服务业、电视与广播
社会文化环境	受教育水平	高学历无业人员增多，职场竞争更加激烈，创业者增多	在家办公、自由职业、短期劳务、便利交通、即时通信、技能培训、企业顾问
	强调个性化	不论是企业还是个人，都比以往更追求个性和特色	个性化产品、个性化标志、小批量产品、彰显个性的装饰
	SOHO 一族	喜欢在家办公、购物、理财喜欢家居井然有序、安全、舒适、重视家庭生活	家庭美化、家政服务、家庭保安设备、办公用品及网络维护、网上培训、宠物饲养服务市场。
	冒险猎奇者	喜欢旅游、野外探险、猎奇	冒险体验、极地探险、漂流、异国情调的产品经营、富有冒险倾向的娱乐市场
	另类个性者	追求素食、香薰、修炼、秘术、健身、另类、追求天然营养	健康咨询服务、保健产品、生态市场、安全环保产品、品质超群的产品、健身器材市场
	多维消费者	消费多元化、中西合璧、融汇古今，这类消费者已占 6%	提供商品信息、消费指南、物美价廉、独特个性的商品，为多维生活方式提供便利
	享受生活者	追求精致品位生活、注重生活质量、追求名贵奢侈独特极品	精心设计的优质服务、限量的奢侈品或者奢侈体验、服务极致的产品和服务
	自由职业者	追求自由独立、返璞归真、不追求白领生活、崇尚自然	为年轻企业家提供的服务、网络服务、信息和渠道服务、娱乐业
	延长寿命永葆青春	健康长寿、永葆青春是生活目标、追求新的医疗手段	健身及产品，瑜伽锻炼、保健用品，老年护理、体育用品、疗养用品，美容用品和技术

物负阴抱阳，相冲以为合。”是说自然界的一切事物，都具有“合”的倾向。物理和数学之合就是计算机；化学和生物学之合就是基因工程。如何去“冲”呢？用人的智慧、创新意识和创造能力，用已经掌握的知识、长期积累的经验，将那些不相干、没联系的物质（技术、产品、服务、功能、原理等）组合、结合、融合在一起，你会创造出新的商业机会。例如，冶金与绘画组合产生了铁画，医疗与食品组合产生了药膳，面条与蔬菜组合产生了蔬菜面等。

大家熟知的保健品脑白金，也是“组合”下的产物。改革开放以后，中国内地的保健品层出不穷，史玉柱调查分析了当时中国保健品市场发现：一部分产品是为了满足人们改善睡眠的需要，另一部分是为了满足人们调节消化的需要，市场上没有一种保健品可以同时满足这两种需要。改善睡眠保健药主要成分是人脑松果腺体素也叫褪黑素，山楂、茯苓可以调节消化。所以，他把两者结合起来，做了大量的实验，最终推出这种既可以改善睡眠又能调节消化保健品，填补了当时中国保健品市场的空白。◥案例 5-10

四、互联网时代下的商业机会

生于互联网年代的创业者，与互联网一起成长、更迭，在学生时期就已经将互联网融入生活的方方面面，你们是实实在在的互联网“原住民”。吃喝在美团、穿衣在淘宝、出行有携程、社交朋友圈、不懂找百度……你们不论是生活方式还是思维方式都带有原始、天然的网络印记。所以，互联网时代不仅仅给你们带来了商业机会，也给你们带来了独有的优势，这种优势是创业前辈们所不具备的，或者说是前辈们需要学习才能掌握的。

（一）几个名词

C2C、B2C、B2B、O2O、P2P、P2C、C2B，看到这些眼花缭乱充斥互联网挥之不去的名词，是不是很熟悉？你了解它们的含义吗？在哪种模式中能够找到你的商业机会？

1. C2C 模式

C2C（Customer to Consumer），客户之间自己把东西放上网去卖，是个人与个人之间的电子商务。C2C 的主要盈利模式是会员费、交易提成费、广告费用、排名竞价费用、支付环节费用等。如淘宝、拍拍、易趣、滴滴。

2. B2C 模式

B2C（Business to Consumer），企业通过互联网为消费者提供一个新型的购物环境——网上商店，直接面向消费者销售产品和服务。这种形式的电子商务一般以网络零售业为主，主要借助互联网开展在线销售活动。如京东、当当、卓越、神州专车。

3. B2B 模式

B2B（Business to Business），企业对企业的电子商务模式，进入电子商务交易的供需双方都是商家（或企业、公司），他们使用互联网技术或各种商务网络平台，完成交易的过程。如阿里巴巴、慧聪、中国制造网。

4. O2O 模式

O2O（Online To Offline），即把线下商务机会与互联网结合在一起，让互联网成为线下交易的前台。也就是线上揽客，线下体验。O2O 模式的特点在于把线上和线下的优势完美结合，让消费者在享受线上优惠价格的同时，又可享受线下贴身服务。如美团、饿了么。

5. P2P 模式

P2P（Peer To Peer），个人对个人的意思，又称点对点网络借款。P2P 借贷是一种将小额度资金聚集起来借贷给有资金需求人群的一种民间小额

案　例 5-10

神奇的组合：太阳马戏团

太阳马戏团的成功就是运用了组合思维，将马戏与舞台剧组合在一起，创造了商业机会。相似的案例还有很多，比如近些年比较热的“互联网+”也是一种组合思维。你要勇于尝试，不断创新，一定也能创造出属于自己的商业机会。

资料来源：http://baike.baidu.com/

太阳马戏团（法语：Cirque Du Soleil，前称索拉奇艺坊）是加拿大魁北克省蒙特利尔的一家娱乐公司及表演团体，也是全球最大的戏剧制作公司。凭借对传统马戏表演的颠覆性诠释，太阳马戏团以豪华并极具震撼的舞台表现力，囊括了包括艾美奖、斑比奖等在内的国际演艺界各项最高荣誉。

经历30年的不断创新与进化，太阳马戏团蜕变成为涵盖更多表演艺术形式和内容的剧团。剧团成为了现场演出的革命者，与传统演出有很大差别。太阳马戏团将各种惊险的技巧性表演与超出想象力的舞台舞美装置相结合，在现场乐队的伴奏下带给观众超越平常的娱乐享受。

太阳马戏团的成功之所以不同凡响，是因为在它进入这个市场时，马戏行业已是一个不再有吸引力的“夕阳产业”。电影、电视、网络、游戏的普及蚕食着行业的生存空间。但太阳马戏团走出了一条超越传统马戏竞争的路——把马戏和富于艺术感染力的舞台剧相结合。太阳马戏团没有在请明星艺人、名驯兽师上与对手硬碰硬。它的原创剧目没有动物，也不聘用明星，而是用马戏的表演讲述完整的故事。他们的演出服装艳丽，运用灯光、音效、舞美等技术，把魔术、杂技、小丑等与舞台剧相结合，制造出一种超乎想象的奇妙效果，不仅吸引了马戏爱好者，也赢得了那些经常光顾剧院的观众。这样，太阳马戏团创造了一种全新的艺术形式，将其他马戏团远远甩在身后，超越了一般意义上的竞争，享受了独有的高利润。

贷款模式。如陆金所、人人贷、红岭创投。

6. C2B模式

C2B（Customer to Business），即消费者到企业，是互联网经济时代新的商业模式。客户发布自己想要的产品，然后由商家来决定是否接受客户的要约。假如商家接受客户的要约，那么交易成功；假如商家不接受客户的要约，那么就是交易失败。C2B模式的核心，是通过聚合分散分布但数量庞大的用户形成一个强大的采购集团，以此来改变B2C模式中用户一对一出价的弱势地位，使之享受到以大批发商的价格买单件商品的利益。如U-deals、当家物业联盟。

（二）互联网思维

就像传统企业天生就活在工业社会一样，年轻一代的创业者天生就是互联网的一代。在你们的视野里，互联网不再仅仅是多了一个渠道，多了一个工具而已，而是成为生活的底层建筑。你们利用这种先天优势，更容易发现别人忽略的商业机会。那么什么是互联网思维？互联网思维具备哪些显著的特征？你应该如何利用它们去塑造你的互联网思维？

互联网思维，就是在互联网+、大数据、云计算等科技不断发展的背景下，对市场、用户、产品、企业价值链乃至对整个商业生态进行重新审视的思考方式。相对于工业化思维而言，互联网思维是一种商业民主化思维、用户至上思维。这种思维下的产品和服务是一个有机的生命体，自带媒体属性，其企业组织也一定是扁平化的。

1. 用户思维

用户思维，是指在价值链各个环节中都要“以用户为中央”去考虑问题。作为创业者，必须从整个价值链的各个环节，创建起“以用户为中央”的企业文化，只有深度理解用户才能成功。众多互联网产品捉住了“屌丝群体”“草根一族”的需求。这是一个人人自称“屌丝”而骨子里以为自己是“高富帅”和“白富美”的时代。当你的产品不能让用户成为产品的一部分，不能和他们连接在一起，你的产品一定是失败。

2. 简约思维

互联网时代的到来，使得人们接触到信息越来越多。如何让顾客用最短的时间在众多信息中瞄准你的产品，就变成一件很难的事情。“大道至简”，越简单的东西越容易传播，专注才能做到极致。RoseOnly将其品牌定位为高端人群。买花者需要与收花者身份证号绑定，且每人只能绑定一次，意味着“一生只爱一人”。它于2013年2月正式上线，8月做到了月销售额近1000万元。

3. 极致思维

极致思维，就是你要把产品、服务和用户体验做到极致，逾越用户预期。阿芙精油是著名的淘宝品牌，有两个小细节可以看出其对服务体验的极致追求：①客服24小时轮流上班，使用Thinkpad小红帽工作。这种电脑切换窗口更加便捷，可以让消费者少等几秒钟；②设有“CSO”，即首席惊喜官。他们每日在用户留言中寻找潜在的推销员或专家，找到之后会给对方寄出包裹，为这个可能的“意见领袖”制造惊喜。

4. 迭代思维

“迅速开发”是互联网产品开发的典型方法论，是一种以人为焦点、迭代、循序渐进的开发方法。它允许有所不足，不停试错，在连续迭代中完善产品。“天下武功，唯快不破”。只有快速地对消费者需求做出反映，你的产品才更容易贴近消费者。Zynga游戏公司每周对游戏进行数次更新，小米MIUI系统坚持每周迭代，就连雕爷牛腩的菜单也是每月更新。

切记：这里的迭代思维，对传统企业而言，更偏重在迭代的意识，意味着你必须要及时甚至实时关注消费者需求，掌握消费者需求的变化。

5. 流量思维

任何一个互联网产品，只要用户活跃数量到达一定水平，就会开始形成质变，从而带来商机或价值。QQ若没有当年的坚持，也不可能有今天的企鹅帝国。互联网产品大多用免费计谋尽力争取用户、锁定用户。当年的360安全卫士，

用免费杀毒入侵杀毒市场，一时间搅得天翻地覆。回头再看卡巴斯基、瑞星等杀毒软件的用户日益减少。

切记：“免费是最昂贵的”，不是所有的项目都能选择免费，它要因产品、资源、时机而定。

6. 社会化思维

社会化思维的焦点是“网”，企业面临的客户以“网”的形式存在，这将改变企业生产、销售、营销等整个形态。一个做智能手表的品牌，通过10条群发，近100个微群讨论，3千多人转发，11小时预订售出18698只T-Watch智能手表，订单金额900多万元。

切记：口碑营销不是自说自话，一定是站在用户的角度、以用户的方式和用户沟通。

众包也是社会化思维的一种表现。它是以“蜂群思维”和层级架构为焦点的互联网协作模式。维基百科就是典型的众包产品。传统企业要思考怎样利用外脑，不用招募，便可“天下贤才入吾彀中”。

7. 大数据思维

用户在网络上通常会形成信息、行为、关系三个层面的数据。这些数据的沉淀，有助于你进行预测和决议。银泰网上线后，购物中央铺设了大量免费 WIFI。当一位已注册账号的客人进入实体店，通过手机与 WIFI 连接，他与银泰的所有互动记录会逐一在后台呈现，银泰就能据此判别消费者的购物喜爱。这样做的最终目的是实现商品和库存的可视化，并达到与用户之间的沟通。

8. 平台思维

互联网的平台思维就是开放、共享、共赢的思维。平台思维的精髓，在于打造一个多主体共赢互利的生态圈。运用平台思维最有可能成就产业巨头。全球最大的 100 家企业里，有 60 家企业的主要收入来自平台商业模式，如苹果、谷歌等。

9. 跨界思维

互联网和新科技的发展，许多产业的界限变得模糊，如零售、图书、金融、电信、娱乐、交通、媒体等各个领域都有互联网的存在。跨界应该是现在互联网上谈论最多的思维模式，苹果跨界进入手机领域，微信跨界进入金融领域，乐视跨界进入手机领域。一旦拥有用户数据，又能掌握用户思维，你也能够携“用户”以令诸侯。

（三）互联网“+”什么？

“互联网 +”就是“互联网 + 各个行业”，但这并不是简单的两者相加，而是利用信息通信技术以及互联网平台，让互联网与各个行业进行深度融合，创造新的发展生态。“互联网 +”是互联网思维的进一步实践成果。作为创业者，你要做的不是看客，而是要在其中分析这种新的商业现象和商业逻辑，思考如何为你所用。

“互联网 +”能应用到哪些领域？又能给你带来哪些创业机会？通过阅读表 5-2，希望能够给你带来灵感，发现你的商业机会。

与互联网有关的模式固然在颠覆传统模式，但与人有关的经验和智慧还是需要传承和借鉴。“互联网 +”是一种手段与工具，但真正的核心还在于你丰富的想象力与善于发现市场机会的洞察力。

表 5-2 “互联网 +”商业机会一览表

应用领域	商业机会
工业	“移动互联网 + 工业”“云计算 + 工业”“物联网 + 工业”“网络众包 + 工业”
金融	在线理财、电商小贷、众筹平台、P2P 网络信贷、“互联网 + 支付”“互联网 + 银行”
商贸	跨境电商、“互联网 + 零售”“互联网 + 批发”“互联网 + 团购”“互联网 + 促销”
农业	“互联网 + 数据分析”“互联网 + 技术指导”“互联网 + 城乡对接”
服务业	“互联网 + 培训”“互联网 + 招聘”“互联网 + 资源寻找”“互联网 + 便民服务”“互联网 + 科研转化”“互联网 + 方案设计”“互联网 + 设备引进”“互联网 + 车间改造”“互联网 + 上门服务”
智慧城市	“互联网 + 智慧家居”“互联网 + 智慧生活”“互联网 + 智慧交通”“互联网 + 智慧教育”“互联网 + 智慧医疗”
通讯	“互联网 + 信息传递”“互联网 + 视频”“互联网 + 交友”
交通	打车软件、专车软件、拼车软件、“互联网 + 巴士”、实时导航、实时天气、订票系统
民生	城市（乡镇）生活平台、城市（乡镇）服务平台
旅游	在线购票、景区导览、规划路线、在线导游、酒店预订、“互联网 + 旅游用品”
医疗	网上挂号、在线询诊、在线咨询、网络售药、在线查询
教育	微课、慕课、网络咨询、网络考试、网络教育平台
政务	网络化办公、移动电子政务、网络资源共享平台
品牌推广	互动营销、微营销、跨界营销、大数据营销、社会化营销、跨屏传播
供应链	“互联网 + 消费者 + 商家”“互联网 + 商家 + 商家”“互联网 + 民众 + 政府”

第三节 甄选商机

在学习了寻找机会的方法后，我们再来说说甄选商机的话题。甄选商机的目的是在众多机会中选择出既适合你，又具有高潜力商业价值的创业机会。你想到的所有的机会都会适合你吗？你如何选择一个具有发展潜力的创业机会？为了把握创业机会，你又将如何进行评价呢？

很多创业者都会产生很多创业想法。针对每一个想法，他们都会一一研究，最终才能确定他们的创业机会。马克·扎克伯格就是具有代表性的范例，他认为：最坏的创业是没有选择的机会，最有希望的创业是有较多机会可供的创业，但若不能识别和选择机会，创业者又必会陷入最坏的境地。甄选商机，一是要分析自己是否能够把握创业机会，评价你与机会的匹配情况；二是要从大量“貌似创业机会”的机会中，发现真正的创业机会；三是要从数个真正的创业机会中，发现最具有价值的创业机会。

一、创业者与机会匹配

中国经纬创投合伙人左玲烨说：“识别创业机会，本质上是要在诸多商机中发现适合以创业的方式为市场提供有价值的产品或业务的商机，而且这个商机是适合团队 A 的，不适合团队 B 的。”不管创业机会是创业者自己识别到的还是别人建议的，也不管创业机会是偶然发现的还是系统调查发现，兴奋之余，首先应该问自己的问题是：这个机会适合我吗？为什么应该是我而不是别人开发这个机会？

并非所有机会都适合每个人，一位高校教师可能因为参与一次学生的竞赛而发现了一个高科技行业内的机会，但是，他不太可能放弃教师职业而进入高科技行业创业，因为他缺乏必需的技术知识和在高科技行业内的关系网络。换句话说，即使看到了有价值的创业机会，个体也可能因没有相应的技能、知识、关系等而放弃创业活动，或者把机会信息传递给其他更适合的人，或者是进一步提炼加工机会从而将其出售给其他高科技企业。当然，创业活动往往不会拘泥于当前的资源约束，你可以整合外部的资源开发机会，但这需要你具备资源整合的能力。

并非所有的机会都有足够大的价值潜力来填补把握机会所付出的成本，包括市场调查、产品测试、营销和促销、雇佣员工、购买设备和原材料等一系列与机会开发活动相关的成本，还包括你为创业所付出的时间、精力，以及放弃更好工作机会而产生的机会成本。研究发现，创业者的创业机会成本越高，所把握的创业机会的价值创造潜力也就越大，所创办的新企业的成长潜力也越高。

学者们逐渐认同创业活动是创业者与创业机会的结合，其核心观点是：一方面你去识别并开发创业机会；另一方面创业机会也在选择你，只有你和创业机会之间存在着恰当的匹配关系时，创业活动才最可能发生，你也更可能取得成功。

二、初始判断商机的四个步骤

时间对你来说，既可以是朋友，也可以是敌人。如果你要把你和你的团队所能想象到的所有机会都仔细研究一遍，1 个季度不够，1 年不一定够，甚至 10 年可能都不够，这就是残酷的现实。◥案例 5–11

你们可以通过“先做加法、系列排除、标准排序、重点测试”这四个步骤对你和你团队产生的所有机会进行快速

案　例 5-11

梁伯强与牛根生初评商机

这两个例子就是他们对机会的初步判断。这样的判断听起来也许不可信，甚至会觉得有些幼稚，但是有效。机会瞬间即逝，它会让你用最短的时间来对机会有个初步的判断：继续评价还是直接放弃。如果是继续评价，那就需要做针对性的调研。梁伯强没有因为看到60亿元的产值就投入指甲钳的生产，而是走访企业，深入市场考察。

梁伯强对指甲钳有兴趣，不仅是他看到了朱镕基同志理说过的一句话：“我没用过一个好的指甲钳子，我们生产的指甲钳子，剪了两天就剪不动指甲了，使大劲也剪不断。”更是因为他看到每年多达60多亿元的产值。他进一步看到韩国只有5家工厂，他们居然占了20亿元的产值。但在中国，据在册登记摸底就有500多家企业，营业额才20亿元左右。那么从数量来对比，韩国5家主要企业加上10来家配套企业就可以和中国的500多家企业打个平手。

著名企业家牛根生在谈到牛奶的市场潜力时说，民以食为天，食以奶为先。而我国人均喝奶的水平只是美国的几十分之一。也许这就是他对乳制品机会价值的直接判断。

→资料来源：
→张玉利. 创业管理[M]. 北京：机械工业出版社，2014年，80页

选择，这四个步骤会帮助你在1个小时左右的时间内把思路先预览一遍并实现快速筛选商机的过程。

（一）先做加法

先做加法的目的是打开你的眼界，知道“可做的事情原来这么多！”知道得越多，选择的余地就越大，就越有机会发现最好的创业项目，就越可能发现最适合自己的项目。

如何做加法呢？你可以通过上一节我们学习到的内容来扩宽你的思路，增加你的商机数量，再与你团队其他成员的商机进行汇总，填写表5-3。

完成表5-3后，你会发现你们身边的商机原来这么多！

表5-3 “先做加法”商机汇总表

商机来源	产生的商机
发挥专业优势	
发挥兴趣优势	
发挥经验优势	
打开眼界，模仿复制	
关汁资源，深度挖掘	
市场细分，弥补空白	
利用痛点思维	
关注人口环境变化	
关注经济环境变化	
关注自然环境变化	
关注技术环境变化	
关注政治法律环境变化	
关注社会文化环境变化	
利用组合思维	
利用互联网思维	

但这不代表每种商机都具有可行性和高潜力，这只是我们初步筛选的第一步。随着我们逐渐深入，你会发现剩下的越来越少，甚至都没有了。不要灰心，只要你勤于思考，一定能找到适合自己的商业机会。让我们继续学习吧！

“新的思想并没有问题，问题在于怎样跳出旧的思维方式”

——约翰·梅纳德·凯思斯

（二）系列排除

众多的私人股权投资者和风险资本家在选择投资项目时，100个创业计划中被选中的不会超过5个，从这两个数字中我们可以看出筛选优秀的创业思路有多重要。你们在筛选的过程中也要向他们一样，要用挑剔的眼光来看待你们产生的商业机会，客观而快速地做出评价。实际上，能否快速高效地放弃某些商机对你们来说是项很重要的技能。要放弃这些商机，就等于说你在形成这些想法的过程中所付出的所有热情和精力都付之东流，这会使你们十分矛盾。这里我们设计了“系列排除”的筛选方法，运用这种方法能够帮助你们放弃商机。

系列排除就是根据相应的规则排除商机。比如你“海选”了100个商机，现在需要一个一个往下删减。删减的规则一共总结出16条。

（1）政策限制。国家明确规定了有些领域是民间资本不能进入的，或者你的商机受到地域性规则制度的限制。

（2）不环保。国家对于环保的要求越来越严格。如果你的商机会带来环境污染或破坏生态，这一条将是高压线，一旦配上，不死掉也是后患无穷。

（3）易燃易爆。这样的商机必定增加生产、储备、运输、销售的难度和风险，并时刻受到有关部门的监督。

（4）安全难度大。比如食品，特别是婴儿及儿童食品，没有从原料采购到生产加工再到分销渠道的全程监控的把握，就不要涉足。

（5）行业夕阳。任何一个行业都有生命周期。如果你选择的商机已经处于该行业的衰退期，许多使用价值已经被新技术所替代，就可选择放弃。

（6）不可持续。企业需要持续性发展，与它对应的就是不可持续性。有许多商机，短时间可能存在，长时间就消失了，种种原因导致企业不能长时间地经营下去。

（7）季节性强。不绝对排除，但季节性的销售，终归要面对生产与销售的均衡，市场信息反馈的迟滞，资金占有量的增大。

（8）没有清晰的目标客户。你的产品谁来购买？是不是已经得到证实。

（9）价格低，且需求小。你的产品价格较低，消费购买数量较小，还不会反复购买，那么你就要重新考虑你的项目是否有存在的价值。

（10）直接面对强大竞争对手。对方已有品牌、技术、市场和消费者认知，密集地占据你所在的区域。与其直接对抗是不明智的，除非你有某种优势为内涵的差异。

（11）壁垒很高。高壁垒包括资金数量、起点规模、技术含量、工艺难度、检测过程、认证标准。占了其中一个，你就要慎重。

（12）技术缺失。团队没有商机所必需的技术。包括三个方面：一是你的团队没有技术；二是你的团队买不起技术或专利；三是聘用不到拥有技术的人进入你的团队。

（13）商机所需原料、材料、辅助材料日益减少，或者被国家和垄断组织控制着。

（14）重量与价值比偏大。单个产品重量很大，同时价值很小，利润会被运费吃掉，无法开辟外地市场。

（15）没有优势。你的技术、产品、成本、功能、特色、地域、自然资源、经营模式等与竞争对手比较，总会出现竞争优势，如果没有，你企业的生存就会出现问题。

（16）严重依附于他人。商业机会的存在是建立再别的存在的基础之上，而这个“别的存在”又是不稳定的，你不能够控制，如原料、技术、市场等。

注意：16 条删减规则是编者根据相关资料总结得出，属于大多数法则，并不代表绝对。这 16 条在某些时候可能会限制你企业的发展，或者会降低创业的成功率。如果你能找到相应的解决办法，将其劣势转化优势，你的这一商机也可能是一种不错的选择。

（三）标准排序

经过第二个步骤“系列排除”后，观察一下你们的表格，还剩下多少商机。如果都删减掉了，你与你的团队成员可能需要再利用大量的时间重新寻找新的商业机会，或者重新修复你们以前的构想。

标准排序就是将你剩下的商机按照一定的标准由分数高向分数低排序，它是初选商机中优中选优的过程。你将使用什么样的标准进行排序呢？排序的标准有两个：市场需求与团队优势。

1. 市场需求

市场需求必须是客观而具体的。包括五个单项，分别是：①现有的需求；②潜在的需求；③持久的需求；④目标顾客清楚；⑤目标顾客具有支付能力。每个单项为 1 分。符合 1 个单项得 1 分，全部符合得 5 分。

2. 团队优势

团队优势是团队内在具有的强项，包括五个单项，分别是：①专业的知识；②经验的积累；③拥有的资源；④独有的强项；⑤特别的兴趣。每个单项为 1 分。符合 1 个单项得 1 分，全部符合得 5 分。

标准制订后，你们将剩下的商机依次带入两个标准之中，每个商机的市场需求与团队优势的得分就出来了。再按照最后的总得分进行排序，每个商机的“需求强度”和“优势顺序”就一目了然，同时也实现了“优中选优”的过程，见表 5-4。

这一轮的审查会让你再

表 5-4 “标准排序”商机评分表

序号	商业机会	市场需求（每项符合得 1 分）		团队优势（每项符合得 1 分）		总得分
1		现有的需求		专业的知识		
		潜在的需求		经验的积累		
		持久的需求		拥有的资源		
		目标顾客清楚		独有的强项		
		目标顾客具有支付能力		特别的兴趣		
		市场需求得分		团队优势得分		
2		现有的需求		专业的知识		
		潜在的需求		经验的积累		
		持久的需求		拥有的资源		
		目标顾客清楚		独有的强项		
		目标顾客具有支付能力		特别的兴趣		
		市场需求得分		团队优势得分		
3		现有的需求		专业的知识		
		潜在的需求		经验的积累		
		持久的需求		拥有的资源		
		目标顾客清楚		独有的强项		
		日标顾客具有支付能力		特别的兴趣		
		市场需求得分		团队优势得分		
4		现有的需求		专业的知识		
		潜在的需求		经验的积累		
		持久的需求		拥有的资源		
		目标顾客清楚		独有的强项		
		目标顾客具有支付能力		特别的兴趣		
		市场需求得分		团队优势得分		
5		现有的需求		专业的知识		
		潜在的需求		经验的积累		
		持久的需求		拥有的资源		
		目标顾客清楚		独有的强项		
		目标顾客具有支付能力		特别的兴趣		
		市场需求得分		团队优势得分		

一次了解所有的商机，同时也会进一步开拓你的思路，完善你商机的构思。经过标准排序后，你会发现哪个商机的市场前景最大，哪个商机最适合你的团队，进而确定你们团队的主选商机与备选商机。如果整体分数都不是很高，或者市场需求得分与团队优势得分相差较大，那么说明你团队现有的商机仍然不完善，你还需要进一步完善或重塑商机。

（四）重点测试

初选商机的最后一步是重点测试。当你确定主选商机与备选商机后，你还要对它们进行重点测试，进一步验证它们的可行性。顺序是先测试主选商机，如果测试结果不理想，又不能进行修正与完善，再来测试备选商机。前面的初步判断都是在“假设”的前提下进行的。你的产品有无缺陷？你的产品能够满足消费者的需求吗？你与这个商机真的匹配吗？这些问题都是需要你通过市场评估来进行。采用的方法就是市场调研。具体内容详见第十一章。◥案例 5-12

◥案　例 5-12

向史玉柱学习商机评估

“消费者洞察”始终是评估商机的原点，一旦偏离了营销的原点，产品研发、品牌定位、广告传播、渠道构建、市场开拓只会南辕北辙，背离正确的方向，在错误的道路上渐行渐远。而史玉柱的创业神话，归根溯源，也只是善于调研，准确把握消费者的需求。这样一个朴素的道理，其实才是“史氏话本”传奇的原点，是其创业成功的传神之处。

→资料来源：
→根据网络素材整理

“谁消费我的产品，我就要把他研究透。一天不研究透，我就痛苦一天。”这是史玉柱经常挂在嘴边的话。史玉柱能够将他的产品（脑白金、征途）在一片红海深处创造了一片蓝海，与详细的、具体的市场调研是分不开的。

“每个人需求都是不一样的，如果你不能花钱请调查公司去调查，不能拿着一张表在路上拦着人家去打勾，只能去跟人们聊天，拉家常。”为了让玩家更喜欢《征途》，史玉柱先后和 600 名玩家进行过深入交流，并以玩家的需求为原动力进行设计，甚至不惜把行业内陈旧的条条框框一脚踢翻。

“我们研究后发现，中国网游用户的金字塔其实更大，有 70% 的玩家是在小城市和农村。我曾经直接进到网吧里和玩家聊天，有个玩家是安徽利兴县一个乡里的农民，他告诉我，他们那里闲时间几十个农民在网吧里打游戏是常事。调查数字显示，有的省农民一年 60% 的时间处于失业状态。现在通常的乡镇都有网吧，对这些有大把时间的玩家来说，‘代练’甚至可以成为他们很好的打工收入。”

根据史玉柱对中国玩家阶层的“划分”，一种玩家是喜欢泡在网上，有大把时间投入练级的“骨灰级”游戏爱好者；另一种是“好孩子”：“白领，要工作，没有那么多时间练到很高级别，但是有较强的消费能力”。这两部分人在需求上的互补性，不仅形成了网游“代练”、装备交易市场，也将成为日后《征途》的利益着眼点。

而对游戏《征途》的盈利方式，史玉柱概括为：“赚有钱人的钱，而对消费能力低的玩家实行免费。可能在我们的游戏中，有一半的人不花钱，但他们同样起到关键作用，因为玩游戏的人多，才能让有钱的玩家更愿意出钱。比如，我们就知道有的玩家，每月拿出 2 万元买装备给手下的‘兄弟’，我们要给有钱人花钱得到服务的机会。”

三、系统甄选商机

你采取假设加上简单计算的初始判断商机，一方面是为了快速行动，另一方面也是因为不定的环境难以预测，但这不是说仅有初始判断就足够了。如果条件允许，你还要进行系统甄选商机。

怎样的机会才是真正的创业呢？蒂蒙斯教授认为，最终造就了好企业的想法不是灵机一动的偶然想法，真正的商机有四项锁定标准：

（1）它们为客户或最终用户创造或增加了极大价值。

（2）它们能做到这一点的原因是它们能够解决一项重大问题，或满足某种重大需求或愿望，因此有人愿意付高价购买。

（3）它们有需求旺盛的市场和丰厚的利润，还具有容易赚钱的特点：规模大，成长速度快，毛利润高，较早实现了充足的自由现金流，盈利潜力高以及为投资者提供切实可行又极具吸引力的回报。

（4）它们就当时的时间和市场来说很匹配创始人及其管理团队，风险回报率也比较令人满意。

如何进行系统甄选商机呢？蒂蒙斯教授制订了比较完善的创业机会评价指标体系。他认为创业者应该从行业和市场、经济因素、收获条件、竞争优势、管理团队、致命缺陷问题、个人标准、理想与现实的战略差异八个方面评价商机的价值潜力，并围绕这八个方面形成了53项指标，见表5-5。

在做系统甄选商机时，一定要注意创业本身就是不确定性的商业活动，你不可能对框架里的全部内容做出客观的评价。客观只是相对的，某些要素是难以评估和把握的。过分强调数据，反而会把困难放大，弱化你承担风险的能力，最后失去创业的激情。切记：没有任何一个企业家或创业者会等到所有指标评价结果都完美时再去创业，那时已经没有商机了。甄选商机有时还需要你做主观判断或假设判断，因为最后决定是否将商机付之于行动的人是你——一个拥有创业梦想的年轻人！

表5-5 蒂蒙斯创业机会评价框架

评价项目	商机高潜力表现	你是否具备
行业和市场	1. 市场容易识别，可以带来持续收入	
	2. 顾客可以接受产品或服务，愿意为此付费	
	3. 产品的附加价值高	
	4. 产品对市场的影响力高	
	5. 将要开发的产品生命长久	
	6. 项目所在的行业是新兴行业，竞争不完善	
	7. 市场规模大，销售潜力达到1千万到10亿	
	8. 市场成长率在30%~50%甚至更高	
	9. 现有厂商的生产能力几乎完全饱和	
	10. 在五年内能占据市场的领导地位，达到20%以上	
	11. 拥有低成本的供货商，具有成本优势。	
经济因素	12. 达到盈亏平衡点所需要的时间在1.5~2年以下	
	13. 盈亏平衡点不会逐渐提高	
	14. 投资回报率在25%以上	
	15. 项目对资金的要求不是很大，能够获得融资	
	16. 销售额的年增长率高于15%	
	17. 有良好现金流量，能占到销售额的20%~30%以上	
	18. 能获得持久的毛利，毛利率要达到40%以上	
	19. 能获得持久的税后利润，税后利润率要超过10%	
	20. 资产集中程度低	
	21. 运营资金不多，需求量是逐渐增加的	
	22. 研究开发工作对资金的要求不高	
收获条件	23. 项目带来的附加价值具有较高的战略意义	
	24. 存在现有的或可预料的退出方式	
	25. 资本市场环境有利，可以实现资本的流动	

（续）

评价项目	商机高潜力表现	你是否具备
竞争优势	26. 固定成本和可变成本低	
	27. 对成本、价格和销售的控制较高	
	28. 已经获得或可以获得对专利所有权的保护	
	29. 竞争对手尚未觉醒，竞争较弱	
	30. 拥有专利或具有某种独占性	
	31. 拥有发展良好的网络关系，容易获得合同	
	32. 拥有杰出的关键人员和管理团队	
管理团队	33. 创业者团队是一个优秀管理者的组合	
	34. 行业和技术经验达到了本行业内的最高水平	
	35. 管理团队的正直廉洁程度能达到最高水准	
	36. 管理团队知道自己缺乏哪些方面的知识	
致命缺陷	37. 不存在任何致命缺陷问题	
个人标准	38. 个人目标与创业活动相符合	
	39. 创业家可以做到在有限的风险下实现成功	
	40. 创业家能接受薪水减少等损失	
	41. 创业家渴望进行创业这种生活方式，而不只是为了赚大钱	
	42. 创业家可以承受适当的风险	
	43. 创业家在压力下状态依然良好	
理想与现实的战略差异	44. 理想与现实情况相吻合	
	45. 管理团队已经是最好的	
	46. 在客户服务管理方面有很好的服务理念	
	47. 所创办的事业顺应时代潮流	
	48. 所采取的技术具有突破性，不存在许多替代品或竞争对手	
	49. 具备灵活的适应能力，能快速地进行取舍	
	50. 始终在寻找新的机会	
	51. 定价与市场领先者几乎持平	
	52. 能够获得销售渠道，或已经拥有现成的网络	
	53. 能够允许失败	

【Tips】

创新、识别、评估商机的识别与评估只是创业路上的第一步，为了能使你这一充满意义的旅程更加顺利，你可能还需要形成你的创业计划（后面具体学习），而在制订的过程中，你可能还需我们还需不断完善、整改、塑造商机。大学生朋友们，拿起我们航标让我们起航吧！

思考与实践

1. 做一次“机会漫步”，发现你的身边的创业机会。
2. 结合自己的兴趣爱好，寻找一个自己喜欢的创业项目。
3. 根据你找到的商机，写一份 SWOT 分析报告并征求老师与同学们的意见。

第六章

众志成城　合作求胜

学习目标

- 了解创业团队对创业成功的重要性
- 理解团队组建的基本原则
- 掌握打造高效创业团队的基本策略

没有团队的创业不一定会失败，但要创建一个没有团队而具有高成长性的企业却是极其困难的。团队的主要价值在于团队成员间能够相互配合，贡献各自的力量，这种力量既包括智慧、能力和优势，也包括时间和精力，从而提高创业成功率以及新创企业的生存与发展能力。创业团队的凝聚力、合作精神、立足长远目标的敬业精神都会帮助新创企业度过难关，加快成长步伐。既然团队如此重要，那么我们需要怎样去组建一个合适的创业团队呢？去哪里寻找合适的人呢？如何提高团队的竞争力和凝聚力，打造一个高效的创业团队呢？跟随我们的步伐，让我们众志成城！◥案例 6–1

◥案　例 6–1

新东方的创业团队

俞敏洪，1962 年 10 月出生于江苏江阴，1980 年考入北京大学西语系，毕业后留校担任北京大学外语系教师，1991 年 9 月，俞敏洪从北京大学辞职，开始自己的创业生涯。1993 年，俞敏洪创办了新东方培训学校，创业伊始，俞敏洪单枪匹马，仅有一个不足十平方米的漏风的办公室，零下十几度的天气，自己拎着糨糊桶到大街上张贴广告，招揽学员。

1994 年，俞敏洪已经投入 20 多万元，新东方积累了几千名学员，在北京也成为一个响亮的牌子，他看到了一个潜力巨大的教育市场。俞敏洪喜欢教书，他曾经说过：我这辈子什么都可以离开，就是不可以离开讲台。对教师职业的热爱和新东方的发展壮大，让他决定他不仅要做一个教师，一个校长，还要做一个教育家。

聚集人才

在新东方创办之前，北京已经有三四所同类学校，参加新东方培训的人多以出国留学为目的。新东方能做到的，其他学校也能做到。就当时的大环境而言，随着出国热，以及人们在工作、学习、晋升等方面对英语的多样化要求，国内掀起了学习英语的热潮，越来越多的优秀教师加入到英语培训这个行业，如何先人一步，取得自己的竞争优势，把新东方做大做强，俞敏洪认识到英语培训行业必须要具备一流的师资。

培训学校普遍做不大的原因是对个别讲师的过分倚重，每个讲师都可以开一个公司，但是每个公司都做得不大。所以，俞敏洪需要找到更多的合作伙伴，帮他控制住英语培训各个环节的质量。而这样的人，不仅要有过硬的专业知识和能力，更要和俞敏洪本人有共同的办学理念。他首先想到的是远在美国的王强、加拿大的徐小平等人，实际上这也是俞敏洪思考了很久所做的决定——这些人不仅符合业务扩展的要求，更重要的是这些人作为自己在北大时期的同学、好友，在思维上有着一定的共性，肯定比其他人能更好地理解并认同自己的办学理念，合作也会更坚固和长久。

→资料来源：
→根据网络素材“俞敏洪创业团队”整理

这时他遇到了一个和他有着共同梦想的惺惺相惜的朋友——杜子华。1994 年，在北京做培训的杜子华接到了俞敏洪的电话，几天后，两个同样钟爱教育并有着共同梦想的“教育家”会面了，谈话中，俞敏洪讲述了新东方的创业和发展、未来的构想、自己的理想、对人才的渴望……这次会面后杜子华决定在新东方实现自己的追求和梦想。

1995 年，俞敏洪来到加拿大温哥华，找到曾在北大共事的朋友徐小平。随后，俞敏洪又来到美国，找到当时已经进入贝尔实验室工作的同学王强。新东方就像一个磁场，凝聚起一个个年轻的梦想。

就这样，从 1994 年到 2000 年，杜子华、徐小平、王强、胡敏、包凡一、何庆权、钱永强、江博、周成刚等人陆续被俞敏洪聚集到了新东方的门下。

团队构建

作为教育行业，师资构成了新东方的核心竞争力，但是如何让这支高精尖的队伍，最大限度地发挥作用，俞敏洪从学员需求出发，秉持一种“比别人多做一点，比别人做得好一点”的朴素的创新思维，合理架构自己的团队，寻找和抓住英语培训市场上别人不能提供或者忽略的服务，使新东方的业务体系得以不断完善。比如，1995 年加入新东方的胡敏就开发出了雅思英语考试培训，大受欢迎，胡敏本人也因此被称为“胡雅思”；徐小平开设的“美国签证哲学”课，把出国留学过程中一个大家关心的重要程序问题，上升到一种人生哲学的高度，让学员在会心大笑中思路大开；王强开创的“美语思维”训练法，突破了一对一的口语训练模式；杜子华的“电影视听培训法”已经成为国内外语教学培训极有影响力的教学方法，很多新东方的老师根据自己教学中的经验和心得著书立说，并形成了自身独有的特色，让新东方成为一个有思想有创造力的地方。

俞敏洪的成功之处是为新东方组建了一支年轻而又充满激情和智慧的团队，俞敏洪的温厚，王强的爽直，徐小平的激情，杜子华的洒脱，包凡一的稳重，五个人的鲜明个性让新东方总是处在一种不甘平庸的氛围当中。

第一节 古老的寓言——蚂蚁军团

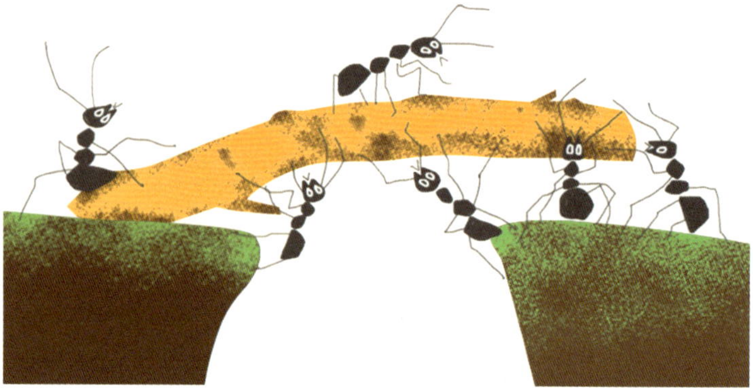

> **“我在 IBM 公司学到了文化就是一切”**
>
> ——路易斯 · V · 格斯特纳

在非洲大草原上如果见到羚羊在奔逃，那一定是狮子来了；如果见到狮子在躲避，那就是象群发怒了；如果见到成百上千的狮子和大象集体逃命的壮观景象，那是什么来了呢？是蚂蚁军团来了！狮子和大象为什么会害怕蚂蚁军团呢？原来，在非洲土地上生活着一种蚂蚁，叫矛蚁（行军蚁），数量庞大，居无定所。当先头部队抓住比它们体积大上几千倍的猎物时，主力大军会第一时间赶到，猎物随即被淹没在茫茫蚁海中，能活下来的机会是零，它们是非洲大地上一支恐怖的“军事力量”。

“齐心协力，其利断金”正是蚂蚁军团制胜的法宝。与之相比，你们更需要这种法宝，更需要这样的团结与协作，更需要这种凝聚力与团队精神，以此来提高创业成功的概率。

一、创业的基石——创业团队

创业过程中，创业活动更多地表现为团队合作的形式，因为个体是无法独自拥有创立并运营企业所需要的全部技能、经验、知识、关系或者声誉。想要创业成功，你需要组建一个合适的团队。

（一）创业团队是一个独特的群体

管理学家斯蒂芬 · P · 罗宾斯认为，“团队就是由两个或者两个以上的，相互作用、相互依赖的个体，为了特定目标而按照一定规则结合在一起的组织”。可以说，团队是群体的特殊形态，是一种为了实现某一目标而相互协作、相互依赖，并共同承担责任的个体所组成的正式群体。

那么，创业团队又是一个什么样的团队呢？它与一般团队有什么不同呢？

1. 团队组建的目的不同

一般团队组建的目的是为了解决某类或者某个具体问题，而创业团队组建的目的是为了开创新企业或者拓展新事业。

2. 职位层级不同

一般情况下，创业团队的成员处在高层管理者的位置上，他们会对企业重大问题决策产生影响，甚至会关系到企业的存亡；而一般团队其成员并不都处于组织的高层位置，其决策影响力是有限的。

3. 权益分享不同

创业团队其成员一般在企业中拥有股份，以便使团队成员具有更强烈的责任感来关注企业成长并积极参与决策；而一般团队成员并不必然拥有股份，团队整体相应的责任感和使命感不强烈。

4. 关注视角不同

创业团队关注的多是关乎企业发展的全局性、战略性的决策问题，是一个比较宏观的，带有战略发展意义的问题；而一般团队关注的则多是一些比较微观的、具体的战术性和执行性的问题。

5. 依赖程度不同

创业团队成员对企业有一种深厚的情感，其连续性承诺（由于员工对组织投入而产生的一种机会成本，足以让成员不离开组织的倾向）、情感性承诺（个体对组织的认同感）和规范性承诺（个人受社会规范影响而不离开组织的倾向）都比较高。一般团队中，成员对组织的连续性承诺、情感性承诺和规范性承诺并不高。

从以上的对比中，我们能够总结出：创业团队是由技能互补、贡献互补的创业者组成的特殊群体，具有特定的工作目标，成员间互相依赖、技能互补、成果共享、责任共担，通过成员间的共同协作和努力完成共同目标的特殊群体。

（二）创业团队中的八种角色

一个理想的创业团队一般由目标一致、技能互补和贡献互补的创业者构成，他们在团队中扮演着一定的角色，每一个角色都是成功创业所必需的，这些角色就是凝聚者、协调者、创新者、推进者、信息者、实干者、监督者和完善者（图6-1）。

这八种角色，它们各有特点，优势互补，这种互补不仅有性格的互补，更有能力、专业知识、社会背景和实践经验的互补。如果团队中缺乏角色会怎样呢？缺乏实干者，缺乏行动；缺乏推进者，效率不高；缺乏创新者，创新能力不强；缺乏信息者，迟钝、封闭；缺乏协调者，团队会乱；缺乏凝聚者，人际关系紧张；缺乏监督者，大起大落；缺乏完善者，细节太粗。可见，缺乏任何角色，团队都会出现这样那样的问题和不足，你需要高度重视团队全面角色建设。见表6-1。

创业初期，由于相应的资源有限，在创业团队中一人承担多种角色是十分常见的，也是非常正常的。重要的是你要先定位自己的角色，在了解这些角色的特点的基础上，为其他角色去物色合适的人选。

二、团队创业优于个人创业

团队创业相对于个人创业，具有非常明显的优势，这些优势来自于创业资源、信息获取和决策风险等方面。

（一）创业资源更丰富

创业所需要的知识、技术、资金、社会关系网和人才等都是创业所需的必要资源，获取这些创业资源的难易程度也直接影响创业绩效，没有足够的

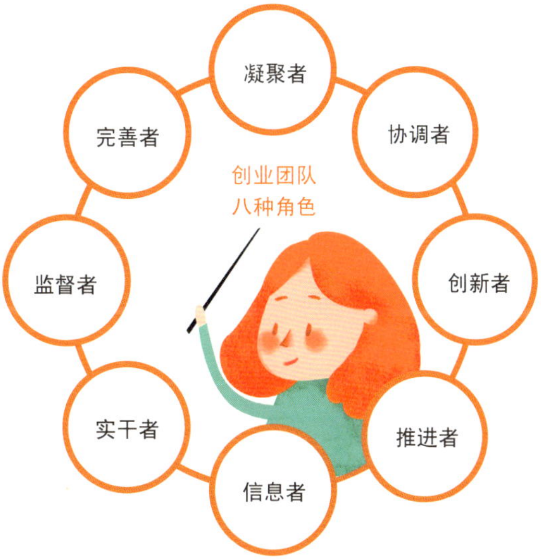

图6-1 创业团队八种角色

创业资源支持，我们就无法实现创业梦想。创业团队可以实现知识的互补，丰富知识结构；在技术资源上，创业团队相较于个人可以保障技术的稳定性，可以减少前期的研发成本并且容易获得更多的创新想法；个人的创业资金十分有限，我们可以吸纳团队成员的资金来实现创业初期所需要的启动资金和运营前期的资金保障；如果你不具有人脉优势，社会关系网也十分有限，就可以利用团队来弥补这种资源的缺失；众所周知，个人智慧和力量是有限的，团队的力量远胜过个人，性格各异的团队在决策可行性上具有更大的空间。

（二）信息收集更全面

创业过程中，我们时刻都要关注市场的信息和变化，你获得的信息越全面和准确，就越能够确保你在市场竞争中掌握主动权。我们之所以寻求团队合作，是因为要弥补创业目标与自身能力间的差距。团队成员可以在知识、能力和经验等方面实现互补，不同的专业技能优势，让团队能够获取更为全面的信息。

（三）决策风险更小

无论创业者个人能力有多强，难免会有判断失误和决策偏差的时候，给创业带来巨大的风险。如果组建创业团队，就可以极大的降低决策风险。因为，通常情况下，创业团队在面对各种创业决策时，可以充分发挥成员的积极性和创造力，充分讨论决策方案，有效降低决策风险。

表 6-1 创业团队角色分析表

团队角色	角色特征	角色优点	角色缺点
凝聚者	擅长人际交往，温和，敏感	有适应周围环境的能力，能促进团队的合作	危急时刻往往优柔寡断
协调者	沉着，自信，有控制局面的能力	不带偏见地兼容并蓄，看问题较客观	在智能以及创造力方面略显不足
推进者	思维敏捷，开朗，主动探索	有干劲，随时准备向传统，低效率，自满自足挑战	好激起争端，爱冲动，易急躁
创新者	有个性，思想深刻，不拘一格	才华横溢，富有想象力，智慧，知识面广	高高在上，不重细节，不拘礼仪
信息者	性格外向，好奇，联系广泛，信息灵通	交往能力强，不断探索新的事物，敢于挑战	事过境迁，兴趣马上转移
实干者	勤奋务实，认真，踏实肯干	有组织能力和实践经验，工作勤奋，约束力强	缺乏灵活性与冒险意识
监督者	清醒，理智，谨慎	判断力强，分辨力强，讲求实际	缺乏鼓动和激发他人的能力，自己也不容易被别人鼓动和激发
完善者	勤恳，尽职尽责，积极，完善细节，有紧迫感	理想主义者，追求完美，持之以恒	常常拘泥于细节，容易焦虑，不洒脱

当然，创业团队也可能带来障碍，存在一些不足，这些劣势主要源于团队的不和谐与不完善。这些都是不可避免的，也会随着创业环境的变化而不断出现，因此，我们时刻提醒自己，要想打造一个高效的创业团队，有效与科学的管理才是最为重要的。◥扩展阅读 6-1

扩展阅读 6-1

天堂和地狱

有人和上帝讨论天堂和地狱的问题。上帝对他说："来吧！我让你看看什么是地狱。"

他们走进一个房间。一群人围着一大锅肉汤，但每个人看上去一脸饿相，瘦骨伶仃。他们每个人都有一只可以够到锅里的汤勺，但汤勺的柄比他们的手臂还长，自己没法把汤送进嘴里。有肉汤喝不到肚子，只能望"汤"兴叹，无可奈何。

"来吧！我再让你看看天堂。"上帝把这个人领到另一个房间。这里的一切和刚才那个房间没什么不同，一锅汤、一群人、一样的长柄汤勺，但大家都身宽体胖，正在快乐地歌唱着幸福。"为什么？"这个人不解地问，"为什么地狱的人喝不到肉汤，而天堂的人却能喝到？"上帝微笑着说："很简单，在这儿，他们都会喂别人。"

故事很简单，但却蕴涵着深刻的社会哲理。同样的环境，同样的条件，为什么一些人把它变成了天堂，而另一些人却经营成了地狱？关键就在于，你是选择协同作战还是独霸利益。

→资料来源：
→根据网络素材整理

第二节 团队组建——基于过程的观点

大家走到一起来，多是机缘巧合、兴趣相似、技术相同、同事朋友，甚至是有相同想法的人合伙创业。然而，新创企业由于自身的竞争实力难以与成功的大企业相比，并且所需的人才又要求较高，这就造成了创业团队组建的困境。那么，如何解决这一问题，是考验你的领导才能的关键。

一、创业团队组建 ◥案例 6–2

组建合适的创业团队，不是一件容易的事情，人才往往是“可遇而不可求”的，也是最难获取的创业资源之一。我们需要什么样的创业伙伴？到哪里去寻找合适的创业伙伴？如果你没有更好的主意，可以参考以下原则：

◥案 例 6–2

团队组建：得合伙人者得天下

腾讯五虎将：腾讯的 5 位创始人在创业前最主要的关系是同学和同事。其中马化腾、张志东、许晨晔和陈一丹是从中学到大学的校友，前三位在深圳大学里甚至是一个系的，而曾李青则是马化腾的姐姐的同事，也是许晨晔的同事。

携程四君子：携程创业四君子中，除 CEO 梁建章是复旦毕业的，沈南鹏、范敏、季琦均是上海交大校友。早在 1982 年中学生计算机竞赛上，沈南鹏和梁建章这两个数学“神童”同时获奖，从此产生交集。1999 年春节后的一天，梁建章与季琦、沈南鹏等上海交通大学校友聚会，几个年轻人就互联网话题热烈地讨论了一夜。最后的结论是：一起做一个向大众提供旅游服务的电子商务网站。

复旦五虎：复星集团的创始人是郭广昌、梁信军、汪群斌、范伟、谈剑几个复旦校友组成的“复旦五虎”。1992 年复星集团创始资本仅 3.8 万人民币，到 2012 年，净资产已超过 516 亿元。总结起来他们团队有这几个特点：第一，相互信任；第二，志同道合，能力互补；第三，各尽其才，个人优势得到了最大的发挥。

“饿”出来的创业友：2008 年的一个夜晚，正在上海交大读研一的张旭豪和室友一边打游戏一边聊天，突然感到饿了，打电话到餐馆叫外卖，或者打不通，或者不送。创业就这样从不起眼的送外卖服务开始了。张旭豪和同学康嘉、汪渊、曹文学一起，将交大附近的餐馆信息搜罗齐备，在交大校园内做起了送外卖的生意。2015 年 1 月，饿了么完成 E 轮 3.5 亿美元融资。

创建团队，就是一个寻找人才的过程。实际上组建团队并没有统一的程式化规程，有多少支创业团队就有多少团队组建方式，没有一支创业团队的组建是可以复制的。

→资料来源：
→根据网络素材整理

（一）组建原则◥案例 6-3

1. 目标一致

团队中各种角色的个性、能力有所不同，只有真正的目标一致、齐心协力的创业者才会得到最终的胜利与成功。

2. 人数合理

一般而言，创业团队的人数控制在 3~5 人为宜。成员太多，思想不易统一，许多工作无法开展。合理的创业人数，便于领导与任务分工的有效开展，保证各项工作完成的速度与质量，提高你的办事效率。

3. 志同道合

志同道合，意味着志趣相投。相似的价值观、理想及信念让彼此信任、坚定和依赖，志同道合的人更容易“抱成团”。创业要面对很多不确定的因素，风险大，是否具有共同的兴趣点，是否具有共同的创业梦想，对于提升和保持团队的凝聚力是非常重要的。相似的成长经历、成长环境和教育背景是比较容易志同道合的，就像廖龙华的团队一样，创业成功，并不一定是因为团队成员有多优秀，而是因为团队成员之间的齐心协力，同样，创业失败也并不一定是因为团队结构的缺陷，而在于团队成

◥案　例 6-3

兴趣为王，志同道合是关键

廖龙华，福州咏甘华茶叶有限公司总经理，是福建农林大学 2013 届毕业生，公司最初由廖龙华、叶道永、甘伟斌三人联合创办，目前团队八人，拥有两个茶厂，三个批发店面。

2010 年暑假一次偶然的机会，廖龙华在茶叶市场跑业务时认识了学长叶道永。叶道永是南平松溪人，自己家中有一个茶厂，有着很好的茶叶来源。同年 9 月，常常喜欢拿着茶叶到各年级串门交流的廖龙华，偶然认识了学长甘伟斌，那时甘伟斌也经常出来走市场、跑业务，他对茶叶的研究有着较深的造诣，两人越聊越有共同话题。慢慢地，三个有着共同兴趣，志同道合的年轻人一起走在了创业的道路上。

2010 年 11 月，他们三个志同道合的年轻人与南平市松溪县政府合伙办了第一个茶厂，并在福州市晋安区五里亭海西茶城开始试运营第一个红茶、岩茶批发店，那时海西茶城寸土寸金，单单转让费就要七万多，加上每个月三千多的店面租金，三个人顶着巨大的压力，到处找货源，跑业务，经过一年多的努力，批发店才开始慢慢步入正轨。

2012 年 3 月，他们开始到泉州市安溪县茶都考察市场，并于 6 月在安溪茶都开始试运营第二个批发店面。从 2010 年到 2012 年，经过两年多的业务经营和市场观察研究，廖龙华发觉了武夷岩茶的市场巨大，不及时出手可能会错过大好时机。于是，他们团队在 2013 年 5 月来到武夷山做市场调研，并于同年 5 月在武夷山开始试运营第三个岩茶、红茶批发店面，同年他们在安溪办了第二个茶厂。

→资料来源：
→根据福建农林大学提供素材整理

员间的内部争斗和关系涣散。

4. 优势互补

依托创业项目的特点来组建团队是我们应该考虑的重要因素。如果项目所蕴涵的不确定性较高，价值创造潜力较大，往往意味着创业过程中面临的任务也就越为复杂，挑战性越强。那么，理性组建创业团队可能会更好地应对创业过程中的复杂任务，有利于成功创业。比如做“互联网＋绿色农产品”项目，你的团队就需要有互联网技术人才、绿色农产品营销人才、企业管理人才等。这种理性组建，主要强调团队成员间的技能互补、知识互补、能力互补、性格互补、观念互补，这种平衡和补充的作用可以保证新创企业健康有序地发展。

5. 兼顾权益

但值得注意的是，志同道合容易走向的一个误区就是，把团队成员（合伙人）等同于兄弟。创业初期，当企业发展并不明朗的时候，创业者们更多考虑的是企业的利益，而耻于谈钱，友谊是维系他们之间关系的主要纽带。这种关系貌似牢固，其实内藏很多隐患。当企业发展步入正轨，运营平稳，利润增加的时候，个人的利益观念就会凸显，合伙一方觉得自己的付出与得到不成正比，容易产生情绪，甚至离开团队带走一部分利润，影响企业发展。因此，在创建团队时，即使是最好的朋友也应该建立一个合理的利益分配制度并得到团队成员的支持，建立健全股权制度，这样可以避免出现团队冲突。

在确定股权分配时，你可以考虑遵循三个重要原则，也许会避免后续纠纷和冲突。第一，重视契约精神。在创业之初，就要把确定的股权分配方案以公司章程形式写入法律文件，以契约形式明确创业团队成员的利益和分配机制，有利于保障团队的稳定；第二，遵循贡献决定权利原则分配股权比例。我们的目标是把蛋糕做大，在现实操作中，我们往往依据出资额来确定股权，但以技术为出资方式的团队成员，需要谨慎考虑技术的商业价值，在资金和技术之间做出合理的的权衡；第三，控制权与决策权相统一的原则。在创业初期，更需要集权和统一指挥，控制权与决策权统一至关重要。◥案例 6–4

（二）组建流程

每一个创业团队都有其特殊性，所以没有哪一支团队的模式是可以完全复制的。但是，如果我们按照一定的程序去组建团队，就会收到事半功倍的效果，提高团队组建效率、优化团队资源。流程如图 6-2，仅供参考。

> **“组织有效性的关键，不是名为理性的狭隘概念，而是清晰的逻辑与强烈直觉的融合”**
>
> ——亨利・明茨伯格

二、创业团队招募

（一）招募渠道

其实很多时候，我们的创业伙伴就在身边。在某些情况下，亲密的友人更可能成为的创业伙伴，但是也不排除我们可能在其他的环境下遇到理想的合作伙伴。比如：

1. 学校的社团组织

学校里有很多社团组织，那里有很多活跃的、有理想、有抱负、有特长、有技能的大学生，在这里，你可以找到志同道合（志同道合，意味着你们有相似的价值观念，相同的处世之道，共同的理想与追求，容易达成合作，建立信任）的朋友，也可以找到兴趣相同（志趣相同的人，有共同的爱好，相似的特长，容易对创业机会的实践价值达成共识）的伙伴。

2. 公共的社交场合

社交场合很多，比如各种学术或技能比赛、文艺汇演、学术会议、还有各种公共场所等，应该有意识地去关注一些合适的群体，主动结交朋友。

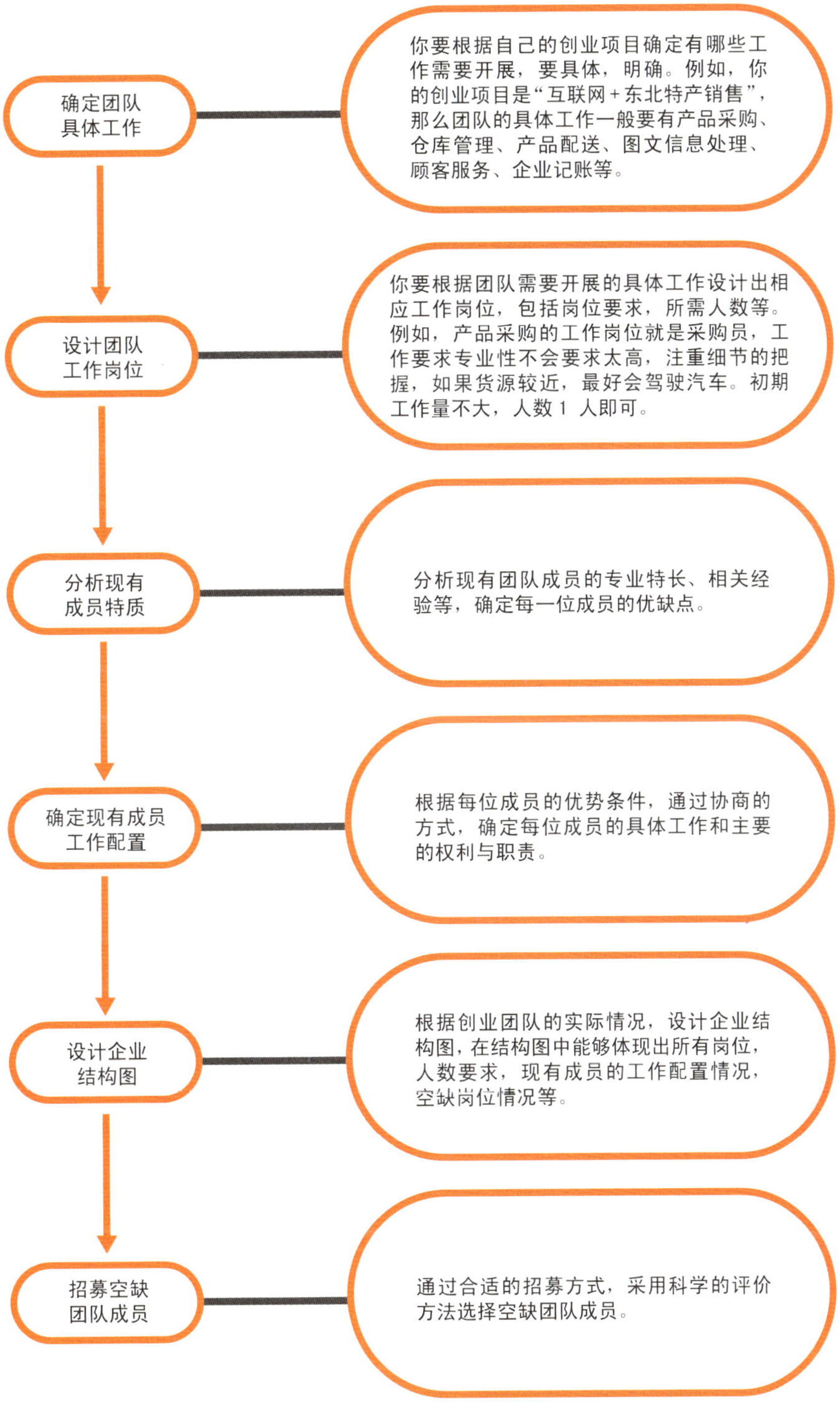

图 6–2 创业团队组建流程图

案 例 6–4

马化腾的股权之计

给谁分多少股呢？你要在公平和激励之间做出权衡，既要考虑在团队内部体现公平，符合贡献决定权利的标准，又要考虑让股权分配对团队成员有一定的激励作用。做到这些并非易事，首先要挑战的就是你自己的心胸和气度。在这里，有一个重要的原则就是，要与帮助你创造价值和财富的人一起分享财富，否则他们会在持股百分比的问题上斤斤计较。

1998 年的秋天，马化腾与他的同学张志东“合资”注册了深圳腾讯计算机系统有限公司，之后又吸纳了曾李青、许晨晔、陈一丹三位股东。为避免彼此争夺权力，马化腾在创立腾讯之初就和四个伙伴约定清楚：各展所长、各管一摊。马化腾是 CEO（首席执行官），张志东是 CTO（首席技术官），曾李青是 COO（首席运营官），许晨晔是 CIO（首席信息官），陈一丹是 CAO（首席行政官）。

之所以将腾讯的创业五兄弟称之为“难得”，是因为直到 2005 年的时候，这五人的创始团队还基本是保持这样的合作阵形，不离不弃。直到腾讯做到如今的帝国局面，其中 4 个还在公司一线。

都说“一山不容二虎”，尤其是在企业迅速壮大的过程中，要保持创始人团队的稳定合作尤其不容易。在这个背后，工程师出身的马化腾从一开始对于合作框架的理性设计功不可没。

从股份构成上来看，虽然主要资金都由马化腾所出，他却自愿把所占的股份降到一半以下，47.5%。“要他们的总和比我多一点点，不要形成一种垄断、独裁的局面”。而同时，他自己又一定要出主要的资金，占大股。“如果没有一个主心骨，股份大家平分，到时候也肯定会出问题，同样完蛋”。

后来，马化腾在接受多家媒体的联合采访时承认，他最开始也考虑过和张志东、曾李青三个人均分股份的方法，但最后还是采取了 5 人创业团队，根据分工占据不同的股份结构的策略。即便是后来有人想加钱、占更大的股份，马化腾说不行，“根据我对你能力的判断，你不适合拿更多的股份”。因为在马化腾看来，未来的潜力要和应有的股份匹配，不匹配就要出问题。如果拿大股的不干事，干事的股份又少，矛盾就会发生。

当然，经过几次稀释，最后他们上市所持有的股份比例只有当初的 1/3，可以说，而马化腾成功之处，就在于其从一开始就很好地设计了创业团队的责、权、利。能力越大，责任越大；权力越大，收益也就越大。

→资料来源：
→http://www.cyone.com.cn/Article/Article_34288.html

3. 创客空间

目前各地不断涌现更多的创客空间，在那里我们可以找到更明确的合作伙伴。

4. 他人推荐

良好的人才资源很多时候来自于他人的推荐，这种推荐方式，已经对创业伙伴进行了初步筛选，既节省了时间和精力，又节省了一定的资金成本。

5. 公开招聘

我们可以通过一些互联网平台发布招聘信息，去公开招聘你的创业伙伴。

（二）评估团队成员

慎重选择团队成员，你需要考虑十个方面的因素：个人与团队目标契合程度、个人品质、责任心、专业能力、行业经验、风险承受度、压力承受度、团队协作、团队互补性和个人机会成本。这十个方面的因素，你可以采用评估表的方式进行评估（表 6-2）。通过制订相应的考核指标，对参评人员进行打分，1~5 分不等进行评估。需要说明的是“个人机会成本”因素，这一评价指标是指在人员选择的决策过程中，企业因选择某一个人而放弃另外一些人所付出的代价或丧失的潜在利益，个人机会成本越高说明选择合理性越小。

◥案例 6-5

表 6-2 团队成员评估表

评估项目	评估对象及分数				
分数	1	2	3	4	5
个人与团队目标契合程度					
个人品质					
责任心					
专业能力					
行业经验					
风险承受度					
压力承受度					
团队协作					
与团队互补性					
个人机会成本（个人机会成本越高，得分越低）					
总得分					

注：5代表极高；4代表高；3代表一般；2代表差；1代表极差。

案 例 6-5

小米 4 年 400 亿经验：合伙人比商业模式重要

作为“人类历史上达到百亿美元销售，百亿美元估值发展最快的公司”（徐小平语），小米 4 年 400 亿估值背后的用人之道有何特殊之处？他们的一些经验值得我们借鉴。

1. 团队第一，产品第二

创业成功最重要的因素是什么？最重要的是团队，其次才是产品，有好的团队才有可能做出好产品。面对一家刚起步的创业公司，有些面试候选人还会犹豫，这时候该怎么办？也许，个人的力量远远比不上团队的说服力。小米举了这样的一个例子：面对候选人，雷军与创始人团队选择以“车轮战”的方式轮番上阵面谈。小米手机硬件结构工程负责人第一次面试，聊了 4 个小时后憋不住出来上了个洗手间，回来后雷军对他说：“我把饭定好了，咱们继续聊聊。”后来一直聊到晚上十一点多，他终于答应加盟小米。过后这位负责人自己半开玩笑说：“赶紧答应下来，不是那时多激动，而是体力不支了。”

2. 创始人最重要的工作之一就是“找人”

要搭建一个精良的团队，首先要做的就是“找人”，而这一点，在创业之初更显得尤为重要。在小米成立第一年，就将绝大多数的时间花在了“找人”上。小米在搭建硬件团队上花费最多时间。因为最初几个创始人都来自互联网行业，不懂硬件也没有硬件方面足够的人脉。在第一次见到现在负责硬件的联合创始人周光平博士之前，小米方面已经和几个候选人谈了两个多月，进展缓慢，甚至有的人还找了“经纪人”来谈条件，不仅要高期权而且还要比现在的大公司还好的福利待遇。“找人”之路可谓困难重重，然而这是必须跨过的关卡。

3. 合伙人制：各挡一面的合伙人

做老板的要负责把整个班子团队搭好，而合伙人则只需各管一块，如果没有什么事情的话，基本上都不知道彼此在做什么，也不会管彼此。这样一来，大家都是自己的事情自己说了算，这样就能保证整个决策过程迅速有效。

4. 用最好的人：一个靠谱的工程师顶 100 个

员工招聘上，要用最好的人。因为研发本身是很有创造性的，如果人不放松，或不够聪明，都很难做得好。你要找到最好的人，一个好的工程师不是顶 10 个，是顶 100 个。所以，在核心工程师上面，一定要不惜血本地去找。最好的人本身有很强的驱动力，你只要把他放到他喜欢的事情上，让他自己有玩的心态，他才能真正做出一些事情，打动他自己，才能打动别人。

5. 寻找最合适的人：要有创业心态

在小米创办四年后，市场估值已经达到 100 亿美元，业界很多人把他们看作创业的明星公司。但在这种前提下，他们依然在“找人”上花费巨大的精力。原因在于他们要找的人才必须要最专业，也要最合适。最合适，是指这个人要有创业心态，对所做的事情要极度喜欢。员工有创业心态就会自我燃烧，就会有更高主动性，这样就不需要设定一堆的管理制度或KPI考核之类的条条框框去约束。而创业心态有时更通俗地说就是热爱。

→资料来源：
→http://www.201980.com/zhupao80/anli/6266.html

【Tips】

在创业初期的时候，团队成员需要彼此信任，对于创业项目要形成一个共识，同心协力才能做好一件事情，互相猜忌只会让事情变得更糟糕。

第三节 创业团队可以实现“1+1 > 2”

初建团队，虽然受到各种资源和条件的限制，团队并不是理想的和有竞争力的，但是却可以通过有效的管理，完善团队要素，打造高效的创业团队，发挥团队优势，能够实现1+1 > 2。

一、高效创业团队的特征

不是每一个创业团队都能做到“1+1 > 2”，只有高效的创业团队才能发挥团队优势，实现创业目标。高效的团队相对于一般团队有更高的工作效率，有更为明确的发展目标，强调“赋能授权”。团队成员在有效的领导下能够做到相互信任、有效沟通、积极配合。尽管每个高效的创业团队各有特点，可我们还是能找出他们的共性特征（图 6-3）：

（一）目标明确

团队成员对所要达到的目标有清楚的了解，能够为团队成员指引方向、提供推动力，能够激励团队成员把个人的目标升华到群体目标中去，提高团队的绩效水平，并坚信这一目标包含着重大的意义和价值。同时将团队的共同目标转化为具体的，易于评价和衡量的、现实可行的绩效目标，作为团队绩效评估的重要依据。

（二）有效领导

经验证明，一个团队有无合格的领导者，乃是团队工作能否实现高效的首要因素。有效的领导者能够让团队凝聚在一起共同克服最艰难的问题，为团队指明前途之所在。高效团队的领导者往往承担的是教练和后盾的角色，他们对团队提供支持，指导与激励，强有力地带领他们去实现组织和团队的目标和任务。

（三）良好沟通

良好的沟通既是高效团队的外在表现，又是营造团队和谐人际关系的重要手段。充分的沟通交流，乃是团队成员协调一致的基础。团队成员只有在沟通后才能准确地了解彼此的想法，才能确保团队成员行为与团队步调相一致。通过沟通，团队成员分享信息、理顺情绪、化解矛盾，最终达成共识，和谐相处，使团队更具有战斗力。

（四）相互信任

成员间的相互信任是高效创业团队的显著特征，每个人对于团队中的其他成员的品行和能力都应该是确信不疑的，信任是你的团队和谐人际关系形成的重要因素。高效创业团队成员具有批评与自我批评的宽厚态度，才能拥有彼此和谐共处、同“舟”共事的条件，才能让信息畅通，不出现人为

梗阻，确保团队目标顺利实现。

（五）承诺一致

高效的团队其成员对团队表现出高度的忠臣和承诺，对团队目标有奉献精神，愿为实现这一目标而调动自己最大的潜能。有了共同的承诺，团队成员便会将共同的理念，共同的目标转化为共同的行为，使团队具有高度的凝聚力和亲和力。

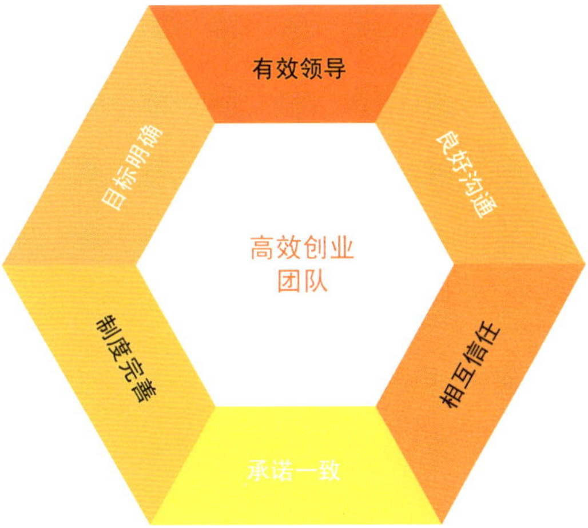

图 6-3 高效创业团队的基本特征

（六）制度完善

“没有规矩，不成方圆”，完善的规章制度能使团队工作有章可循，有章可依，能使团队全体成员的行为保持一致，实行制度化等管理上的飞跃。实践证明，这一飞跃能有效地解决组织内、组织间不必要的内耗和外耗，从而带来组织的蓬勃向上和高效运转。

二、打造高效的创业团队

从上述高效创业团队的特征来看，一开始就拥有一支成功、稳定的高绩效团队只是你的理想，这种可能性是微乎其微的，因此，拥有这样的团队不是一蹴而就的。绝大多数的创业团队在组建之初并不具备这样全面的优势，看来，想要打造高效的创业团队还需要你去认真思考，获得有效的管理团队的技巧和方法。

（一）合理分工 ◥案例 6-6

有分工，才有协作；有协

◥案　例 6-6

分工明确的微软

微软是以创造团队文化闻名的公司。以项目小组的形式来开发电脑软件是由微软首创的。微软的产品是电脑软件，专业性很强，需要知识积累和不断创新，并要求不能出错。在这种情况下，公司需要的是平等又充满争论的团队文化，在思想的交锋中产生创新的火花，在不同视角的争辩中创造最独特完美的产品，这是合作精神在微软产品项目小组中的体现。团队合作的内容和意义在不同的组织环境中各不相同，并非千篇一律。

那么，微软的这种独特的团队合作文化又是如何创建的呢？

比尔·盖茨与保罗·艾伦创办微软之后，思想的争论，敢于向他人的思想挑战的风气就被鼓励并发扬光大，他甚至要求向他汇报工作的人以及所有项目小组都遵循“敢提不同意见”的原则。项目小组有名的“三足鼎立”结构也就这样建立起来：

软件设计员、编程员、测试员，三种人员互相给彼此挑刺，刺挑得越多，最后的产品就可能越完善。而项目小组的成员都互相平等，组长也没有特别的权利，主要担任沟通协调的角色，解决任务冲突、人员冲突、时间冲突，使大家愉快配合，按时将产品完成。

这样独特的团队合作能够实现，与公司的几个重大环节的把握有十分密切的关系。是分工的极其明确和流程设计的周密。每一个团队成员都十分清楚自己的职责，自己的工作在整体中的位置和顺序以及时间进度。由于分工明确，而且每个人都无法被他人替代，因此，彼此都互相尊重，同时敢于提出自己的不同见解。最后则是大家都有明确的共同目标：让产品按时并高质量地完成。

→资料来源：
→根据网络素材整理

作，才会高效。创业团队分工，要以团队目标实现为根本出发点，充分考虑团队成员的能力与个性特点，落实责任，明确权利，优势互补，扩大优势，提高创业团队竞争力。

（二）建立有效沟通

有这样一个小故事，是说有一把坚实的大锁挂在铁门上，一根铁杆费了九牛二虎之力，还是无法将它撬开。钥匙来了，它瘦小的身子钻进锁孔，只轻轻一转，那大锁就啪的一声打开了。铁杆奇怪地问：“为什么我费了那么大力气也打不开，而你却轻而易举地就把它打开了呢？”钥匙说：“因为我最了解他的心。”

1. 沟通是管理的核心与灵魂

美国沃尔玛公司总裁萨姆·沃尔顿曾说过，“如果你必须将沃尔玛管理体制浓缩成一种思想，那可能就是沟通。因为它是我们成功的真正关键之一”。通用电器公司总裁杰克·韦尔奇说：“管理就是沟通、沟通、再沟通。”可以说，沟通是管理的核心和灵魂。没有沟通，就没有管理上的创新，就没有良好的人际关系，没有沟通，管理就是空中楼阁。沟通就是为了达成共识，而实现沟通的前提就是让所有员工一起面对现实，共同参与，让大家都知道事实的真相。这样才能统一思想认识，从而解决问题。

2. 团队沟通技巧

（1）领导者以身作则。作为团队的领导者，你希望打造一个健康、积极的沟通氛围，反而容易忽略了自己可能就是沟通的障碍。很多团队的领导者因为权力和地位的关系，在与团队成员的沟通中以自我为中心，居高临下，缺乏诚意。沟通是一个公平、客观的过程，领导者高傲的态度无法从员工那里得到真实的反馈，使沟通双方失衡，最终不仅没有达成有效沟通，甚至可能对整个团队产生影响，造成恶性循环，危及整个团队。要想打造有效沟通的氛围，领导者首先要以身作则。

（2）营造良好的工作氛围。为团队打造良好的工作氛围，首先要营造公平、公正、自由的企业氛围，尤其注意你与员工之间和谐；其次是要保证团队成员之间真诚相待，彼此信任，只有这样才能保证信息的准确性；最后要体现以人为本的思想，只有尊重别人，他们才会乐于与你沟通。

（3）缩短信息传递链。一些企业员工在执行命令时总是有偏差，这往往是由于企业组织结构较复杂造成的，另外，信息传递者在组织中的地位、表达能力，信息接受者的理解能力等因素都可能导致信息出现偏差，使得团队成员在执行时与信息发布者初衷不符。所以要想保证团队里信息有效传递，要尽量缩短信息传递链。

（4）拓宽沟通渠道。团队的沟通渠道往往分为正式和非正式渠道，正式渠道通常在传达重要的信息和文件或组织决策时采用，能够保证信息的权威性；非正式渠道则不受组织监督，形式多变，直接明了。除此之外，企业还应该扩展沟通渠道，建立向下沟通渠道、向上沟通渠道和水平沟通渠道，使团队成员都能主动的与对方进行沟通，保障信息及时得到反馈。

沟通是一种艺术，既要遵循一定的程序和方式，又要掌握一定的技巧。认真倾听，养成换位思考的习惯，学会使用多种沟通表达方式，鼓励和调动员工积极的心态，搭建沟通平台，即可换来知无不言、言无不尽、以心换心、以诚换诚的好局面。良好沟通使团队建设更成功，创业之路更顺利。

（三）实施冲突管理

在创办企业过程中，创业团队必然会出现团队冲突。团队成员间的意见分歧与对抗，势必造成团队与个人之间的不和，破坏良好关系，影响团队目标的实现。因此，你必须发挥创业团队的优势条件，采用正确的方法管理团队冲突。

在管理冲突之前，你要知道导致团队冲突的原因，才能化解矛盾，改善和优化你的创业团队。表 6-3 为你提供了冲突的原因及预防策略，希望能够为你提供帮助。

（四）建立有效的激励机制

世界著名的学者托斯 · 沃森说：“企业成败的关键在于能否激励员工的力量与才能。”你要善于激励你的团队，提高团队成员的工作积极性和竞争力，进而挖掘团队的全部潜力。激励的方法有很多，你需要根据你的团队的实际情况建立适合的激励机制：现金奖励 、给他们好的评价、提供良好的工作环境、增加培训机会、给予工作上的肯定、授予他们权利、关心家庭情况、给予额外责任……

> **“多样化的管理不仅仅是好事，而且是企业必须做的事”**
>
> ——戴姆勒公司宣言

（五）制订规章制度

完善的规章制度能够将所有创业团队成员紧密地凝聚在一起，提高行事效率，发挥团队力量，达到超越个体力量简单相加的效果。同时规章的制订还可以维护团队与团队成员的利益，达到个人和团队的高度统一，因此，在创业之前，

表 6-3　创业团队冲突管理表

冲突原因	预防冲突
资源竞争	创业之初通过团队成员协商的方式将资源使用计划确定下来
目标冲突	拟定一个能满足各团队成员目标的计划，同时设计出子目标服从方案
责任模糊	明确团队成员的责任与权力，职责不能出现重叠情况
沟通不畅	加强团队成员间正式和非正式的沟通
相互依赖性	加强团队内部的信息公开与共享，建立崇尚合作的团队文化
地位斗争	建立合理的评价体系，防止本位主义，强调团队整体观念

你需要与全体团队成员达成共识，共同遵守创业团队的规章制度。

（六）培育团队精神

塑造团队精神，有助于集中创业团队中的人、财、物，发挥团队效应，在最短的时间内创造出最新的产品，提高生产效率，增强团队竞争力，从而使创业团队在竞争中立于不败之地。因此，你需要在建立和完善团队规章的同时，强调创业团队精神的建设。你可以通过以下途径培养团队精神：

（1）确立合理的团队目标，鼓舞团队成员团结奋进。

（2）建立沟通与协调机制，塑造开放、健康、积极向上的文化氛围。

（3）树立“以人为本”的经营理念，建设尊重、爱护、关心团队成员的情感平台。

（4）建立科学的激励体系，激发团队成员的力量与才情。

（七）加强团队凝聚力建设

团队的凝聚力是指群体成员之间为实现共同目标而实施团结协作的程度，凝聚力表现在人们的个体动机行为对群体目标任务所具有的依赖性、依从性乃至服从性上。在创业过程中，团队所有成员都认同整个团队是一股密切联系而又缺一不可的力量。团队的利益高于团队每一位成员的利益，如果团队成员能够为团队的利益而舍弃自己的小利时，团队的凝聚力极强。

单个人不可能完成的任务，通过团队的力量能够顺利完成，这说明什么？ 1+1>2。

思考与实践

1. 根据你的创业项目，请你制订一份团队组建方案。
2. 创业初期，你如何将你的团队力量发挥到极致？

第七章

借政策之力
驶创业之舟

学习目标

- 了解创业扶持和优惠政策
- 熟悉创业政策的获得途径
- 掌握利用创业政策的方法

第一节
密切关注创业政策

荀子在《劝学》中指出："君子生非异也，善假于物也。"这句话告诉我们：善于利用已有的条件，是成功的助推剂，把握时代脉搏、抓住机遇、善用政策、"借力打力"的创业，才能走得长远。创业政策有哪些？通过何种渠道获取相关信息？如何有效利用信息？本章将会解答你的这些疑问。

一、什么是创业政策

创业政策是为一国或地区激励经济主体的创业精神并提高其创业活动水平而采取的政策措施，它针对创业过程的前期、中期和后期各个阶段，着眼于创业者的创业动机、机会和技能，并以鼓励更多的人创建自己的企业作为首要目标。

从我国当前的经济环境来看，创业政策应当包含两层含义：一是激励更多的人创建企业，提高初创企业的存活率；二是营造更好的创业环境，为新企业创造更好的成长机会等。创业政策作为一项重大国策，它是以启发创业意愿为本质，以提高创业能力为目标，以创造创业条件为抓手，以鼓励创业活动为核心的系列方法。

创业政策的关键在于接地气，结实果。国家层面的创业政策往往着眼全局，立足宏观，体现方向性，彰显纲领性，为你提供引导；地方的创业政策往往着眼区域，立足微观，体现针对性，为你提供服务。

二、创业政策有何作用

大学生创业对于我国经济转型升级、建设创新型国家具有重大意义。临近毕业季，2016年高校毕业生人数再创纪录，727万名大学生的就业、创业再度成为我国经济社会发展的重要课题。

要发挥大学生创业的巨大效能，系统的制度安排不可或缺。国务院日前确定实施的"大学生创业引领计划"等举措，着力推动各项优惠政策的落实，而《关于做好2016年全国普通高等学校毕业生就业创业工作的通知》则更明确指出，帮助和扶持更多高校毕业生自主创业，逐步提高毕业生创业比例。

2015年11月28日发布的《中国大学生就业创业发展报告》显示，57.27%的大学生创业者对于"政府对大学生创业有许多优惠政策支持"持赞同态度，63.54%的大学生创业者认为"鼓励大学生创业的政策对于大学生创业很有作用"。下面，让我们共同走近大学生创业，从具体操作的层面剖析创业政策的作用。

（一）激发你的内生动力

学生创业行为的产生需要具有较高的创业热情。高校作为大学生实现创业梦想的启航站，其对大学生创业思维的培育作用至关重要。完善的创业政策能够创造良好的创业环境，营造浓厚的创业氛围，促使更多大学生积极了解创业政策，熟悉创业规律，培养创业思维，激发创业意愿，从而产生创业的热情，将更多的大学生引入经济建设主战场。政府通过各类平台还可以留住高校培养的高技术人才，让广大的毕业生将创业作为自己的一种职业选择。

（二）引导你的创业行动

政府所出台的创业政策是大学生实现创业梦想的助推器。完善的创业政策应当包括创业引领计划和创业扶持政策，通过降低创业门槛，简化审批程序，加强资金支持，消除创业壁垒，提升创业的便利性，吸引大学生投身创业。同时，对重点行业实行重点扶持政策，也是推动大学生创业力量助力国家重点行业的发展和进步的重要手段。

（三）帮助你挖掘商机

“三百六十行，行行出状元”，创业能力的比拼其实就是市场敏感度，创业其实就是抓住别人想不到的点，做别人做不到的事情。创业过程其实就是了解市场、进入市场、利用市场、融入市场的过程和结果。对于市场机会的发掘光靠创业者的观察是不够的，良好的创业政策能够将国内的总需求和各省（自治区、直辖市）的优势通过制度规划完整地展现在你的面前。

（四）给予你创业平台

良好的创业平台是保障大学生顺利创业的前提条件，这需要政府、学校和社会共同创造。良好的创业政策能够构建全方位、多层次的创业支撑体系，使你逐步发生从想创业到敢创业再到能创业的思想转变。搭建创业交流平台，能够帮助有创业激情的青年创业者共同探讨创业路程，分享创业心得，解剖创业过程中遇到的实际问题，还能帮助创业者实现项目整合、资源共享，从而降低创业成本和创业风险。

三、我们身边的创业政策

2016 年 5 月 4 日，习近平总书记在北京大学师生座谈会上讲到，要全面深化改革，营造公平公正的社会环境，促进社会流动，不断激发广大青年的活力和创造力。要强化就业创业服务体系建设，支持帮助学生们迈好走向社会的第一步。

为支持大学生的创业动力，国家出台了许多优惠政策，这些政策见于《国务院关于进一步做好新形势下就业创业工作的意见》和《国务院办公厅关于深化高等学校创新创业教育改革的实施意见》等文件中，涉及融资、开业、税收、创业培训、创业指导等诸多方面。对于计划创业的大学生来说，这些政策是保驾护航的第一步。国家及各省市出台的相关政策文件主要围绕以下几个内容：

1. 创业引领

2014—2017 年，在全国范围内实施大学生创业引领计划。通过提供优质创业服务，落实创业扶持政策，提升创业能力，帮助和扶持更多高校毕业生自主创业，逐步提高高校毕业生创业比例。

2. 创业教育

各高校广泛开展创新创业教育，将创业教育课程纳入学分管理，研发适合高校毕业生特点的创业培训课程，根据需求开展创业培训，逐步提升高校毕业生创业意识和创业能力。

3. 创业服务

为自主创业的高校毕业生做好人事代理、档案保管、社会保险办理和接续、职称评定、权益保障等服务。进一步落实

和完善工商登记、税费减免等各项创业扶持政策。拓宽高校毕业生创办企业出资方式，简化工商注册登记等各项手续。

4. 场地支持

利用现有资源建设大学生创业园、创业孵化基地和小企业创业基地，为高校毕业生提供创业经营场所支持。◥扩展阅读 7-1

5. 融资环境

鼓励企业、行业协会、群团组织、天使投资人等以多种方式向自主创业大学生提供资金支持，设立重点面向扶持高校毕业生创业的天使投资和创业投资基金。对支持创业早期企业的投资，符合条件的，可享受创业投资企业相关企业所得税优惠政策。

具体出台的政策文件，详见本章附表 1、附表 2。

目前，全国各级政府对大学生自主创业均持鼓励态度，但在具体政策支持方面略有差异，也各有各的特色。你可以根据自己的需要适当选择。了解了相关的创业政策后，有创业梦想的同学们是不是有了马上创业的想法呢？别着急，我们先来了解一下创业政策的获得途径。

四、创业政策的获取途径

前文我们阐述了国家各部委和各地区政府颁布的创业政策，这些政策的原文可以在相关的网站上查到。如教育部、财政部、人力资源和社会保障部等。在这里，我们对于获得途径进行了的整理，方便你更准确、更快捷、更有效的获取所需要的相关创业政策。

（一）各类创业服务专题网站

国务院

http://www.gov.cn/zhengce/index.htm

国家林业局

http://www.forestry.gov.cn

农业部

http://www.moa.gov.cn/zwllm/tzgg/

全国大学生创业服务网

http://cy.ncss.org.cn

全国大学生就业公共服务立体化平台

http://www.ncss.org.cn/

中国大学生创业培训网

http://www.etchina.com.cn/

创业邦 ◥扩展阅读 7-2

http://www.cyzone.cn

（二）微信公众号和手机 APP

“必须有愿景，这一愿景是在任何情况下，你都能清晰、有力地表述的愿景”

——西奥多·海斯柏格

你可以通过关注相关微信公众号和下载手机 APP 及时了解创业政策。

大学生创业网　　KAB 创业俱乐部

创业最前线　　创业智库

（三）各地创业服务中心

目前，各地区创业服务中心集资源整合和服务共享功能于一体，你可以前往各地区的创业服务中心，通过领取创业政策宣传册和咨询相关工作人员的方式，可以更直观地获得与自己相关的创业政策。同时，各地的创业服务中心大多已经建立起线上线下协调服务模式，通过创业指导中心的线上平台，你也能够获得相关的创业政策。

扩展阅读 7-1

一街三园计划全面实施，北京学子喜获场地扶持

→资料来源：
→2015 年 3 月 20 日京华时报《北京中关村将建“大学生创业一条街”》

3 月 20 日消息，北京市教委昨日下发《北京高校高质量就业创业计划》，为帮助大学生创业，本市高校将面向全体大学生开发开设职业发展和创新创业教育专门课程，纳入学分管理。同时，将着力建设“中关村大学生创业一条街”“大学生创业园”，构建北京高校大学生创业园孵化体系。

根据北京市教委的计划，今后本市将加强资源统筹，构建“一街三园”的北京高校大学生创业园孵化体系，为大学生创业免费提供场地支持。

一是市教委与中关村管委会、海淀区共同建设“中关村大学生创业一条街”，建立“北京高校大学生创新创业服务中心”，为学生创业提供咨询、辅导、培训、融资、交流等全方位服务。二是在中关村、良乡及沙河高教园区等地分别建设三个市级“大学生创业园”。

同时，北京市还将加大资金投入，设立北京高校大学生就业创业专项资金，支持市校两级创业园建设、示范性创业中心建设、创业团队及创业实践项目，带动高校加大对学生创业的投入，为大学生创业提供更多场地和资金支持。

扩展阅读 7-2

创业邦：大学生身边的创业服务平台

创业邦（http://www.cyzone.cn）成立于 2007 年，是中国领先的专业创业服务平台，致力于帮助创业者实现创业梦想，推动各领域高成长企业快速发展。创业邦为创业者提供高价值的资讯与服务，推动中国创新创业。它旗下拥有媒体互动、创业孵化、融资服务等业务，为创业者和风险投资人提供各种创业类最新资讯和实用知识手册，是适合大学生使用的创业服务平台。其中涉及大学生创新创业服务的项目有：

创业邦传媒：包括创业邦网站、杂志、APP、微信公众号、微博、数据库、创业创新榜单、研究报告及峰会等，为创业者提供全方位、高价值的资讯与数据服务。"创业邦 100" 未来领袖峰会每年一届，发布 "创业邦 100" 榜单，致力于挖掘具备独角兽潜质的创新公司。

创新中国 DEMO CHINA：创新产品服务、商业模式的展示平台。2006 年开始举办。到 2015 年，每届峰会已达万人规模，超过 1500 位一线投资人列席、100 余个创新项目进行展示。

创业邦成长营 BANG CAMP：每年 3 期，每期为 60 个创新项目提供 90 天的孵化加速服务。通过产品打磨、商业模式梳理、融资演练、推广分析、领导力沙盘等系统实战培训，助力创业者思维通道和能力结构的快速搭建。

创业邦创新空间 DEMO SPACE：提供优质协同办公空间和全面孵化服务。2015 年，创业邦孵化器已在北京、上海、深圳、广州、杭州、苏州、成都、重庆 8 个城市开放。

创业邦 DEMO CAMPUS：到校园，帮助大学生创业者去创业，其初衷就是把一些天使投资人、创投机构、优秀创业者们带进校园，让高校大学生创业者参与创业选拔，熟悉评审、孵化、投资环节。

创业邦融资服务：帮助早期创业者融资的服务，致力于为高成长创业公司对接合适的投资者，提供股权众筹和 FA 等服务。

创业邦天使基金：专注于早期高科技领域的投资，并为所投资公司提供公司治理、人才引进、资源合作、融资咨询等增值服务。

→资料来源：
→根据网络素材整理

第二节 有效利用创业政策

一、认识创业阶段的政策要点

（一）开设创新创业教育课程

大学生可以通过学习创新创业课程，掌握创业理论，储备创业相关基础知识，熟悉国家及所处省份的大学生创业政策，了解国家重点支持行业的发展和创业前景。还可以利用各地各高校实施的系列“卓越计划”“科教结合协同育人行动计划”等，同时享受跨学科专业开设的交叉课程、创新创业教育实验班等，利用各地区、各高校推出的资源共享的慕课、视频公开课等在线开放课程，做好创业知识的储备。

（二）强化创新创业实践

自主创业大学生可共享学校面向全体学生开放的大学科技园、创业园、创业孵化基地、教育部工程研究中心、各类实验室、教学仪器设备等科技创新资源和实验教学平台。参加全国大学生创新创业大赛、全国职业院校技能大赛，各类科技创新、创意设计、创业计划等专题竞赛，以及高校学生成立的创新创业协会、创业俱乐部等社团，提升创新创业实践能力。◥扩展阅读 7–3

扩展阅读 7–3

从“挑战”到“创青春”的跨越

从 2014 年开始，创办 15 年、举办过 8 次赛事的“挑战杯”中国大学生创业计划竞赛进行全面改革，成为面向全国高校学生举办的“创青春”大学生创业大赛。

过去的单一赛事变成“3+2”模式，由原来的创业计划竞赛一项赛事升级为大学生创业计划竞赛、创业实践挑战赛、公益创业大赛三项主体赛事，并加上 MBA、移动互联网创业两项专项赛。各项赛事分别有不同的功能定位，有的面向高校在校学生，以商业计划书评审、现场答辩等作为参赛项目的评价内容；有的兼顾毕业未满 5 年的高校毕业生，且已投入实际创业 3 个月以上，以经营状况、发展前景作为评价内容。此外，非营利性质的项目和计划还能参加公益创业赛。MBA 专项赛的参赛对象是就读 MBA 专业的在校生；移动互联网创业专项赛则倡导高校在校学生通过提交基于移动互联网领域的创业项目计划书或 APP 应用程序等作品说明书参赛。

大赛还首次设立由经济学家、企业家、风投公司组成的指导委员会，并将成立大学生创业基金委员会，搭建风投公司与优秀大学生项目“供需对接”平台，推动大赛中涌现出的优秀项目孵化落地。同时，成立大学生创业联盟，邀请地方高新技术和创业园区、创业方面的专家学者、创业成功企业、大学生创业者等加入，创建促进大学生创业就业的平台。

→资料来源：
→2014 年 3 月 24 日中国青年报 01 版(作者：黄勇)

（三）政策要点：改革教学制度

自主创业大学生可享受各高校建立的自主创业大学生创新创业学分累计与转换制度，将所开展创新实验、发表论文、获得专利和自主创业等情况折算为学分，所参与课题研究、项目实验等活动认定为课堂学习的新探索。同时也享受为有意愿、有潜质的学生制订的创新创业能力培养计划、创新创业档案和成绩单等系列客观记录用于量化评价学生开展创新创业活动情况的教学实践活动。

你在课余时间应该积极参与课题研究、科创竞赛、创业实践，主动撰写论文、申报专利，因为课堂学习外的创新创业活动也可以转换为学分了。一般情况下，学校的教务、学工、团委等部门会举办相关活动或提供资金支持，我们一定要了解相关规定并加以利用。

二、准备创新创业阶段的政策要点

在准备创新创业阶段，你需要进行选择项目、组建团队和选择场地等工作，你将得到哪些支持呢？

（一）入驻众创空间

众创空间是顺应网络时代创新创业特点和需求，通过市场化机制、专业化服务和资本化途径构建的低成本、便利化、全要素、开放式的新型创业服务平台的统称。发展众创空间要充分发挥社会力量的作用，有效利用国家自主创新示范区、国家高新区、科技企业孵化器以及高校和科研院所的有利条件，着力发挥政策集成效应，实现创新与创业相结合、线上与线下相结合、孵化与投资相结合，为创业者提供良好的工作空间、网络空间、社交空间和资源共享空间。

2015 年 3 月，国务院办公厅印发了《关于发展众创空间推进大众创新创业的指导意见》，你可以认真阅读文件，把握精神实质，形成对政策的敏锐洞察力和深刻理解力，积极利用身边正在兴起的各类众创空间，从而实现创业的发展。

（二）完善学籍管理规定

有自主创业意愿的大学生，可享受高校实施的弹性学制，放宽学生修业年限，允许调整学业进程、保留学籍休学创业等管理规定。

广西、黑龙江、福建等一些地区进一步明确了大学生休学创业保留学籍的具体年限。其中，黑龙江规定，经高校评估后，大学生（研究生除外）休学创业学籍最长可保留 8 年。政策虽好，但只有适合自己的才是最好的，特别是在校的大学生，应本着对自己、对家庭、对社会高度负责的态度，格外慎重地对待“休学创业”，千万不可盲目，不要浪费了社会资源，更不要虚度了大好青春。

（三）大学生创业指导服务

自主创业大学生可享受各地各高校对自主创业学生实行的持续帮扶、全程指导、一站式服务。以及地方、高校两级信息服务平台，为学生实时提供的国家政策、市场动向等信息以及创业项目对接、知识产权交易等服务。可享受各地在充分发挥各类创业孵化基地作用的基础上，因地制宜建设的大学生创业孵化基地以及相关培训、指导服务等扶持政策。

你可以通过本高校的创业中心，获得相关创业知识；通过创客空间平台，与创业者进行资源共享，达到拓展知识和整合资源的目的。

（四）享受培训补贴

对大学生创办的小微企业新招用毕业年度高校毕业生，签订 1 年以上劳动合同并交纳社会保险费的，给予 1 年社会保险补贴。对大学生在毕业学年（即从毕业前一年 7 月 1 日起的 12 个月）内参加创业培训的，根据其获得创业培训合格证书或就业、创业情况，按规定给予培训补贴。

按照《财政部、人力资源社会保障部关于进一步加强就业专项资金管理有关问题的通知》等文件规定，申请材料经人力资源社会保障部门审核后，财政部门按规定将补贴资金直接拨付给申请者本人。职业培训补贴申请材料应附：培训人员《身份证》复印件、《就业失业登记证》复印件、职业资格证书（专项职业能力证书或培训合格证书）复印件、就业或创业证明材料、职业培训机构开具的行政事业性收费票据（或税务发票）等凭证材料。

（五）免费创业服务

有创业意愿的大学生，可免费获得公共就业和人才服务机构提供的创业指导服务，包括政策咨询、信息服务、项目开发、风险评估、开业指导、融资服务、跟踪扶持等“一条龙”创业服务。

除了常规的政策咨询和创业培训外，各地创业服务指导中心还具备多项功能。大学生可以根据能力、意愿，选择专家进行风险评估，帮助降低投资风险。项目开展过程中，可以要求创业服务指导中心积极协调小额贷款担保机构和经办银行，落实融资服务，并利用各类资源开发或认定一批创业孵化基地，为自身提供一定期限的场地支持和政策扶持。通过创业指导中心协调工商、税务、银行、城管、环保等部门，办理相关登记手续，落实优惠政策，尽快开业运营。

三、走进创新创业阶段的政策要点

在走进创新创业阶段，你需要进行筹集资金、登记注册和准备运营等工作。你将得到哪些支持呢？

（一）取消高校毕业生落户限制

高校毕业生可在创业地办理落户手续（直辖市按有关规定执行）。沈阳、石家庄、南京、杭州、广州、武汉、长沙、昆明8个省会城市落户规定中都对学历作出了规定，但普遍要求不高。沈阳中专毕业即可申请办理落户；南京规定，普通院校大专以上学历的非南京籍毕业生，落实用人单位的，均可在办理相关就业手续后落户南京；杭州市应届普通高校本专科毕业生只要在杭州落实工作单位，或在杭州市区自主创业（营业执照注册人），就可以落户；广州要求相对较高，毕业生落户需本科以上学历。

（二）创业担保贷款和贴息

对符合条件的大学生自主创业的，可在创业地按规定申请创业担保贷款，贷款额度为10万元。鼓励金融机构参照贷款基础利率，结合风险分担情况，合理确定贷款利率水平，对个人发放的创业担保贷款，在贷款基础利率基础上上浮3个百分点以内的，由财政给予贴息。

大学生如果在创业过程中善于借助一些如企业孵化器与科技园的帮助和支持，将会有助于企业的成长和发展。注册资金较大的创业公司，可以通过一站式服务，零首付注册公司，在公司运行两年期间进行验资和注入即可。用好担保平台，确保企业资金流动。自主创业缺乏资金支持的大学生，可在创业地按规定申请创业担保贷款，根据各省政策规定贷款额度，获得资金支持。这些贷款主要包括：创业前小额贷款、开业贷款、小额贷款、大学生创业小额贷款等。

（三）免收有关行政事业性收费

毕业2年以内的普通高校学生从事个体经营（除国家限制的行业外）的，自其在工商部门首次注册登记之日起3年内，免收管理类、登记类和证照类等有关行政事业性收费。相关证明包括营业执照以及人社部门核发的《就业创业证》等，申领《就业创业证》可以在教育部大学生创业服务网上进行。

（四）税收优惠 ◥案例 7-1

持人社部门核发的《就业创业证》（注明“毕业年度内自主创业税收政策”）的高校毕业生在毕业年度内（指毕业所在自然年，即 1 月 1 日至 12 月 31 日）创办个体工商户、个人独资企业的，3 年内按每户每年 8000 元为限额依次扣减其当年实际应缴纳的营业税、城市维护建设税、教育费附加和个人所得税。对高校毕业生创办的小型微利企业，按国家规定享受相关税收支持政策。

依据财政部、国家税务总局《关于暂免征收部分小微企业增值税和营业税的通知》，自 2013 年 8 月 1 日起，对于增值税小规模纳税人、企业或非企业性单位及营业税纳税人、企业或非企业性单位，月销售额不超过 2 万元者，暂免征收增值税及营业税。依据财政部、国家税务总局《关于小型微利企业所得税优惠政策有关问题的通知》，自 2014 年 1 月 1 日至 2016 年 12 月 31 日，大学生自主经营小型微利企业年应纳税所得额小于或等于 10 万元者，所得按 50% 计入应纳税所得额，按 20% 的税率纳企业所得税。大学生到税务机关办理享受自主创业税收政策的减免申请手续，经县以上税务机关审核同意，在年度减免税限额内可以享受相关的优惠政策。

◥案　例 7-1

磨刀不误砍柴工——了解国家政策，助力创业成长

小王是黑龙江某大学植物学专业的在校本科生，在校实验期间，发明了一种新式植物降解菌，申请了相关专利。了解了黑龙江省大学生创业优惠政策后，注册成立了一家生物科技公司，在进行税务登记的时候，因为不了解国家对于小规模企业的相关税务政策，将公司登记为一般纳税人，需承担 17% 的增值税，在报税的时候才发现问题，但是根据我国现行税务政策，小规模纳税人可以申请成为一般纳税人，但是一般纳税人是不可以改变为小规模纳税人的，小王的公司进项特别少，作为初创企业承受不了这么高的税负，无奈之下只有选择注销公司，重新成立公司，选择小规模纳税人进行登记，充分享受到了国家的税收政策优惠。

→资料来源：
→根据网络素材整理

小王的经验和教训表明了了解国家税务政策的重要性。在进行纳税人登记时，根据自身情况选择小规模或者一般纳税人进行登记，一般纳税人的基本增值税率为17%，小规模纳税人增值税率为3%。

思考与实践

1. 在你的身边有利用创业政策成功创业的案例吗？试着联系他们，做一次访谈。
2. 登录全国大学生创业服务网，进入大学生创业实训系统，利用地区政策，创办自己的企业。

附表 1　国务院、各部委支持大学生创业政策一览表

文件标题	发文部门	发文字号	成文日期	文件概述
国务院关于进一步做好新形势下就业创业工作的意见	国务院	国发〔2015〕23 号	2015 年 4 月 27 日	部署进一步促进就业鼓励创业，以保就业惠民生促发展
国务院关于大力促进大众创业万众创新若干政策措施的意见	国务院	国发〔2015〕32 号	2015 年 6 月 11 日	该意见是推动大众创业、万众创新的系统性、普惠性政策文件，从 9 大领域、30 个方面明确了 96 条政策措施
国务院办公厅关于发展众创空间推进大众创新创业的指导意见	国务院	国发〔2015〕53 号	2015 年 9 月 23 日	提出以众智促创新、以众包促变革、以众扶促创业、以众筹促融资等重大发展方向和十七条重点举措
国务院办公厅关于深化高等学校创新创业教育改革的实施意见	国务院办公厅	国办发〔2015〕9 号	2015 年 3 月 2 日	明确推进大众创新创业要坚持市场导向、加强政策集成、强化开放共享、创新服务模式，重点抓好 8 个方面的任务
国务院办公厅关于深化高等学校创新创业教育改革的实施意见	国务院办公厅	国办发〔2015〕36 号	2015 年 5 月 4 日	全面部署深化高校创新创业教育改革工作，提出了高校创新创业教育总体目标和 9 大任务
国务院办公厅关于印发进一步做好新形势下就业创业工作重点任务分工方案的通知	国务院办公厅	国办发〔2015〕36 号	2015 年 6 月 18 日	《通知》就认真贯彻实施《国务院关于进一步做好新形势下就业创业工作的意见》，按部门进一步分解细化工作任务，确保逐项推进落实
国务院办公厅关于支持农民工等人员返乡创业的意见	国务院办公厅	国办发〔2015〕47 号	2015 年 6 月 17 日	提出了支持农民工、大学生和退役士兵等人员返乡创业的 5 方面政策措施
国务院办公厅关于同意建立推进大众创业万众创新部际联席会议制度的函	国务院办公厅	国办发〔2015〕90 号	2015 年 8 月 14 日	建立由发展改革委牵头的推进大众创业万众创新部际联席会议制度
关于支持新产业新业态发展促进大众创业万众创新用地的意见	国土资源部	国土资规〔2015〕5 号	2015 年 9 月 10 日	落实了党中央、国务院推进大众创业万众创新新要求，以土地利用方式转变促进经济发展方式转变和结构优化
关于进一步推动科技型中小企业创新发展的若干意见	科技部	国科发高〔2015〕3 号	2015 年 1 月 10 日	鼓励科技创业，推动科技型中小企业创新发展
关于支持和促进重点群体创业就业税收政策有关问题的补充通知	财政部	财税〔2015〕18 号	2015 年 1 月 27 日	对《就业创业证》做出了说明，对大学生创业就业的税收政策做了明确的规定
国家发展改革委办公厅关于做好 2015 年全国大众创业万众创新活动周组织筹备工作的通知	发改委办公厅	发改办高技〔2015〕2576 号	2015 年 10 月 8 日	设立"全国大众创业万众创新活动周"，并做了相关布置
关于举办中国农业科技创新创业大赛的通知	人社部	国科发农〔2010〕183 号	2010 年 4 月 27 日	对中国农业科技创新大赛做了相关的布置
关于协助组织参加科技特派员农村科技创新创业大赛的通知	人社部	国科发农〔2010〕193 号	2010 年 4 月 29 日	设立科技特派员农村科技创业行动协调指导小组办公室，举办"科技特派员农村科技创新创业大赛"
关于进一步扩大小型微利企业所得税优惠政策范围的通知	财政部	财税〔2015〕99 号	2015 年 9 月 2 日	对于小型微利企业的企业所得税优惠政策做了具体的规定

附表 2 各地区支持大学生创业政策一览表

文件标题	发布部门	发文字号	成文日期	文件描述
北京市教育委员会关于印发深化高等学校创新创业教育改革实施方案的通知	北京市教育委员会	京教高〔2015〕15 号	2015 年 10 月 8 日	从教学改革、创新能力和指导服务三方面出发，制订详细战略方针，深化创新创业教育改革
天津市人民政府办公厅关于进一步做好新形势下就业创业工作的实施意见	天津市人民政府	津政办发〔2015〕73 号	2015 年 9 月 12 日	提出关于深入实施就业优先战略、积极推进创业带动就业、统筹推进高校毕业生等重点群体就业、加强就业创业服务和职业培训以及加强组织领导方面的意见
河北省人民政府关于发展众创空间推进大众创新创业的实施意见	河北省人民政府	冀政发〔2015〕15 号	2015 年 5 月 28 日	以加快构建众创空间、激活壮大创新创业主体、构建多元化创业投资融资体系、营造创新创业环境和强化协调联动为指导，在政策上鼓励，经济上扶持，环境上营造的多方位激发大众创新创业活力
山西省人民政府办公厅关于发展众创空间推进大众创新创业的实施意见	陕西省人民政府	晋政办发〔2015〕83 号	2015 年 9 月 1 日	加快构建众创空间，鼓励相关组织营造良好创新环境；支持构建众创服务平台，在政策上适度开放，鼓励创新；深化商事制度改革，采取业务代办制度，缩短审批时间，减少审批流程；对于大学生以及相关科研人员在创新创业上给予政策帮扶
内蒙古自治区人民政府关于进一步做好新形势下就业创业工作的实施意见	内蒙古自治区人民政府	内政发〔2015〕103 号	2015 年 7 月 31 日	统筹推进高校毕业生等重点群体就业的同时加强创业就业服务和职业培训，并强化组织领导作用，以政策为引导，市场为主干，就业为基础，多方位巩固并推动创新就业事业的发展
上海市人民政府关于进一步做好新形势下本市就业创业工作的意见	上海市人民政府	沪府发〔2015〕 36 号	2015 年 8 月 3 日	以深入实施就业优先战略为基础，全力推进创业带动就业的目标。通过加强职业教育和职业培训。全方位统筹推进高校毕业生等重点群体就业。以强化组织领导为基准加强就业创业服务。科学鼓励就业发展能力强的企业，小微型企业等发展，鼓励大学生以及相关知识人员创业。以创业带动就业谋发展
江苏省政府关于进一步做好新形势下就业创业工作的实施意见	江苏省政府	苏政发〔2015〕90 号	2015 年 7 月 31 日	将稳定和扩大就业作为经济运行合理区间下限，鼓励大众创业，加强创新创业载体建设，妥善规划劳动力并优化产业结构等方面，积极推进大众创新
安徽省人民政府关于进一步做好新形势下就业创业工作的实施意见	安徽省人民政府	皖政〔2015〕82 号	2015 年 8 月 31 日	利用产业转型升级提供的就业空间并充分发挥小微型企业就业的主要渠道的方面，在放宽市场准入环境，营造创业平台的基础上加大政策扶持以达到鼓励大众创业的目的
浙江省人民政府办公厅关于加快发展众创空间促进创业创新的实施意见	浙江省人民政府	浙政办发〔2015〕79 号	2015 年 6 月 26 日	通过市场化、专业化、集成化以及网络化等多方面构建多元化且富活力的创业创新生态系统。通过降低运营成本，妥善利用大数据等互联网科技，吸引人才创新
福建省人民政府关于进一步做好新形势下就业创业工作十五条措施的通知	福建省人民政府	闽政〔2015〕44 号	2015 年 8 月 22 日	以提高经济发展，增长就业为核心，优化人力资源配置，合理进行风险评估及预算，通过政策鼓励放宽市场准入门槛，明确权责，着重抓好高校毕业生以及相关科技人员的创业就业工作
广西壮族自治区人民政府关于进一步做好新形势下就业创业工作的通知	广西壮族自治区人民政府	桂政发〔2015〕29 号	2015 年 6 月 10 日	合理规划社会财政预算，抽调资金对相关创业人员给予制度关怀，在经济以及政策上适度放宽，鼓励创业就业发展
海南省人民政府关于进一步做好新形势下就业创业工作的实施意见	海南省人民政府	琼府〔2015〕64 号	2015 年 8 月 11 日	进一步优化就业创业环境，提高就业结构，强化职业培训以及公众就业服务。深化就业发展战略，着重发展就业潜力较大的企业，并对相关创业人员给予制度上的适度放宽
湖北省人力资源保障厅等九部门关于实施湖北省大学生创业引领计划的通知	湖北省人民政府	鄂人社发〔2014〕 37 号	2014 年 9 月 2 日	对大学生创业就业给予一次性补贴，培训补贴，无偿扶持等措施若干，不断完善政府鼓励创业，社会支持创业，大学生勇于创业的体制机制。加强组织领导，全方位推动创业就业的发展
湖南省人民政府办公厅关于印发《湖南省发展众创空间推进大众创新创业实施方案》的通知	湖南省人民政府	湘政办发〔2015〕74 号	2015 年 9 月 11 日	制订众创空间建设行动计划，鼓励培育大学生创业，支持科技人员创业并在政策上给予支持，合理提供金融支撑服务，注重搭建平台建设

（续）

文件标题	发布部门	发文字号	成文日期	文件描述
河南省教育厅关于贯彻落实大学生创业引领计划的实施意见	河南省教育厅	豫教〔2015〕261 号	2015 年 4 月 24 日	依靠郑州航空港经济开发区带动发展，构建全方位开放式综合服务平台，支持高校以及科研机构利用相关资源协助创新，在政策上给予支持，降低创新门槛。加强组织协调作用。全方位鼓励创新
江西省人民政府办公厅关于深化高等学校创新创业教育改革的实施意见	江西省人民政府	赣府厅发〔2015〕49 号	2015 年 8 月 31 日	制订人才培养方案，加快学科转型，探索课程体系改革，注重创新平台搭建，加强统筹规划，完善政策保障体制建设
宁夏回族自治区人民政府关于进一步做好新形势下就业创业工作的实施意见	宁夏回族自治区人民政府	宁政发〔2015〕64 号	2015 年 7 月 31 日	深入贯彻落实就业推动发展战略，鼓励小微型企业、就业发展性较强的企业发展，合理规划人力资源，适度调整资源分配，合理促进就业够公平，提供轻松的创业准入环境，科学领导落实政策
新疆维吾尔自治区人民政府办公厅关于印发新疆维吾尔自治区"大众创业、万众就业"行动方案的通知	新疆维吾尔自治区人民政府	新政办发〔2015〕34 号	2015 年 4 月 16 日	抓好现有特惠措施，进一步完善创业政策服务体系，以创业服务为载体深化创业精神，大力推动创新创业基地建设，优化资金服务，鼓励群众创新
青海省人民政府关于进一步做好新形势下就业创业工作的实施意见	青海省人民政府	青政〔2015〕63 号	2015 年 7 月 21 日	加大实施优先战略，发挥小微型企业就业主渠道作用，适度给予政策帮扶，提高风险判断能力，合理规划人力资源，科学进行资源配置。扎实做好高校毕业生等相关人员创新就业工作,科学领导，妥善组织
陕西省人民政府关于进一步做好新形势下就业创业工作的实施意见	陕西省人民政府	陕政发〔2015〕26 号	2015 年 7 月 8 日	扩大就业优先战略，创新机制和手段，提升公众就业创业服务质量。推进人才培养模式改革，探索职业创业培训发展新模式
甘肃省人民政府关于进一步做好新形势下就业创业工作的实施意见	甘肃省人民政府	甘政发〔2015〕63 号	2015 年 7 月 16 日	毫不动摇坚持就业优先战略,推动产业转型升级，增大就业容量，合理利用小微型企业作为就业的中坚力量，大力推进全民创业行动。政策给予适度放宽
四川省人民政府关于进一步做好新形势下就业创业工作的意见	四川省人民政府	川府发〔2015〕38 号	2015 年 7 月 9 日	坚持将就业摆在经济发展的优先方向，拓宽创业融资渠道，鼓励多种人员创业，财政给予支持，加大减税力度，强化市场资源建设
云南省人民政府关于进一步做好新形势下就业创业工作的实施意见	云南省人民政府	云政发〔2015〕53 号	2015 年 8 月 3 日	确立创业带动就业促进计划，激发创新活力，对于政策内群体适度降低创业门槛，建立投资引导机制，适度放宽财政，鼓励高校毕业生就业
贵州省人民政府关于进一步做好新形势下就业创业工作的实施意见	贵州省人民政府	黔府发〔2015〕29 号	2015 年 8 月 29 日	全面推动高校毕业生就业，以高校毕业生创业引领计划为重点，搭建大学生创业服务平台，通过经济、政策等多方面协助，营造公平合理，减少障碍的创新就业大环境
重庆市人民政府关于做好新形势下就业创业工作的实施意见	重庆市人民政府	渝府〔2015〕52 号	2015 年 8 月 13 日	坚决落实就业优先原则，完善就业平台建设，降低创业门槛，拓宽融资渠道，加大减税降费力度。推动重点群体就业，提供就业援助，合理分配资源适度进行转移就业。提升就业创业水平
辽宁省人民政府关于进一步做好新形势下就业创业工作的实施意见	辽宁省人民政府	辽政发〔2015〕17 号	2015 年 6 月 19 日	深化就业优先战略，加强创业孵化平台建设，推动重点群体就业，加强就业创业服务以及职业培训，保证资质以及政策的投入，加强组织领导
吉林省人民政府关于进一步做好新形势下就业创业工作推动大众创业万众创新的实施意见	吉林省人民政府	吉政发〔2015〕28 号	2015 年 7 月 21 日	多渠道扩大就业，增大就业面积，拓宽创业融资渠道，调动创业人员积极性。鼓励相关群众创业，培养创业意识。构建多元化信息平台，加快信息化建设，加强组织领导
黑龙江省人民政府关于促进大学生创新创业的若干意见	黑龙江省人民政府	黑政发〔2015〕16 号	2015 年 5 月 23 日	激发大学生创新创业意愿，构建以高校为主体，整合社会资源，培养大学生创新能力。通过简化注册资本等级制度，放宽相应条件等措施，降低大学生创业准入门槛。建立完善的社保体系，为大学生创业提供公共服务
山东省人民政府关于进一步做好新形势下就业创业工作的意见	山东省人民政府	鲁政发〔2015〕21 号	2015 年 9 月 7 日	深化就业发展战略，促进高校毕业生等重点群体就业，发挥示范作用，构建宽松创业环境。合理引入创新机制，正确进行组织规划

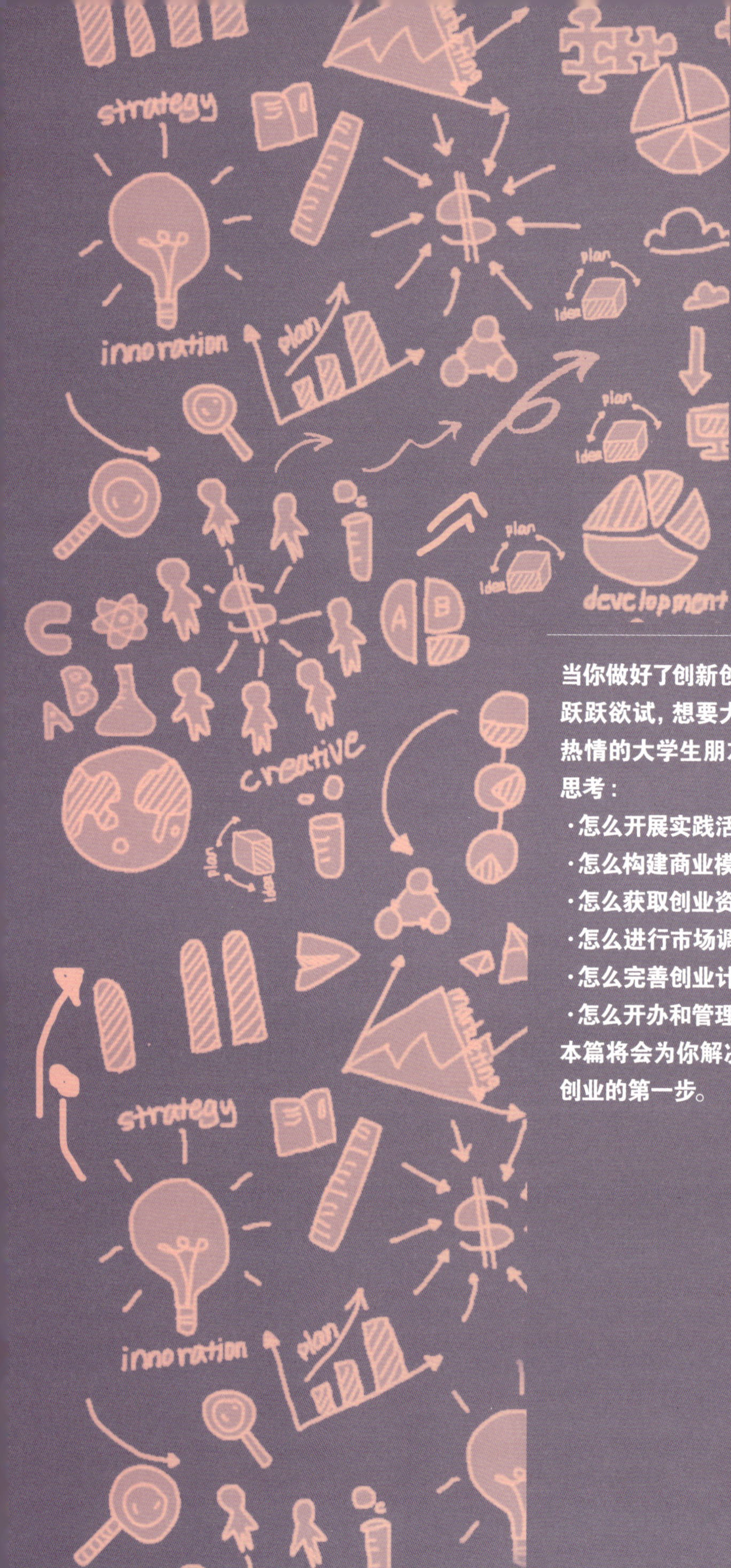

当你做好了创新创业准备后，一定会摩拳擦掌、跃跃欲试，想要大干一场吧。请满怀创新创业热情的大学生朋友们在此稍稍停顿一下，仔细思考：

- **怎么开展实践活动？**
- **怎么构建商业模式？**
- **怎么获取创业资源？**
- **怎么进行市场调研？**
- **怎么完善创业计划？**
- **怎么开办和管理你的企业？**

本篇将会为你解决这些疑问，帮助你迈好创新创业的第一步。

第三篇

172—313

走进创新创业

第八章

创新创业训练

学习目标

- 认知大学生创新创业训练计划项目
- 掌握创新创业项目的具体实践流程、方法和途径
- 结合专业、兴趣爱好，规划并实施创新创业训练

第一节 创新训练

一、创新训练

（一）参与创新教学活动，提高创新思维水平

大学生是充满朝气与活力的群体，现今社会经济不断发展，创新引领创业，创业带动就业，是大众创业、万众创新时代的重要方向。教育部规定，从2016年起，所有高校都要设置创新创业教育课程，对全体学生开发开设创新创业教育必修课和选修课，纳入学分管理。

创新教育应该是面向全体大学生的素质教育，结合各学校、学科、专业的特点和特色，通过集成多类教育资源、多元教育方法以及教学时空的延伸等，构建创新教育教学的多维立体系统，形成全方位、多层次的创新人才培养保障体系。

有的学校创新教育教学开展得非常普及，面向学院或学校学生开展科研方法指导、科研技能培训、科研项目实践的专题讲座教学等教学活动，学校建立的创新实践中心等面向全校开展了内容更为广泛的创新教育、教学活动拓展如开设创新实践班、支持校级层面的大学生科研项目以及学术社团的创新活动；创新实验学院还开设了面向新生的创新人才培养实验班，实施更为系统的跨学科创新人才培养计划。另外，建设跨学科、系统集成示范课，围绕当前挑战性问题进行课程设计并采用小班授课，推出变百分制为相对等级制，学业评价体系改革，引导学生弱化对考试成绩过于功利化的追求，将课程选择的着眼点重新定位到真正有益于自身长远发展的创新能力和素质的提升上来。

◥案例 8-1

◥案　例 8-1 基于多种通信模式的无线网络设计心得体会

> 在此期间，给我感受最深的是，我们在做研究的时候，要勤于思考，要主动动手动脑，没有人能告诉我们一步步怎么做，这些全部要求你主动去查找相关的参考资料或者文献，从而得到启发，然后确定创新的目标和方向，并将这方向跟目标贯穿于我们整个项目实施的过程中，坚定不移地走下去，只有这样，我们才会取得最终的胜利。

→资料来源：
→广州大学创新实践网

《基于多种通信模式的无线网络设计》项目是在GEC2410B实验箱进行。该实验箱虽然配置了几种无线通信模块，但厂家并没有给予验收，结果发现实际操作和说明之间存在差异。如红外通信在LINUX下无驱动；蓝牙没有标准库函数；GPRS模块配置总是不成功等。这一切不但耗时，而且还需要我们自己写驱动，增加模块。最终我们加入了两块Zigbee，从其选购、到ZigBee网络的构建与测试以及各种传感信号的调节与收集等。将ZigBee网络接入基于ARM网关的无线网络，让我们经历了从不懂ZigBee技术到逐步掌握其开发原理一个全新的过程。

设备通信完成后，开始构建网关层，我们发现操作系统内核对开发网关等中间层软件的支持函数不够，需要重新移植，但单纯移植操作系统会出现不兼容等诸多问题。在指导教师建议下进行全面移植，从启动软件BOOTLOAD开始。移植了u-boot2010.6。虽然移植过程很复杂，遇到许多问题，反反复复，但最终成功了。在这个过程中，我们体会到只要有决心去做，就一定能做成。后来在做网关软件及其他中间层软件时，也是这样，课堂和书本上学到的东西只能让你有个想法，真正做的时候会有许多意想不到的问题。

（二）加入创新实践活动，促进创新能力的提升

“企业的生存需要大量辛苦的工作，而求知若渴是成功的一半”

——温迪·谭·怀特

现在各个学校的二级教学单位（学院、系），面向本院系学生提供的教学实践基地，是高校大学生首选创新教育的体验训练平台。这些创新实践基地的训练教学内容理工专业涉及的是生物化学实验、电子设计、机器人、程序开发等训练任务；社会科学类专业的创新实训更多涉及的是社会调研类。例如，华东师范大学以各类重点实验室、各类学术研究中心、各类科研实验室、校内外实习基地、院系基础教学实验中心等研究力量为依托建设大学生实践创新基地，以学术研究项目为载体，对大学生进行实践创新训练。该校每年从大学生科研基金中划拨一定款项作为基地培养经费，用于资助学生完成科研项目。有不少高校建设了校级创新实践中心，形成一个大的跨学科的创新实践支撑体系，作为纽带联合了各学院（系）创新实践基地，构建了一个更大的创新实践训练平台，将更有利于促进大学生创新实践能力培养。比如，重庆大学在2011年经学校多个职能部门的协调努力成立了“大学生创新实践中心”。该中心采用三种方式进行创新人才培养，即设立创新实践班为学有余力的学生提供个性化培养；建立创新实践团队，凡对某方面知识具有一定基础和浓厚兴趣的学生均可加入团队进行创新学习；设立学校级别的弘深基金项目，以项目形式实现对大学生的科研训练计划。在硬件场地设施，该校在虎溪校区第一实验楼一楼建设了大学生创新实践中心一期工程，设有加工车间、学生学习室、学生实验室、学生讨论室、机器人实验室，供参与创新实践班、创新实践团队、重庆大学弘深基金项目的学生使用。

海南大学大学生创新学院吸收全校学有余力、有特长和兴趣的本科生参加各类科技创新活动，开展大学生科技竞赛，目前依托二级学院的创新实践基地开设了土木技能实践班、海洋生物及水产养殖实践班、高效农业实践班、生态省建设实践班、法学创新实践班和影视及广告艺术实践班。

许多同学参加创新实践活动后，深有感受地说：我们学会了认真负责对待创新中的每一个问题每一个细节，勤恳踏实地做创新实验和做调研，坚持不懈地完成任务，在懒惰面前克制自己，在困难面前乐观积极，做研究要一步一个脚印踏踏实实进行，不能为求一时的结果或成绩而违反科学道德，要有耐心、恒心和自信心。◥案例 8–2

（三）体验创新训练项目，提升创新综合素质

“大学生创新创业训练计划”是教育部“十二五”期间“高等学校本科教学质量与教学改革工程”项目之一，旨在促进高等学校转变教育思想观念，改革人才培养模式，强化创新创业能力训练，增强高校学生的创新能力和在创新基础上的创业能力。◥案例 8–3

近些年，从教育部、各省份相关机构、各学校自上而下的“创新训练项目”给予高校大学生创新支持力度非常大，国家级大学生创新训练项目面向中央部委所属高校和地方所属高校。中央部委所属高校直接参加，地方所属高校由地方教育行政部门推荐参加。国家级大学生创新创业训练计划由中央财政、地方财政共同支持，参与高校按照不低于1:1的比例，自筹经费配套。中央部委所属高校参与国家级大学生创新创业训练计划，由中央财政按照平均一个项目1万元

的资助数额，予以经费支持。地方所属高校参加国家级大学生创新创业训练计划，由地方财政参照中央财政经费支持标准予以支持。各高校可根据申报项目的具体情况适当增减单个项目资助经费。对中央部委所属高校创业实践项目，每个项目经费不少于10万元，其中，中央财政经费应资助5万元左右。

每年全国高校都有大约上百万大学生参与了创新创业训练项目，创新训练项目从提出问题到解决问题，都需要大学生独立思考，积极探索，在训练项目完成过程中，他们遇到过无数的困难，但唯有坚持，

案　例 8-2

创新训练体会——大连理工大学谭博文

总体来说，我们走了不少弯路，但我觉得这是必要的。在整个过程中，似乎能够看到将来的人生轨迹，始终是在挫折中前进，在一次次跌倒后又爬起来继续去实现自己的梦想。团队协作，找老师虚心求教，设计制作创新，以及最后的上台答辩演示等的每一个环节都让人回味，激情与梦想同在。付出比回报更重要；只要是真心努力去做了，那么你的心将不会感到空虚。

从踏入工程训练基地的那一刻，就注定了以后的这个过程将是不平凡的。可以说进入训练基地的黄金时期是在大二，但是遗憾的是当时没能参加，有幸的是还能有这一次机会让我补偿这一遗憾。整个创新实践过程持续了近5个月，我觉得这是我在大学期间所做的最有意义的一件事情。能加入到创新实践基地这个大家庭里来，对我来说是一件十分荣幸的事情。在这里能学到许多书本上学不到的知识，同时也能对所学的知识进行补充、深化。

我们的作品是城市路边清扫车，是专扫路边垃圾的清扫车。但是在设计之初，我们设计的是一辆人力手推车，功能是扫公路、人行道，可以说是全能型。但在老师的指导下，我们经过市场调查，去环卫部门了解情况，上网广泛查找信息之后，把主题定在了只扫路边。因为公路的清扫是由环卫部门的大型清扫车负责，且清扫得相当干净，没有使用人力清扫车的必要，只有在路边留有死角，清扫车无法扫到。由于我们对市场有了充分的调查，因此比别人有了更为准确的定位，在制作初期便有了领先之处。

设计制作的过程是漫长的。首先是设计，因为我们在此之间没有一个系统的设计过程训练，在设计作品时总是偏向于理想化，完全没有考虑到是否能加工出来，结构是否合理。在想法、思维上遇到瓶颈时，经常找老师商量是非常有必要的，他们能帮你开拓思维，让你对作品有更深的认识，对创新点有更好的整合。在设计过程中，最常接触的应该是手工画图。刚开始我们觉得这个很难，不好表述自己的作品；觉得用电脑的三维造型软件来造型表述更直观，但是当实践了以后才发觉只有手工画图才能促进思维的活跃，手脑并用会使设计的效率倍增。虽然它很难，但习惯了就好，那时你会明显感觉到自己的三维立体想象能力的增强。

设计完再制作是一个合理化的过程。我们一共做了两个实物，第一个由于自己选材不当，材料的强度不够，且不好加工，在制作过程中折断了，这时离省赛只有一个星期的时间。由于时间紧迫，我们最后在焊接车间找老师指导、帮助，最后在比赛的前一天完成了作品的制作。

→资料来源：
→大连理工大学工程训练中心

挖掘自身的创新潜质，才能创造奇迹，收获他们的创新成果。创新训练过程将成为大学生人生中一笔宝贵的财富，让创新成为一种习惯，在科技创新的大舞台上，机遇与挑战共舞，生命充满新鲜，充满乐趣。

（四）融入创新竞赛中，挑战创新的成功

一些知名度较高的学科竞赛：由共青团中央、中国科协、教育部、全国学联和地方省级政府共同主办的“挑战杯”全国大学生课外学术科技作品竞赛；由原国家教委和相关部委或学会联合倡导，在全国高校开展的电子设计、数学建模、

案　例 8-3

我的创新实验之路

通过这次完成创新训练项目的经历，我们学到的有专业知识，有实验本身交给我们的动手能力以及实践能力，更多的是一种认真治学、坚持不懈、善于思考、善于总结、无惧失败的可贵精神。每一项重大的科研成果都是团队努力的成果，随着实验的开展，每个人都乐于并善于合作，虚心听取老师、队友的意见。团队合作是每个人的必修课，集众人之力无坚不摧已经在我们心中牢牢地扎下根基，我想，这是创新性实验带给我们的最大收获。

大学，为我实现科技创新的梦想提供了一个广阔的平台。2012年4月，我加入了“大学生创新创业训练计划”，申请项目为《抽油机井冲次自动寻优理论研究》。从最初怀抱着忐忑之心的申请立项，撰写立项申请书，到在王海文老师的指导下查阅相关资料文献，实地调研；从制订详细研究方案和实施步骤、实施方案、整理数据，到最后的结题，撰写结题报告。在老师和学校相关部门的大力支持下，我和我的“小伙伴们”本着自主性、探索性、过程性、协作性和学科性的原则，攻克了一个又一个的难关。

一开始总是艰难的，刚刚开始下决心参加创新实验的时候，我都不知道该做些什么，选择什么课题比较好，一个偶然的机会，让我想起了自己卧室窗外那台夜以继日工作的抽油机，以及整天在它身边不断忙碌的工人们。这一普通的场景引起了我的思考，设想能不能通过一台装置实现油井的自动化、智能化从而减轻工人们的工作量，甚至实现无人化自动生产这一目的呢。后来我把这一想法与老师交流，没想到竟意外得到了王老师的赞许，在老师的支持和鼓励和帮助下不断优化自己的想法，确定了自己的课题，并提交了立项申请。

我深知，原理和本质是一个问题的核心，因此，自从立项后，我们就开始了实验内容与原理的学习——通过网络、图书馆搜集相关学术论文、核心期刊、书籍。在国外论文数据库，如SPE、One-Petro上搜索外文文献，翻译并学习，采集油田多年的数据。这一过程不仅提高了我们自己对资料的获取能力，也为我们的课题开了一个好头。面对庞杂的资料，我们取其精华，精炼最有价值的内容，保留了有参考价值的部分进行研究，在王老师的指导下我们终于制订了详细的研究方案和实施步骤。

随即，我们进入了紧张的实验过程之中，多次与王老师交流，听取不同人意见，不断丰富我们的课题的广度和深度，加入创新点，改正实验漏洞。这让我们深切地体会到了作为一个工学研究者应有的态度和责任感：一丝不苟、严谨耐心。对每一个误差都不能轻视，对每一次失败都要反思反省。创新性实验并不简单，尤其是对于像我们这样的尚未开放专业课的学生来言，只有坚持下去，耐心对待每一个难点才能做出成果。

→资料来源：
→中国石油大学创新创业训练计划网

机械设计和结构设计四大学科性竞赛；由教育部高等教育司、中国自动化学会、中国计算机用户协会、北京航天自动控制研究所联合主办的全国大学生计算机仿真大奖赛；由教育部高等学校自动化专业教学指导分委员会主办的全国大学生智能汽车竞赛；由美国计算机协会主办的ACM国际大学生程序设计竞赛；由美国微软公司主办的Imagine Cup微软全球学生大赛等。学科竞赛作为高等教育的特殊形式已逐渐被社会和高校所接受。

创新竞赛一般都要经历校赛—省赛—国赛三个竞赛阶段，项目从立项之初到比赛结束大概需要一年左右的时间，团队的同学们主要做好下面几个环节的工作：

1. 详细的计划

要顺利完成一个项目就必须有一个详细的计划，有了计划，工作就有了明确的目标和具体的步骤，就可以协调大家的行动，增强工作的主动性，减少盲目性，是工作有条不紊的进行。

2. 合理的分工

因为每个成员的对项目每个部分的背景知识、基本理论、基本方法的掌握程度不同。因此需要为每个成员分配合适的任务，这样做可以减少每个成员的工作量，使各个成员在自己擅长的领域工作，提高工作效率。

3. 充分的准备

前期刚刚接触项目方面的知识，不太了解，所以需要收集相应的文献、材料，避免在在后期的实验中手忙脚乱。查看资料、文献也有一定的技巧，带着问题去查看效率比较高。

4. 详尽的记录

在查看文献的时候将有用的信息做相应的标志或者记录，以便于后期的工作。实验过程中的数据要做详细的记录，用于在重复实验中比较，以及后期论文的数据的录入。

5. 大量的查阅

不要把全部时间放在实验上，要大量地查看文献，可以了解别人的实践方法，通过研究别人的方法、深入思考，就可能解决实验遇到的问题。

6. 交流的重要

在工作期间交流是必需的，包括成员之间的、成员与老师之间的等。成员之间的交流有利于每个模块的磨合，产生新的思想、方法，提高工作效率。遇到困难，除了自己解决，与有经验的老师、学者交流是最有效的方法。每隔一段时间全部成员一起开个小会，进行交流以及汇报工作进展，然后将未能解决的问题向指导老师汇报，共同解决问题。

7. 不懈的努力

遇到困难时，心里会产生退缩的感觉，在重复的实验中也会感到烦躁，但是团队的成员要相互激励，要有坚持到底的信念。大学生创新竞赛给同学们带来了能力上的提高，思维上的创新，情谊上的收获，知识的积累以及难得的人生经历和人生财富。◥案例 8–4

二、创新训练项目选题范围

创新训练从参与范围上来说，是面向每一个在校学生的，所以，一方面可结合专业所学、兴趣爱好等来进行选题；另一方面也可结合专业前沿知识、经济社会发展中的难点或热点问题来进行选题。具体选题范围可参考如下：

（1）老师所在研究的科研或技术研发（技术服务）课题中的子项目。

（2）参与的开放实验室、实习基地或实训活动中综合性、设计性、创新性的实验与训练项目。

“缅怀过去毫无意义——我们长期以来认为理所当然的稳定，已经一去不复返”

——汤姆·彼得斯

（3）可完成的制作项目，例如，发明、创作、设计等。

（4）在专业中的课题研究或前沿探索。

（5）基于问题导向的社会调查项目。

（6）其他有研究与实践价值的项目。

当然除此之外，如果你立项研究的内容可以与区域社会经济发展、与区域产业行业发展结合的话，会是很有价值的创新研究和训练；如果研究项目能够转化成创业项目，那就太棒了。

三、创新训练项目选题注意的问题

创新训练项目选题是极为重要的，这关乎立项是否成功并且能否完成。刚才学习了创新训练项目选题的范围，现在我们说一说选题的注意事项：

案　例 8-4

一项发明专利卖了26.8万元

创新竞赛是在紧密结合课堂教学的基础上，以竞赛的方法，激发学生理论联系实际和独立工作的能力，通过实践来发现问题、解决问题，增强学生学习和工作自信心的系列化活动。创新竞赛是一种有着常规教学不能及的特殊的创新教育功能，能培养学生对科学的浓厚兴趣，使其具备发展型的知识结构、开拓探究型的学习方法、追求科学发现百折不挠的心理品质。创新竞赛在促进学科建设和课程改革，引导高校在教学改革中注重培养学生的创新能力、协作精神、动手能力，在倡导素质教育中提高学生对实际问题进行设计制作的能力等诸多方面有着日趋重要的推动作用。

2012 年 4 月 18 日，永康市职业技术学校学生徐丰平推着他发明的安全健身滑板车，在校园里掌握平衡性。别看这辆滑板车貌不惊人，它可是永康职校生发明成果直接走向市场的首个成功案例。这一发明成果被浙江博特休闲用品有限公司看中，公司出资 26.8 万元买断了滑板车的全套技术。

徐丰平所在的“数控导生班”是一个尖子班，这个班的学生在学校有着许多“特权”：他们有自己的实验室和教材，可以自己动手操作各种器材，在“创新创业课”上，老师积极鼓励他们把自己的想法变成小发明、小创造。徐丰平平日话不多，但挺会动脑筋。小时候，他喜欢拆玩具，初中开始拆 MP3、收音机，有些是坏了想自己修好，有些就是想看看里面的构造。有一次，他在永康华溪边散步，看见不少小朋友在玩脚蹬式滑板车，如果用力过猛，就会失去平衡而摔倒。他就想，能不能造一种脚蹬、手摇都可以前行，还可以自由控制车速的滑板车？

回学校后，他一直在琢磨这个问题，并把想法告诉了老师。老师赵强听了，觉得非常好，就鼓励他自己动手把滑板车做出来。徐丰平从小熟悉滑板车的构造，现在又有老师的支持，兴趣更浓厚了。在老师的指导下，徐丰平买来材料，动手按设计图纸制造新式滑板车。

2011 年 12 月，改良过的滑板车基本达到预期效果。平衡及转弯的功能，交给支架的 PU 球来完成。制作成功后，让同学一试，手脚可以同时驱动，速度较快，一分钟最快可以跑七八十米；造价低，制成后售价不会超过 100 元；车身轻，10 公斤不到。特别是手脚并用可以让全身得到锻炼，于是大家给它取名为“安全健身滑板车”。2011 年年底，徐丰平带着这辆滑板车参加金华市青少年科技创新大赛，获得一等奖。

→资料来源：
→http://www.chinanews.com/cj/2012/04-19/3832667.shtml

（1）涉及课题研究一定要从具体的问题入手，避免“大而空”的问题。

（2）对于大学生来说，尽可能选择描述性的研究课题，避免过于抽象的课题。

（3）尽量在学科专业和感兴趣的范围内选题。

（4）选题一定要考虑实施研究和训练的可能性。

（5）选题要明确所提出和解决的问题。

（6）选题要对现实问题有指导作用。

（7）善于从社会现象中寻找和发现问题，应尽可能反映社会的焦点、难点问题。

对于选择一个好的题目，首先，要明确研究或训练方向；其次，通过阅读、查阅资料或实际调研浓缩内容；最后，细化研究或训练内容，做到聚焦。

选题样例

选题一：北京市公交政策优化探究

通过调研建立北京市居民出行选择模型，分析当前北京市政府出台的交通政策的效应，针对当前北京市政府的公交企业补贴方式提出优化补贴机制，实现巨额财政补贴的最佳效益。

北京市交通问题既有工业化、城市化发展过程的共性问题，又有着特殊的国情和地域特点，已经成为北京建设“世界城市”的突出问题。项目选题关注社会难点、焦点问题，具有很强的针对性、应用性；能够综合运用经济学、管理学相关理论和数理经济模型，具有很强的专业性和原创性；项目调研范围选在北京，适合我校学生开展，有利于节约资金。合适的选题为项目圆满实施奠定了良好的基础，该项目在结项验收时被 5 名评委一致评为优秀项目。

选题二：面向金融紧缩环境下的中国中小民企财务困境研究——以浙江中小民营制造企业为例

实地调研收集中小型企业及外部宏观环境数据，借鉴杜邦分析法、动态财务分析法建立中小型企业数学模型，预测未来运营成果，为其面对的债务危机和融资困难等问题提出最优解决方案，为中小型企业走出目前财务困境并健康稳定地发展提供指导性意见。

选题紧跟社会热点，符合政策倡导方向，具有较强的时效性、针对性和现实性；地点选择具有典型性，便于开展社会调查研究，适合本科生开展；紧密结合专业理论知识，运用定量模型分析、预测并提出最优解决方案，体现了较强的综合性、实验性和应用性。

四、创新训练项目实施流程

创新训练项目的实施流程是怎样的呢？如图 8-1 所示。

你在项目的研究和实施过程中，特别要注意项目的研究进度规划和时间管理，这点很重要，所以在填写项目申报书时就要提前计划好，这样能够有效避免由于学业任务重而导致项目不能按时保质完成所带来的影响。◥扩展阅读 8-1

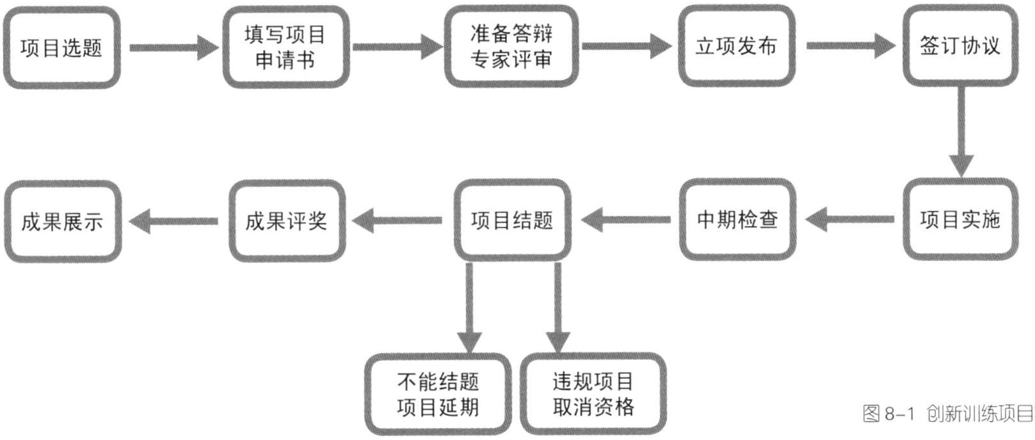

图 8-1 创新训练项目实施流程

扩展阅读 8-1

认知大学生创新创业训练计划

（一）什么是创新创业训练计划

大学生创新创业训练计划是教育部为提升高校人才培养质量、转变教育思想观念、改革人才培养模式，增强学生的创新能力和在创新基础上的创业能力，而面向在校学生开展的创新创业能力训练项目。

（二）创新创业训练计划有哪些类别

1. 按种类分，包括创新训练项目、创业训练项目、创业实践项目三类，并在申报上不限学科专业。

创新训练项目是学生个人或团队在导师指导下，自主完成创新性研究项目设计、研究条件准备、项目实施、研究报告撰写和成果（学术）交流等项目训练。

创业训练项目是学生团队在导师指导下，团队中每个学生在项目实施过程中扮演一个或多个具体的角色，通过编制商业计划书、开展可行性研究、模拟企业运行、参加企业实践、撰写创业报告等完成项目训练。

创业实践项目是学生团队在学校导师和企业导师共同指导下，采用前期创新训练项目（或创新性实验）的成果，提出一项具有市场前景的创新性产品或者服务，以此为基础开展创业实践活动。

2. 按级别分，一般情况下每所院校分为校级、省级和国家级三类。

校级项目由学校自主进行立项评审，并推荐优秀项目参与省级项目评选；省级项目评选由省教育厅组织专家评审，合格者确定为省级立项项目，并推荐优秀项目参与国家级项目评选；国家级项目评选由教育部组织专家评审，优秀者确定为国家级立项项目。

（三）创新创业训练计划申请规则

1. 项目立项每年进行一次，通常情况下 5 月中旬申报，如果你有意愿，一定要做好提前的准备。

2. 项目申请人为普通高等学校的本专科学生个人或团队，鼓励组建跨学校、跨院系、跨专业、跨年级的团队申报项目。

3. 每个团队指导教师和项目主持人不超过 2 人，项目组成员人数应控制在 5 人以内，并且有明确的课题任务分工。

4. 在年度内，每名学生只能负责一项立项，指导教师仅限指导一个团队，不得一次同时在不同项目之间交叉申报。

第二节 创业训练

一、创业训练

在高校要把创业作为学生教育的一部分，主要是在学校里把创业者应该具备的不怕困难、不怕失败以及团结协作的精神贯彻在学生教育当中。“双创”对于大学而言，应致力于培养学生的创新创业素质，而不能把“双创”功利化。《国务院办公厅关于深化高等学校创新创业教育改革的实施意见》的出台，将进一步促进高校树立正确的创新创业教育理念。现在全国各个高校在创业教育方面积极地推进改革，汇总经验主要有以下三个方面的做法：

第一，多举措加强创业教育。首先，健全课程体系，打通一级学科或专业类下相近学科专业的基础课程，开设跨院系、跨学科、跨专业的交叉课程。向全校开设例如，通识课程“创业指导”等，邀请创业名家为学生授课；其次，改革教学方法。举办专家主题论坛，与大师直接对话，开设“创业讲堂”线上同步课堂，建设“创业慕课”平台，辐射更多的创业学生。以“国家级创新创业训练计划”为牵引，建设教师科研成果与学生创业项目对接网络平台，为学生创业团队组建、知识产权交易等提供支持。

第二，协同推动创业教育。创新创业教育是一个系统工程，涉及教务、团委、学生处、商学院等多个部门，牵涉多个校领导分工，需要在体制机制上有效整合校内资源、聚合校外资源，形成相互有效支撑、分工协作的机制，对于推动改革具有基础性和先导性作用。另外，加强与政府、企业、高校及组织的合作交流，共建信息科技园、科技园等；通过企业家创业论坛、创业总裁说、企业家结对等方式，实施“大学生创业导师计划”，邀请知名企业家、投资人、行业专家等担任创业导师；通过学校主页、新闻网、微博、微信等平台，定期推送创业校友及在校生创业典型案例。

第三，多路径搭建创业平台。一是模拟平台。在学生活动中心开辟大学生创客空间、创业模拟沙盘以及创业咖啡角，通过虚拟经营企业，熟悉创业流程，提高创业能力。二是搭建创新创业实战平台、科技创业实验园等创业基地，围绕培育高新技术企业，实现科研成果的转化对接。三是优化管理制度。探索创新创业学分积累与转换制度，实施弹性学制，放宽学生修业年限，允许调整学业进程、保留学籍休学创业，并简化审批程序。

从长期角度来看，创新创业教育不能仅仅依赖于脉冲式的活动刺激，更需要对培养方案进行优化重构，开发高质量的课程、专业和学位项目，真正将创新创业教育落到学生培养的主要环节之中。要统筹好第一课堂、第二课堂和第三课堂，加强第一课堂启发探究式的课程教学，丰富第二课堂以学生社团、学术活动等为载体的校内实践，拓展第三课堂的社会实践与创新创业教育，才能实现创新创业教育的可持续发展。◥案例 8–5

“普通商品根本不存在。所有的产品和服务都是有差异的”

——西奥多·莱维特

案 例 8–5

将创新付诸实践

我是中国石油大学（华东）文学院俄语专业 2011 级本科生，我与我的“语翼”团队打造的创新创业项目“在线班小语种网络教育平台”在大学生“创业圈”已是小有名气，它是基于 B/S 框架，实现云端访问，面向国内所有石油高等及专修学校及各大石油企业提供语言培训，支持师生在线视频授课、视频播放、资料下载、个人履历、游戏记忆、论坛帮助等专题栏目的网络教学平台，最终打造一个全新的“能互动，广交流，促发展”的小语种学习网站。

创业的热情，催生创新的项目

创业，对于我这个俄语专业的普通学生来说，既是陌生的，又是新鲜的，而创业想法的萌生却是因为一次网络学习经历。我自己非常喜欢德语，就报名参加了一个德语的网络学习班，但是从一个初学者的角度来看，自己学起来却非常吃力。我发现，目前网络上小语种教学普遍采用录播的方式，就是提前录制好视频，学员登陆新网站打开视频进行学习，但是这种方式存在不能根据学员的接受能力进行授课、学员没有学习积极性、缺少师生实时互动、学习方法单一枯燥等问题。后来，我在多贝网、粉笔网、早道日语等几家比较知名的语言学习网站上也发现了同样的问题。“为什么不能自己做一家网站，做到实时性的视频互动教学、保障语言学习的趣味性呢？”

说干就干的个性让我迅速行动起来，对于一直想要从事教育行业的我来说，创业给了我一次把理想和兴趣结合起来的机会，于是迅速对小语种学习网站投入了极大的热情。决定要放手开始做以后，我在记事本上密密麻麻写下了许多要准备的东西：团队成员、名称、网站建设、技术准备、运营方式等。

我首先找到学院里的几个同学，组成一支简单的团队，取名为“语翼”。“语翼”既包含了创业的方向是语言类，也代表了团队的期望——让语言插上翅膀，让梦想自由翱翔。不久，一个简单的“在线班”学习平台也在团队成员的努力下建立起来了。就这样，我和我的团队从零做起，开始了我们的“创业之旅”。“一切都是摸着石头过河，只能边学边做”。

创新的思路，促成创业的广路

当我们“语翼”准备大干一场的时候，事情却远没有想象中的简单，团队中的问题开始逐渐显现出来。专业知识的缺乏是刚刚起步的“语翼”遇到的最大难题。团队成员对财务和营销一窍不通，就连一份简单的财务报表和营销计划书都写不好，为了寻求专业上的帮助，我们首先找到石国卿、梅琳老师，并邀请他们作为创业计划的指导老师，通过老师的帮助和支持，财务管理和市场营销专业的同学也被吸引进来，加入“语翼”的队伍。

“在线班”是一个网络教学平台，怎样建设网站成为创业路上的又一难题。网站在两位清华同学的帮助下进行了大规模的改进丰富，

> 团队感想：“其实创新创业没有大家想象中的那么难，只要你想做，只要你敢做，你就可以做好。总结我们成功的原因，就是选择了一个有创新性的创业选题，‘语翼’成功的秘诀就是把网络和教育结合在一起，另外就是敢于尝试，不怕失败，多走出去和更优秀团队学习交流，我们还年轻，输得起。”

资料来源：
中国石油大学创新创业训练计划网

在原有视频互动教学的基础上增加了单词记忆本、角色模拟、学习履历表、游戏记忆、论坛帮助等模块，“在线班”的不断发展距离我最初的设想越来越近了。

在教学上，为了保证教学质量，我们团队在各类网站上发布招聘信息，广发“求贤令”。为了对应聘的老师的授课能力进行考核，加深对他们的了解，我们把老师邀请到学校，对于授课方法、授课时间安排和工资等方方面面的问题都进行沟通。最终，“语翼”团队选定西安外国语大学和山东师范大学的三名老师作为“在线班”的专职老师。就这样，原本只是文学院几个同学的“独立团”，发展成为包括清华大学，我校文学院、经管学院、石工学院 8 名同学的“正规军”；原本“寒酸”的小语种培训平台也发展成为一个成熟完备的学习网站；“研究生授课”的模式也转向“专业老师授课”的规范化。

创新的理念模式，使我们走向全国

当“在线班”逐渐步入正轨时，我们却开始苦恼起来，因为当时我们处于创业的瓶颈期，虽然发展平稳，但是我们团队想把眼光放得更长远，面向青岛市甚至是全国，在一个更广阔的平台上相信它会发展得更好。

为了寻求与实体公司的合作，学习先进的经营模式，“语翼”团队先是在百度上搜索青岛市语言培训的公司的资料，记下公司地址和联系方式，然后一家一家的上门联系。那段时间吃了很多‘闭门羹’，一听说是大学生就不愿意见我们，通常一等就是几个小时。为了见到公司的经理，团队最常用的办法就是等公司下班后在门口“堵”住经理，即使是见到负责人说明来意以后，换来一句“回去等电话”以后便杳无音讯了，我们的努力大多数是石沉大海。就在项目停滞不前时，一次创业比赛把“在线班”的品牌推向了全国的舞台。在团委赵振华、杜文倩老师的介绍下，我带着我们团队的“在线班”参加了 2013 年英特尔清华大学生创新创业竞赛全球挑战赛。在七天的比赛时间里，“语翼”凭借着新颖的创业选题和广阔的发展空间引来众多专家学者和投资商的青睐，最终，“在线班——小语种网络教育平台”在众多创业项目中脱颖而出，取得全国第九名的优异成绩。

“通过这次‘清华之旅’让更多的人了解我们的创新创业项目，也从比赛中的精品创业项目那里借鉴成功经验，学习先进的经营模式，这对‘在线班’的完善发展有很大的帮助。”在结束了“清华之旅”后，比赛中结识的众多投资商向我们抛来了橄榄枝，为我们的网站提供资金支持。现如今，“在线班”经过短短一年的发展，每一学期都会为近 700 名来自全国的石油高等学校及石油企业白领提供语言培训服务，累计学员达到 2000 人，之前投入的成本已经全部收回，目前已经进入盈利阶段。

（一）参加创业实践锻炼

目前，有很多大学生把创业当做自己实现理想的最好途径，既可避开就业压力，又可发挥自己的综合能力。但创业的诸多要素资金、专业技术、管理经验、实践经验等都不可缺少，特别是经验，有无经验不能决定能否创业，但有经验，会让大学生在创业的过程中少走很多的弯路。大学生可以从以下几个方面来锻炼自己，积累经验。

第一，利用大学社团得到实践锻炼。学校社团的任何一项活动，从策划到最后实现是个综合过程，可锻炼组织、协作、资源利用等能力。这是锻炼综合能力最基本的途径。特别是一些社团的“外联部”。我们都知道，在大学里面，很多的活动，我们都是要用到很多资金的。那么这个活动能否顺利举办，就是要看“外联部”的交际能力了。如何运用我们的交际能力让赞助商心甘情愿地给我们活动赞助呢？这个过程中，我们就可以得到很多的锻炼。

第二，利用大学课余和寒暑假打工得到实践锻炼。现在社会留给学生的打工机会很多，利用打工可充分锻炼自己的综合能力。市场调研、销售、组织、人力资源管理、财务管理、物流管理等各方面能力都可以在打工的过程中或多或少地得到锻炼，加上相关书籍的对照学习，积累经验是完全可能的。大学生打工实际工作往往都是烦琐的或者重复性强的工作，但不能小看这些工作，例如，做销售，在此过程中，大学生可以观察消费者的消费能力、消费观点、对公司产品及市场相关产品的评价等，掌握市场消息、预测市场需求、洞察市场空白，以市场指导生产。如果担任市场销售的学生团队领导，还可以借机向公司相关销售人员讨教经验，申请到生产现场参观等。担任学生领导，可以带领学生充分发挥团队协作能力，超额完成任务，积累人员管理、物流管理、财务管理等方面的实践基础经验。以后，从事相关的项目创业，在市场方面便有了对照和参考。在其他内容的打工实践中，同样可通过简单的工作综合积累相关经验。

第三，参与创新创业训练项目获取实践经验。参与学校创新创业训练项目的同学，有更多接触项目导师的机会。项目导师跟社会的接触往往很紧密，在导师那里能学到很多实践经验，能通过实验充分锻炼动手能力，找出创业金点子，锻炼策划能力。

第四，毕业后在企业实际锻炼。企业就是个实际创业团队。在这个团队里，锻炼能力积累经验都是可取的。但在企业里，要想独立创业，还需要善于发现全新的创业点子，或在所在企业市场空白处找到创业契机，或自己组建的团队高于所在企业的团队，那么独立创业才会有成功的把握。

创业不是一蹴而就的，也不是轻松简单的过程。所以，大学生创业不能只有一腔热情，更需要的是自己去学习很多东西，去掌握新的技巧，这样才能有效地规避创业过程中的风险，更好的走出创业之路。

（二）把准创业的四个方向

自主创业已成为当今社会一大主流致富追求，但对于没有任何经验的大学毕业生来说，找准自主创业的方向极为重要。大学生该如何创业成功，提醒同学们须把握好四个创业方向。

创业方向一：高科技领域

身处高新科技前沿阵地的大学生，在这一领域创业有着近水楼台先得月的优势，“网易”“腾讯”等大学生创业企业的成功，就是得益于创业者的技术优势。但并非所有的大学生都适合在高科技领域创业，一般来说，技术功底深厚、学科成绩出类拔萃的大学生才有成功的希望。有意在这一领域创业的大学生，可积极参加各类创业大赛，获得脱颖而出的机会，以期吸引风险投资。

创业方向二：智力服务领域

在智力服务领域创业，大学生游刃有余，智力是大学生创业最先掌握的资本。例如，教育机构领域就非常适合大学生创业，特别是师范专业的大学生。一方面，是大学生勤工俭学的传统渠道，积累了丰富的经验；另一方面，大学生能够充分利用高校教育资源，更容易掘到“第一桶金”。此类智力服务创业项目成本较低，一张桌子、一部电话就可开业。

创业方向三：连锁加盟领域

据调查，在相同的经营领域中，个人创业的成功率低于20%，而加盟创业的则高达80%。对创业资源十分有限的大学生来说，借助连锁加盟的品牌、技术、营销、设备等优势，可以以较少的投资、较低的门槛实现自主创业。但连锁加盟并非“零风险”，在市场鱼龙混杂的现状下，大学生涉世不深，在选择加盟项目时更应注意规避风险。一般来说，大学生创业者资金实力较弱，适合选择启动资金不多、人手配备要求不高的加盟项目，从小本经营开始为宜；此外，最好选择运营时间在5年以上、拥有10家以上加盟店的成熟品牌。

创业方向四：开店

大学生开店，一方面可充分利用高校的学生顾客资源；另一方面，由于熟悉同龄人的消费习惯，因此入门较为容易。正由于走“学生路线”，因此要靠价廉物美来吸引顾客。此外，由于大学生资金有限，不可能选择热闹地段的店面，因此推广工作尤为重要，需要经常在校园里张贴广告或与社团联办活动，才能广为人知。

（三）选择创业项目

1. 从需求入手

大学生创业要注意日常生活需求“量”很大的项目，只有需求量大，项目才具有持久性。要避免一开始创业就选那些“高端”需求或者“冷”项目。虽然这些项目的产品利润会很大，但是销售时间太长，产品淘汰期长，资金流动的慢。对刚开始创业的大学生来说，这是致命的要害。还要注意一点，要杜绝做“引领或培育市场、观念的项目”。这些不是处于起步阶段的创业者要做的，也不是容易做到的。我们首先要保证自己的企业存活，这才是最主要的。

2. 选定行业和产品

依据行业发展的前景、自己本身的兴趣、专长、过去相关的经验、行业竞争性等因素，加以评估考虑，看自己适合从事哪种行业，依据自己准备的资金，先初步筛选可以投入的行业，以及从事哪种行业最具有竞争优势。

3. 项目要“短、平、快”

“短”就是运作时间短，投资少；“平”就是项目要针对平常人的需求；“快”就是资金流通要快，如代理。而且自己最好能操作、把握住产品的核心技术。

4. 着眼实际

不要一开始就想投入几百万的做大事，这样很容易失败。从虚拟做起。对大学生创业者来说，最主要的是先干起来，而且网络上创业投资比较小，即使不成功，损失也比较小。

5. 要学会销售

想创业要从销售开始，你可以不懂技巧、不懂管理，但一定要懂销售，要会推销自己、推销自己的产品。销售不是指你必须是一名销售人员，而是你要随时有销售的意识和具备销售的技巧。

（四）创业训练项目选题范围

创业训练项目选题可来源于以下四个方向：

（1）你先期已经完成的创新训练项目。

（2）其他有关的实验成果、设计、创意、发明等项目。

（3）基于你对社会生活的调查研究所发现的问题，并且问题可以转化为你的创业项目。

（4）结合专业的各类实践项目，例如，你是法律专业的学生，基于消费者维权的法律援助就是一个很好的创业项目，当然你是否应该考虑这个项目更适合公益类。

创业训练项目是学生结合创业活动而开展的训练项目，适合大学生选择的项目类型大致可分为六类，分别是科技研发类、生产制造类、商业贸易类、商务服务类、文化创意类和公益慈善类。

（五）创业训练项目实施的注意事项

创业训练是培养创业能力的最好训练方式，其训练的结构性、系统性更为明显。在训练实施过程中，如果你是项目负责人的话，就需要从组建团队开始，并阶段性的完成基于项目的市场调研、团队组织结构和分工的设计、管理流程的制订、产品的开发、供应链上下游的选订、财务预算和规划、模拟新企业的开办等训练流程，最终完成你的项目市场调研报告及创业计划书撰写。

关于市场调研的具体内容、方法和流程，你可参见第十一章；创业计划书的撰写请具体参见第十二章的教学内容；关于企业的开办及经营管理可重点学习第十三章的相关知识内容。这里我们简单学习一下创业训练项目实施过程中着重注意的两点事项。

1. 团队成员与指导教师的选择

作为项目负责人，如何有效地选择团队成员，并且做

选题样例

选题一：儿童星梦园创业计划

通过研究当前儿童文化产业存在的问题和国内外成功案例，寻找传统文化与儿童文化产业的结合点，探索弘扬优秀传统文化的新途径。课题主要以儿童剧、儿童动画和儿童图书等领域作为主要研究范围，提出相关理论性的解决措施。

选题点评：儿童文化产业市场潜力巨大，开发具有民族文化特色、符合儿童文化趣味的产品是一个很有意义和挑战的项目。该项目既有理论研究，又进行了大量的社会调研，不仅提出了对策建议，还开发了儿童玩具产品，制订了创业计划方案，进行了创业实践，是一个融自主性、综合性、创新性、实践性和应用性为一体好选题。

选题二：“智慧中财”建设下中财APP的设计开发与推广方案

中财 APP 将学校的教学、科研、管理与校园资源和应用系统进行整合，作为一个统一的数据共享平台和综合信息服务平台，将成为中财智慧校园建设下一个里程碑式的科技服务产品，同时也会在引领所有高校信息化建设方面发挥先锋作用。

选题点评：针对学生校园学习生活所需开发一款便捷实用的软件，并以此为基础进行创业训练与实践，具有很多的目标导向、可操作性和推广价值。

图 8-2 创新训练、创业训练与创业实践的关系

好成员任务分工，这很重要。而选择适合项目的指导教师，将为完成项目提供强有力的指导保障：①选择团队成员时一定要注意具有互补性；②选择的成员一定是你可控的，换言之，你安排的任务他是可以按时按质去积极完成的，否则这些研究任务都将落在你自己身上；③团队成员不在多，而在精，“挂名的”不要；④选择指导教师一定是对你研究或训练项目有指导帮助的，在你和团队进行创业训练时，你的指导教师不仅要懂你的专业而且要了解你的创业计划，一般情况下你可选择两位教师担任指导教师。

2. 项目的经费预算与使用管理

做好项目的经费预算是对完成项目研究最有力的保障之一，制订合理的项目经费预算并有效使用似乎很难，注意好以下 4 点，你就不会在经费方面出现问题了：①细化研究内容，测算使用方向和额度，例如，对项目进行细致的市场调研，这就需要测算好调研的费用，包括交通费、问卷印刷费、人工费等；②事先了解校、省、国家各类的立项支持额度，做好相应的研究事项测算；③询问了解学校的项目经费的使用、管理和报销的操作细则和流程，保证预算类别和额度的有效使用；④加强财务基本知识学习，对票据的规范性、合法性有所了解，做好记账，及时了解经费使用情况。

学习了创新训练与创业训练后，让我们开始创业实践吧（图 8-2）。

“要改进，通常得做前人没有做过的事”

——新乡重夫

第三节 精英的创业实践

现如今，大学生创业也是很寻常的事情，而且有不少的大学生在创业之路上还很成功，如何能提高大学生创业的成功率，回答这些问题必须建立在现实、有效的市场调查基础上，不能凭空想象，主观判断。制订出企业目标并将目标分解成各阶段的分目标，同时订出详细的工作步骤，在做事的过程中，要分清主次轻重，抓住关键重要的事情先做。每天解决一件关键的事情，比做十件次要的事情会更有效。

一、创业前准备

很多人都想去创业，创业不是那么简单的事情，我们都知道，不管做什么事情之前，做好充足的准备非常重要。那么想要创业成功，需要做哪些准备呢？◥案例 8–6

1. 咨询创业顾问

在创业之前，应该先就教于专业的创业咨询机构或顾问。当然，坊间的创业企管顾问师不少。如果不想花这个钱，也可以选择一些免费的咨询机构，如协会及政府机构，多加利用这些免费的咨询资源。

2. 撰写创业企划书

对整个创业过程而言，企划书的撰写是非常重要的。因为，透过企划书的撰写，不仅可以让自己更清楚地知道计划是否完整周密，同时要找人投资入股，这才是必要，如果要申请青年创业贷款，也必须附上企划书。

3. 筹措资金

资金不够想创业很难。当创业者的创业资金不足时，除了可以向亲友借贷，还可以设法寻求政府的相关贷款。这些途径包括青年创业贷款、下岗贷款、微型企业创业贷款，以及须具备特定身份的身心障碍创业贷款、特殊境遇妇女创业贷款、农村青年创业贷款，还有由部分银行所推出的加盟创业贷款。

4. 学习经营技术

选定行业之后，接下来

◥案　例 8–6

男生大二开公司月入 30 万成校园代理帝

大一还因家境贫困而申请国家助学贷款；大二自开公司，一年就挣够了四年学费；大三时每月净入两三万，中南财经政法大学金融学院保险专业 2010 级学生吴新宇成了校园里的创业偶像。

2012 年年初，正在读大二的吴新宇发现众多同学常去华科票务（一个由华中科技大学创办的为在校大学生代购各种门票的平台）订票时，便萌发了创办 " 财大票务 " 的想法。

2012 年 3 月，吴新宇和一位同学合伙开办了 " 财大票务 "，负责出售演唱会门票、东湖年票等，同时也代购开学新生用品、代理假日出游等。为扩大知名度，他建立了 " 财大票务 " 的人人主页，通过人人、微博进行业务宣传，如今，他的营销点已遍布全校。

除了 " 财大票务 "，吴新宇还是一名 " 代理帝 "：代卖联通卡，代理环球雅思、新东方、新航道等。由于逐渐建立的广泛的交际圈和灵活的头脑，他为这些机构赢取了可观的销售额。现在，吴新宇每月营业额能达到二三十万，利润两三万。

的问题就是经营技术了。当然，如果是选择连锁加盟店，有总部的技术移转教育训练，当然好办。但是，如果是自行创业，就必须自己想办法学习。就学习途径而言，如果只在补习班学会相关技术，但是缺乏店面临场的实战经验，等到正式营业上场时，很可能会手忙脚乱。所以在自己开店之前，最好先到相同的店中上班工作，一是学习经营技术及实战经验，二是考验自己适不适合这个行业。

5. 商圈评估

地点的选择对日后店面的营运好坏影响很大，所以一定要找个商圈位置好的地点。一般而言，做商圈评估应包括商圈属性、店面大小、楼层、周遭设施、附近的竞争店及互补店、租金多寡、合法证照取得难易度、附近是否有大型商场、车站，营业时间、人口(流动、固定)、消费水平及消费动机、马路宽度、发展前景(商圈变化)等因素。

6. 与房东签约

这个动作不能太早，必须待前面几项步骤都完成后才能进行。因为，一旦与房东签约之后，就开始支付房租，自然就会有时间压力。在与房东签约时，租期最好不要太短，如果只签一年，可能一年后资金才要开始回收，结果店面却被房东收回去，租期以3~4年较为理想。当然，如果是选择连锁加盟店，则租期不能短于加盟期限。

另外，签约时通常还须支付房东押金，押金的数额一般是月租金的2~3倍，与第一个月租金一起交付。

7. 营业证照申请

在营业之前，必须先办理相关证照申请，否则就是无照经营。证照的申请分为两种，一种是申请公司执照，由工商局核发;另一种是资本较小的，只需办理营利事业登记，由当地县市工商管理局核发。除了营业证照的申请办理外，如果想要自己店家所挂的招牌能为自己所专用，就还必须向工商局申请服务标章注册。

如果店门口所挂的招牌名称，除了名称文字或图样，可有自己特殊的设计，这种属于非商品类的文字及图像，称之为服务标章。与自己所申请的公司或商号是两码事，二者名称也可能不同。无论是申请公司、行号，或注册服务标章，皆可委托代办公司办理。

二、创业过程要注意的问题

(1)创业者可以借助行业协会了解行业信息，结识行业伙伴，建立广泛合作，促成自己在行业中的地位和影响。另外，还可以找一个经验丰富的企业管理咨询师做企业顾问，并学会借助各种资源，学会和各方面的人合作，千方百计给自己营造一个好的商业氛围，这对创业之初的创业者十分重要。

(2)开业后由于各种情况会发生变化，比如销售不畅、人员增加、费用增加等，因此要随时调整资金运作计划。创业者应从自己亲历亲为，转变为发挥团队中每一个人的作用，把合适的工作交给合适的人去做。一旦形成了一个高效稳定的团队，企业就会跨上一个台阶，进入一个相对稳定的发展阶段。企业的盈利来源于找准你的用户，因此，企业要时刻了解你的最终使用客户是谁，他们有什么需求和想法，并尽量使之得到满足。

(3)在企业的运作过程中失败是难免的，失败了不气馁，调整方案，换个方式和方法继续前进，永远不要停止前进的脚步。看看我们身边一些成功的企业，特别是网络时代的英雄们，有几个是按他们创办初期的想法赚到钱的，他们大多经历过一个“死而复生”的过程，坚持就是胜利，唯有坚持才使他们成为今天的网络英雄。我们应该明白，失败并不可怕，它是企业迈向成功的阶梯。

三、创业要注意的细节与风险问题

创业需注意的细节问题：

1. 细致准备必不可少

创业是一项庞大的工程，涉及融资、选项、选址、营销等诸多方面，因此创业前，一定要进行细致的准备。根据自己的实际情况选择合适的创业项目，为创业开一个好头。不要对未经试验的创意随手扔在一边，如果用这种创意来做生意，也得留心其中可能陷阱。

2. 尽量用足相关政策

政府部门有很多鼓励创业的政策，是对大学生创业的鼓励和支持，创业时一定要注意"用足"这些政策，如免税优惠、在某地注册企业可享受比其他地区更优惠的税率等。这些政策可大大减少创业初期的成本，使创业风险大为降低。

3. 经商之道以计为首

所有商业经营活动，如果从表面上来看，好像是一种仅仅同物质打交道的经营活动，但是，透过现象看本质，在今天的"食脑时代"里，商业经营活动实质上已经变成了是一种人与人之间的智力角逐，是一场"斗智斗勇"的"智力游戏"，是人与人之间的谋略大比试。因此，经商之道也应该以计为首，面对空前激烈的市场竞争，你想要找准自己的立足点、站稳脚跟、生存下来、发展壮大，那么，就必须首先考虑如何运用自己的商业智慧制订全面的、系统的、可执行的和切实有效的经营策略和实施方案，以便确保每战必捷。

4. 不要被胜利冲昏头脑

你第一步的成功全靠你的创意好、时机合适、运气不错和良好的业务关系。不过，这一切随时都可能离你而去。因此，不要太过自信，盲目地投入过量的资金，使自己陷入泥沼之中。

创业的风险问题：

创业风险与其他事件的风险相比，其特点是创业风险发生的链条长。从项目选择、资金筹措、团队组建、产品生产、市场开拓以及企业发展等，战线长，变数大，任何一个环节都有可能存在风险。但成功的创业者是有计划地冒风险，这就要求创业者，在创业的过程中要学会规避风险、转移风险、补偿风险、抑制风险、评价风险、预测风险和管理风险的能力。作为创业者，冒风险时，要谨而慎之，如果出现失误，也不要过于敏感，接受事实，从中汲取教训。

风险一：不能准确把握市场

目前，大学生创业的项目选择多集中在高科技领域和智力服务领域，如软件开发、网络服务、网页制作、家教中介、设计工作室等。此外，快餐、零售等连锁加盟店也是大学生青睐的创业项目。但是，大学生并不十分了解市场，如果缺乏前期的市场调研和论证，只是凭自己的兴趣和想象来决定投资方向，甚至仅凭一时心血来潮就决定干哪一行，一定会碰得头破血流。

大学生创业者在创业初期一定要做好市场调研，也可委托专业机构进行可行性研究，在了解市场的基础上创业。一般来说，大学生创业者资金实力较弱，选择启动资金不多、人手配备要求不高的项目，从小本经营做起比较适宜。

风险二：缺乏创业技能

很多大学生创业者眼高手低，既不了解创业的相关政策法规，也没有在相关企业的工作、实践经历，缺乏能力和经验，却对创业的期望值非常高。当创业计划转变为实际操作时，才发现自己还不具备解决实际问题的能力，这样的创业无异于纸上谈兵。

市场瞬息万变，时刻都有风险，防范风险只能靠自己增加本领。一方面，积累相关的管理和营销经验；另一方面，积极参加创业培训，积累创业知识，接受专业指导，提高创业成功率。

风险三：融资渠道单一

资金难筹几乎是每一个大学生创业者都会遇到的难题。

银行贷款申请难、手续复杂，如果没有更广阔的融资渠道，创业计划只能是空谈。

广开渠道，除了自筹资金、借贷、贷款等传统方式外，还要充分利用风险投资、天使投资、创业基金等融资渠道。

风险四：缺乏社会资源

由于长期身处校园，大学生掌握的社会资源非常有限，而企业创建、市场开拓、产品推介等工作都需要调动社会资源，大学生在这方面会感到非常吃力。

平时多参加各种社会实践活动，扩大自己人际交往的范围。创业前，可以先到相关行业领域工作一段时间，通过这个平台，为自己日后的创业积累人脉。

风险五：经营管理不规范

由于长期接受应试教育，不熟悉经营管理，一些大学生创业者虽然在技术上出类拔萃，但理财、营销、沟通、管理方面的能力普遍不足。此外，一些人存在一定的性格缺陷，如自以为是、刚愎自用等，这些都会影响创业成功率。

市场竞争剧烈是外部原因，但是经营治理不善也会造成资金周转不灵，缺乏企业经营治理可能是目前大学生创业面临的最大问题，主要是学校教育的缺失和大学生自己经验的不足。通过学校创业教育、创业培训和和创业实践活动来补充，让创业者提前熟悉创业中可能存在的管理问题，提前懂得解决各种问题的门路和方法，有助于进步创业的成功率。

每一个创业者都是行动的践行者，都要真刀实枪的在市场中拼搏、奋战，而不是将创业项目只停留在头脑中，只是一个完美的Idea。正如马云所说：“孙正义跟我有同一个观点，一个方案是一流的Idea加三流的实施；另外一个方案，一流的实施，三流的Idea，哪个好？我们俩同时选择一流的实施，三流的Idea。”可见实际实施即实践的重要性。

在大学期间，学业是大学生们最首要任务。此外，由于大学生们的经验与阅历、管理与资金的不足，能够真正开展创业活动的大学生创业者毕竟是极少数，从全国最新的统计数据可知仅有3%。大学生创新创业训练计划也体现了创业实践群体的“小众化”，其项目比例为10%，但就是这10%孕育和助推了众多的大学生创业者，使其成为这个时代大学生们的“创业精英”。◥扩展阅读8–2

扩展阅读 8–2

大学生自主创业办证及申请流程介绍

大学生自主创业证可以免缴3年税，是对大学生自主创业的一种鼓励措施。大学生自主创业证怎么办？如何申请？下面就来说说大学生自主创业证申请流程。

1. 申领《自主创业证》须提供以下材料：申请书、毕业证及复印件、身份证及复印件、户口簿、报到证。

2. 申领《自主创业证》发放程序

（1）申请自主创业的毕业生要持有关材料，向生源地毕业生就业主管部门提出申请，并填写由教育厅统一印制的《普通高校毕业生自主创业证申请审批表》。

（2）师范类毕业生到各市教育局申请办理，非师范类毕业生到各市人事局办理。

（3）各市毕业生就业主管部门对申请人情况进行登记，并依据学校提供的档案进行核实。对符合条件的申请自主创业的毕业生免费发放《自主创业证》。

（4）各市所辖的县、区毕业生就业主管部门也可依照上述程序向市毕业生就业主管部门申请领取《自主创业证》。

3.《自主创业证》的使用和管理

（1）《自主创业证》的有效时限：毕业生在择业期内自领取日起三年内有效。

（2）《自主创业证》实行实名制，限持证者本人使用，不得转借、转让、涂改、撕页。

（3）高校毕业生从事个体经营的，《自主创业证》由本人保管。被用人单位录用的，交由用人单位保存，报市毕业生就业指导服务中心备案。

（4）各有关政策执行部门，在为毕业生办理享受优惠政策手续时，要在《自主创业证》上注明优惠的内容、减免额度和享受的时限，并加盖执行部门和经办人印章。

（5）各市（县、区）毕业生就业主管部门要建立领取《自主创业证》的毕业生基本情况登记册，实行微机管理。

（6）省教育厅对各市《自主创业证》发放情况实行监督管理、检查指导，并建立微机管理网络体系，随时了解掌握《自主创业证》发放情况。每月要向省教育厅上报《自主创业证》发放情况。

（7）《自主创业证》实行年审制度。年审由原发证机构负责，每年7月进行。年审时，要将享受就业优惠政策情况录入微机管理系统。

（8）《自主创业证》如有丢失，应及时向发证机构报失，不予补发。但可按中领程序重新申领，其办证部门在《自主创业证发放情况表》和补发的新证上注明“补发”字样。

（9）对转让、出租、借用《自主创业证》的，由发证机构没收其《自主创业证》。用人单位或个人伪造、租借《自主创业证》骗取国家优惠政策和资金的行为，要严肃查处，情节严重的要依法追究有关责任人员的刑事责任。发证机构违反有关规定变卖或滥发《自主创业证》的，要严肃处理，对有关责任人员给予行政处分。

你真的做好创业的准备了么？

第九章

创新你的商业模式

◥学习目标

· 了解商业模式的内涵

· 学习商业模式画布

· 掌握商业价值创造的方式

· 掌握商业模式获取的途径

案 例 9-1

3Glasses 的商业模式战略

3Glasses 的创始人王洁大学毕业后进入了一家广告公司工作，王洁在工作中接触了三维仿真，也就是我们今天所说的虚拟现实，此次的结缘也注定了王洁将在虚拟现实的路上风雨兼程。

经纬度是王洁创办的第一家公司，主要为建筑设计、智慧城市等项目工程提供三维仿真定制解决方案。值得一提的是，王洁所创办的经纬度是国内唯一一家创立十余年且没有拿过融资的虚拟现实公司。后来因为行业应用需求，在资源整合和技术评定之后，3Glasses 于 2012 年年底正式立项，而原有的团队也在人员和资源上进行了重组，并且成立了深圳市虚拟现实科技有限公司。

王洁通过打造有梦想的团队，开发分发平台、加速产品性能更新、支持线下推广等战略打造 3Glasses VR（Virtual Reality，即虚拟现实）的商业模式。

因为有梦想，团队才会成功。3Glasses 的 VR 头显项目在当时没有任何可以参考和借鉴的产品。为了研发 VR 头显，3Glasses 的研发团队为了从数以万计的元器件中寻找适合虚拟现实要求的元器件，做了无数次的尝试。终于在经历 23 个月的研发与测试后，自主开发完成了中国第一台量产的虚拟现实头盔 D1（亚洲首款、全球第二款量产），并于 2014 年在深圳富士康工厂出货。2015 年，3Glasses 推出了全球首款量产 2K 虚拟现实头盔 D2。

从开发者版本到消费者版本过渡，在产品性能上呈现质的飞跃。3Glasses 一直致力于产品的升级、优化用户体验，所以他们在产品的更新迭代上越来越快，而且每代产品在性能上也有很大的提高。3Glasses 每一次迭代在主要参数上较上一代都至少提升一倍，从推出单品到推出系列，硬件的更新频率也明显加快，产品在性能上更是呈现出质的飞跃，完成了从开发者版本到消费者版本的过渡。

在内容方面，3Glasses 搭建了开发者平台和社区。截至 2015 年 12 月 31 日，3Glasses 已经向全球范围内的开发者提供了 3000 份开发套件，已经有超过 150 支开发团队在 3Glasses 上开发 VR 内容，国内和海外团各占了 50% 左右。

3Glasses 会源源不断地给线下体验店提供更多比目前市面产品精彩的内容，来满足体验店的需求，促进 VR 生态的良性运转。

2016 年 3 月 31 日，3Glasses 在深圳召开了新品发布会，带来了新品头盔 3Glasses 蓝珀 S1、启动了 VR SHOW 平台，至此，以硬件为核心、围绕内容开发和分发、线下体验店的闭环小生态初步形成。

自 2014 年 Facebook20 亿美元收购 Oculus 之后，虚拟现实开始引人注目。王洁的 3Glasses 利用行业先行者的技术和团队优势，以在真实世界里再造一个平行世界作为价值主张，瞄准细分市场，构建线上和线下互联的平台，以消费级别 VR 硬件为企业的关键业务，多渠道的扩展盈利来源，打造出 VR 产业的独特商业模式。

资料来源：http://mt.sohu.com/20160323/n441746983.shtml

第一节 模式为王

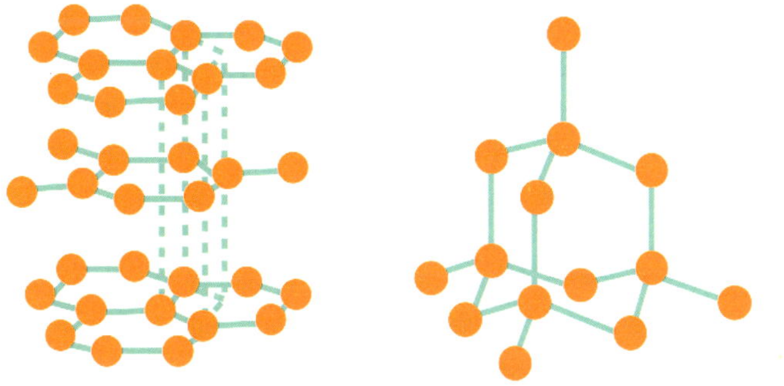

图 9-1 原子结构图

为什么有些企业短短几年时间就可以成功上市？

为什么觉得过去曾经有效的方法，现在已经无效？

为什么辛苦积累的经验不能帮助企业突破成长的天花板？

为什么有些曾经风光的企业，被新兴企业转眼间轻松超越？

正在创业路上的你，是不是也会有这样的疑惑？

中国企业基于低成本的竞争不能形成长久的优势，要获得真正的竞争力，必须要转向对商业模式的关注。商业模式是屏蔽行业恶性竞争和整体经济低迷最终的防御工事，是在令人绝望的冬天里置身充满希望的春天中的“时间机器”。那么，到底什么是商业模式？我们将在本章为你揭开它的面纱。

一、何谓“商业模式”

商业模式是创业者和风险投资都经常挂在嘴边的“热词”。管理学大师彼得·德鲁克说过：“21 世纪企业间的竞争，已经不再是产品和服务间的竞争，而是商业模式之间的竞争。”

商业模式的重要性不会有人怀疑，但是到底它有多重要呢？我们先来看看图 9-1，它们分别是两种物质的原子结构图，你能看出来是哪两种东西吗？

聪明的你可能已经猜到，这两张图片分别是石墨和金刚石的原子结构图。同样纯粹由碳原子构成，两种物质的物理特征却完全不同，而价值也不可同日而语，真可谓差之毫厘失之千里。与之相似，即使是同样的团队，商业模式设计的细微区别，仍可能会使两个公司的价值有本质的区别。

商业模式是以价值创造为核心，描述了企业如何创造价值、传递价值和获取价值的基本原理。

恰当的商业模式是企业安身立命、健康成长的根本。例如，如家连锁酒店给差旅客户提供的价值是“够用而不多余的住宿条件且比星级酒店便宜”，一切营销活动就都围绕这个价值展开——去掉一切多余的装修、设备、物品等。

可见，商业模式就是企业从为客户创造价值的角度出发，发现可满足客户需求的价值后，通过整合自身内部和外部资源，进而打造企业利润空间的商业系统。◥案例 9-1

二、商业模式画布

每个创业者都希望自己的初创公司能颠覆传统行业，为用户提供独一无二的服务体验。苹果、亚马逊和 Uber 是业界最令人羡慕的公司，他们的商业模式不仅极具颠覆性，更引领着其他创业者不断创新、优化自己的业务。想要实现真正的商业模式创新，你就要学习如何设计它。

瑞士学者亚历山大·奥斯特瓦德与比利时学者伊夫·皮

尼厄合著的《商业模式新生代》一书，将商业模式设计成简洁易懂的可视化版式，以绘图形式将其比喻成了一个个商业模式画布（Business Model Canvas），主要用来帮创业者建立商业模式并使之可视化及测试以及其可行性，从而避免挥霍资金或者盲目的叠加产品功能。画布由 9 个方格组成，每一个方格都代表着成千上万种可能性和替代方案，你要做的就是找到最佳的那一个，如图 9-2 所示。

商业模式的 9 个构造块见表 9-1。

9 个构造块并不独立存在，而是相互支撑，共同描绘出企业创造盈利的逻辑。这些构造块覆盖了商业的 4 个核心方面，即客户、产品或服务、基础资源和财务能力。相信通过这 9 个基本构造块就可以很好地描述和定义你的企业的商业模式。◥案例 9-2

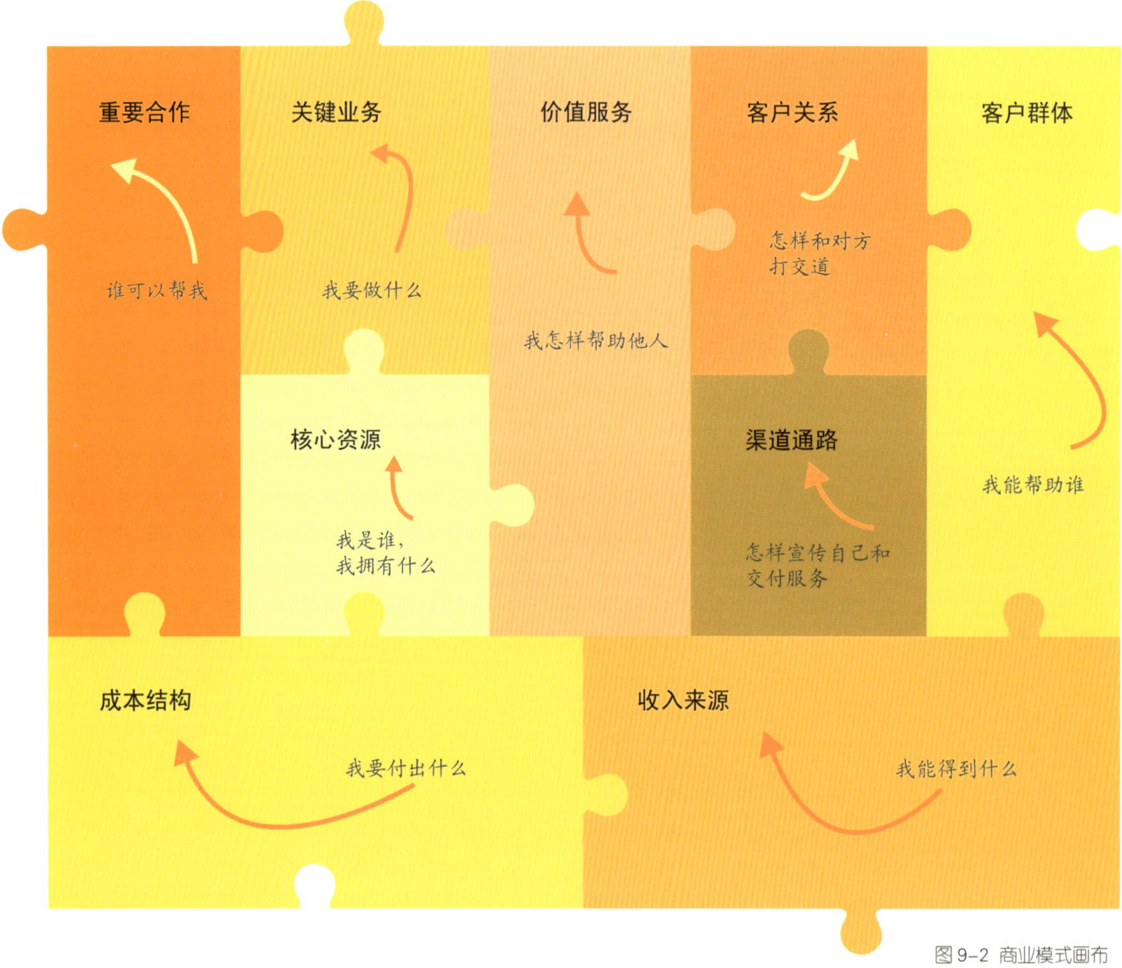

图 9-2 商业模式画布

表 9-1 商业模式的 9 个构造块

构造块	主要内容
1. 客户群体	一个企业想要接触和服务的不同人群或组织。 我们正在为谁创造价值？谁是我们最重要的客户？
2. 价值服务	为特定客户细分创造价值的系列产品和服务。 我们该向客户传递什么样的价值？我们正在帮助我们的客户解决哪一类难题？我们正在满足哪些客户需求？我们正在提供给客户细分群体哪些系列的产品和服务？
3. 渠道通路	公司如何沟通接触其客户细分而传递其价值主张。 通过哪些渠道可以接触我们的客户细分群体？我们的渠道如何整合？ 哪些渠道最有效？哪些渠道成本效益最好？ 如何把我们的渠道与客户的例行程序进行整合？
4. 客户关系	公司与特定客户细分群体建立的关系类型。 我们每个客户细分群体希望我们与其建立和保持何种关系？哪些关系我们已经建立了？这些关系成本如何？如何把它们与商业模式的其余部分进行整合？
5. 收入来源	公司从每个客户群体中获取的收入。 什么样的价值能让客户愿意付费？他们现在付费买什么？他们是如何支付费用的？他们更愿意如何支付费用？每个收入来源占总收入的比例是多少？
6. 核心资源	让商业模式有效运转所必需的最重要的因素。 我们的价值主张需要什么样的核心资源？我们的渠道通路需要什么样的核心资源？我们的客户关系如何？收入来源如何？
7. 关键业务	为了确保其商业模式可行，企业必须做的最重要的事情。 我们的价值主张需要哪些关键业务？我们的渠道通道需要哪些关键业务？我们的客户关系呢？收入来源呢？
8. 重要合作	让商业模式有效运作所需的供应商与合作伙伴的网络。 谁是我们的重要伙伴？谁是我们的重要供应商？我们正在从伙伴那里获取哪些核心资源？合作伙伴都执行哪些关键业务？
9. 成本结构	运营一个商业模式所引发的所有成本。 什么是我们商业模式中最重要的固有成本？哪些核心资源花费最多？哪些关键业务花费最多？

案　例 9-2 MINISO 名创优品的商业模式

2013 年成立的 MINISO 名创优品，以“优质、创意、低价”为特点的新型生活方式集合门店业态的商业模式，正在撼动整个零售市场。名创优品在全球开出了 1300 家门店，不管是步行街还是 Shopping Mall 的购物中心，都有名创优品的身影，名创优品的成功正是因为其拥有一个非常棒商业模式（图 9-3）。

独特的品牌定位

定位为日本快时尚设计师品牌的名创优品，凭借着独特的品牌定位以及品牌核心价值，以优质、创意、低价完美演绎了品牌定位的差异化优势、海量商品的吸引力、高性价比的消费黏性是 Shopping Mall 客流洼地。“简约、自然、富质感”的生活哲学和“自然、自在，回归本质”的品牌主张，以及每天上一批炫酷新款、走低价新锐路线的品牌核心优势赢得消费者们的青睐和热捧。

→资料来源：
→http://www.linkshop.com.cn/web/archives/2015/330657.shtml

一流的产品

名创优品坚持从世界各地选取合适的优质素材，其中 80% 日本原创设计产品大大确保了名创优品的品牌调性。一流的供应链确保了“品质高度”，名创优品再大刀阔斧砍去被其他品牌看做是生死攸关的广告费、包装费，以及渠道和营销费用等，再通过广开店面、海量采购进一步压低生产成本，用极致的产品打爆市场，赢得民众口碑，成功将大多数产品售价压低至 10 元，创造震惊业界的“价格洼地”。形成高质感低价格的张力。

一流的店铺

数据显示，名创优品一直保持超高速的增长态势驰骋纵横，现店面已覆盖北京、上海、广州等国内各大城市高端核心商圈，成为各大商场的主力商店以及重要商业符号，并以每月开店 80~100 家的速度“攻城略地”，扩张速度遥遥领先其他快时尚品牌。

高效率高运转的物流配送体系

在物流投入方面，名创优品在日本总部统一安排设计和研发产品，再由各出售国的管理部门向总部推荐经严格审核的 OEM 厂商，层层筛选后力争本地化生产，优化用工和运输成本。例如，在华市场出售的产品，90% 中国制造，日本总部质检合格后就地投放本地市场销售。目前，名创优品形成了中国六大仓：华南仓、浙江仓、北京仓、成都仓、武汉仓和东北仓。完善的物流配送体系，不仅缩短上市时间也节约物流成本。

完美的 IT 系统

名创公司店铺的集约化管理提供的强大的后台管理运作才是真正核心所在。网络化管理方式逐渐让连锁店实现了小前台、大后台的运作框架、公司后台完成市场调研、产品设计开发、商品库存管控、店铺整体规划、销售数据分析、终端营销方案制订、全网品牌营销策略以及完善的物流配送体系，这些模块的真正到位才有效地支持了前台店铺的正常运转。

独特的商业合体模式

新型生活方式集合店的商业模式创新是其成功的关键。名创优品的本质是“互联网 +”新兴先进零售商业模式的颠覆创新，是互联网思维在实体零售行业的践行和应用，是“去中间环节”和“微利多销”等合力生成的真正优质低价。正是把握住了潮流趋势与消费心理，名创优品通过商品价格、品类、款式的吸引力，促成顾客一次乃至多次消费，形成口碑及忠实顾客群，同时加快商品的周转次数，从而实现良好的经营效益。

名创优品打破传统零售商渠道的陈旧与沉重和传统品牌商对价格的贪婪控制，价格的空间就显现了。只要商业模式设计合理，线下门店销售依旧有春天。

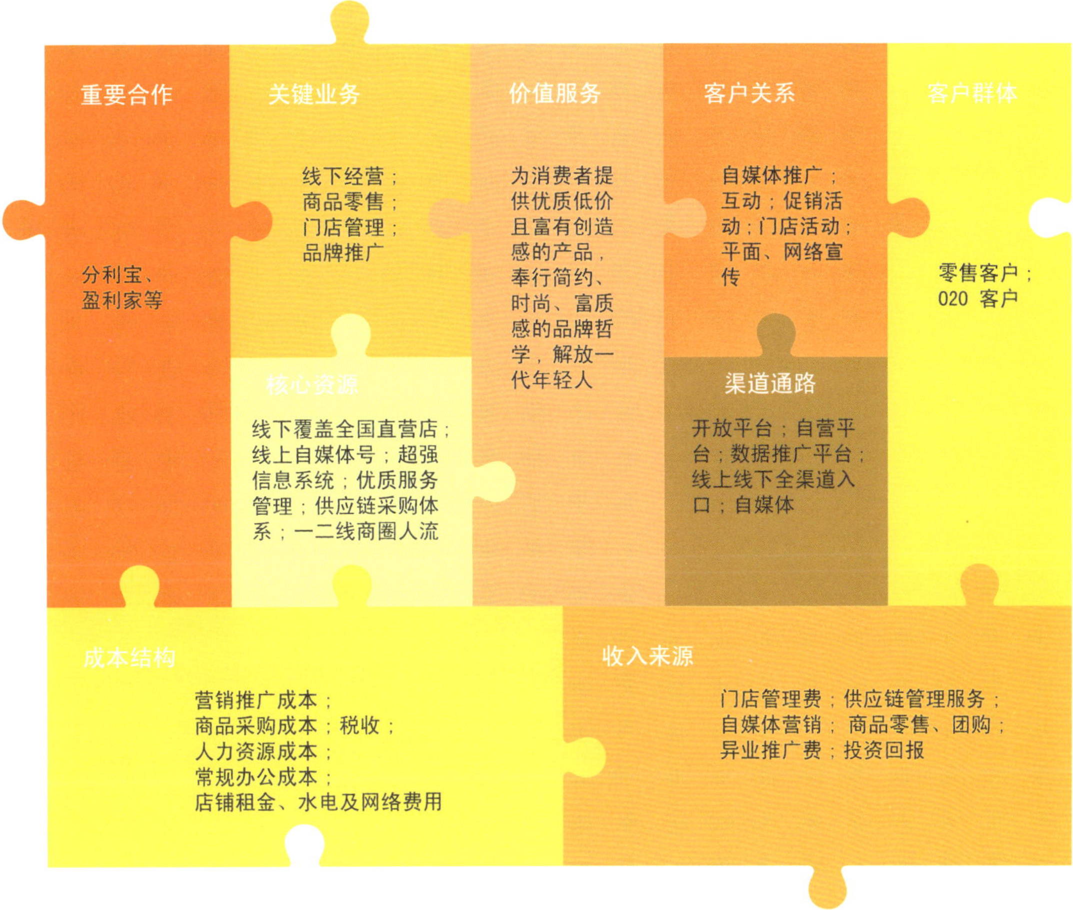

图 9-3 名创优品的商业模式画布

第二节 商业模式的价值创造——如何赢得顾客青睐

价值创造是企业在创业旅途中所追求的最高目标，是企业获取经济收益最理想的状态。创造价值并不断满足客户需求是企业成功的关键，也是创业企业持续盈利能力不断提升的过程。价值创造是商业模式的灵魂，你准备怎样赢得顾客的青睐？

一、客户经济时代扑面而来

一个成功的商业模式往往与客户价值的最大化实现有必然联系，客户才是企业唯一的效益中心。如果一个商业模式不能满足客户的价值，即使盈利也是暂时的，是不可能长久、持续的。

“公司主导”开始向“客户主导”转变，客户经济时代扑面而来。经营与消费的关系已经发生了根本的变化，不再是经营决定消费，而是消费决定经营。所以，你应该将客户价值的实现，放在商业模式价值创造的首位。

海尔总裁张瑞敏讲过：“在福特时代，企业之间比的是谁做得快；日本企业质量兴起以后，比的是谁做得好；现在的要求是看谁做得对。”正道出了企业经营的现状。“做得对”就是要符合消费者要求，满足消费者价值主张，是企业胜败的一个关键。谁做好应对客户经济时代的准备，谁就会赢得消费者，赢得市场，获得发展。

同时，客户经济时代也是一个极其不宽容的时代。美国运通公司的安妮·巴斯盖说“网络时代是客户控制的时代”；营销大师瑞吉斯·麦凯纳则说“这个时代是客户永不满意的时代”。你要明白，拥有长期忠诚的客户是企业生存发展的重要基础。企业的价值创造绝不能闭门造车。

二、精准的目标客户定位

（一）谁是你的目标客户

界定企业使命时，弄清楚谁是你真正的客户是最重要也是最关键的问题。不论是哪一家企业，在创业之初都要明确地思考：目标客户是谁？如何精准找到客户群困扰着大多数创业者。设计商业模式时，最可怕的一句话就是“老少皆宜”的产品或服务谁都适合。

新创企业在明确自己的目标客户之前，首先要纠正两个旧思维。第一个旧思维是以自我为中心。“客户是上帝”“客户为王”“客户至上”这样的口号浮于表面但往往还是会不自觉的采取产品思维的模式，进行战略定位。

第二个旧思维是“以竞争对手的客户定义为准”。新创企业刚刚进入所在行业的市场，大多会采取跟随策略，竞争对手选择哪一类客户群体，自己就跟着选择哪一类客户群体，最后导致商业模式趋同，也导致了利润的流失。

成功的商业模式源于对精准目标客户的定位，深挖客户的“隐形需求”和“痛点”。为了精准的目标客户定位，你要先给客户画“素描”，这可以帮助企业快速找到目标客户群。例如，Kappa服装针对的客户群体是那些“宣称运动，但从不运动的人群”或是那些“要有运动的感觉，但不希望出汗的人”。

（二）定位最好的客户

“弱水三千，只取一瓢饮”，虽然客户的需求各式各样，但你的创业资源有限，需要通过定位、产品差异化、营销差异化获得最适合自己的一批客户，再运用集中化策略重点突破。初创企业在发展过程中，也面临着分析客户对企业的价值贡献度的问题。

最好的客户并不一定是那些消费最高利润最理想的客户，这些客户很可能同时有着更高的服务要求，服务他们的成本投入也会较高。

我们常常把企业最好的客户理解成为企业的核心客户。同一行业中的不同企业由于品牌影响、产品特征、营销能力和服务水平的差异，企业的核心客户常常也是不同的。

1. 步步为营

你可以按照以下步骤去定位企业的核心客户：

步骤一：认识客户差异性；

步骤二：识别出哪些客户对企业而言最有价值；

步骤三：准确定位这些客户群体；

步骤四：集中资源构建针对这些客户的服务体系和营销能力；

步骤五：不断强化对客户的认识和优化客户策略。

2. 精准定位

根据自身资源能力和服务能力的不同，企业需要选择最适合自己的竞争策略，因此，不同企业的核心客户的定位选择是不一样的（表 9-2）。

重点客户的重要性不言而喻，它决定了企业资源分配方式，简单地说就是钱要花到哪里，花到谁的身上。

管理重点客户，就是在管理企业的未来。无论什么类型的企业，创业者都应该重视重点客户的管理。如果你的公司在重点客户管理上至今尚未开展工作，就应该尽快关注这个问题，并针对重点客户的需求特点，制订出令客户感到满意的个性化方案。

三、独特的客户价值主张

目标客户的确定直接关系到创造客户价值后续一系列进程，只有在确定目标客户后，才可继续思考下一个问题：你能为客户提供什么价值？产品需要创新、服务需要创新，商业模式同样需要创新，甚至比产品创新和服务创新更为重要。商业模式创新的关键是提出独特的客户价值主张。

怎么理解客户价值主张呢？就像人们到五金商店不是为了买钻机，而是为了买一个孔。简单地说，客户并不是真的要买产品，而是雇用产品来完成他们生活中的工作和任务。所以，客户价值主张就是一家公司以产品或服务的形式对客户需求提供市场的解决方案。

（一）挖掘客户的潜在需求

客户价值主张的出发点就是想客户之所想、急客户之所急。面对现在的买方市场，你需要的是回答客户真正所关心的“我可以为你带来什么”“我可以超出你的什么期待”。

我们总爱谈客户需求，但客户真正的需求大多是隐藏的，他们往往自身都无法将其清晰地描述。客户价值主张的获取途径便是挖掘隐藏的客户需求。客户在意的永远是自身的感受，挖掘隐藏的需求需要敏锐地发现未被满足的需求。

企业必须时时根据自己的产品特色，提供给客户独特的价值主张。星巴克卖的不是咖啡，而是美国式生活；七匹狼卖的不是服装，而是身份；京

表 9-2 客户定位的方式

盈利性定位	定位于贡献盈利最大的客户群，即客户金字塔顶尖的客户群体
选择性定位	选择最适合自己产品定位和业务模式的客户群体
成长性定位	定位于那些特点鲜明，但具有成长性的群体
关系性定位	对于特别的社会群体进行定位，主动给予贵宾资格

东卖的也不是百货和3C，而是正品行货；小米卖的不是手机，而是性价比。

价值主张并非独立的产品或服务，而是企业带给客户的附加收益，是客户选择一种产品而非另一种产品的根本理由。

你可以通过以下五种方式挖掘和塑造客户的潜在需求：

第一，技术或服务的创新。提供客户从未感受或者体验的产品或服务，如海底捞管理创新带给客户独特服务。

第二，改进产品功能。完善产品和服务的功能性，以匹配客户的潜在需求，如智能手机配置的不断升级，企业要满足的不仅仅是客户的需求，还有他们的渴望。

第三，优秀的设计。良好的产品外形可以让好产品脱颖而出，苹果的产品卖点不仅仅只有良好的软件系统，还有近乎完美的工业设计。

第四，建立品牌。让客户通过使用某一品牌获得独特价值，例如，香奈儿是奢侈、ZARA是快时尚，品牌是风险最小的市场区隔方式。

第五，降低客户使用风险。客户在购买一种产品时，往往承担一定风险，例如，使用时间、产品维修等，企业主动帮助客户降低风险也能为客户创造价值。这种方式往往体现在售后，如海尔的星级售后服务、美团网推出的随时退款等。◥案例9-3

◥案 例 9-3

大学生探索猕猴桃销售新模式

中国有“猕猴桃故乡”之称，而陕西省的栽培面积占全国的46.15%，产量占全国的60.99%，可称之为猕猴桃大省。西北农林科技大学信息工程专业的学生于欢发现在陕西并没有品尝到真正美味的猕猴桃，在做过调查和走访之后，发现虽然猕猴桃商家以及种植农户较多，但是能真正生产出优质且可以到达消费者手中的相对较少。

于欢发现这里面的商机和原有猕猴桃生产和销售模式的缺陷，说干就干，2015年5月末，她开始组建团队，在学校团委及学院的帮助下获得了项目的启动资金。

随着团队对猕猴桃产品和商业市场的逐步了解和认知，他们意识到只是代理别人的产品使创业活动受到了很大限制，原有的猕猴桃的销售渠道既单一又低效。因此，于欢和指导老师商量后，决定先从自身的商业模式设计入手，打造自己的猕猴桃事业。

1. 选择产品——黄芯猕猴桃

首先，于欢团队认识到产品的选择是关键。团队经过仔细筛选和对比，发现黄芯猕猴桃与市面上销售较多的绿芯猕猴桃相比，虽然价格更贵一些，但其果实肉肥汁多，清香甜美，酸甜宜人，耐贮藏，在常温下可以放一个月不坏，在低温条件下甚至可以保鲜五六个月以上。这些优点正好契合网上销售运输时间长、需要果品耐储存的需求。

同时，黄芯猕猴桃富含维生素C、A、E以及钾、镁、纤维素之外，还含有其他水果比较少见的营养成分——叶酸、胡萝卜素、钙、黄体素、氨基酸、天然肌醇。黄心猕猴桃的钙含量是葡萄柚的2.6倍、苹果的17倍、香蕉的4倍，维生素C的含量是柳橙的2倍。这也正好

资料来源：
根据西北农林科技大学提供素材整理

于欢虽然将创业项目选定为传统的果品猕猴桃进行销售，但是并没有采取普通商贩的传统销售模式，而是以挖掘顾客潜在需求为出发点，选择高品质的猕猴桃作为主打产品，更为突出的是为产品建立品牌，打造自己的市场区隔方式。

可以成为黄芯猕猴桃较高价格的卖点。

所以，于欢果断地放弃了“绿芯系列”的猕猴桃。将产品定位为黄芯猕猴桃之后，团队开始在周至县和眉县等猕猴桃主产区寻找货源。

2. 自主品牌——于桃桃

品牌是商品综合品质的体现和代表，是现代市场经济中消费者选择产品的标识。选定了产品，为了更好地凸显自己的差异化和特色，于欢咨询了注册商标的基本流程，初步形成“于桃桃”品牌的构想。

3. 选择包装

于欢说，她们的猕猴桃市场定位于中高端消费群体，前期的创业经验告诉她们包装是走进中高端市场的一个重要环节。她们对纸箱的样式、硬度、是否利于运输都进行了细致的考量。

4. 线上销售模式

团队将“于桃桃”猕猴桃在淘宝店、微店、青团网同时上线，并辅之线下销售。

（二）客户价值创新模型

蓝海战略是由欧洲工商管理学院的金和莫博涅在他们的畅销书《蓝海战略》中提出的。蓝海战略倡导通过价值创新来开辟出全新的、没有竞争的市场空间。

这也就意味着，客户价值创新要通过创造新的益处和服务为客户增加价值，同时还要通过去除一些低价值的益处和服务来降低成本（图 9-4）。蓝海战略就是通过改变现有的商业模式来区分于竞争对手的模式，从而创造出新的行业，它为我们提供了一个有效的客户价值创新的模型。

为了获取客户价值创新，金和莫博涅设计了“四项行动

图 9-4 客户价值创新

框架”的分析工具。你可以利用分析工具中的四个重要问题来检查和重构商业逻辑（图9-5）。

（1）哪些被产业认定为理所当然的元素需要剔除?

用来产业中企业竞争攀比的元素，这些元素经常被认为理所当然，但它们不具有价值。

（2）哪些元素的含量应该被减少到产业标准之下?

这个问题促使作出决定，看看现有产品或服务是否在功能上设计过头，只为打败竞争对手，企业所给超过顾客所需并徒然增加成本。

（3）哪些元素的含量应该被增加到产业标准之上?

这个问题促使去发掘产业中消费者不得不作出的妥协。

（4）哪些产业从未有过的元素需要创造?

这个问题帮助发现买方价值的全新源泉，以创造新需求从而改变产业战略定价标准。

如图 9-4 和图 9-5 所示，你可以通过分析价值主张中的哪些元素可以被剔除、减少、增加或是重新创造来明确客户的价值创新实现。第一个目标在于通过减少或去除一些相对价值低的服务和功能来降低成本；第二个目标则是要加强或创造出一些相对价值高但对成本影响不大的功能和服务。

你在设计自己的商业模式画布时，要结合蓝海战略的框架模型，对商业模式的每一个构造块进行分析，快速地发现对哪些方面进行改变会对商业模式的构建产生影响。

（三）赢得客户价值五部曲

客户管理的过程就是企业资源转化为客户价值的过程。创业者根据客户的定位来整合资源，根据客户的分类来合理配置资源，根据分类客户的特征设计适合的营销策略来应用资源。

企业经营的目标是赢得客户的价值，最终实现企业投入的服务营销资源的价值转换。

创业者可以按照以下 5 个步骤，赢得客户价值（图 9-6）：①建立客户联络；②发展客户关系；③营造客户体验；④赢得客户忠诚；⑤经营客户价值。

案例 9-4

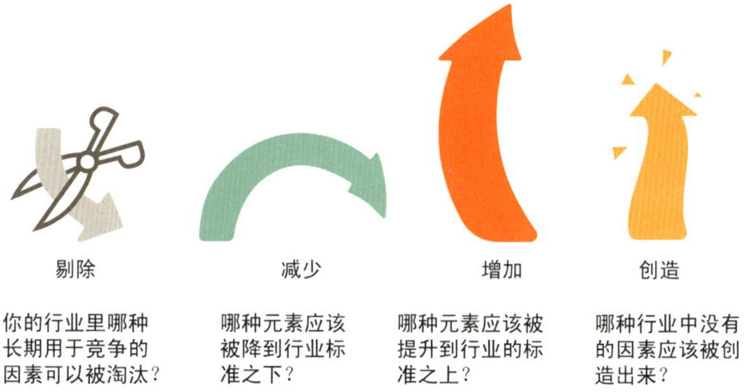

图 9-5 四项行动模型

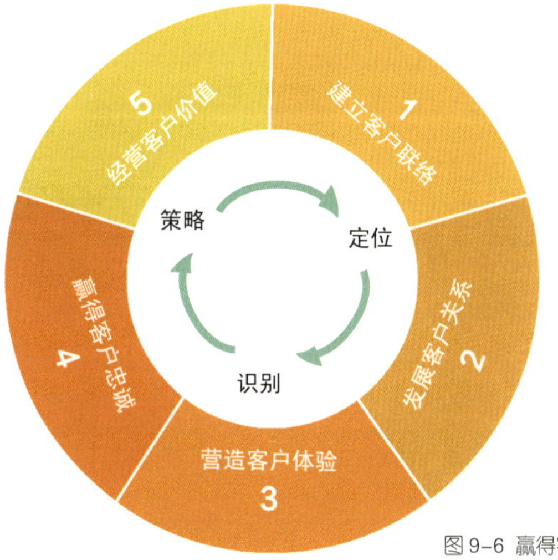

图 9-6 赢得客户价值的 5 个步骤

◥案　例 9-4
"互联网+"时代下跟谁学：重新定义教育

为了及时接轨互联网，教育O2O已经被唱响很久，一方面，传统教育行业争相想要成为线上教育的先驱者；另一方面，互联网行业也瞄准了教育行业这块蛋糕。

然而，在今天"互联网+"的时代，究竟该如何重新定义好老师？究竟什么才是用户思维？究竟如何把找好老师和用户体验这两件事儿结合在一起？

搭建教育O2O平台

从传统教育培训行业转向互联网教育领域的陈向东，给自己的企业起了一个非常互联网化的名字——"跟谁学"，一个立志于成为"O2O找好老师学习服务的电商平台"。2014年6月成立，2015年3月获得5000万美元的融资，截至12月，平台入驻老师超过40万人，机构近5万家。

在做教育O2O的思考时，陈向东认为，做一个O2O找好老师学习服务电商平台，其中的O2O应该有四重含义：第一重含义就是线上找到老师，线上完成教学过程，就是通常所说的线上教学；第二重含义就是线上找到老师，线下完成教学过程，可以是一对一，也可以是一对多，这是线下场景；第三是线下找到老师，线上完成教学过程；第四是线上线下混合完成教学过程。

然而，一个教育平台，如果没有数据，一切都是白搭。从用户和老师的角度来说，数据也是必不可少的。"跟谁学"通过对入驻老师评分的机制，保证了进入平台的每一位用户，都能从中得到想要的结果，从而收获优质用户。

从定位上来看，"跟谁学"为老师与用户提供一站式服务，老师通过身份、职业资格、从业经历等信息审核后入驻平台，用户根据自身需求在平台选择教学资源并付费，交易完成后对老师予以评价，整个环节类似在线教育的"淘宝"。

老师与学生通过平台直接对接，突破时空限制，不用碎片化时间教学的方式在用户群中得以普及。然而，随着培训机构转战线上、第三方平台越来越多，用户面临着内容同质化严重、选择方式多样化等问题。对于用户而言，平台老师的数量与质量直接影响着其消费决策与体验。

合理分配连接者利益

"跟谁学"的本质是一个教育全品类的在线中介，吸引优秀老师入驻是头等大事。

目前，"跟谁学"并不向老师收费。它为老师个人提供一个展示的平台和机会，"跟谁学"也让上课方式更加灵活多样，可以实现老师上门、视频、一对一、一对多等多种授课形式。"跟谁学"给老师提供了很多互联网工具，比如在线直播工具等。

"跟谁学"想要把家长、学生、教师、培训机构等多方和服务连

→资料来源：
→根据网络素材整理

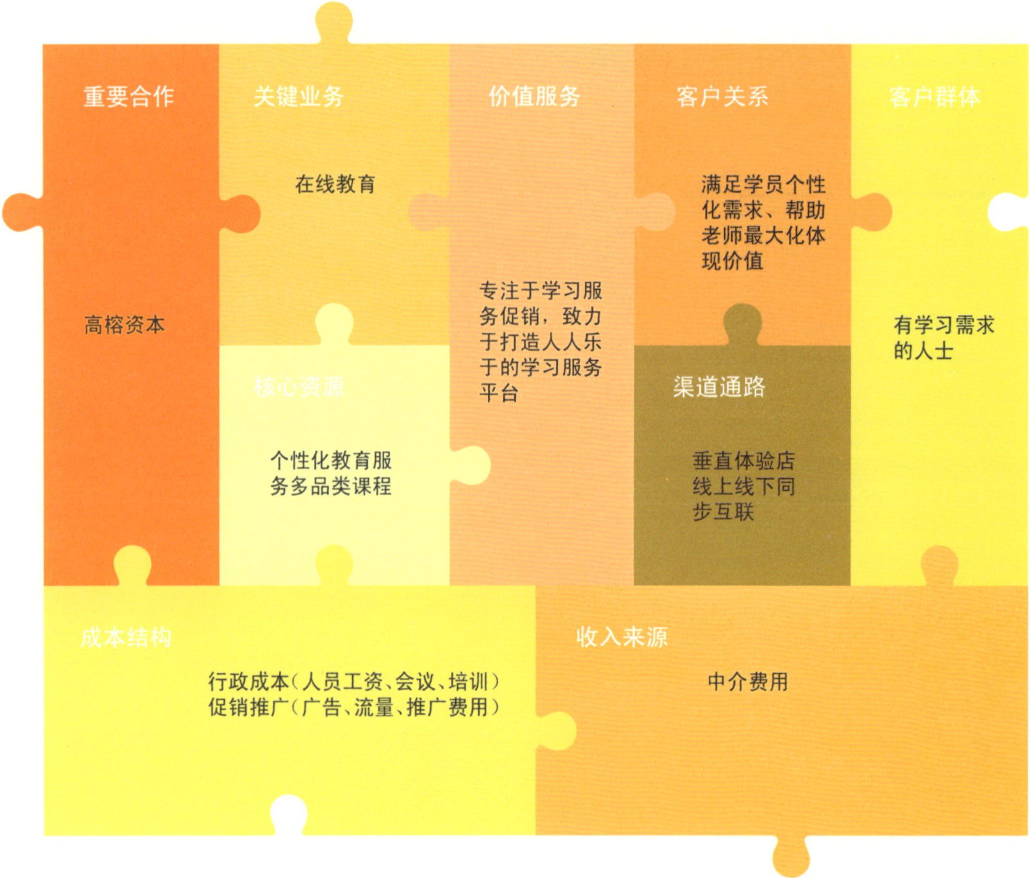

图 9-7 “跟谁学”在线教育商业模式画布

接在一起。陈向东给了“连接”三重定义，第一重定义就是“连接”，把人和人连起来；第二重定义是“联接”，把每个人和每个人联合起来；第三重定义是“链接”，把每个人和每个人捆绑起来。

但这在推广过程中，说服机构并不容易。如果平台不够具有吸引力的话，连机会都得不到。而三四线城市的机构对这类的平台产品接触少，所以更容易参加活动，但是它们接受新事物要稍微慢一些。

这时，能否吸引生源，成为机构加入与否的重要考量。

机构有担心也很正常，因为它们会担心平台与机构不是合作而是竞争关系。但是，在“跟谁学”看来，两者之间只有合作关系。

首先，关于价格。老师拿到的工资一般是机构报价的30%~40%。在“跟谁学”的平台上，老师的报价会比机构报价低，但是老师的实际收入会比在机构多。但这也引发了机构对老师流失的担心。

由于优秀的老师会有单干的动机，所以机构应该选择让他们以机构老师的身份入驻平台，这样一旦老师跳槽，机构可以选择把该老师从“跟谁学”的发展模式中不难发现，疯狂烧钱、盈利模式堪忧是在线教育行业存在的问题，也是众多平台倒闭或转型的原因之一。你的企业在历经团队组建、产品打磨、模式验证后，盈利模式就成为你接下来的思考点（图9-7）。

的信息下架。因为入驻时需要登记手机号和身份证号，如果是非正常解约，意味着这位老师是无法以独立的身份进驻跟谁学的平台。

其次，机构入驻“跟谁学”本来是给自己引流，万一老师“跳单”与家长达成私下协议怎么办?

这方面“跟谁学”早就考虑到了。个体老师在平台上可以直接与家长交流，如果家长要与机构老师交流，要通过机构的咨询人员，比如老师的助教进行。再通过平台的支付系统把学费打给机构，再分给老师钱。跟谁学认为，“跳单”是无论线上还是线下都难以避免的情况，但是它们保证实现学生第一次从线上接触机构时不会出现这样的情况。

此外，“跟谁学”面对模仿者的态度是不怕模仿，它们需要做的是不断创新，让模仿者永远跟不上其前进的脚步。

第三节 商业模式的价值获取——如何打造盈利模式

不同商业模式决定了企业不同的盈利模式，要想让你的企业也成为常青树，就必须为企业设计可持续的盈利模式。盈利模式是指企业从哪里盈利，并以什么样的模式盈利。一个成功的企业，还要懂得为自己创造更多的赢利点，以增加更多的利润来源。

成功的商业模式，不仅要求企业必须了解和把握客户价值的所在，而且还要具备整合各类企业资源，大幅度提升满足客户价值的能力，从管理提升，到资本市场的驾轻就熟，都成为未来企业持续成功必不可少的条件。

一、盈利模式构成——“一个中心四个基本点”

“一个中心、四个基本点”的盈利模式要素模型，是指紧紧围绕客户价值这一个中心，“四个基本点”就是利润点、利润源、利润杠杆、利润屏障（图 9-8）。

（一）利润点

利润点是企业可以向顾客提供的有价值的产品或服务，这些利润点可以为企业解决一系列的问题。

（二）利润源

利润源是企业提供的产品或服务的购买者和使用者群体，这些群体是企业的目标顾客，他们是企业利润的唯一源泉。

（三）利润杠杆

利润杠杆也叫价值活动，是企业吸引客户购买和使用企业产品或服务的一系列活动，主要是围绕企业的价值链展开。

（四）利润屏障

利润屏障是企业为防止竞争者掠夺本企业的利润而采取各种措施，并以此形成的各种有别于其他企业的优势壁垒，这种优势能够阻止竞争者对企业利润和客户的掠夺。◥案例 9-5

二、盈利模式的整合

任何一种盈利模式都有其局限性和负面性，需要对盈利模式进行整合。盈利模式的整合包含两个方面的内容：多种盈利模式共存，盈利模式的转变与创新。

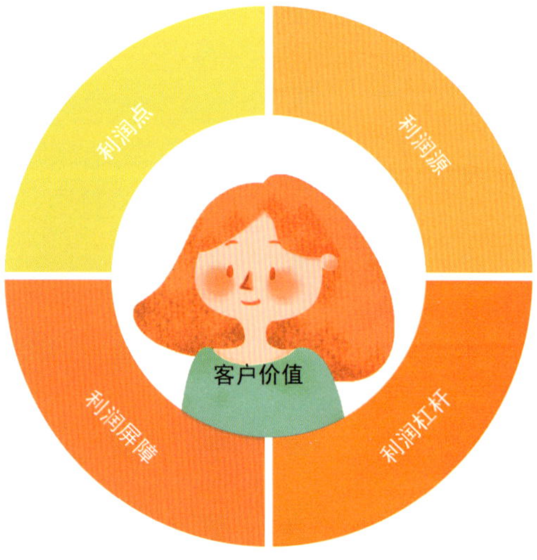

图 9-8 盈利模式的构成要素

（一）多种盈利模式共存

企业要发展壮大，靠单一的盈利模式是难以取得成功。首先，每一种盈利模式都会或多或少地存在一些难以克服得缺陷，如果不对这种缺陷进行防范的话，随着企业的发展，终究有一天会给企业带来灭顶之灾；其次，由于外部环境的变化，盈利模式必须不断进行调整；第三，不同盈利模式之间能够互相配合，构成体系，共同为企业做出贡献。

（二）盈利模式的转变与创新

盈利模式也并非一成不变，不同时期的不同模式都在互相转换。加强企业盈利模式创新是企业保持生命力的唯一途径。在变幻莫测的商业竞争中，企业必须随时调整自己的盈利模式。创业者应该坚持以发展的眼光看待企业的盈利模式。

设计得再好的盈利模式也不可能是永恒的，必须根据企业自身的资源条件、客户需求的变化以及市场竞争形势的演变而做出调整和变化。企业可以采取适合企业自身的途径制

案　例 9-5

1919 酒类直供——可复制的盈利模式

真正构成“1919”核心竞争力的并不是杀价，而是以一种生产效率最高、运营成本最低的盈利模式，打通了从厂家直达消费者的环节。这种模式正在成长为一种新的商业力量，它既颠覆了传统的酒类商业模式，又构建了新的价值体系。

→资料来源：
→http://www.askci.com/news/201401/08/08859263062.shtml

一个好的商业模式，一定要先看清行业，找到行业的趋势，并从中发现行业商业模式的切入点。“1919 酒类直供”专注于酒类行业，致力于打造从厂家到消费者之间层级最少、服务最快捷、成本最低、推广最精准的集订单处理、采购供应、仓储物流、数据营销四位一体的专业数字化服务平台。当大多数传统酒商还处在团购困局和库存压力下，苦恼于如何跟消费者拉近距离时，“1919”正在以另一种姿态重新定义这个“冬天”。是什么让“1919”不太一样?

一种商业模式能否成功，归根结底在于商业模式本身是否能够持续盈利。对“1919”来说，单店的盈利和盈利模式的可复制性，是决定“1919”商业模式真正成功的最重要因素。

“1919”能够实现良好的盈利取决于三个因素：

第一，“1919”不盲目追求扩张的速度，非常重视单店的盈利和盈利模式的可复制性。“1919”的门店全部是直营，即便下一步与投资方合作实体门店，也是由“1919”直营管理。对“1919”来说，品牌是自己的，门店也是自己的，所以每家店都要确保盈利是真实的，确保盈利模式成功才能去复制。“1919”把门店的盈利视为企业盈利，而不把对门店的销售作为盈利基础。这也是“1919”区别于其他酒类连锁的最大不同。

第二，“1919”不依赖于酒厂给的定价利润，而是基于消费者，通过减少销售层级以高效率、低成本直达消费者。在“1919”的战略中，消费者是排第一的，是最大限度地以社会成本最高效和最节约的方式争取消费者。

第三，“1919”的客户群体是面向市场上的碎片化客户，属于阳光型消费。“1919”没有专门的团购部，95% 的销售是基于零售平台而产生的会员制消费。

“产品会转瞬过时，品牌能持久成功”

——史蒂芬·金

造盈利模式，实现盈利模式的创新。

企业可以在原有盈利模式的基础上增加回报、增加客户数量、调整价格、增加产品线和服务种类等。在不断变化的市场竞争中，始终与环境保持很高的适应性，提高企业的盈利能力。

三、设计盈利模式：创造更多利润

商业模式终究需要市场的回报，在设计盈利模式时，很重要的一件事就是设计你的收钱方式。

（一）利润来自直接客户的盈利模式

利润来自直接客户是一种最直接的盈利模式，这种盈利模式的逻辑是：为客户提供产品与服务，客户为这种产品与服务进行付费，创业者从这种付费中扣除企业成本，剩下就是企业的利润。这是最常见的盈利模式，快销品行业、服装行业、传统家电行业、汽车行业等都是采取直接向客户销售产品赚取利润。

我国绝大多数企业都在采取这种盈利模式，这种利润直接来自于客户，有着自己的局限性。例如，盈利点较为单一，容易使企业陷入行业内的恶性成本竞争。单一的盈利模式容易被竞争对手模仿，往往造成两败俱伤。

当然，盈利模式无所谓优劣，关键在于适合和有效。创业者应在可能的条件下，选择利润点更多、多方共赢的盈利模式。

（二）利润来自“产品＋内容”的盈利模式

在产品的基础之上，添加内容或服务，就能够创造出远远高于纯粹产品带来的利润，这就是“产品＋内容”的盈利模式。企业的盈利点由单一的产品盈利，变成了产品与内容的双重盈利，无疑为企业增加了盈利来源。 案例 9-6

（三）利润来自第三方的盈利模式

随着互联网经济的发展，来自第三方的盈利模式逐渐盛行。很多互联网企业其盈利模式都是直接客户用最低的价格或是免费的方式购买和使用产品或服务，而企业利润的来源却主要来自于相关的第三方。

天下没有免费的午餐。第三方付费的盈利模式的一般规律是：平台免费，增值收费；产品免费，服务收费。最典型的是 360、微信、QQ、搜狐等互联网企业，都是采用这种盈利模式。它们的基础产品功能对普通大众消费者免费开放，主要通过第三方广告、游戏、购物和支付等增值付费盈利。

第三方付费模式虽然可以快速的帮你聚集一部分客户，为企业的盈利创造机会。但是，一定要避免盲目地去设计盈利模式，你要对项目了如指掌，明确哪些环节最能够打动消费者、哪些环节能为企业带来最大流量，进而更优化地设计企业的盈利模式。

（四）利润来自“主业＋副业”的盈利模式

一些企业开始进行盈利模式的创新，他们把主营业务或主导产品做成吸引客户的基础或平台，在主营业务上不赚钱或少赚钱，而靠副业或延伸业务来赚取利润。这种模式最早来自于吉利剃须刀“剃须刀＋刀片”的盈利模式。

以惠普打印机为例，它的打印机采取低价销售策略，先通过打印机作为“诱饵”，增加顾客的购买欲望，然而配套的打印墨盒却非常昂贵，墨盒又是消耗品，惠普可以通过墨盒大赚一笔。

（五）利润来自“授权收费”的盈利模式

授权收费盈利模式是指从某一产品、产品形象、商标或服务，重复地通过授权等方式收获利润。

打造“授权收费”的盈利模式，可以是一个卡通形象，可以是一个伟大的故事，也可以是一个有价值的信息，或者是一种技巧，甚至是其他任何一种资产。例如，世界上最昂贵的一只猫——Hello Kitty（凯蒂猫）、世界上最著名的一只狗——SNOOPY(史努比)、世界上最受欢迎的一只熊——Winnie Pooh(维尼熊)等卡通形象，都是授权收费最经典的案例。

案 例 9-6
乐视超级电视的颠覆性盈利模式

就像乐视的模式创新，“产品+内容”的盈利模式甚至可以帮助创业者突破产业边界，成为颠覆式创新的利器。

资料来源：
http://news.xinhuanet.com/fortune/2013-05/08/c_115676329.ht

当传统电视产业在红海中大打价格战的时候，乐视网成为国内首家正式推出自有品牌电视的互联网公司。

乐视网董事长兼 CEO 贾跃亭表示，超级电视拥有颠覆性的多种盈利模式，不再依赖硬件盈利，砍掉营销成本、渠道成本和不合理的品牌溢价，全流程直达用户。乐视超级电视有四重盈利模式，即硬件收入、付费内容收入、广告收入和应用分成收入，这使得乐视 TV 在定价上更为灵活。

乐视超级电视由富士康负责制造，因此乐视方面不需要硬件设备的维护，也没有硬件设备的折旧；而在研发环节，所有的供应商均会参与，也节约的部分成本。乐视的筹码不只是低价，一边降价，一边还继续深耕做内容。它不是一家彩电厂商，更像一家电视台。

乐视电视创造的“硬件＋服务”的打包收费模式正在改变着消费者的使用习惯，重构电视产业的商业模式，成为互联网时代的主流模式。

思考与实践

1. 思考商业模式的 9 个关键构成要素有哪些？
2. 小组请结合本章商业模式的学习，选择一家企业，对他的商业模式进行分析，并画出这家企业的“商业模式画布”。

第十章

融资有道

◥学习目标

·了解资源整合的重点

·掌握创业融资的主要渠道

·掌握融资的过程

第一节 凭风借力，整合资源

一个企业的强弱，并不取决于拥有资源的多寡，对资源整合能力的高低往往起到决定性作用。许多创业者早期所能获取与利用的资源都相当匮乏，而优秀的创业者在创业过程中所体现出的卓越创业技能之一，就是凭风借力，创造性地整合和运用资源，尤其是那种能够创造竞争优势，并带来持续竞争优势的战略资源。◥案例 10–1

一、挖掘创业资源

当下要想创建一家公司远比以前要容易得多，但也因为这么多初创公司的存在，创业公司要想幸存下来又比之前变得艰难的多。在这个竞争激烈的时代，企业对资源的争夺也愈加激烈。

创业资源是企业创立及成长过程中所需要的各种生产要素和支撑条件。按照资源的属

◥案例 10–1 “准星云学”获千万级人民币 A 轮投资

2016 年，“人工智能”迎来大爆发，各垂直领域纷纷从产品层面展开了对人工智能技术的应用与探索，而这当中又以教育领域最为活跃。AlphaGo 与李世石的围棋大战把人工智能推到了风口浪尖，谷歌的 AlphaGo 会下围棋，成都准星云学科技有限公司开发了一款会做数学题的机器人。准星智能机器人，是由一只智能书写笔和一个集“分析、评测、讲解”于一体的人工智能平台组成，专为中学阶段教育研发的“智能数学老师”。

准星云学的研发团队是典型的学霸团，出身清华等高等学府的人不在少数，且半数以上为硕士。创始人林辉同时也是清华大学苏州研究院大数据处理中心的现任主任，在这样的背景影响下，准星云学的各种决策都充斥着一股浓浓的学霸气息。

这款智能机器人是一支智能笔，在外观上与普通的笔相似，在笔的前端有一个微型红外线摄像头，用来探测使用者落笔的位置。当使用者在印满点阵的本子上答题时，笔会自动采集学生的答题笔记，而红外线与点阵的结合让 “笔” 知道，采集的信息属于哪一道题。通过人工智能自动评测试卷、家庭作业中的主观题，帮助学生找出知识缺陷并针对性恶补，同时具有数据整合分析功能，可以帮助教育管理者全面掌握学生的学习动态。

准星智能机器人瞄准教育领域的风口，借助人工智能的技术手段，组建高水平团队，整合学生与教师资源，得到政府的支持和风险投资的青睐。目前，该项目已列入国家 863 课题。2015 年 8~10 月，准星云学获得人民币千万级的 A 轮融资。目前，准星云学正处于 B 轮融资进行中阶段，得到红杉资本等投资方的密切关注。

成功创业除要挖掘客户价值和创新商业模式，你还要具备整合企业资源、拓宽融资渠道的能力。从资源管理到资本市场的驾轻就熟，都将成为未来你的企业持续发展必不可少的条件。

→资料来源：
→http://scitech.people.com.cn/n1/2016/0505/c1007-28326031.html

性，创业资源可以分为人力资源、社会资源、财务资源、物质资源、技术资源和组织资源，见表 10-1。

以上资源你并不一定需要 100% 的具备，但至少应具备其中一些重要条件，其他条件可以通过市场化方式来获取。一般要符合两种条件：一是你要有进入一个行业最基本的资源；二是你具备一些差异性资源。如果两者均不具备，创业成功的可能性就会变小。◥案例 10-2

表 10-1 创业资源类型与获取途径

创业资源类型	主要内容	获取途径
人力资源	创业者与创业团队的知识、训练、经验，以及组织和成员的专业智慧、判断力、视野	家人、朋友、同学、同事等；招聘与内部培养
社会资源	人际和社会关系网络形成的关系资源	熟人圈子、政府、社区和其他利益相关者
财务资源	资金、资产、股票和外部资金	自有资金与外部融资
物质资源	创业和经营活动所需的有形资产，如厂房、土地、设备等	购买、设备租赁和战略合作
技术资源	关键技术、制造流程、作业系统等	创业者和企业自有核心技术；技术购买或技术入股
组织资源	组织结构、工作规范、作业流程、质量系统	企业自建或外部咨询机构设计

◥案　例 10–2

整合资源，撬动企业发展

李刚的企业，最初没有资金，没有名气，可是短短四年做到可以和国内知名的大企业比拼。这正是依托他的专业知识和技术的优势资源，攻克技术难关，降低成本，形成核心技术壁垒，建立竞争优势。所以，在创业中你要学会充分发挥自有资源的杠杆作用来撬动其他资源，助力创业之路。

→资料来源：
→根据东北农业大学提供素材整理

东北农业大学博士生李刚，在读博期间发现自己的研究方向与未来信息技术的发展方向相吻合，具有巨大的现实需求和市场潜力。2011 年，他创办哈尔滨中智拓图地理信息技术有限公司，专注于地理信息技术（GIS）开发。

公司最初只有“一张营业执照、两张桌子、三个人、四千元”。但是，李刚凭借强化客户需求的解决方案、依托技术知识来降低成本。公司很快就得到市场的认可，通过高科技含量、高稳定性和超低价格完成了一单又一单的生意。

如果总结李刚这些年完成的项目，会发现有两个明显的特点：一是项目有核心技术难点，都是别人做不了，或者研发成本抵不上利润预期的；二是项目是国家重点科研项目，高新技术前沿方向，又是市场空白的。

也正是因为依托自身的技术能力，李刚的公司获得了百万级的天使轮投资，省市政府都给予其多方面的政策和扶持。

如今，李刚的企业已经成为国家互联网地图运营乙级资质。2015 年，中智拓图成为在哈尔滨股权交易中心首批挂牌企业。在 2015 年 10 月结束的阿里巴巴云栖大会上的“创客 +”全国总决赛中，李刚获得第五名的好成绩，企业估值 950 万。

二、创业资源整合的流程

创业资源整合有迹可循，你可以通过确定目标、资源分析选择、资源获取、配置融合、价值创造系统这五大环节来整合资源，如图 10-1 所示。

第一，确定目标。创业企业资源整合的第一步应该是确定目标，首先你要明确发起一项资源整合计划的目的性，即为了什么而进行资源整合。

第二，资源分析选择。资源分析选择是围绕创业企业资源拥有状况和需要的资源结构进行的。创业资源是分层次的，你可以从创业企业战略和战术两个层面综合考虑，去选择资源。

第三，资源获取。创业企业所整合资源来自企业内部和企业外部资源。内部资源主要是对内部发掘可利用资源，同时重组原有的资源结合成新资源、新方法、新技术。外部资源的获取是创业企业提升能力的有效途径，可以是战略联盟、交易购买、并购等，其关键是你的企业如何高效地将这些资源运用到自身之中去。

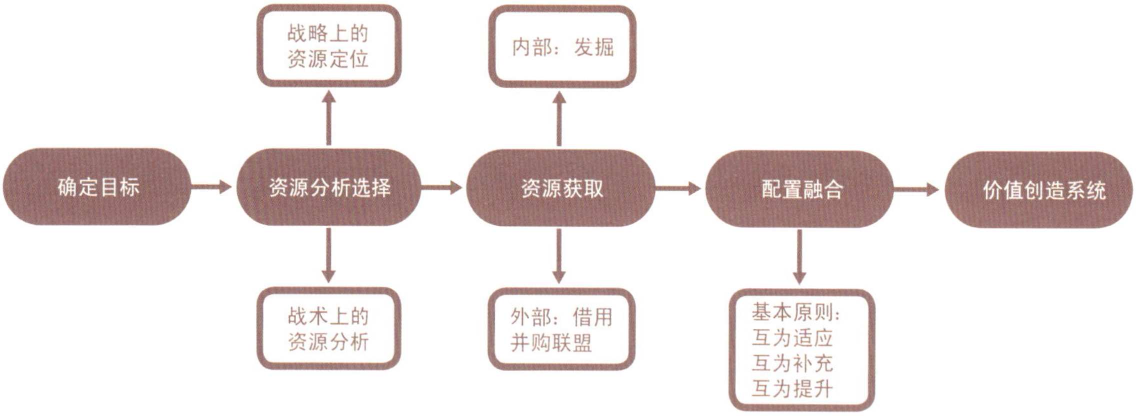

图 10-1 创业资源整合流程

第四，配置融合。资源配置融合贯穿于创业企业生产经营的整个过程，其核心是发挥企业资源的最佳效率和效果，提升企业的竞争力。

第五，价值创造系统。这是资源整合前面几个过程的结果，价值创造体系在创业企业中能够长久而稳定下来，并表现出优势，这样就构成创业企业的一种新的商业模式。

三、善用资源整合技巧

想成为一个成功的创业者，你不仅要有敏锐的头脑，还要有善于整合资源的能力，只有这样才能在竞争中占有优势，进而取得成功。

尽管与大公司相比，创业企业资源有限，但实际上创业者所拥有的创业精神、独特创意以及社会关系等资源，同样具有战略性。你一方面要借助自身的创造性，用有限的资源创造尽可能大的价值；另一方面更要设法获取和整合各类战略资源。

（一）发挥资源杠杆效应

尽管存在资源约束，但你不应被当前控制或支配的资源所限制，成功的创业者善于利用关键资源的杠杆效应，利用他人或者别的企业的资源来完成自己创业的目的，即用一种资源补足另一种资源，产生更高的复合价值；或者利用一种资源撬动和获得其他资源。

其实，大公司也不只是一味地积累资源，他们更擅长于资源互换，进行资源结构更新和调整，积累战略性资源，这是创业者需要学习的经验。

（二）设置利益“共赢”机制

资源通常与利益相关，创业者之所以能够从家庭成员那里获得支持，就因为家庭成员之间不仅是利益相关者，更是利益整体。既然资源与利益相关，你在整合资源时，就一定要设计好有助于资源整合的利益机制，把包括潜在的和非直接的资源提供者整合起来，借力发展。

商界巨人李嘉诚曾说：“如果 10% 的利润是合理的，11% 的利润是可以的，那我只拿 9%”。李嘉诚的“共赢”甚至是“利他”的观点，表面上看起来是跟人家共同分享资源和利益，但实际上，“共赢”让我们未来的道路更宽广。

因此，整合资源需要关注有利益关系的组织或个人，要尽可能多地找到利益相关者。同时，分析清楚这些组织或个体，和自己以及自己想做的事情有何利益关系，利益关系越强、越直接，整合到资源的可能性就越大，这是资源整合的基本前提。

（三）用心经营人脉资源

谁都渴望好的机遇降临，不但要学会抓住机遇，更要善于寻觅机遇，创造机遇。而这些离不开个人的综合素质，更离不开人脉。当下社会是一个交际的社会，一个人的力量毕竟有限，不能抱着单打独斗、独自打天下的幻想。

可是 80%~90% 的创业者都来自于“草根”家庭，没有什么社会资源可以获得帮助。那么你如何才能积累自己人脉资源？贵人从哪里来呢？答案是用心经营，见表 10-2。

四、创业资源整合的提升方式

资源整合能力的强弱，不仅是体现创业者智慧、衡量企业家能力的重要指标，更关乎创业企业的成长。你要在有限的资源约束下，学会最大化提升资源利用效率。

（一）协同价值链资源

创业本身就是一种社会资源整合的行为，你需要聘请员工、建设企业制度、设定经营目标。商业是一个价值链系统，如果能巧借外部力量能给你的创业企业带来很大的影响力与业务上的提升。你可从价值链的上游、中游、下游和纵向一体化以及横向一体化进行整合与协同价值链资源。

创业者要善于用发现的眼光，洞悉身边各种资源的属性，将它们创造性地整合起来。这种整合很多时候甚至不是事前仔细计划好的，而往往是具体情况具体分析、“摸着石头过河”的产物。而这也正体现了

表 10-2 人脉资源获取途径

树立互惠原则	做到利己利人，善于分享，彼此在交际中共同成长
诚信正直	保持诚信、正直的品格，人们都喜欢与诚实守信、虚心、成熟、豁达的人交往
扩大人脉圈子	抓住每一个可能扩大人脉圈子的机会，例如，去创业咖啡馆、参加其他创业公司的路演、参与众创空间的活动等
维持人脉关系	人脉需要经营而不是钻营，抱着学习者的心态，经常通过短信、邮件、活动等方式让对方了解你，发现你身上的闪光点。当需要帮助时，你的贵人对你已经有了很好的印象

创业的不确定性特性，并考验你的资源整合能力。

（二）注重无形资源的打造

资源整合就要为企业创造一种资源优势，而且创业企业应该在早期就有打造永久资源的意识和行动。近年来，由于科学技术的发展日新月异，大部分企业固定资产提前结束生命周期，或者资产大幅贬值。

实践证明，只有企业声誉品牌等无形资源会历久弥新，给消费者留下深刻印象，为企业赢得可持续发展的巨大空间。同时，对创业企业的品牌资源的打造，会带动其他资源向这里汇聚，促进资源的获取，提升企业资源整合能力。

（三）不断地改进和创新资源

创业企业对资源的整合本质就是创业企业不断学习的过程，创业企业通过不断的学习，创造新的知识和技能，积累经验，以代替现有或落后的资源，最终达到可持续发展的目的，在这一过程中，企业的资源整合能力在不断地提高。创业企业要面向未来，不仅要利用好现有资源，更要不断改进和迭代资源，使企业在前进中螺旋上升。◥案例 10–3

◥案　例 10–3

土巴兔：以平台整合能力倒逼行业净化

大多数的消费者一生中只装修 1~2 次，对装修不熟悉，而装修公司的专业就在装修，双方信息不对称带来一系列弊端，如装修公司胡乱报价、偷工减料、以次充好等情况在传统的装修交易中十分常见。

土巴兔装修网成立于 2008 年 7 月，2009 年 6 月首次发布上线。在土巴兔平台上找装修公司则全然不同。消费者在土巴兔上发布装修需求招标，选择了户型、喜欢的风格和大致预算后，会被推荐到三家近便、定位相符的装修公司，他们会为用户提供免费上门测量、免费设计和免费报价等服务。消费者可以从三个装修设计方案中选择一个最满意的签约。

土巴兔不仅严格要求了装修公司的准入门槛，对合作装修公司进行培训和规范，还作为第三方提供免费的“装修保”服务保障业主利益。装修保是土巴兔首创的家装保障性服务。不仅在业内独创了“装修满意后再付款”的交易模式保障业主装修资金的安全，而且用第三方监理免费提供的五次标准验收和一次突击检查来保证装修施工全程的质量。

2015 年，装修网站土巴兔宣布完成由红杉、经纬、58 同城投资的 2 亿美元 C 轮融资。58 同城和土巴兔有一个天然的结合点。58 同城作为帮助用户搜索信息和服务的一个入口，土巴兔作为一个深度的垂直化的运营平台，二者可以无缝对接。

58 同城将来不会去重复做土巴兔的服务，而是把 58 同城网站上搜索信息服务的用户，源源不断地导入到土巴兔这个平台，让用户在土巴兔享受到更加垂直、更加专业的服务。

整合资源既可以是行业内也可以是跨行业的，正如土巴兔不但整合装修平台，更是将土巴兔在装修领域的专业服务嵌入到 58 同城的海量用户搜索平台上，这样的合作，不仅对双方是一个互补和共赢，还能为双方的用户提供更为完整的专业的便捷服务。

→资料来源：
→http://news.ifeng.com/a/20150918/44679905_0.shtml

第二节 寻找最佳的融资渠道与方式

初创企业从种子期到成长期直至上市，是一个复杂又漫长的过程。大学生有梦想、有激情、有不竭的创新力和创造力，但是，创业者面临的难题之一就是没有“启动资金”，创业资金筹集的过程就是我们所说的融资。

创业资金从何而来？你可以通过学习融资的分类、融资渠道、融资方式的选择，做到融资有道，走好创业的关键一步。

一、创业企业融资原则

为了保证融资的顺利进行，维护融资各方的利益，创业企业在融资过程中必须遵守一定的原则。

第一，互利性原则。融资的双方要互利互让，但这种原则不是平均分配利益。各方的利益要通过协议或者是股份来确定，这样才能保证双方资金的顺利融通。

第二，合法性原则。借贷双方必须遵循相应的借贷条款的规定，股票融资必须遵循公司法，以及上市公司和股票交易的规定。在融资过程，融资双方不得进行非法融资。

第三，诚信原则。融资双方应依据合同的契约关系，双方必须保持诚信。

第四，适度性原则。在融资活动中，资金需求的适度性原则包括融资资金的适度性、融资期限的适度性、融资方式的适度性和约定条款的适度性。

第五，低成本性原则。降低融资成本不仅可以提高创业者的收益率，还可以减轻其还本付息的负担，主要可以通过融资地点的选择、融资货币的选择和融资方式的恰当选择来降低融资成本。

二、创业企业融资方式

按照资金来源的性质不同，融资可以分为债权性资金和股权性资金两种。你可以通过分析两种融资类型的优缺点，做出自己的融资决策，见表 10-3。

（一）债权融资的优缺点

债权融资是借款性的资金，资金所有人提供资金给资金使用人，然后在约定时间收回本金，并获得预先约定的固定的报酬（利息）。

债权融资的优点是创业者可以保持对企业的有效控制权，并且享有未来可能的高额回报率。只要按期偿还贷款，债权方就无权过问公司的发展方向。

表 10-3 各种融资方式及相互关系

资金性质	融资方式	资金来源
股权融资	资本金	内源融资
	折旧资金	
	留存利润	
	天使投资	外源融资
	风险投资	
	股权众筹	
	发行股票	
债权融资	民间资金	
	其他企业资金	
	银行信贷资金	
	非银行金融机构（典当、租赁融资）	
	商业信用	

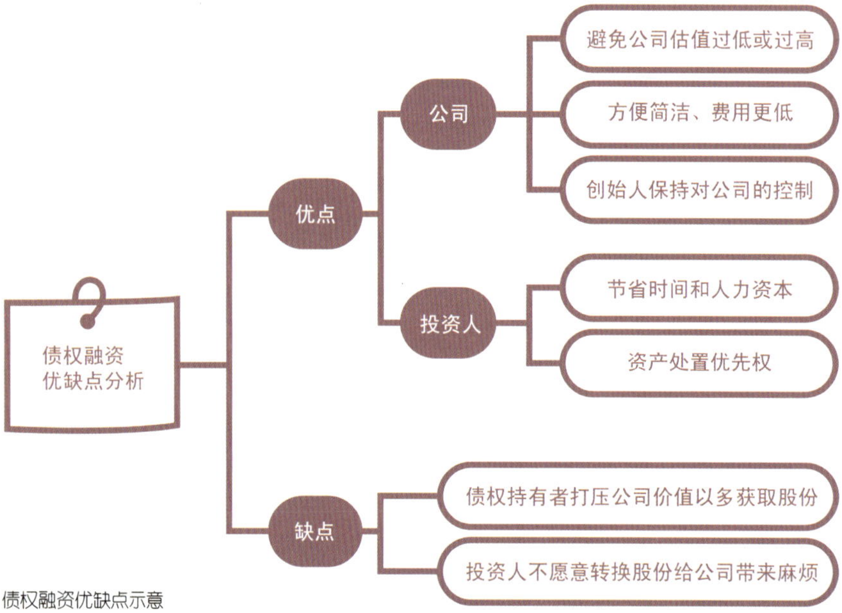

图 10-2 债权融资优缺点示意

但债权融资也有弊端，主要是如果不能保证经营收益高于资金成本，企业会出现资不抵债。债权融资提高了企业的负债率，给企业再次筹集资金带来困难（图 10-2）。

（二）股权融资的优缺点

股权融资是投资性资金，是指企业通过发行股票、直接投资等方式融资，投资者占有企业的股份。

股权融资的优点主要体现在以下三个方面：

（1）股权融资可以帮助企业实现跨越式发展，企业可以通过富余的资金和优厚的资源，快速领先对手，占领行业制高点。

（2）股权融资成功的企业，代表资本市场对企业商业模式的认可，对企业未来良好的预期，对企业提高行业知名度和吸引人才有积极作用。

（3）有实力的风险投资机构，不仅仅可以投入充裕的资金，更重要的是会带来如客户资源、政府资源、人脉资源等，涵盖企业发展的每个重要阶段所需资源。

股权融资的主要缺点在于面临股份稀释，创业者可能失去企业的控制权。尤其是在一些重大决策时，当创业者与投资方意见存在分歧，会降低企业决策效率。

创业企业千差万别，所涉及行业、面临风险、预期收益都有较大差异，使得不同的企业有不同的融资要求。你可以根据自身情况进行权衡与选择，见表 10-4。

表 10-4 债权融资与股权融资的比较

比较项目	债权融资	股权融资
本金	到期归还本金	不能从企业抽回，可以向第三方转让
资金成本	按照事先约定固定金额的利息	估计企业经营情况变动
风险承担	高风险	低风险
企业控制权	不破坏企业的控制权	按比例或约定享有，分散企业控制权

三、创业企业主要融资渠道

在创业融资过程都有哪些融资渠道？无论采取什么样的融资手段，都会直接或间接地影响企业的成本，而对谁融资则会对企业经营战略产生影响。

“兵马未动，粮草先行”。资金是企业的血脉，要创业就要有资金投入。大学生创业者社会经验不足，社会关系缺乏，融资更是难上加难。“资金不足，没有好的融资方案”成为困扰大学生创业行动的障碍。要突破资金限制，就要首先了解融资都有哪些主要渠道，如图 10-3 所示。

（一）自我融资

大多数创业者一切从零开始，在前途不明朗的情况下，公司很难从银行及其他金融机构得到启动资金。因此，靠自己出资或从家庭、亲朋好友筹集资金，就成为创业优先选择的方式。

图 10-3 创业融资主要渠道

（二）天使投资基金

天使投资 (Angel Investment) 是创业者的“婴儿奶粉”，是自由投资者或非正式机构对有创意的创业项目或小型初创企业进行的一次性的前期投资。

一笔典型的天使投资往往只是几十万美元，是风险投资家随后可能投入资金的零头，但对初创企业的生死存亡起到至关重要的作用，当然也会获得丰厚的回报。

（三）众　筹

众筹（Crowdfunding）是指通过互联网方式发布筹款项目并募集资金，以支持发起的个人或企业的行为，具有低门槛、多样性、依靠大众力量、注重创意的特征。众筹可以完成传统金融业所无法完成的资源优化配置。众筹网站的鼻祖 Kickstarter 在 2014 年获得 300 万人共计 4.8 亿美元的筹资。

我国的众筹主要分为产品众筹和股权众筹，现在大部分的众筹还停留在是产品众筹阶段。在未来，更吸引人的股权众筹才是众筹领域真正的春天。股权众筹是指基于互联网渠道，初创企业可以通过众筹平台出让一定比例股份，让很多素不相识的人知道创业者做的项目，普通投资者通过出资入股公司，获得未来收益。

我国法律对公司的众筹股东上限有明确规定，有限公司不能超过 50 人，股份公司不能超过 200 人。

众筹解决了用户和资金两方面的问题，使普通群众从创投的旁观者变成了参与者。通过众筹，制造商可以先把产品设计拿出来，看一看是不是有足够的用户喜欢这个产品，预期的利润是否能覆盖开发这款产品的固定成本。◥扩展阅读 10–1

【Tips】

你从家人、朋友处获得的资金最好以借贷方式，而不是采取股权方式。这样可以防止他们成为公司股东后，恰巧不懂公司经营管理，又干预公司日常经营活动，对公司长远发展是非常不利的。

扩展阅读 10-1

中国知名众筹网站及业务特点

2016 年将会是众筹行业发展的高峰期，而众多的众筹平台各种各样，让很多创业者无从选择，不少创业者把众筹平台排名情况作为发起项目的重要参数。

1. 淘宝众筹

淘宝众筹是阿里旗下的综合式众筹平台，旨在为让梦想的人实现自己的创业梦想，创业者可以获得淘宝众筹完整的链条式服务，从产品的生产加工、定位包装，到产品的物流和众筹后期的持续运营，甚至产品的迭代升级。

2. 京东众筹

京东众筹是京东金融推出的综合式众筹平台，目前主要以产品众筹为主打方向。为了满足市场更多需求，京东众筹推出了重新定义众筹模式、众筹时限的新玩法等。

3. 众筹网

众筹网是网信金融集团旗下的综合众筹平台，旨在为项目发起者提供筹资、投资、孵化、运营一站式综合众筹服务。

4. 苏宁众筹

苏宁众筹是国内首个线上线下全渠道众筹平台，项目发起者可根据用户在实体店进行试用、评测和认筹等情况，帮助产品优化升级。此外，苏宁众筹还能为项目发起者提供一体化解决方案。

5. 人人天使

人人天使消费众筹平台是专注于消费众筹的综合性众筹平台，通过创客空间为线下创业者和天使投资人搭建一个开放、专业的投融交流平台，以众筹学院为依托，辅导企业经营，搭建投融联盟平台，来面向全国进行加盟合伙，旨在打造商品资本众筹金融生态圈。

6. 聚米金融

聚米金融是一家专注互联网影视的众筹平台，聚米金融将互联网的新型投资模式和互动方式，引入到影视剧的生产、制作、宣发等环节，使得所有人都能借助聚米金融众筹社区投资影视剧，玩转娱乐圈。

7. 人人投

人人投作为以实体项目为主的股权众筹服务平台，总部位于北京。人人投本着负责的态度为创业者提供线上、线下项目路演，寻找融资相关服务；为投资者筛选项目、提供项目运作等投资相关服务，充分实现资本的合理流动和资源的优化配置。

资料来源：根据网络素材整理

（四）风险投资

风险投资（Venture Capital）是一种股本投资，资本以参股形式进入创业企业，一般与企业相伴 5~7 年，对创业者起到“维生素 C”的作用。

风险投资最大的特征是高风险、高回报，风险投资的失败率在 80% 左右，很有可能血本无归，一旦成功可以获得超高额回报。网易、阿里巴巴等公司都在创业阶段获得过风险投资的注资。

（五）创业板上市

创业板市场着眼于创业，是指主板市场之外满足中小企业和新兴行业创业企业融资需要和创业投资退出需求的证券市场。

我国创业板市场于 2009 年 10 月正式开板，首批 28 家公司在创业板市场挂牌上市。深交所统计的创业板 2015 年上半年度经营情况显示，互联网、影视娱乐、生态保护等战略新兴行业公司在创业板中占比达到 68%。

因为，创业板不过分强调企业规模和以往业绩，更看重企业的未来前景和成长空间，这为急需资金的创业企业提供了必要金融支持，有利于促进创业企业的发展。

（六）商业银行贷款

银行贷款被誉为创业融资的“蓄水池”，银行财力雄厚，而且大多数有政府背景，资金来源可靠。但创业企业风险较高，价值评估困难，银行不太愿意冒太大风险给创业企业贷款。这类贷款要求创业者提供担保，包括抵押贷款、担保贷款和贴现贷款。

为了缓解中小企业融资困难，我国金融机构推出许多小额贷款等金融产品和政策，创业者应密切关注银行贷款的产品，以选择最适合自身情况的银行贷款。

（七）政府扶持基金

国家和各地方政府在支持创业企业发展方面，纷纷推出诸如税收优惠、小额贷款、中小企业担保、创业基地建设等政策。

除了前面介绍的融资渠道以外，大学生还可以通过“新

三板”市场融资、典当融资、设备租赁融资、商业信用融资、供应链融资、大学生创业大赛基金等渠道获得融资。

四、创业企业不同发展时期的融资选择

在进行创业融资决策时，除了考虑不同融资方式的优缺点，还要考虑创业企业在不同的生命周期具有不同的风险特征和资金需求，因此，融资需求及融资方法也存在差异。

（一）创业初级阶段的融资方式

在创业的初级阶段，你可以考虑的融资方式有种子基金、政府成立的专项创业基金、政策性银行资金等。这些资金

【Tips】

通常情况下，风险投资在企业的不同发展时期的注资规模：

1.种子期：10万~100万美金；

2.早期：100万~1000万美金；

3.成长期：1000万~5000万美金。

对正在起步的企业来说也是相当重要，这方面的资金应该尽可能地去争取。它们往往不需要承担太多利息，甚至免息和不用偿还本金。

创业初期有人愿意掏钱来支持你创业，都是“天使”，天使投资、众筹等也是这一时期的主要融资方式，其中天使轮融资规模通常从 200 万到 2000 万人民币不等，新创企业一般会出让 10% 左右的股权，如图 10-4 所示。

图 10-4 创业初期创业企业主要融资方式

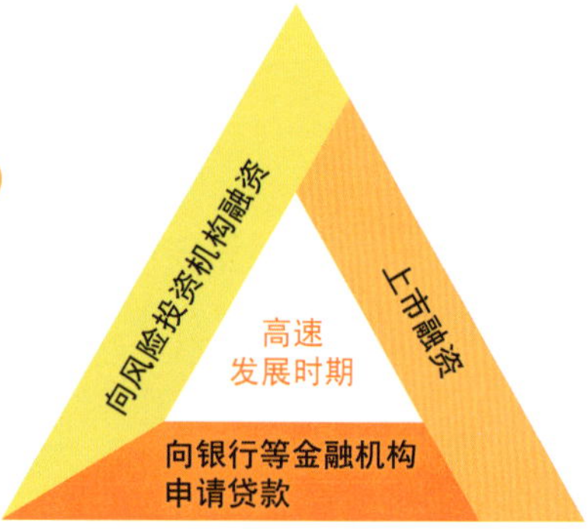

图 10-5 高速发展时期创业企业主要融资方式

（二）企业高速发展阶段的融资方式

在企业高速发展阶段，由于此时需要大量的资金来进行周转，这一时期个人储蓄和天使投资已经无法满足企业资金的需求量，资金需求量激增，大多会采用向银行等金融机构申请贷款、战略伙伴投资和风险投资等融资方式。

创业公司在天使轮融资后发展不错，会有风险投资（VC）跟进，风险投资等投资方有实力帮助你的公司从“小孩”成长为“大人”，企业可能会经过多轮融资，每轮出让 10% 左右股份。

优秀的创业企业开始在行业大放异彩，企业也有较多资源，具备上市条件，风险投资机构开始考虑安全退出，这一阶段最佳的融资方式之一是通过发行股票公开上市（IPO），公开上市是企业最具吸引力的长期融资形式，能从根本上解决企业对资本的需求。创业企业可以通过内地创业板、中国香港创业板和美国纳斯达克完成上市，如图 10-5 所示。◥扩展阅读 10-2

扩展阅读 10-2

股权与期权

股权

创业者通常采用两种方式确定公司的股权结构，一是按照股东的出资比例进行分配；二是在股东之间平均分配。前者容易触发股东贡献和持股比例不匹配的问题，后者则会削弱核心创始人对公司的控制力，影响公司的决策效率。早期公司的股份是很宝贵的，创业者要珍惜，不要轻易地给出，可以通过奖金等方式做替代。

期权

期权是将企业部分股份提前留出，用于激励员工（包括创始人自己、高管、骨干、普通员工），是初创企业实施股权激励计划最普遍采用的形式，硅谷的惯例是预留公司全部股份的 10%~20% 作为期权池。要实现上市，你需要在融资前对企业的股权和期权分配有一个提前的规划，创业者要把握融资节奏，以防止早早的丢失掉企业的控制权。

第三节 学会与资本相处的艺术

如果你有志创办一家高估值的公司，商战路上“弹药不能断”是一件无比重要的事情。融资需要策略，更是一门艺术，尤其是生死攸关的早期融资。

很多创业者之所以融资失败，不是因为你的企业没有吸引力，而是因为你不够了解投资者。本节我们就来揭开资本的神秘面纱，看他们是如何运作，是怎样判断项目以及融资都有哪些流程。

一、VC 的 X 档案

风险资本（Venture Capital）是风险投资公司投资于新创企业以及非凡成长潜力的企业的资本。风险投资在很多人眼中，似乎是个自带高冷属性的词。创业者寻找投资人，就要做到知己知彼，投资人对项目的“判断逻辑”是什么？投资人和创业者之间到底是什么关系？相信你一定马上想知道答案。

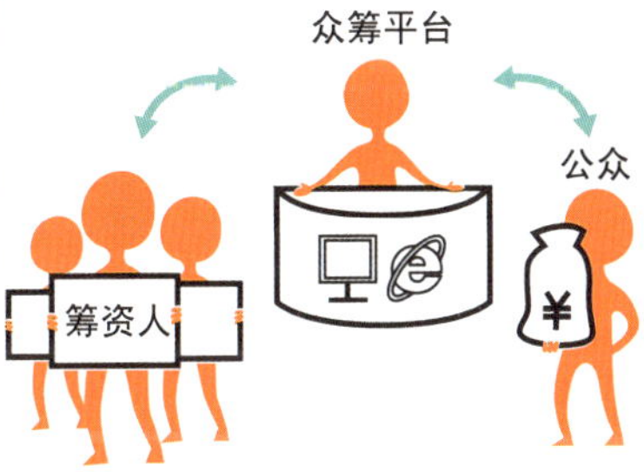

（一）风险资本的类型

风险投资分为早期和中晚期投资，如果项目还没有盈利，还没有一个经过认可的商业模式，应该考虑早期风险投资。而如果项目比较成熟，则可以选择中晚期风险投资。千万不要谈错对象，因为所有风险投资商都有自己的战略与投资的规模和范围。

1. 种子资本（Seed Capital）

初创企业除了求助于专门的金融渠道（如政府的扶持性贷款）以外，企业可以将目光投向提供“种子资本”的风险投资基金。种子资本主要是为那些处于产品开发阶段的企业提供小笔融资。

由于这类企业甚至在很长一段时期内（一年以上）都难以提供具有商业前景的产品，所以投资风险极大。对“种子资本”具有强烈需求的往往是一些高科技公司，如生物技术公司。它们在产品明确成型和得到市场认可前的数年里，便需要定期注入资金，以支持其研究和开发。

2. 导入资本 (Start-up Funds)

当你的企业有了较明确的市场前景后，由于资金短缺，企业便可寻求“导入资本”，以支持企业的产品中试和市场试销。

但是由于技术风险和市场风险的存在，企业要想激发风险投资家的投资热情，除了本身达到一定的规模外，对导入资本的需求也应该达到相应的额度。这是因为从交易成本（包括法律咨询成本、会计成本等）角度考虑，投资较大公司比投资较小公司更具有投资的规模效应。

3. 展资本 (Development Capital)

企业扩张期的“发展资本”的一个重要作用就在于协助企业巩固其在行业中的地位，为它们进一步在公开资本市场获得权益融资打下基础。

尽管该阶段的风险投资的回报并不太高，但对于风险投资家而言，却具有很大的吸引力，原因就在于所投资的风险企业已经进入成熟期，包括市场风险、技术风险和管理风险在内的各种风险已经大大降低，企业能够提供一个相对稳定和可预见性的现金流。

（二）风险资本的投资偏好

在与投资方接触前，你要查看创投公司的业务方向清单，见表10-5，把那些门不当户不对的投资方划掉，专攻那些与你的业务方向一致的，做到有的放矢，那么你的融资就可以事半功倍。

（三）投资人眼中的“闪光点”

世上没有无缘无故的爱，当然也没有无缘无故的投资。创投公司不是公益组织、不是政府补贴，投资的目的是为了盈利回报。在融资前，你要先了解创投公司眼中看重创业公司的哪些“闪光点”。

1. 有战斗力的创业团队

投资人投资的是“人”，团队是投资决策的首要着眼点，团队掌舵人更是考察的重点。团队成员需要有很好的互补性，团队掌舵人要有对事业的热爱和不忘初心的激情，又能在变化莫测的市场环境中不断纠正航向。

同时，再完美的创业构思也要能够落地才有意义，正如马云说“企业绝大多数人应该是精益求精的执行者”。有执行力，价值观一致和技能互补的高战斗力团队最受投资人青睐。投资人还是要考察你的团队凝聚人才的能力是否强，是否能及时找对风口，不然估值即便再便宜，这个项目也没价值，零里面的100%还是零。

2. 嫁接趋势的市场空间

投资人是不会选择没有未来前景的项目，创业者要学会在台风口放风筝，而不是要在盐碱地里种菜。风险投资选择企业，必须是市场空间广阔、扩张性强、高成长的企业。创业要在趋势上选择行业、市场规模和商业模式，因为即使市场非常大，但整个行业是一个夕阳产业，那么投资人的兴趣也不会太大。

3. 独特的商业模式

能够吸引VC的创业企业，并不是其所处的行业的科技含量有多高，拥有多么创新的技术。VC投资的关键是你企业的商业模式，这是各VC花费时间最多的一个问题。如果某一模式被验证可行，而且风险较低，向潜在投资者证明公司未来有潜力获得成功，这是企业的独特商业模式的魅力所在。

表10-5 中国境内知名投资公司

公司名称	主要投资领域	投资案例
真格基金	移动互联网、教育、电子商务、健康医疗	聚美优品、世纪佳缘、蜜芽网
创新工场	移动互联网、医疗健康、生活消费、教育、金融支付、硬件	美图、知乎、暴走漫画、豌豆荚
联想之星	科技、媒体、通讯、先进制造、医疗健康	乐逗游戏、思必驰、住百家
隆领投资	互联网、文化创意、艺术品	易名中国、欣欣旅游、联创兄弟
九合创投	互联网、移动互联网及电子商务	36kr、下厨房、91金融
梅花天使	互联网、移动互联网、现代服务、传媒新媒体、文化创意、游戏	大掌门、唱吧、Fill耳机
IDG技术创业投资基金	消费品、连锁服务、互联网及无线应用、新媒体、教育、医疗健康、新能源	百度、搜狐、腾讯、携程、汉庭
软银中国创业投资有限公司	信息技术、清洁技术、医疗健康、消费零售和高端制造	阿里巴巴、淘宝网、分众传媒
红杉资本中国基金	科技、传媒、医疗健康、服务、新能源	新浪网、万学教育、大众点评网
联想投资有限公司	软件产业、IT服务、网络设施、电信通讯	卓越网、文思创新、高德、易车网
今日资本	互联网、科技、消费、电商、文化创意	网易、京东、土豆网、真功夫
浙江浙商创业投资股份有限公司	电子信息、环保、医药化工、新能源、文化教育、生物科技、新媒体	贝因美、华策影视、中搜网

二、创业者融资前的修炼

机会总是眷顾有准备的人，你开始为融资活动做准备了么？为了顺利拿到融资，保证融资的成功率更高，创业公司要先做融资前的修炼。

（一）建立个人信用

融资是一件极其严肃的事情，你千万不要抱有投机的想法去尝试融资，最后损失的只能是你个人的信用。资本的圈子并不大，个人的信用比什么都重要。良好的信用记录意味着更多的伙伴会与你一起奋战，更多的业务资源、资本愿意信任你，与你一起共进退。

（二）给自己的企业估值

创业者将一手创办的公司看成自己的孩子，常常会过分高估创意或技术的商业价值，而低估价值实现过程中的风险，所以会出现创业者和投资人对创业企业的估值之间的巨大落差。有的创业者希望一次性获得一大笔投资，一劳永逸，但现实是基本不可能的。

创业融资的关键一步就是对你的企业进行价值评估，即为融投资的双方提供讨价还价的依据。需要指出的是，融资需求量不是一个简单的财务测算问题，而是一个将现在与未来综合考量的决策过程，必须在财务数据之上全面考察企业的经营环境、市场状况，尤其是企业的中远期战略部署，处处都体现着创业者的智慧。

除此之外，还要给下轮融资预留时间，不要在下一轮融资过程中公司的资金链断裂了，公司的银行账户余额应该能够维持公司15个月的运营。所以，通常你需要把计算出来的融资额度乘以1.5倍左右，这才是你要的答案。

（三）天晴时修屋顶

“机不可失时不再来”，对于融资也是这样。创业项目持续增长，前途光明，就会受到追捧，而当业务欠缺成长性，发展不够好，最终会被市场和资本抛弃。因此，引入资本的时机就变得非常重要。

风险投资本质上是锦上添花，很难做到雪中送炭。马云在谈到企业融资时认为要“天晴时修屋顶”。许多人在阳光灿烂时，只想好好享受阳光，等到下雨时才想起修屋顶，已经为时已晚。如果在急需资金的情况下仓促地去融资，可能会导致融资条件不佳，企业只会陷入弱国无外交的境地。

所以，面对瞬息万变的市场，你要在企业经营状况良好时，抓住融资的好机会，利用融到的资金扩大市场占有率和招贤纳士。同时也要节省资金使用，保持健康的现金流管控，为企业过冬做好准备。

（四）调试融资心态

融资过程中，创业者难免会遭到投资人的拒绝。你要学会把投资人当磨刀石，可以通过投资人的挑战，来重新打磨项目，完善产品，调整商业模式。投资人那些尖锐的问题，那种扑面而来的压力，会让你越来越克服自己的弱点，越来越清晰自己的方向。

将来在真正的市场中遇到的危机情况和压力比投资人的拷问要大得多。你会面临无数的挑战，可能会发不出工资，可能会有竞争对手来抄袭你的产品，可能公司明天就会面临倒闭等。如果你不能变得很强大、很坚强，怎么可能创业成功，投资人为什么要把钱投给你？

三、与风险投资缔造“完美姻缘”

融资维艰，你需要分出很大一部分精力来与投资公司打交道。你要熟识融资流程，

> **“投资和投机从来就没有清楚明晰的界限”**
>
> ——沃伦·巴菲特

才能与风险投资缔造“完美姻缘”。一般来说，创业公司向投资者融资的流程包括以下几个步骤，如图 10-6 所示。

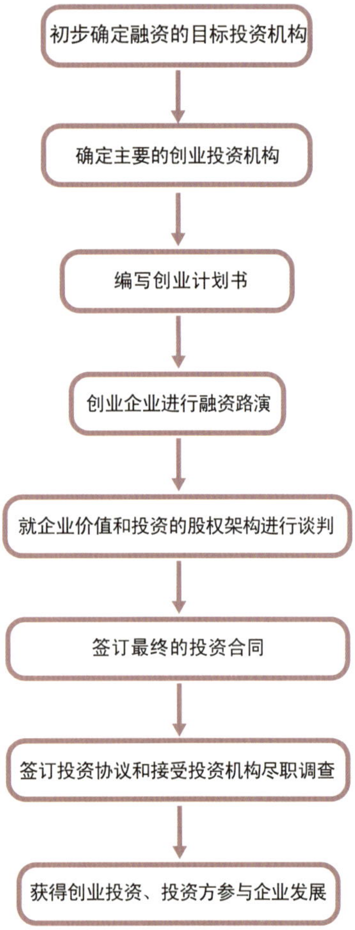

图 10-6 创业者创业融资的主要步骤

在了解自身资金需求、所在行业一般融资规模和筛选目标投资机构之后，创业企业就可以按照流程进入正式融资阶段。

（一）确定目标投资者

投资者并不是什么行业都投，或者只要好项目就投。就像我们上面提到的每个投资机构都有自己的投资逻辑。所以，不要觉得浪费时间就省去了筛选投资人的工作。作为创始人，这个工作必须由你自己完成，决不能省略。

有的时候，虽然某些投资机构非常优秀，但是与你的目标并不匹配，也必须要放弃这个选择。当然，还要将那些行业内信用不良的投资方剔除，以免影响企业的后续融资。

（二）编写创业计划书

一份翔实的创业计划书是融资的敲门砖，可是投资人桌子上有着堆积如山的计划书，你怎样才能脱颖而出呢？融资有门槛，投资人早已练就火眼金睛，切忌忽悠。

每个投资人都会非常认真的对待每一个有潜力的项目，所以，创业计划书内容未必要做到十全十美，但要诚心诚意，认真对待。计划书的要点是要把项目讲清楚，不能含糊其辞，简单地说，要交代清楚你和你的团队是谁？你的产品或服务到底有什么价值？你和你的团队是不是有执行能力和成功的把握？

（三）融资路演

路演（Road Show）是创业者在公共场所进行演说、演示产品、推介理念，让企业与投资双方在短时间集中达成投资意向的一种有效手段。

如何做一场令投资人难以忘怀的路演呢？你需要有一份有视觉冲击力的 PPT、现场 DEMO 演示、还要提高你的演讲能力等。尤其是对那些年轻的技术创业者更需要了解这些注意事项。

（四）创业融资谈判

无论你的创业计划和路演做得多好，若在融资谈判时表现糟糕，仍很难获得投资。

1. 谈判双方的目标

在开始关键性谈判前，你要清楚投融资双方的目标是不同的，只有了解投融资双方的目标差异，能够有倾向的以投资方视角去思考，才能设计出有效的

【Tips】

Plan B很重要

作为一个精明的创业者，不要把鸡蛋放在同一个篮子里。选择投资人时，你要为企业确定主融资渠道，但同时也要有其他融资渠道或投资人的备选。永远要为企业准备一个Plan B，以应对融资的不确定性。

表 10-6 投资方与创业者目标比较

投资方目标	创业者目标
较低的风险和较高的回报	领导自己创办的企业
保障投资增值	足够的资金实现自己的理想
方便投资退出	较高的回报
通过董事会影响企业决策	保留较多股权和企业控制权
有管理能力和良好经营记录的企业	易于合作、有良好记录的投资商
持续的营业额及市场份额的增长	除了资金之外其他的帮助

谈判攻略，见表 10-6。

2. 创业企业融资谈判技巧

融资谈判是投融资双方为各自多争取利益的一场博弈，要想在谈判中占据有利位置，你需要掌握有效的谈判技巧。

（1）展现项目的价值。虽然投资方打算给你的企业投入资金，为你的项目“输血”，可他们最看重的是企业本身的价值，即项目是否具有自我“造血”能力。

在投资方看来，项目的价值在于优秀的管理团队、足够大的市场和独特的产品三者的结合。所以，你应从这三个方面入手，在谈判中突出自身的竞争优势、强调新创企业的成长性，以吸引潜在投资方。

（2）突出项目的投资回报率。投资人关注的是投资回报率（ROI）是否能够达到或超过预期值。所以你要向投资方强调项目的投资回报率。

可是在推介项目时，你就不得不向投资人披露企业信息。虽然尽量要保持开诚布公的谈判氛围，但是没到谈判的最关键时刻，你要把自己底牌盖好，保持一定的信息不对称。例如，当被问到“企业详细的股权结构”“核心的技术”等问题，就要含蓄表达，有选择性地披露。

（3）守住企业控制权底线。没有哪个创业者愿意让别人控制企业命运，可是没有任何一条法律能够确保你始终保留企业的控制权。

尤其是多轮融资后，创始人的股份不可避免的被稀释。你能做的只是仔细地挑选投资方，在谈判中去尽量争取你的权益，并且留意合作条款中的法律细节。

（4）了解投资方的谈判策略。一般来说，投资人是投资谈判的老手，而你急需资金发展业务，在融资谈判时往往处于弱势。为此，你必须事先了解投资商常用的谈判手法。

（五）签订投资协议 ◥案例 10-4

为了确保每一项投资的“安全”，投资方会对创业者再出两道考题，即 Termsheet（投资条款清单）和尽职调查。

1. Termsheet

Termsheet（投资条款清单）是投资公司与创业公司就未来投资交易所达成的原则性约定。它最主要内容：投资额、作价和投资工具；公司治理结构；清算和退出方法。虽然 Termsheet 只是意向性的，不具有法律效应，但是拿到 Termsheet 是创业者融资的最关键的里程碑，它表明了投资方的诚意和要投资你的决心。

由于每个投资者的要求不同，每个被投资的对象的具体情况不同，条款清单的细节也千差万别。你要做就是带着你的律师把条款仔细研究一遍，然后与投资方针对投资条款进行谈判。

即使在谈判中投资方会态度强硬，你还是要摆明立场，对不公平的条款和可能影响企业运作的条款应该据理力争。

2. 尽职调查

如果投融资双方就投资条款达成一致，投资方就开始对企业进行尽职调查。尽职调查就是投资方要尽到自己的责任，对你和你的企业进行真实性调查，如图 10-7 所示。

当通过了投资方对企业的历史、管理层背景调查、资金风险、技术风险、管理风险和市场风险的尽职调查，还有最后一关，就是由律师起草的投资协议。之后，你就静待投资资金到账吧。

图 10-7 融资尽职调查主要内容

案　例 10-4 “西少爷”的股权悲剧

“千万别跟最好的朋友合伙开公司。”这是由佟大为饰演《中国合伙人》王阳说出的经典台词。为何“中国合伙人”的小伙伴们能“有难同当”却不能“有福同享”呢?

孟兵、宋鑫、罗高景三人是在 2012 年年底的西安交通大学北京校友会上认识的(彼时袁泽陆尚未加入)。已在投资机构工作 3 年的宋鑫，早就有了想要出来创业的想法，于是通过校友会的关系认识了有技术能力的孟兵等人。三人一拍即合，第二年 4 月，成立了名为奇点兄弟计算机科技北京有限公司(以下简称“奇点兄弟”)。由于孟兵承担了主要的产品研发工作，因此，孟兵、宋鑫、罗高景的股权比例分别为 40%、30%、30%。

公司成立之初依然做着孟兵擅长的互联网业务，孟兵和罗高景负责项目开发，宋鑫负责销售。而公司的第一个项目却很少被提及，用宋鑫的话说当时做的就是一个网页，连网站都算不上。三人的矛盾也就是那个时候开始积累的。

2013 年 10 月，由于业绩实在不佳，孟、宋、罗三人不再坚持之前的项目，开始转做肉夹馍，袁泽陆也在这时候加入，形成“西少爷”四个创始人的状态。

于是，在 2014 年 4 月 8 日，“西少爷”肉夹馍开业。在开店之前，他们不忘用冲击性话题来开路，一篇名为《我为什么要辞职去卖肉夹馍》的文章悄然产生。文章里，北京的繁华、高悬的房价、物质的爱情、平凡枯燥的工作，一切都太有代入感，处处都敲击着白领和即将就业的大学生的心，于是，文章一夜之间被疯传。

而火爆的名气，更多的是靠名校高学历、名企高薪职位，对应的却是小摊、肉夹馍，这些奇妙的组合来引爆的。随着“西少爷”的走红，孟、宋之间的不满在一片红火之下被暂时地“和谐”掉了。

火爆的销售业绩加上“互联网思维”的外衣，孟兵以创业明星的姿态登上各类媒体讲述创业故事。“西少爷”开业不到一周，便有投资机构找来，并给出了 4000 万元的估值。

四个人认为这时候需要引入投资来扩大业务，但就在引入投资、

“西少爷”是一家前途无量的明星创业公司，创始人团队却分崩离析。这家创业公司暴露出合伙人在股权、融资、众筹等方面的问题，西少爷案例，对于许许多多正走在创业路上的公司，或可为前车之鉴。

→资料来源:
→http://www.cb.com.cn/companies/2015_0207/1112629.html

协商股权架构的过程中，孟、宋之间的矛盾被彻底激发。西少爷四人开始与投资人开始商讨有关投资的细节。孟兵提到为了公司之后在海外的发展，希望组建 VIE 结构，他的投票权是其他创始人的 3 倍。对此其他三人都表示意外，而最终罗高景和袁泽陆表示 2.5 倍投票权是可以接受的，宋鑫却始终没有同意。由于国内的上市条件对公司的业绩利润要求较高，无形中为互联网企业铸成了一道门槛，许多互联网创业公司纷纷选择赴海外上市，而组建 VIE 结构则是一个必不可少的环节。宋鑫认为，孟兵当时提出变更投票权与风投的入场不无关系。

价值观的差异以及合伙人之间长期积压的不和，终在 2014 年 6 月 15 日爆发，经大股东投票，宋鑫被迫离开公司经营管理层。

对于宋鑫的股份，孟、袁、罗三人给出的方案是，27 万元加 2% 的股份，买回宋鑫手中 30% 的股份。“这 27 万元是宋鑫之前在公司工资的 4 倍，4 倍的投资回报应该也可以。”但宋鑫要 1000 万元，理由是当时西少爷的估值有 4000 万元，他可以分得 1/4。“这根本是不可能的。”袁泽陆如此说道。

由于一直没有谈拢，目前宋鑫仍然有“奇点兄弟”近 30% 的股权，在 7 月份，宋鑫另起炉灶重新开了名为“新西少”的肉夹馍店。

然而宋鑫的黯然离队，并不意味着这场合伙人闹剧的终结。去年 11 月，宋鑫的一封公开信把“西少爷”的矛盾纷争再次升级。宋鑫发公开信提出，公司初创时曾在 2013 年年底和 2014 年 5 月发起过两次众筹，共筹得 85 万元，但西少爷一直没有公开财报，分红等几项事宜也并未跟进。

对于分红，双方还有一个争议点在于，能分几家店的收益。按照协议，众筹股东可以分得他们众筹起来的五道口店，和由这家店的收益所开起来的另外两家店。目前西少爷共有 4 家店，在宋鑫离开之后，孟兵三人注册了新的公司“奇点同舟”，之后所开的 3 家店所属于新公司。“这 3 家店的资金是用天使投资开起来的，没有用到五道口店的资金，因此如果分红的话，目前也只能分五道口这一家店。”袁泽陆如此解释。

2015 年 1 月 30 日，西少爷创始人之一宋鑫以自身股东知情权无法得到履行为由，将曾参与创立的“奇点兄弟”告上了法庭。宋鑫表示，最终的诉求，一方面是确保自己在西少爷品牌的共有财产；另一方面是确保此前参与众筹的人拿到分红权。

思考与实践

1. 要想获得融资，创业者应该做好哪些准备？
2. 天使投资、众筹和风险投资都有什么区别？
3. 假设你要开始自己的创业之旅，请创业小组结合本章内容的学习，拟订一份融资计划。

第十一章

奏响创业前奏

◥学习目标

·了解市场调研的重要性及作用

·学会市场调研的内容与方法

·掌握深度评估创业项目的基本方法

创业项目的识别、评估和运营是创业活动的核心与重点，各种创业资源也都是围绕着创业项目而整合在一起的，那么进一步确定创业项目的可行性就显得尤为重要。市场是创业的根本点和出发点，了解市场是企业生产经营的前提，你若想提高创业成功的概率，必须实事求是，从市场的实际情况出发，运用科学的方法，制订详细的调研方案，切切实实地去了解市场环境、消费者需求、行业现状、竞争情况等这些关键性的创业要素，为深度评估项目提供必要的依据，也为新创企业运营提供现实参考。

◥案例 11–1

◥案 例 11-1

吉列公司女性剃刀的市场调研

男人长胡子，因而要刮胡子；女人不长胡子，自然也就不必刮胡子。然而，美国的吉列公司却把“刮胡刀”推销给女人，居然大获成功。

吉列公司创建于 1901 年，其产品因使男人刮胡子变得方便、舒适、安全而大受欢迎。进入 20 世纪 70 年代，吉列公司的销售额已达 20 亿美元，成为世界著名的跨国公司。然而吉列公司的领导者并不以此满足，而是想方设法继续拓展市场，争取更多用户。就在 1974 年，公司提出了面向妇女的专用“刮毛刀”。这一决策看似荒谬，却是建立在坚实可靠的市场调研的基础之上的。

吉列公司先用一年的时间进行了周密的市场调研，发现在美国 30 岁以上的妇女中，有 65% 的人为保持美好形象，要定期刮除腿毛和腋毛。这些妇女之中，除使用电动刮胡刀和脱毛剂之外，主要靠购买各种男用刮胡刀来满足此项需要，一年在这方面的花费高达 7500 万美元。相比之下，美国妇女一年花在眉笔和眼影上的钱仅有 6300 万美元，染发剂 5500 万美元。毫无疑问，这是一个极有潜力的市场。

根据市场调研结果，吉列公司精心设计了新产品，它的刀头部分和男用刮胡刀并无两样，采用一次性使用的双层刀片，但是刀架则选用了色彩鲜艳的塑料，并将握柄改为弧形以利于妇女使用，握柄上还印压了一朵雏菊图案。这样一来，新产品立即显示了女性的特点。

为了使雏菊刮毛刀迅速占领市场，吉列公司还拟定几种不同的“定位观念”到消费者之中征求意见。这些定位观念包括：突出刮毛刀的“双刀刮毛”；突出其创造性的“完全适合女性需求”；强调价格的“不到 50 美分”；以及表明产品使用安全的“不伤玉腿”等。最后，公司根据多数妇女的意见，选择了“不伤玉腿”作为推销时突出的重点，刊登广告进行刻意宣传。结果，雏菊刮毛刀一炮打响，迅速畅销全球。

这个案例说明，市场调研是经营决策的前提，只有充分认识市场，了解市场需求，对市场做出科学的分析判断，决策才具有针对性，从而拓展市场，使企业兴旺发达。

→资料来源：
→根据网络素材整理

第一节 市场调研的价值

市场调研对于创业者而言，如同情报之于军队，是明确方向、战略决策和计划制订的重要依据。

什么是市场调研呢？简单地说，市场调研就是要以市场为对象，运用科学的方法，有目的、有步骤、系统地搜集、记录、整理有关市场信息和资料，分析市场情况，了解市场的现状及其发展趋势，为市场预测和营销决策提供客观可靠的资料和数据的过程。在本章中，我们主要谈谈基于创业项目的市场调研，进而验证项目的可行性，有助于降低你的创业风险。

一、市场调研是必要的

《孙子·谋攻篇》：“知己知彼，百战不殆。”什么是“知己知彼”？从市场营销的角度来看，所谓“知己知彼”就是要了解自己、了解顾客、了解竞争对手。只有在获得大量可靠的市场信息的基础上，才能做到“知己知彼，百战不殆”，才能在激烈的市场竞争中站稳脚跟。市场调研是我们的“雷达”或“眼睛”，它可以帮助我们把握准确的市场信息，对创业项目的可行性进行分析，了解行业发展现状，进行准确的市场定位，并为新创企业的营销计划提供必要的依据。

（一）有助于进一步分析创业项目的可行性

通过市场调研，我们对拟提供产品或服务的市场潜在需求、消费者情况、产品或服务的吸引力、市场竞争情况等信息会有一个大概的了解，以此进一步验证项目的可行性。通过对所需资源丰裕程度和获取难易度的调查，可以对项目运作的可能性做出判断；市场调研还可以对市场未来的发展趋势及消费习惯的变化进行预测，以此来判断项目的持久性。你可以根据调研信息适当对创业计划做出调整，使创业团队能够更好地驾驭创业项目。

（二）有助于新创企业进行科学的市场定位

我们都知道，每个创业项目都有所属的行业，了解行业信息，不仅要对行业的生命周期阶段、行业机会窗的大小有所了解，还要对行业竞争状况、行业的进入和退出壁垒等进行分析判断。此外，在市场调研中，重点要对消费者进行研究，据此可以更加明确我们的细分市场是什么，确定差异化优势，从而做出科学的市场定位。

（三）市场调研是新创企业经营决策的客观依据

创业的任何经营决策都必须立足市场，了解内外部的环境信息，而要掌握信息，就必须进行市场调研。掌握这些信息，你会对市场有更全面的了解，调整创业项目价值实现的方式和途径，团队建设和管理目标更加明确，企业初创期的战略、规划都会有据可循。

二、市场调研的原则

（一）实事求是原则

市场调研的根本目的，就是为你和你的创业团队提供准确的创业依据，这就要求调查活动首先要遵循实事求是的原则。切记要避免人为的主观偏见，调查资料必须真实、客观地反映客观实际。有些调查结果可能和我们的预期不太一致，比如，市场需求可能不像我们预期的那样好，在这种情况下，只要整个调查过程是科学的，数据是真实的，就应该尊重事实，千万不可擅自修改数据，或者忽视信息传递给我们的风险信号。只有尊重客观规律，坚持实事求是，调查才能得出客观的结论，依此才能做出正确的决策。

（二）科学全面原则

所谓科学全面原则就是要根据调查的目的，通过科学的方法全面系统地收集相关的市场信息和资料。由于市场复杂多变，如果在调查时不能全面考虑问题，难免会本末倒置、事倍功半。同时，市场调研要在科学方法的指导下进行，这就要求你要从市场调研的设计到资料数据的收集，再到数据的分析、统计和处理等过程必须严格遵循科学的程序，以期全面系统地反映市场经济运行状况。

（三）经济节约原则

一般来说，市场调研的范围较广，周期较长，人员使用量也比较大。创业前期，资金紧缺，所以你必须要考虑经济预算，争取用较少的资金获得更多的客观资料。在调查内容不变的前提下，采用不同的调查手段，费用支出会有所差别。同样，在支出相同的条件下，不同的调查方案也会产生不同的效果。

（四）时效性原则

“时间就是金钱，效率就是效益”，成功的市场调研应该及时捕捉市场上任何有价值的情报信息，及时分析，及时反馈，为你制订新创企业市场营销策略提供依据。

（五）保密性原则

市场调研所获得的信息和资料是十分宝贵的，这些有价值的信息蕴涵着某些商业机密，如果资料外泄会给你的创业带来意外风险。此外，你要注意对被调查者提供的信息保密，不论被调查者提供的是什么信息，也不论该信息的重要程度如何，都不能将其信息外漏，这也是履行我们最初对被调查者的承诺。

三、市场调研的程序

市场调研科学性原则的一个重要体现就是市场调研各环节前后衔接的紧密性，任何一个环节出现问题都无法保证调查结果的准确性。所以，你需要了解市场调研的程序与步骤，才能制订一份科学有效的调研方案，如图 11-1 所示。

（一）调研准备

1. 确定调研问题

想准确、科学地确定研究目标不是一件容易的事。如果目标过于宽泛，实际的研究设计将会比较困难；反之，如果目标过于狭窄，又不能达到调研的目的。那么应该如何确定调研问题呢？我们的最终目标是要确定创业项目的可行性，为创业初期的市场营销提供依据和参考。这样我们的问题就可以明确和细化，在制订调研方案时，依据调研目的去设计调研内容和调研方法。

2. 设计调研方案

做事需有计划，按照计划有条不紊的实施，会事半功倍。调研方案是针对调研目的的具体设计，是指导调研工作展开的依据。主要包括调研目的与要求、调研方法及调研对象等。

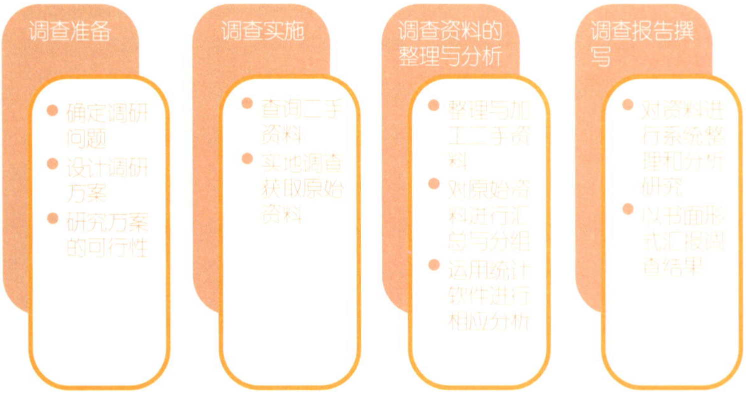

图 11-1 市场调研程序

需要注意的是，在明确调研目的前提下，需要量化调查指标，我们需要综合考虑经费、统计能力和调查方式的支撑情况，选择那些相关度比较高，而且可以客观、精准度量的指标。

制订调研的组织计划。组织计划就是对整个调研活动辅助细节部分的安排，包括组织领导、时间进度、分工与联系、经费预算等。为了使预期的调研能够保质完成，必须预先规划每一阶段需要完成的任务，也就是制订一份详细的时间安排表，统筹安排，大体可参考表 11-1。

3. 调研方案的可行性评价

面对复杂的市场环境，为了确保调研取得成效，我们应该对调研方案的科学性做进一步的评估和论证，也即要对调研方案进行可行性评价，看其是否体现了调研目的和要求，是否完整、科学，是否有针对性、有可操作性。

（二）调研实施

在完成上述准备工作之后，市场调研就进入了实质性的阶段，这也是市场调研中的最基础性的工作，组织人员深入实际，按照计划方案实施调研，收集、记录相关信息和资料，资料的收集可以从两个方面进行，即查询二手资料和实地调查获取的原始资料。

（三）调研资料的整理与分析

与原始资料相比，二手资料的收集相对比较容易，所花的费用和时间也相对较少。有些二手资料，例如，由国家统计局普查提供的数据是可以直接引用和借鉴的，但二手资料也可能缺乏准确性和时效性，所以，在使用二手资料之前，有必要对二手资料进行整理与加工。

实地调查，需要收集和记录好所有信息，这些信息资料最初只是一堆资料而已，并不能系统反映相关信息，需要我们对其加以编辑、组织、汇总、分类和制表，变成可供分析解读的信息，最后借助相关软件对数据进行分析。

（四）调研报告撰写

将调研中收集的资料加以系统整理和分析研究，并以书面的形式完成调查结果的总结，也是市场调研的最终成果。一份好的调研报告，能为你提供有效的市场策划指导，也为争取合作伙伴和投资商发挥非常关键的作用。

表 11-1 市场调研工作计划表

时间	调研指标	调研内容	调研方法	调研地点	调研对象	人员配备	经费

第二节 调研有方，洞悉市场

市场调研的重要性相信已经引起你足够的重视了，你也一定做好了调研的心理准备，可是调研什么？怎么调研？一片茫然！别急，接下来我们会把市场调研的方法详细地交给你，一起来学习吧！

市场瞬息万变，我们应该对影响市场变化的主要因素进行全面调研，当然，市场调研的成败不仅在于调查的内容明确、有针对性，还在于有正确的方法，也就是采用什么方式取得调查资料。

一、市场调研的内容

为了验证创业项目的可行性，也为初创期企业的市场营销提供充分的依据和资料，我们需要对市场环境、竞争对手、消费者需求状况等信息展开调查。

（一）环境调查

1. 政策法律环境调查

调研政策法律环境是十分必要的，因为它会给我们的创业活动带来实际与潜在的影响力，这项调查主要是针对现在和未来的国内、国际的政治态势和走向，以及有关出台或即将出台的方针、政策、法律法规、条例、规章制度等方面信息进行调查，它会对新创企业未来的经营状况产生重要的影响。在“大众创业、万众创新”的时代背景下，国家、政府、学校都给予大学生创业很多的优惠政策，并且不断完善相关的软硬件设施，这些都给了我们更好的创业环境，相信在前面的学习中你已经了解详细情况。

2. 经济环境调查

经济环境调查，我们重点需要了解那些国家经济环境变化可能会对企业产品形成影响的因素。例如，GDP 计划的增长率、积累与消费的比例、基建规模（国家在一定时期内投入基本建设的资金总额）、基建投资、社会商品零售总额、人口增长率、就业率和主要产品产量等。调研这些内容的目的主要有两个：一是判断和确定企业的服务方向是否合适；二是通过调研主要产品产量，按相关比例测算对本企业产品的需要量。同时，这些因素还会直接影响企业未来的经营成本和销售收入，进而影响创业项目的可行性。

3. 社会环境调查

社会环境调查就是要了解我们所服务的市场，其社会成员在民族特征、文化传统、价值观念、宗教信仰、教育水平以及风俗习惯等因素上的状况。主要包括人口规模、年龄结构、收入分布、消费结构和水平，以及人口流动性等指标。从人口规模的调查中我们可以掌握地区的市场容量，年龄结构则决定消费品的种类及推广方式，收入状况、消费结构和水平则决定市场的需求。总之，社会环境调查十分关键，应该具体量化一些调研指标。扩展阅读 11-1

4. 科技环境调查

该项调研主要是调研与本企业提供的产品或服务有关的科技现状和发展趋势。包括与企业生产经营有关的新技术、新工艺、新材料及其应用前景。此项调研的目的是：一是掌握同行业的技术动态以确定本企业的发展方向；二是正确地进行产品决策，确定产品的差异

“能够生存下来的物种，不是最强壮的，也不是最聪明的，而是最能适应变化的”

——查尔斯·达尔文

化优势，进行准确的市场定位。

5. 行业环境调查

每个创业项目都有其所属的行业，要想做好这个项目，你需要对该项目行业有较为全面的了解。分析项目所在行业的竞争特征和产业的吸引力，你将最终决定是否值得进入该领域创业，并为你制订行业竞争战略提供帮助。行业环境调查需要了解整个行业市场、地区市场的销售状况和销售能力，行业所处的生命周期、行业竞争结构等因素。主要调研内容：现有竞争者之间的竞争情况、替代品的竞争情况、行业新进入者、买方议价能力、卖方议价能力；具体调研指标如竞争者数量、产品种类、产品价格、需求增长率、市场增长率、替代品、替代品价格等。

我们可以查阅行业报纸、专业期刊，这里面集中了行业方面的企业动态、竞争态势、市场状况等信息。还可以通过图书馆查阅资料，图书馆里的一些市场研究报告、一定时期的消费数据汇总、同类企业的资料文献汇编等是重要的信息来源。

（二）竞争对手调查

对竞争对手的调查你要从寻找和分析竞争对手开始。首先你要知道，谁是你的直接竞争对手？谁是你的间接竞争对手？直接竞争对手是指那些提供和你相类似的产品或服务的企业，他们和你争夺的是同一市场和目标顾客，必须详细调查；间接竞争对手是那些提供替代品的企业，与你提供的产品或服务一样可以满足消费者的一些基本需求。此外，你还要关注未来可能的竞争者，因为随着你的经营范围的变化，就会出现一些新的竞争对手。

要想识别所有的竞争对手是非常困难的，但是我们可以列举出一些自己能够意识到的竞争对手，对其经营状况进行

扩展阅读 11–1

文化习俗是企业进入市场的重要参考

风俗习惯是人们根据自己的生活内容、生活方式和自然环境，在一定的社会物质生产条件下，长期形成并世代相传的约束人们思想和行为的规范。它在衣、食、住、行、用、时间、空间、数字、颜色、图案、物质、文化、友谊交往等方面都表现出独特性，主要体现在心理特征、道德伦理、行为方式和生活习惯等诸多方面。了解目标市场消费者的禁忌、习俗、避讳、信仰、伦理观念等，是企业进入市场的重要前提。

例如，在饮食习惯上，各地区的差异很大。食品企业，如果要想立于市场的不败之地，千万不能忽视地区的主流饮食文化。作为快餐巨头的肯德基，在这个方面做得就比较成功。从老北京鸡肉卷到油条，从皮蛋瘦肉粥到“烧饼”系列。近年来，肯德基不断有中式食品推出，肯德基陆续又推出了两款“米饭”食品，大有要把“中式”进行到底的架势。肯德基叫卖米饭，一方面彰显了肯德基“立足中国，融入生活”的一贯策略，将本土化与创新研发相结合，将中式传统融入西式快餐，不断给消费者带来更多的美食冲击；另一方面，也在全方位发展产品体系上再进一步，不仅为消费者提供更多的产品选择，而且要让中国消费者在肯德基吃得更舒服。

资料来源：
根据网络素材整理

> “能够倾听带来坏消息的人士的意见，是极其重要的”
>
> ——安迪·格鲁夫

详细的分析。

（1）在全国和你的企业所在地区有哪些同类型的企业？企业竞争实力如何？比如这些企业的生产能力、技术能力和销售能力等，重点了解他们的优势和存在的不足。在这些企业中，最具竞争力的企业是谁？

（2）了解主要竞争者的产品市场分布如何？市场占有率多大？市场占有率往往反映了一个企业的竞争能力和经营效果。

（3）主要竞争对手其产品或服务的质量、消费者的认可度、价格、成本及相应的利润需要详细调研。

（4）了解竞争对手的营销策略，哪些营销方式效果好、值得借鉴？订为我们以后的营销计划的制订提供参考。

• 我们了解竞争对手的信息渠道主要来源于：

（1）企业名录和企业年鉴。它们所提供的如企业规模、产品、产量、销量、市场份额等信息，有助于初步确定竞争对手，了解其基本情况。

（2）专利文献。专利文献既是技术文件又是法律文件，有助于监视竞争对手的专利申请活动，也为本企业的新产品开发提供重要信息。

（3）上市公司年报。年度报告几乎囊括了所有可以作为商业秘密的企业财务、客户、人事等信息，不仅有数量指标，还有质量指标供分析时参考。

（4）关注竞争对手新产品展示。

（5）从竞争对手的垃圾中获取信息。

（6）调查走访竞争对手。

（7）广告。从竞争对手的广告中，可以了解到其对于媒体的选择、花费的水平和特定战略的时间安排等情况。

（三）消费者需求调查

消费者需求是消费者为满足个人和家庭生活的需要，购买产品和服务的欲望和要求。消费者需求的调查和分析是企业经营成败的焦点和核心之一，你应该对消费者需求特征、影响消费者消费的关键因素进行全面调研。

你要明确谁是自己产品的消费者？他们为什么购买？他们是如何做出购买决策的？有哪些因素影响他们的购买行为？可以参考如下具体指标进行调研：

1. 消费者基本情况

了解现有的和潜在的目标顾客群的年龄、性别、职业、民族、受教育程度，消费者数量及地区分布状况；消费者的个人收入、购买力的大小、购买商品的数量。综合分析消费者特征、消费者需求、生活方式以及人口变化等情况。

2. 消费者消费动机

购买动机调查主要是弄清楚产生各种购买行为的主要原因，例如，了解市场上的消费者为什么只采用某种行为方式？为什么他们购买这些产品而不是别的产品？为

【Tips】

互联网是一个收集信息最有效的方式，你输入一个关键词就可以查阅大量的相关信息，虽然有万能的百度，但以下的几个网站或许你会有意外惊喜：

企业信息查询网（www.sogongsi.com）中国中小企业信息网（www.sme.gov.cn）

中国民营科技网（www.ccmykj.cn）创业投资在线（www.vc26.com）高校创业联盟（www.cyeedu.com）创业家（www.chuangyejia.com）中国行业协会商会（www.chinaassn.com）

美国普查局（www.census.gov）商业周刊（www.businessweek.com）

什么他们在这些地方而不去其他地方消费？

3. 消费者购买行为

消费者购买行为调查，就是要对消费者购买模式和习惯的调查，即了解消费者在何时购买（When）、在何处购买（Where）、由谁购买（Who）、如何购买（How）和为什么购买（Why）情况。

通过消费者需求调查，可以帮助我们正确进行产品地位和目标市场定位，减少我们在产品选择和市场选择上的失误，并可以在充分调研的基础上，进一步评估潜在市场的吸引力和企业在该市场的竞争力，从而制订相应的营销策略。

二、市场调研的方法

方法得当，事半功倍。比较常用的市场调研方法主要有：文案调查法、抽样调查法、询问调查法、观察调查法和实验调查法。

（一）文案调查法

文案调查法是指通过搜集各种文献资料摘取与市场调研内容相关的调研方法。文献资料包括年检、报告、文件、报表、网络数据库等，文案调查所获得的资料属于二手资料，那么什么情况适合采用文案调查法呢？例如，行业环境调查中的很多重要指标都可以利用文案调查法获得。

文案调查法有很多优点，收集比较容易，成本相对较低，实施方便、自由，尤其是互联网的利用，已经成为文案调查方法的主要载体和途径；其缺点在于二手资料随着时间的推移和市场环境的变化，难免不能准确反映当下的市场环境。总之，文案调查是市场调研过程中短期获得初步信息的一种重要调研方法。

（二）抽样调查法

抽样调查是从全部单位中抽取部分样本进行考察和分析，通过部分去推断整体的一种调查方法。抽样调查适用于那些调查对象数量庞大，难以进行全面调查的情况。

抽样调查中较为常见的方法就是概率抽样法，它是按照概率论与数理统计原理从调查对象中随机抽取样本，通过样本数量关系来对总体特征做出估计和判断。采用此种方法时，为了减少误差，可以多做几次抽样。

（三）询问调研法

询问调研法也称访谈法，是访问者通过口头交谈等方式向被访者了解实际情况的方法。询问调查一般是访问者向被访问者做的面对面的直接调查，是通过口头交流方式获取信息的口头调查。它是市场调研中最常用、最基本的调研方法。其形式比较多样，如入户访问、街头拦截式访问、问卷调查、网络调查、电话调查等。

1. 入户访问调查

调查人员按照抽样方案中的要求，到抽中的家庭或单位中，义军问卷或调查提纲进行面对面的直接访问。这种方式能够确保被访者在一个自己熟悉的、安全的环境里接受访谈。

入户访问调查其优点在于：第一，可以获取较多的信

【Tips】

调查的内容很多，你需要合理地安排调查的时间和进度，但无论怎样你都要注意调查的目的性、普遍性和时效性，当然还存在着一定的不确定性和风险。

你在开展项目调查前一定要记得分组完成，多人完成的同一调查内容一定要做好分工，并且团队和组内经常沟通、分享会提高整体的工作效率的。

调查时选定一个竞争对手并对其进行深入地调查和分析，是一个行之有效的办法。

息和较高质量的数据，入户访问时间一般比较长，双方有充分的实践进行交流，问题的设计可以复杂一些，可以多一些开放式的问题；第二，灵活度高，可中性强，调查人员可以根据调查提纲灵活掌握问答的顺序和内容；第三，面对面的交流，调查人员可以进行细微的考察，观察被访者的态度、语气等，以此来判断被访者所提供资料的真实性和有效性。

入户访问调查的缺点：一是耗时耗成本；二是调查效果受调查人员影响较大，其专业素质、与人交往的能力、工作责任感等都会影响直接影响调查效果；三是拒访率还是比较高的，一般来说，绝大多数人都不愿意接受不速之客的来访，会有安全等方面的顾虑。

2. 街头拦截式访问

此种方法相对简单，街面、超市、写字楼、停车场、车站、学校等场所，人员较为密集的地方均可进行这样的访问调查。

街头拦截式访问费用低于入户访问，这是其最大的优势，这是因为调查人员大部分时间用于访问本身，而不像入户访问那样需要长时间寻找被访者，从而提高了访问效率。拦截访问除了费用低以外，在直接面对被访者进行启发式调研上具有同入户访问一样的优势。其不足之处在于，拒访率较高，最好在进行调研时给予一些物质奖励，以挣得更多被访者的支持与配合。

3. 问卷调查

问卷调查法是市场调研采用的最为普遍的方法之一，它是以书面的形式了解被调查对象的反应和看法，并以此获得资料和信息的方法。问卷形式通常简单明了，无须调查人员就调查目标向被调查者做详细解释，而只需要稍作说明，被调查者即可答卷，大大节省了调研时间，提高了调查效率。

按照问卷的媒介，比较常用的问卷调查形式有实地问卷、网络问卷和信函问卷。实地问卷，就是指调查人员在商场、餐馆、游乐场等人流量大而集中的路段或其他公共场所随机选择过往行人，就地进行问卷调查，对于目标市场比较明晰的创业项目比较适合采用实地问卷的形式进行调研。网络问卷，则是利用电子邮箱或设计好的平台来完成搜集信息的方法。信函问卷，是通过将问卷寄给被访者来获得信息的方法。调查者应该根据调查主题、目的、对象及时间要求的不同，选择不同的问卷调查方式。

• 调查问卷的设计原则

决定市场调研质量的关键是市场调研问卷的设计质量，把握设计原则是十分必要的。

（1）合理性原则。问卷必须与调查主题紧密相关，违

【Tips】

访谈技巧：

访谈形式拒访率较高，所以我们要有效地去控制访谈过程，巧妙利用访谈技巧尤为重要。

1 处理好“称呼”问题。称呼恰当，会减少与被访者之间的距离感，称呼不恰当，还会闹出笑话，甚至引起对方反感，影响访问正常进行。对被访者的称呼应注意几个问题：称呼要入乡随俗、亲切自然；符合双方亲密程度和心理距离，一味地套近乎也会引起反感；既要尊重对方，又要恰如其分。可以开门见山，先自我介绍，说明调查目的、意义和内容，努力寻求与被访者的共同语言，建立信任感。2 注意提问技巧。说话是一种艺术，在市场调研中，这种艺术表现地尤为明显。访谈过程中提出的问题大概有四类：一是接触性问题，提出这类问题的目的，不是了解问题本事，而是为了比较自然地接触被访者；二是试探性问题，提出此类问题是为了试探对方，看访谈对象和时间的选择是否合适，以便决定访谈是否继续。

背着这一点，再精美的问卷都是无益的。如果要调查消费者对某类化妆品的需求，问卷内容就应该包括她（他）的基本情况，如性别、年龄、皮肤性质等；其购买力和购买欲，包括收入水平、职业、受教育程度等；消费者对于此类化妆品的评价，如价格、效果等。

（2）有效性原则。通过调查问卷获得的信息资料应该对创业者的市场营销决策和其他研究问题具有一定的指导意义。

（3）一般性原则。问题设置要具有普遍意义，不能出现常识性错误，否则，不仅不利于调查资料的整理和分析，也会使被调查者质疑我们的调研水平。

（4）逻辑性原则。问卷的设计要有整体感，问题与问题之间的逻辑性要符合人们的正常思维习惯，注意问题不能出现同义重复。

（5）便于整理和分析。一份优秀的问卷设计除了考虑紧密结合调查主题与方便信息收集外，还要考虑调查结果统计和分析的方便，并且能够通过数据清楚地说明所要调查的问题。只有这样，我们的调研才能达到预期的效果。

• 问卷的结构

问卷结构通常包括引言、填写说明、主体三部分，主体由封闭式问题和开放式问题组成。

（1）引言。引言就是问候语，也称问卷说明，其作用是让调研对象者明确我们的目的，引起他们的兴趣和重视，争取他们的积极配合。引言的内容就是要告诉调查对象“我是谁？”“我要做什么？”“做这件事情的目的和意义”“我需要你的支持与合作”“我的承诺”和“填写要求”。为了给被调查者留下良好的“第一印象”，引言的语气要谦虚，态度要诚恳，文字要简洁、准确，打消被调查者的顾虑。下面是一个小例子：

女士们，先生们：

您好！

我们是 ×× 创业团队，我们正在进行 ×× 产品或服务的市场情况进行调查，我们很想知道您对 ×× 产品或服务的一些认识与评价，以便进一步完善我们的市场。以下问题请您根据实际想法作答，我们向您承诺，您在本调查中提供的任何信息都不会对外泄露，请您放心答题。

感谢您的支持与配合！

（2）填写要求。即填写说明，将问卷作答的具体要求和规范说清楚，不要太长，简明扼要即可。

（3）主体。问卷的主体设置有两种问题，一种是开放式问题（不设置答案，由被调查者自由回答的问题）；另一种是封闭式问题（事先设计好问题和答案，被调查者只需从中选择自己认为最佳的答案）。

• 问卷设计的注意事项

为了使调查问卷能够更好地实现调研目的，在设计调查问卷时除了要遵循设计原则，在设计问题时还须注意如下事项：

（1）问题设计排列要科学合理。问题的排列要有合理的顺序，一般先要提出开阔性的问题，然后由近及远，逐步启发，由简单到复杂，逐步深入，不要一下子提出复杂的问题。此外，要注意先行问题对后读问题产生的影响。例如，在某一调查问卷中有两个先后排列的问题：“您家的空调是否省电？”和“您认为空调的什么性能最重要？”那么，调查者无论回答“省电”还是“不省电”，都会给被调查者在第二个问题的回答上产生一定的提示和影响，可将两题的顺序置换一下会比较好。

（2）问题措辞要简单、通俗，对专门术语必须加以解释。简单通俗的语言易于被不同文化背景、不同阶层的消费者理解和接受，也可以避免因不明题意或理解错误而产生的回答偏差。因此，在问题设计中要尽量避免使用专业性词汇或字母缩写。例如，“您认为本店的 POP 广告如何？”一般消费者不一定知道 POP 广告的意思，因而也就无从回答。

（3）杜绝无意的诱导。问卷设计应保持中立，不能暗示或带有倾向性，不要诱导被调查者按照调查者的意图回答问题，否则会造成调查资料的失真。例如，×× 牌啤酒制作精细泡沫丰富，味道醇正，您是否喜欢？这样的问题容易诱导被调查者得出肯定或否定性结论，也容易引起被调查者的反感，结论缺乏客观性。

（4）提供明晰的标准。在问卷调查中，常常会涉及频度的问题，例如，每天上网几个小时，多长时间换一部手机等。在设计这类问题时，如何设置频度选项是需要仔细斟酌的。频度的选择要足够广，能覆盖绝大多数受访者的可能情况，频度的选择还要足够敏感，体现结果的差异；同时在设计时要尽量少使用副词，如经常、偶尔等，因为每个人对这些频度的理解是不同的。例如，您是否经常化妆？设置答案为：A. 偶尔；B. 有时；C. 经常；D. 从不。我们看到，四个频度选项里只有“从不”一词的含义是非常明确的，它代表了零发生率。其他三项的含义都是非常不明确的，它代表了零发生率。其他三项的含义都是非常不明确的，“有时”的含义是什么呢？三天化妆一次，还是两天化妆一次？即使都是三天化妆一词，有的会选“经常”，而有的调查者会选“偶尔”，建立在这样的数据上的结论是非常不可靠的。

（5）提问要有艺术性，避免引起反感。

例如，某电脑零售商的一个调研问题

A. 您至今未买电脑的原因是什么？

a. 买不起；b. 没有用；c. 不懂；d. 软件少。

B. 您至今未买电脑的原因是什么？

a. 价格高；b. 用途较少；c. 性能不了解；d. 其他。

显然 B 组问句更有艺术性，更能使被调查者愉快地合作，而 A 组的提问比较容易引起反感，不愿意合作，影响调查结果的准确性。

（6）封闭式问题答案尽量丰富。答案越丰富，越能够开阔被调查者的思路，启发其给我们传输更多的有效信息。

4. 网络调查

互联网的迅速发展，为市场调研提供了最现代化的工具。网络调查又称为在线调查，就是通过互联网及其调查系统把传统的调查、分析方法在线化和智能化。与传统的调查方法相比较，网络调查在组织实施、信息采集和信息处理等方面具有明显的优势，但也有一些缺点和不足。

• 优点

（1）效率高，时效强。网络调查省去了邮寄和印刷的过程，几个小时内即可完成，初步调查结果也可以在调查结束后马上得出。

（2）问卷设计形式多样。网络调查可以运用动画、声音、影像等来提高问卷设计的质量，增强问卷的趣味性，提高被调查者的兴趣。

（3）调研费用低，不受时空限制。网络调查不需要派出调查人员，费用低廉；同时，不受时空限制可以开展全天候 24 小时的调查，也不受地域限制，可以跨地域进行在线调查。

• 缺点

（1）样本的代表性难以保证。上网的人群多以年轻人和知识分子为主，网络调查的样本还不具有普遍的代表性。

（2）网络安全隐患。网络的安全性一直是影响网络调查发展的制约性因素，间谍软件、木马病毒都成为网络安全性的最大隐患。

（3）隐私担忧。许多网民都担心在网络调查过程中自己的个人信息外泄，影响网民参与网络调查的积极性。

网络调查时采取的方法是被动调查法，即将调查问卷挂到网站等待被调查者自行接受调查，这种方法并不能收到很好的效果，因此，如何吸引网民参与调查就成了我们团队着力解决的问题。通常情况下发送电子邮件、设置网上专项调查、提供有奖参与等方法口可以提高参与率。

我们可以采用一些专业的在线问卷调查、测评、投票平台。这些平台为用户提供功能强大、人性化的在线设计问卷、采集数据、自定义报表、调查结果分析系列服务。

（四）观察调查法

英国社会学家曾说：“观察可称为科学研究的第一方法”。观察调查法就是研究者根据一定的调研目的，研究提纲或观察表，用自己的感官和辅助工具（照相设备、录像设备等）直接观察被研究对象，然后通过思考、比较、鉴别，从而获得资料的一种方法。也是我们获得直接创业经验的主要方法，这种方法比现成信息资料的解读或汇总更为鲜活和有效。

为了验证创业项目的可行性，也为了更好地洞悉市场，我们需要对市场环境和消费者行为进行细致观察，记录相关信息，获得调查资料。如对某一社区的社会环境调查，就可以通过观察该地区的企业数量、企业类型、街道状况、交通状况、人流量等来进行判断。对消费者行为的调查，例如，在超市入口处，通常陈列着厂家推销的新产品或商店推销的季节性商品，顾客走进超市时，多半会驻足观看甚至选购这些商品。我们就可以利用这一机会，观察消费者对新产品或季节性产品的关注情况和购买情况。

随着科学技术的发展，越来越多的先进仪器被逐渐应用到市场调研中，如摄像机、录影机、检测器等，借助这些仪器，我们可以观察和记录被调查对象的行为或所发生的事情，以提高调查的准确性。最常见的是利用扫描仪对商品条形码做记录，以了解消费者对某些商品促销活动的反应，以及对公司利润的影响。与其他几种调查方法相比，观察法具有独特的特点，包括它的优点和缺点（图 11-2）。

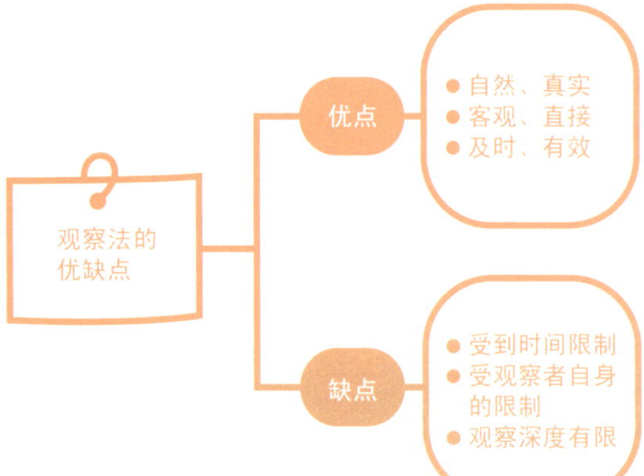

图 11–2 观察法优缺点

（五）实验调查法

实验调查法源于心理学，它是指市场实验者有目的、有意识地通过改变或控制一个或几个市场影响因素，来观察市场现象的变化规律，从而认识市场现象的本质的一种实践活动。

实验调查法是一种具有实践性、动态性、综合性的直接调查方法，它是所有调查方法中最为科学，也是最具科技含量的一种方法。它要求先设定一个实验环境，预设各种影响因素或条件，通过实验对比，对市场需求、市场环境或营销过程中的某些变量之间的关系及其变化进行分析，其特点主要有：

（1）客观、实用。它通过实地实验，将实验与正常的市场活动结合起来进行调查，取得的数据比较客观，可信度较高。

（2）主动、可控。调查者可以充分发挥主观能动性，主动控制实验环境，并通过改变其中的自变量来研究事物之间的因果关系。

（3）可重复。实验室实验可以人为控制与设计，因此，可以多次反复进行，并将各次的结果反复对比。

扩展阅读 11–2

垃圾中的信息

美国的雪佛龙公司聘请美国亚利桑那大学人类学系的威廉·雷兹教授对垃圾进行研究。威廉·雷兹教授和他的助手在每次垃圾搜集日的垃圾堆中挑选数袋，然后把垃圾的内容依据其原产品的名称、重量、数量、包装形式等予以分类。如此反复地进行了近一年的搜集垃圾的研究分析。雷兹教授说："垃圾袋绝对不会说谎和弄虚作假，什么样的人就丢什么样的垃圾，查看人们所丢弃的垃圾，是一种更有效的行销研究方法。"他通过对土珊市的垃圾研究，获得了有关当地视频消费情况的信息，做出了如下结论：①劳动者阶层所喝的进口比收入高的阶层多，并知道所喝啤酒中各牌子的比率；②中等阶层人士比其他阶层消费的食物更多，因为双职工都要上班而太匆忙了，以至于没有时间处理剩余的食物，依照垃圾的分类重量计算，所浪费的食物中，有 15% 是还可以吃的食物；③通过垃圾内容的分析，了解到人们消耗各种食物的情况，得知减肥清凉饮料与压榨的橘子汁属于高阶层人士的良好消费品。请思考该公司采用的是哪种调查法？根据这些资料该公司将采取哪些决策行动？

资料来源：
李世杰、于飞主编.《市场调查与预测》[M]. 第 77 页

表 11-2 市场调研参考指标与方法

市场调研内容		调研指标	调研方法
环境调查	政策法律环境	现在及未来国内、国际政治态势和走向	文案调查法
		国家、地方出台和即将出台的创业政策、行业政策、法律法规或条例等	文案调查法
	经济环境调查	GDP 计划的增长率	文案调查法
		积累与消费的比例	文案调查法
		基建规模、基建投资	文案调查法
		社会商品零售总额	文案调查法
		人口增长率	文案调查法
		就业率	文案调查法
		主要产品产量	文案调查法
	科技环境调查	与项目有关的新技术、新工艺和新材料	文案调查法
	社会环境调查	目标市场消费者的民族特征、文化传统、风俗习惯、价值观念、宗教信仰、教育水平	文案调查法、观察法
		目标市场的人口规模	文案调查法、观察法
		目标市场的年龄结构	文案调查法、观察法
		目标市场的收入分布	文案调查法、观察法
		目标市场的消费结构和水平	文案调查法、观察法
		目标市场的人口流动性	文案调查法、观察法
	行业环境调查	行业所处的生命周期	文案调查法、观察法
		行业竞争结构	文案调查法、观察法
		行业需求增长率	文案调查法、观察法
		行业市场增长率	文案调查法、观察法
竞争对手调查	直接竞争者	核心技术	文案调查法、观察法、实验法
		产品质量、功能、种类、价格、成本	文案调查法、询问法、观察法、实验法
		分销渠道、促销手段	文案调查法、询问法、观察法、实验法
		消费者评价	询问法、观察法、实验法
	间接竞争者	替代品质量、价格	文案调查法、询问法、观察法、实验法
		消费者评价	文案调查法、询问法、观察法、实验法
消费者需求调查	消费者基本情况	性别、年龄、职业、受教育程度、收入	询问法、观察法、实验法
	消费者消费动机	消费结构、消费喜好	询问法、观察法、实验法
	消费者购买行为	消费者购买时间、购买地点、购买形式、满意度	询问法、观察法、实验法

【Tips】

无论你采用哪些方法进行市场调研，都要注意在把握每种调查方法的特点的基础上，结合调研内容和目的，参考表 11-2，选取最为合适的调研手段，在某一特定的调查中你也可采取组合式的调查方法。

预祝大家调研成功！

第三节 深度评估项目

周密的市场调研，给我们提供了大量的信息和资料，接下来，我们需要对这些数据和信息进行汇总和整理，以待进一步分析，去验证创业项目的可行性。同时还需要对项目的风险进行评估，最后针对项目做全面的SWOT分析，形成最终的市场调研结论。

我们在对创业项目进行可行性分析时，需经历一种思想上的转变，将单纯的商业创意视为一个真实的企业，通过从市场调研获得的数据信息，再进行可行性分析，也就是对项目进行深度评估。如果分析结果表明创业项目可行性大，我们就要为进一步创建企业做好各种准备；反之，如果一个或多个方面不具有可行性，我们就需要对所选择的创业项目进行重新考虑或放弃该项目。创业项目可行性分析包括六个方面，分别为：产品（服务）分析、目标行业分析、目标市场分析、竞争情况分析、组织情况分析、财务情况分析；最后，还需要对项目运营的风险进行评估（图11-3）。

一、创业项目可行性分析

（一）产品可行性分析

如果要对产品可行性分析，你可以从产品的吸引力、产品满足市场需求程度两个方面做进一步评估。

1. 产品吸引力

产品吸引力分析，旨在确认产品或服务受消费者欢迎的程度。为了分析产品或服务的吸引力，你需要思考以下问题：你的产品或服务是否有价值？是否能让消费者喜欢？当前是将创业项目提供的产品或服务引入市场的良好时机吗？产品有没有重大缺陷？

你能够从前面的市场调研中获得产品价值、消费者喜欢程度、进入市场时机等方面的相关信息，而对于产品有无重大缺陷还需要进一步向相关专业人士调研和请教，向专家展示你的产品或服务，并听取反馈意见。最好不要向家人或朋友征求意见，因为他们倾向于给出肯定意见；而那些对创业项目肯直言不讳、能给出有效反馈和意见的人士则是你要重点咨询的。

你可以将调研书准备好后，发给5~10名熟悉创办企业的专业人士，并获得专业人士有价值的反馈意见。产品或服务的调研书应条理清晰。

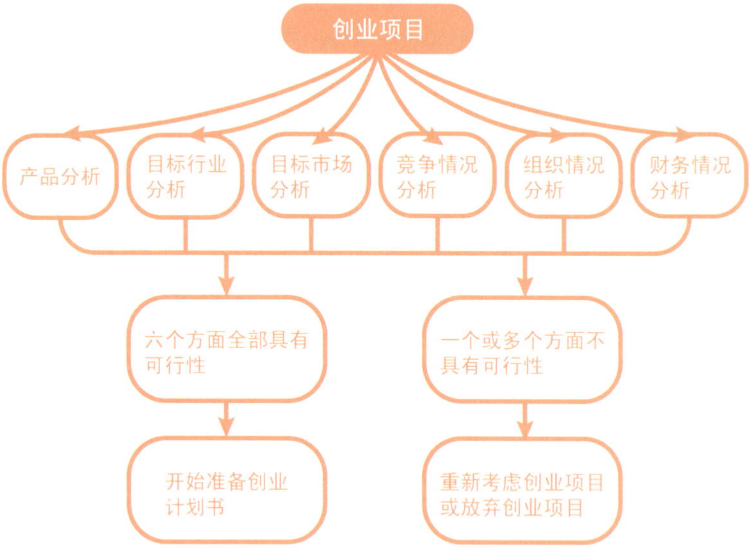

图11-3 创业项目可行性分析内容图

2. 产品需求

产品需求分析，就是要确认消费者是否对产品或服务有需求，需求程度如何。为了确定产品或服务的需求，你需进一步分析以下问题的数据信息：产品或服务是否满足了消费者的需求？消费者会购买吗？消费者对产品或服务的热爱程度如何？

为了获得产品或服务的真实需求，你需要进一步整理分析消费者购买意愿的资料信息，此项调研用来评价消费者对产品或服务感兴趣的程度。

为了评估消费者需求程度，我们可以将表示明确购买的人数与可能购买的人数结合起来考虑。需要注意的是，那些表示有意购买产品或服务的潜在消费者，并非总能坚持到底，答自己愿意购买的潜在消费者不一定真的购买，所以这样调查出来的数据往往过于乐观。不过，调查的结果还是可以给你提供有关消费者对产品或服务创意感兴趣程度的总体认识。

为了进一步评估创业项目的可行性，你可通过产品可行性分析评估表进行评估。如表所示，每个评估项目下设低潜力、中等潜力、高潜力 3 种评估标准，分别对应分值为 -1、0、1。你要根据创业项目产品的市场调研结果完成可行性分析评估表，见表 11-3。

产品可行性分析评估表共有五个评估项目，其得分介于 -5~+5 之间，分值只是一种参考，因为对高潜力、中等潜力、低潜力赋予恰当分值的现成方法并不存在，划分等级是你主观判断的结果。

（二）目标行业可行性分析

目标行业是创业者进行创办企业和运行的大背景。不管是在识别创业机会前，还是创业项目运营后，目标行业分析都会使你对与创业项目相类似企业的运营方法和沟通手段有深入的了解。而且，通过对目标行业的分析，你可以更容易地找到合适的战略伙伴、潜在消费者、创业资金和销售渠道。

表 11-3 产品可行性分析评估表

评估项目	低潜力（-1）	中等潜力（0）	高潜力（+1）
产品或服务为消费者“增加价值”的程度	低	中	高
产品或服务让消费者喜欢的程度	不喜欢	一般	非常喜欢
产品或服务进入市场的良好时机	不佳	一般	良好
产品或服务有无重大缺陷	有	一般	没有
消费者对产品或服务意购买的程度	不愿意购买	一般	愿意购买

行业的可行性分析要从行业生命周期的认识入手：

1. 行业生命周期

任何一个行业都不是静止的，而是动态发展的一个生命有机体，都会经历不同的阶段，就像一个人会经历从出生到死亡的不同时段一样。一般情况下，一个行业会经历以下五个阶段：

第一阶段——诞生。一个新行业的诞生，总是伴随着技术创新，技术创新对于新行业的发展有着长远影响，例如，互联网或 VR 技术的推广。

第二阶段——成长与适应。一个新行业在其发展初期，总会面临诸多挑战。一些企业会把发展战略定位于占据市场的最强位置，并力争成为行业标准的制订者。在这一阶段中，还包含着很多不确定性因素，创业风险会很高。不过有了知识产权的保护，企业会占有一定的优势——暂时处于行业领导地位，从而有助于把技术引入市场。

第三阶段——演变与竞争。随着越来越多的企业进入这一行业，竞争会变得更加激烈，导致企业产品价格下跌，行业标准在这一过程中也被制订出来。

第四阶段——适者生存。由于竞争异常激烈，一些企业已经无法继续维持，最终被淘汰出局，行业中只剩一些大型企业。

第五阶段——成熟和衰落。每一个行业最后都会发展到成熟阶段，在这一阶段中，有少数几个大企业控制着该行业。随着时间的推移，如果这些企业不能继续在研发方面投资，或者新的企业不能找到进入行业的途径为其注入新鲜血液，那么这一行业就会衰退。

每个行业的生命周期都各有特点，达到成熟阶段的时间也有差异，经历每个阶段的速度也不一样。了解行业处在其生命周期的哪个阶段，对于创业项目的可行性分析尤为重要，它将有助于你去判断行业的发展潜力，发展价值及可进入的难易程度。

2. 目标行业分析

为了确定创业项目是否具备进入目标行业的可能性，你需要进步一步分析以下问题的数据：目标行业处于行业生命周期的哪个阶段？新创企业在该行业存活的几率有多大？目标行业成长的潜力大吗？目标行业的利润情况如何？目标行业是否存在潜在的威胁？

总的来说，所选的创业项目最好是成长潜力大、利润空间大，是处于生命周期早期而非晚期的行业。不选择那些行业壁垒很高，或者因行业内存在一两家主导企业，而使得新创企业被拒之门外的行业。同时，你还应考虑创业项目机会窗开启时间的长久情况，来判断正在进入的行业是否适合新创企业。

为了评估创业项目进入目标行业是否具有可行性，你可以通过目标行业可行性分析评估表进行评估。如表所示，每个评估项目下设低潜力、中等潜力、高潜力 3 种评估标准，分别对应分值为 -1、0、1。大学生创业者需要根据创业项目目标行业的市场调研结果完成目标行业可行性分析评估表，见表 11-4。

目标行业可行性分析评估表共有五个评估项目，其得分介于-5~+5 之间，分值只是一种参考，因为对高潜力、中等潜力、低潜力赋予恰当分值的现成方法并不存在，划分等级是创业者主观判断的结果。

表 11-4 目标行业可行性分析评估表

评估项目	低潜力（-1）	中等潜力（0）	高潜力（+1）
目标行业在其生命周期所处的阶段	成熟期或衰退期	成长期	初创期
新创企业在目标行业内的存活率	低或零	一般	很高
目标行业的成长率	低或零	一般	很高
目标行业的利润率	低或零	一般	很高
目标行业的潜在威胁	很多	一般	很少或零

（三）目标市场可行性分析

目标市场可行性分析是对创业项目的目标市场进行评估，目的是评估创业项目是否有清晰的目标市场以及足够的市场空间和需求。创业项目目标市场分析，可以说是可行性分析过程中非常重要的任务。准确定位创业项目的目标市场以及准确把握目标市场的规模和趋势等情况，对于评估创业项目的可行性是非常重要的。市场分析包括目标市场分析、目标市场规模和趋势分析。

1. 目标市场分析

目标市场分析，旨在确认创业项目能否找到合适的目标市场。为了准确定位创业项目的目标市场，你要进一步分析以下问题的资料信息：哪些人最有可能成为该产品的初始消费者？消费者通常购买哪些产品？消费者如何购买这些产品？消费者怎么知道这些产品？消费者每隔多长时间购买一次产品？消费者的购买方式是怎样的？消费者对目前产品所提供的解决方法的认可度是怎样的？新创企业需怎样满足顾客的需求？

通过对调研数据进行分析、整理，进行初步的市场细分后，需要选择其中的一个细分市场作为目标。企业的目标市场是企业追求或打算进入目标行业的初始空间。大部分的新创企业最初是没有服务于整个大市场的足够实力，而是选择需求相对集中的较小目标市场，这样可以避免与行业主导企业直接竞争，也可以更好地集中服务于一个专业市场。

2. 目标市场规模和趋势分析

目标市场规模和趋势分析，旨在确认目标市场的现有空间及变化趋势。你需要进一步分析：一是目标市场的现有空间充足吗？二是目标市场是否有较强增长潜力？

你可以从市场调研中关于消费者需求调查资料入手，去分析目标市场的规模以及发展趋势。

为了评估创业项目的目标市场是否具有可行性，你可以通过目标市场可行性分析评估表进行评估。如表所示，每个评估项目下设低潜力、中等潜力、高潜力 3 种评估标准，分别对应分值为-1、0、1。大学生创业者需要根据创业项目目标市场的市场调研结果完成目标市场可行性分析评估表，见表 11-5。

目标市场可行性分析评估表共有五个评估项目，其得分介于-5~+5 之间，分值只是一种参考，因为对高潜力、中等潜力、低潜力赋予恰当分值的现成方法并不存在，划分等级是创业者主观判断的结果。

（四）竞争情况可行性分析

竞争情况可行性分析，就是要分析创业项目在市场中的竞争情况，目的是通过对比的方式不仅可以评估创业项目的可行性，还可以了解竞争者的战略、目标及竞争手段，可以对创业项目有更好的定位，并找到弥补创业项目与竞争对手差距的方法。

为了确定创业项目的竞争情况，你需进一步整理以下问题数据：创业项目有多少竞争者？创业项目是否会出现潜在的竞争者？创业者是否构建了竞争者“进入壁垒”？消费者对竞争者产品或服务的满意程度？创业项目与竞争者相比较有哪些竞争优势？有哪些竞争劣势？

为了获得竞争情况的真实需求，首先你要识别出主要的竞争者，然后对调研出来的数据进行分析和整理，最后得出结论。

为了评估创业项目竞争能力是否具有可行性，可以通过竞争情况可行性分析评估表进行评估。如表所示，每个评估项目下设低潜力、中等潜力、高潜力 3 种评估标准，分别对应分值为-1、0、1。大学生创业者需要根据创业项目竞争情况的市场调研结果完成竞争情况可行性分析评估表，见表 11-6。

竞争情况可行性分析评估

表 11-5 目标市场可行性分析评估表

评估项目	低潜力（-1）	中等潜力（0）	高潜力（+1）
目标市场的识别	难以识别	能够识别	清楚
消费者的购买力	很低	一般	很高
消费者认识新产品的难易程度	困难	一般	容易
目标市场空间程度	很小	一般	很大
目标市场增长能力	很低	一般	很高

表 11-6 竞争情况可行性分析评估表

评估项目	低潜力（-1）	中等潜力（0）	高潜力（+1）
构建竞争者“进入壁垒”的能力	无法构建	一般	可以构建
竞争者数量	很多	一般	很少或无
消费者对竞争者产品或服务的满意程度	非常满意	一般	不满意
竞争对手的竞争能力	很强	一般	很弱
潜在的竞争者	有	不确定	无

表共有五个评估项目，其得分介于-5~+5 之间，分值只是一种参考，因为对高潜力、中等潜力、低潜力赋予恰当分值的现成方法并不存在，划分等级是创业者主观判断的结果。

（五）组织情况可行性分析

组织情况可行性分析是对创业项目所需要的管理才能和必要的资源进行分析，再结合创业团队的实际情况进行正确的评估。目的是评估创业团队是否具备运营项目所需要的管理才能，是否能够获得创业项目所必需的资源。其分析主要包括两个部分：创业者管理才能分析、资源充裕度分析。

1. 创业者管理才能分析

不管是个人创业，还是团队创业，新创企业都要评估创业者的才智与管理能力。要求创业者在自我评估时，表现出诚实和公正。在评估管理才能时，需要关注两个非常重要的因素：一是创业者的创业热情；二是创业者对拟进入市场的了解程度。与管理能力有关的因素还有：创业者的创业经验、创业者的社会网络深度、团队成员创新能力大小、团队现金流管理经验水平、创业者受教育程度。一般情况下，在校生或刚毕业的大学生，以上能力不一定全部具备，因此，新创企业要尽快找行业资深人士或有创业经验者加入创业团队或顾问委员会。

2. 创业资源充裕度分析

组织可行性分析的第二步是确定拟创建企业是否具有，或是否能够获得足够的发展资源。组织可行性分析关注的是非财务资源方面，目的在于识别出最重要的非财务资源并评估它们是否可以得到。因此，要求创业者首先进行详细的市场调研，调查出创业项目必需的资源有哪些，再评估创业团队能否获取创业资源。

为了评估创业项目组织情况是否具有可行性，可以通过组织情况可行性分析评估表进行评估。如表所示，每个评估项目下设低潜力、中等潜力、高潜力 3 种评估标准，分别对应分值为-1、0、1。大学生创业者需要根据创业项目组织情况的市场调研结果完成组织情况可行性分析评估表，见表 11-7。

组织情况可行性分析评估

表共有五个评估项目，其得分介于-5~+5 之间，分值只是一种参考，因为对高潜力、中等潜力、低潜力赋予恰当分值的现成方法并不存在，划分等级是创业者主观判断的结果。

（六）财务可行性分析

财务可行性分析是创业项目可行性分析的最后一部分。对于新创企业，需要进行初步的财务可行性分析，过分严格的财务分析是不必要的，因为企业的细节问题肯定会不断变化，当然，进行财务可行性分析时也不可草率。

财务可行性分析包括：创业项目启动资金需求量分析、同类企业的财务绩效分析和拟建企业财务吸引力分析。

1. 估算启动资金

财务可行性分析，首先要知道创业项目需要的启动资金。你可以通过市场调研了解创业项目的竞争者或类似创业者的启动资金情况，或请教

表 11-7 组织情况可行性分析评估表

评估项目	低潜力（-1）	中等潜力（0）	高潜力（+1）
创业者在该行业中的经验	没有经验	经验一般	很有经验
创业者与创业项目的产品或服务相关的技能	没有技能	技能一般	技能很好
创业者对创业项目的热情	很低	一般	很高
创业项目必需的资源获得能力	很弱	一般	很强
创业者所具备的创业素质	很差	一般	良好

行业资深人士预估启动资金数量，再结合新创企业的财务状况进行合理的评估。在确定启动资金需求总量之后，还要考虑融资计划。

2. 同类企业的财务绩效分析

财务可行性分析的第二部分是通过与同类企业相比，评估创业项目的潜在财务绩效。显然，这种评估能得到不算精确的近似值。在此，介绍四种评估潜在财务绩效的方法。

方法一，网络上有大量企业的详细财务报表。然而，这些企业与新创企业相比较差距过大，因此，通过这种方法调研出来的数据只能作为评估财务绩效的参考。

方法二，你可以通过人际交际网络寻找一家与拟创建企业类似的企业，而且双方又不能成为直接的竞争对手，那么可直接找这一企业的业主或管理者，咨询其企业的财务情况。

方法三，简单的网络搜索可以获得信息。如创业者对健身行业感兴趣，只要在百度或者谷歌搜索“健身行业销售额”“健身行业利润率”就能查到与此有关的信息。

方法四，通过观察和勤跑腿来获取类似企业的销售数据，但这种方法并不总是有效。如计划创办一家饮品店，可观察类似的饮品店，估算每天消费者的人数、每位消费者的购买数量等信息，通过这种估算方式来判断大致的企业销售情况。

3. 创业项目财务吸引力分析

许多要素与评估创业项目的财务吸引力密切相关，这些评估主要根据新创企业的预计销售额和回报率（或利润率）来进行。在可行性分析阶段，预计回报是主观判断的结果，如果时间允许，创业者可以进行详细的财务分析，但它主要用于商业计划阶段而不是可行性分析阶段。

为了评估创业项目财务情况是否具有可行性，可以通过财务情况可行性分析评估表进行评估。如表所示，每个评估项目下设低潜力、中等潜力、高潜力 3 种评估标准，分别对应分值为-1、0、1。大学生创业者需要根据创业项目财务情况的市场调研结果完成财务情况可行性分析评估表，见表 11-8。

财务情况可行性分析评估表共有五个评估项目，其得分介于-5~+5 之间，分值只是一种参考，因为对高潜力、中等潜力、低潜力赋予恰当分值的现成方法并不存在，划分等级是创业者主观判断的结果。

（七）全面可行性分析

全面可行性分析是对创业项目的整体情况进行分析，目的是通过对产品（服务）、目标行业、目标市场、竞争情况、组织情况、财务情况六个方面的分析后，再对创业项目的整体情况进行分析，进而确定创业项目是否具有可行性。

为了评估创业项目是否具有可行性，你可以通过全面可行性分析评估表进行评估，见表 11-9。全面可行性分析包括七个部分，每个部分都有三个选项，分别为高潜力、中等潜力、低潜力，各部分值在-5~+5 之间，每个部分后面有提高潜力的具体建议。如某创业项目原来计划是制造产

表 11-8 财务情况可行性分析评估表

评估项目	低潜力（-1）	中等潜力（0）	高潜力（+1）
启动资金需求	很高	一般	较低
企业盈利渠道的数量	1 个	2~3 个	3 个以上
回本时间	2 年以上	1~2 年	1 年以内
同类企业财务业绩	很强	一般	很若
个人财务情况	很差	一般	充足

品，通过全面可行性分析评估表进行评估后，建造生产设备所需资本是一个限制因素。因此，在第五部分“财务情况可行性”方面可能为“低潜力”。在“提高潜力的建议”栏目中填写“考虑利用合同生产或外包作为制造产品的替代方案”。全面可行性分析评估表的价值不仅在于评估创业项目的可行性，还能引起创业者对提高潜力的关注，促使创业者思考其他替代选择。如果提高潜力的建议确实可行且是解决问题的更好方法，那么修改过的评估表中“财务情况可行性”就变为“高潜力”。

在填写全面可行性分析评估表时，创业者必须坦诚公正。好的创业项目产生于以实事求是和正确信息为基础的分析，而非推测和猜想。分值只是参考，高潜力、中等潜力或低潜力的具体分值没有公认的标准，评级靠创业者主观判断。

> **“如果把一切思考都留给管理层，公司就会一事无成”**
>
> ——盛田昭夫

全面可行性分析评估表完成之后，你会发现，没有任何一个企业在每个评估项目下都是“高潜力”，这说明任何创业项目都存在不确定性和经营风险，评估表的目的在于你要加深对创业项目可行性的总体印象或认识。

表 11-9 项目可行性综合测评表

评估项目	得分（-5~+5）	总体潜力	提高潜力的建议
第一部分 产品（服务）可行性		□高潜力 □中等潜力 □低潜力	
第二部分 目标行业可行性		□高潜力 □中等潜力 □低潜力	
第三部分 目标市场可行性		□高潜力 □中等潜力 □低潜力	
第四部分 竞争情况可行性		□高潜力 □中等潜力 □低潜力	
第五部分 组织情况可行性		□高潜力 □中等潜力 □低潜力	
第六部分 财务情况可行性		□高潜力 □中等潜力 □低潜力	
第七部分 全面可行性		□高潜力 □中等潜力 □低潜力	

二、创业项目风险识别

创业项目风险识别，就是通过对项目所有不确定性和风险要素的充分、系统的分析，确定项目的单个风险，并对项目风险进行综合评价。找到该项目的关键风险，确定项目的整体风险水平，为如何处置这些风险提供科学依据，以保障项目的顺利进行。项目风险主要来源于市场风险、技术风险、资金风险以及管理风险等方面。

（一）市场风险

1. 产品风险

任何一个新产品或服务的进入市场，消费者都有一些怀疑情绪。处于对这项技术或者这类产品的不了解，不太会完全相信并购买该产品。这就可能会造成在产品刚进入市场时无人问津的局面。消费者由于习惯上的购买，对于接受、了解新产品都需要一定的时间，所以短期内必定存在一定的市场风险。

2. 价格风险

销售过程中如果对市场分析预测的不够准确，不能很好地了解市场行情，则有可能制订的价格不合适，从而阻碍产品的市场化进程，甚至失去部分市场。

3. 销量不及预期

如果销量不及预期那么好，就不能保证企业有盈余，也不能保证项目持续成长，企业的生存和成长将受到威胁。

4. 产量不足

市场风险也有可能源于企业自身生产能力有限，导致产量不足。这往往是由资源整合不到位，资源匮乏所致，产量不足就会影响企业的成长目标，难以保证企业能够存活下来。

（二）技术风险

虽然说我们所有技术都已经申请了国家专利，并且这一产品的技术含量比较高，但是还是会有一些竞争对手通过技术、生产工艺的模仿以及其他的一些手段对我们构成威胁呢？因此，技术方面还存在一些潜在威胁。

（三）资金风险

1. 融资渠道选择不够理性

在充分预估创业启动资金的基础上，你需要理性选择融资渠道。在企业的初创阶段，我们的融资渠道主要来自自筹、债券融资、股权融资、风险投资、天使投资、种子基金等，前三种渠道往往是最为常见的融资渠道。如果我们从亲朋好友那里融资，如果以股权的形式出现，会在日后企业成长发展阶段带来一些管理及决策上的风险。

2. 资金链断裂

资金链是指维系企业正常生产经营运转所需要的基本循环资金的链条。资金链也可以说是企业资金流动的一种循环过程。对企业来说，就是从融资（资金流入）到投资使用（如购买材料、发生费用等）再到销售回款，然后归还外部融资这么一个反复的过程，如果企业现有资金已经使用了，而在下一次投资需求之前没有回款或是新的资金流入的话，那么资金链就有可能出现断裂，从而给企业带来风险。资金链断裂主要来源于营运资金不足、流动资金不足、赊销等方面。

（四）管理风险

管理风险是指管理运作过程中因信息不对称、管理不善、判断失误等影响管理的水平而带来的项目风险。

1. 团队管理风险

团队领导者的领导力不强，或者核心不明确，都会导致团队战斗力不强，团队精神不足，引发团队冲突，人员流失等问题发生。

2. 经营管理不善

初创阶段，会面临很多突发性的事件，由于管理经验不足，最容易导致意外和风险发生，企业的经营管理是多方面的，出现风险的可能性也是最大的。你需要知道自己的团队在哪些方面存在短板，风险有可能来自于这些方面。

三、SWOT 分析全面评估创业项目

SWOT 分析指分析企业优势（Strengths）、劣势（Weakness）、机会（Opportunity）和威胁（Threats）（图 11-4）。因此，SWOT 分析实际上是将对企业内外部条件各方面内容进行综合和概括，进而分析组织的优劣势、面临的机会和威胁的一种方法。我们可以用 SWOT 分析对创业项目做最后的全面分析。

优劣势分析主要是着眼于企业自身的实力及其与竞争对手的比较，而机会和威胁分析将注意力放在外部环境的变化及对企业的可能影响上。在分析时，应把所有的内部因素（即

优劣势）集中在一起，然后用外部的力量来对这些因素进行评估。

S&W 分析：

竞争优劣势的分析，主要是对你和你的团队所拥有的各种内外部资源与竞争对手相比较所具有的优势和不足的分析。这些优劣势可能是你的技术水平、产品质量、产品差异化、价格、社会关系网、资金、团队、人才、创新能力等方面。虽然竞争优势实际上就是在对比你和竞争对手谁的综合优势更突出，但是明确自己究竟在哪一个方面具有优势更有意义，因为只有这样，才可以扬长避短，或者以实击虚。

O&T 分析：

随着经济、社会、科技等诸多方面的迅速发展，特别是世界经济全球化、一体化过程的加快，全球信息网络的建立和消费需求的多样化，创业所处的环境更为开放和动荡。这种变化几乎对所有的企业都产生了深刻的影响。正因为如此，环境分析成为一种日益重要的因素。

环境发展趋势分为两大类：一类表示环境威胁；另一类表示环境机会。环境威胁指的是环境中一种不利的发展趋势所形成的挑战，如果不采取果断的战略行为，这种不利趋势将导致公司的竞争地位受到削弱。环境机会就是对项目运营富有吸引力的领域，在这一领域中，该项目将拥有竞争优势。

内部分析	优势 S 列出劣势	劣势 W 列出优势
机会 O 列出机会	SO 战略 发出优势 利用机会	WO 战略 克服劣势 利用机会
列出威胁	ST 战略 利用优势 回避威胁	WT 战略 减少劣势 回避威胁

图 11-4 SWOT 分析

思考与实践

1. 结合你的创业项目制订一份市场调研方案。
2. 撰写一份关于你的项目的市场调研报告。
3. 请对你的创业项目进行风险评估。
4. 对你的创业项目进行 SWOT 分析。

第十二章

创办企业从计划开始

◥学习目标

· 了解创业计划之前的准备事项

· 熟悉创业计划的基本结构和内容，学会创业计划撰写

· 熟悉创业计划展示技巧，学会制作合理的创业路演 PPT

创办企业不是一件轻松的事情，在你选择行动之前，常常你会乐此不疲地去把创业想法向你的亲人、朋友去分享，希望得到他们的认同和支持，并听取他们的建议和意见，进而不断完善和修正你的创业想法。创业想法在头脑中越来越清晰，会让你感觉到无比的兴奋，似乎灵感在迸发、血脉在膨胀，你充满了创业的勇气和信心，迫不及待地想马上去行动。

这时的你更应该学会冷静，要 AUM（Awareness, Understanding and Meditation）一下，静下心去问自己三个问题：创业想法是否真的清晰、创业目标是否足够明确、创业资源是否准备完毕。越问自己，你越会感觉到，好像还差点什么？是团队、是市场、还是资源？你会陷入苦恼之中。当你面临这样的问题时，如何行之有效地解决呢，通常制订一份创业计划是便捷的、有效的解决方法。把你的创业想法落到纸面上，再让你的团队成员、合作伙伴、投资人和未来潜在顾客去评议，会让你的创业想法和项目更加靠谱和落地，再去行动的话，成功的可能性就会增加，那本章就让我们一起学习创业计划制订和展示吧。

◥案例 12-1

◥案　例 12-1
做“互联网＋水果定制”的郝建龙

郝建龙，2013 级黑龙江大学信息管理学院电子商务专业本科生，是一个执著勤奋、充满激情和梦想的 95 后。考大学时，他的第一志愿就是想修读电子商务专业，因为他的偶像是“天神级”的马云，梦想着自己有朝一日可以成为新一代的“网红”。在专业的学习中他十分努力，如饥似渴地获取电子商务的专业知识，同时利用业余时间经常参加社会企业开展的有关电子商务的讲座和交流活动。此外，他还积极参加学校 KAB 俱乐部组织的各种活动，结识了一批志同道合的小伙伴。2015 年 3 月，刚上大二的他，决定和 5 个“小伙伴”一起创建了哈尔滨易卖电子商务有限公司，开发了基于移动终端的 APP 销售平台，并通过答辩入驻黑龙江大学学生科技文化创业园，立足校园学生市场定制性水果电商运营，开始创业之路。“缤纷水果季”“女友专享盒”“寝室特惠装”都是易卖推出的线上产品，线下小伙伴们整天忙碌在进货、加工、送达等产品服务环节，其全新的销售模式使团队短期内获得了成功。

随着订单的增多和辐射区域的扩大，郝建龙希望通过合作加盟的形式扩张到其他高校，以形成区域高校品牌影响力，但团队伙伴们的想法却不很一致。究其主要原因：一是大家都有学业任务时间相对有限；二是团队处于初创阶段，经营与管理体系尚不成熟；三是电子商务几乎不存在技术壁垒，很容易让他人模仿经营；四是相对而言资金也是一个瓶颈问题。如何有效地解决小伙伴们的顾虑，过大销量和市场，郝建龙想到了创业计划。入园时他曾撰写过创业计划，并按计划完成了企业开办和前期经营，现在他又着手准备写新的创业计划，希望通过创业计划书的写作来达成易卖的创业目标，同时有效提升小伙伴们扩大经营的信心和勇气。

→资料来源：
→根据黑龙江大学提供素材整理

第一节 创业计划有用吗？

创业计划有用吗？很多初创业者都会问这同样的问题，你也一定有自己的想法。根据国际调查机构面向创业者进行的调查数据显示，有 72.78% 的创业者认为创业计划有用，有 24.36% 的创业者认为创业计划作用不明显，另有 2.86% 的创业者表示说不清楚。在认为创业计划有用的创业者中，有 12.38% 创业者获得过天使资金等投资，他们对创业计划一致高度表示极为重要。

一.创业计划的‘5W & H”

简单地说，创业计划也叫“商业计划”，是由大学生创业者准备的一份书面计划材料，用以描述创办一个新企业所有相关的要素，也是在创业过程中重要的内容。

换一个角度去理解，假设你是创业者，其创业计划从本质上来说，是风险投资人用资金换来你对企业达成目标的一个承诺。

我们可以形象地把创业计划看作一只手，其重点内容如图 12-1 所示。

其实就是回答五个“W”和一个“H”的问题，即我们是谁（Who）、要做什么（What）、为什么要做（Why）、什么时候做（When）、在什么地方做（Where）和怎样做（How）。当我们把这五个“W”和一个“H”的问题都项清楚，并且内部关联，就可以形成合力，握起拳朝着目标出击了，不是吗？

二、创业计划的作用

创业计划对大学生创业者有哪些作用呢？简言之，有以下六个方面作用：

1. 自我的创业宣言

创业计划首先应该是给自己看的，帮助你自我评估、理清创业思路。办企业不是“儿戏”，我们应本着认真的态度对所有能够掌控的资源、市场及消费者的情况和初步竞争策略做尽可能详尽的分析，并拟订一个初步的行动计划，做到自己心中有数。

2. 合理把控创业项目

创业计划还是准备创业资金和防控风险的必要手段。对初创企业的风险而言，创业计划的作用尤为突出，一个构思中的项目往往很模糊，通过制订创业计划把设想都书写下来，然后再逐条推敲，就能对这项目有更加清晰的认识和理解，进而能合理的把控好这个项目。

3. 提升管理效率

一份完美的创业计划可以

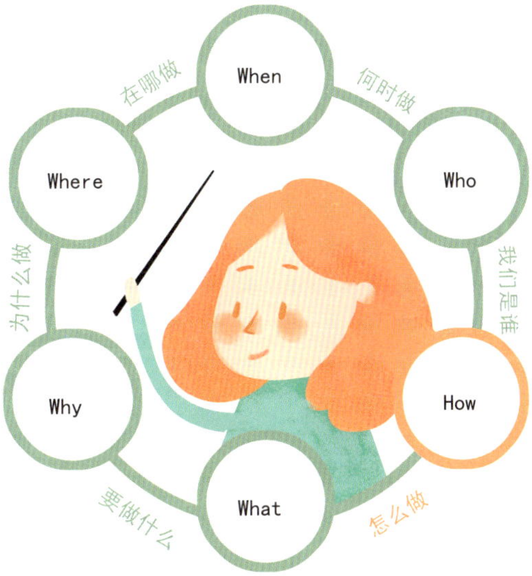

图 12-1 创业计划手型图

增强我们的自信和勇气，不仅可以凝聚团队和创业伙伴的人心，更能增加新创企业的有效管理。因为创业计划不仅提供了新创企业全部的现状，也展示了企业未来发展的方向和目标，并且也提供了良好的效益评价体系和管理监控指标，这使得我们在创业实践中有章可循。

4. 有效凝聚人心

创业计划通过发展前景的描绘和成长潜力的规划，使管理层和团队成员对企业及个人的未来充满信心，从而使团队成员进一步认清自己的角色和工作内容，进而去寻找更多、更适合企业发展的合作伙伴。

5. 宣传创业项目

创业计划是一份全方位的项目计划，即对将展开的项目进行可行性分析的过程，也在向风险投资人、银行、客户和供应商宣传新创企业及其经营项目，一定程度上也是新创企业对外宣传和推销的文件。一份完美的创业计划不但会增强自己的信心，也会增强风险投资家、合作伙伴、团队成员、供应商、分销商对你以及团队的信心。而这些信心，正是新创企业走向创业成功的基础。

6. 筹集资金

资金是企业的血液，新创企业往往资金是不充足的。通过对创业计划的理性思考和分析，预测新创企业前期资金使用的需求量，并适合地提出资金回报率，这就为你争取获得潜在投资人的投资奠定基础，这也是创业计划最为直接的作用。

三、撰写创业计划的前期准备

古语云：“三军未动，粮草先行。”这就明确表示战争前期的准备尤为重要。“商场如战场”——这是一个没有硝烟的战场，你一旦决定创业，新创企业将很快地进入商场，如何在商场中存活下来，并且取得阶段性胜利，朝着既定的目标前行，这就需要你在踏入商场之前有着充分的准备，撰写创业计划是一个很好的选择。但动手写作之前，你还要从三个方面进行前期准备：分析创业项目可行性、进行市场的调研和信息收集、完善创业计划的构想。

（一）分析创业项目可行性

现实生活中太多的创业成功案例激发了你的创业热情和勇气，这是一件好事，但你是否能够成功创业显然是未知数，毕竟成功的创业者是绝对的少数。我们都熟知“硅谷”，它直接带动了美国甚至全球经济的走向，以及影响青年的创新创业。但通过数据分析，在“硅谷”中创业的青年人初创企业年存活率不到20%，迈过初创期的企业5年内的存活率不到50%，由此可见创业成功是一件极难和艰巨的任务。

我们不仅要看到创业成功者的辉煌，更要看到创业者本身为此付出的努力。创业者们的成功不仅仅是自身的智慧、体能、品格、性格和其拥有或整合的资源，更有企业采用的各种战略、战术方法、管理经营和技巧，甚至还有偶然的机遇。

你的创业是否可行，能否存活或成功，是从创业者的创业计划构想开始的，结合你要面向的客户群体、你要销售产品或服务、你所掌握的技术资源和社会经济环境等方面进行综合评价。一般而言，我们可以从以下四个方面进行创业项目可行性分析。

1. 你是否是一个相对合格的创业者

作为一个想创业并敢于创业的人，你会面临比一般人更多的挑战。你是否适合创业，

> “我们将努力创造条件，让人们秉持团队精神聚集在一起，尽情发挥他们技术上的能力”
>
> ——盛田昭夫

这是必须思考的问题。我们每一个人对自己的人生都有心理目标或期望，但目标和期望不是所有人都能实现的。而创业项目是靠你和你的团队去做的，分析创业项目可行性要从自身开始，敢于问自己一些问题。

问题一，创业是否符合你的人生方向？

问题二，创业项目是否是你的兴趣爱好或特长？

问题三，创业项目是否是你的专业技术优势？

问题四，创业项目的市场情况你是否足够了解？

问题五，创业团队的管理和运营你是否已经能够把控？

问题六，你是否做好了心理准备，敢于面对创业失败而产生的后果？

……

2. 你的创业资源是否具备

无论初创企业规模大小，都需要各种资源，你的资源准备是否充足，不足的话可以通过哪些渠道和方式获得。你需要自己仔细厘清，不要让创业项目成为侃侃而谈中的“海市蜃楼”。

创业的资源在除团队和人脉以外，就是创业启动资金、办公场所、办公设备、生产设备、原材料供应商、生产技术、产品品牌、产品专利、网络资源等。作为大学生创业者而言，一般都会相对匮乏或缺失，特别是启动资金的缺口，你就要考虑通过借款或融资等形式得以补充。

3. 创业环境的影响分析

初创企业作为市场环境中的一个组织，必然受到多方面的影响，你的企业只有动态地适应环境才能存活、发展、壮大。影响企业的环境因素有很多，例如，宏观环境中的国内政治环境、经济环境、金融环境、市场环境等；微观环境中的企业管理结构、财务资源、自由技术研发、团队人员能力、生产效率和抵御风险能力等。

当然在我国“大众创业、万众创新”“一带一路”建设、创新驱动创业、创客文化蓬勃发展、国民经济稳中增长、创业土壤滋生的当下，创业是一个很好的选择。当代大学生应依托专业、依靠创新技术、选择“互联网 +”手段，开展好机会型创业。

4. 创业失败带来的影响分析

虽然外面满怀信心的开展创业，但无数的实例证明，想和做是完全不同的两码事，做也有好坏之分。这就需要我们在创业项目可行性分析时，不能用热情去衡量，而是需要用专业的数据去做充分预测，对可能失败的结果进行冷静分析。

你创业一旦失败，对你的打击会非常大，除非你有足够的心理准备和物质准备。你对失败的可能性预估越充分，对失败所带来的影响考虑越全面，就能在出现问题时淡定地防范和有效处理，从而在激烈的商场竞争中保护自己。

刚才提到的“硅谷”中有如此之多的年轻人创业失败，但依旧激励更多的年轻人投身创业，这有“硅谷”的魅力，更是“硅谷”文化所在，永不言败的精神。彪哥说过“大不了，从头再来”嘛，你是否想清楚了。

（二）进行市场调研和信息收集

要想构思创业项目切实可行，我们就不能闭门造车。老话说得好，“没有调查就没有发言权”，撰写创业计划可以形象的解释成，“结构是骨架、内容是血肉、调研是脉络、信息则是细胞”，与你创业项目相关的各种信息收集、汇总、整理、分析、解释的过程是基于你的市场调研活动而完成的，所以撰写创业计划之前开展市场调研并收集信息是极为重要的，它将为你开启创业之路。关于市场调研和信息收集的基础理论、知识、方法和技巧我们已经在第 11 章学习过了，如果你有些模糊了，翻回书重新温习吧。◥案例 12-2

（三）完善创业计划的构想

你在进行创业计划撰写之前，通过市场调研活动已经收集到各种信息，你需要围绕着你的创业项目进行整理、汇总和分析，进一步回答五个“W”和一个“H”的问题，你的创业项目构思将更加明确和清晰。如果你时间足够的话可以选择做一个“创业画布”，把你的构想通过导图的形式记录下来，再和你的小伙伴们、老师们去介绍，听取他们的建议和意见。下面我们就一起来学习创业项目构思中最为重要的两个环节吧。

1. 完善创业构思应注意的八个问题

（1）剖析创业动机。考虑一下你最初的创业动机是什么？是赚钱？是想实现理想？是兴趣使然？还是发现了市场机会和生活中的“痛点”问题？明确和剖析创业动机是最重要的。

（2）优选创业模式。选择合适的创业模式，是创业成功的关键点。如何优选创业模式，首先考虑一下你的创业资源，分析优势和不足；然后设想一下通过什么样的方式可以弥补你的缺失，合理搭配创业要素；最后再选择你的创业模式。好的创业模式未必需要大量的资金投入、场地投入或人员投入。

（3）规划创业步骤。你的创意或机会是怎么发现的、找谁组建团队、需要多少资金、在哪里创业、产品或服务怎么做营销……这些问题的思考其实就是你在规划你的创业步骤，它是一个循环的过程，不断的修改、调整和完善。

（4）明确创业原则。创业过程是很艰苦的，你和团队都要承受很多沉重的压力，明确了创业原则就会凝聚人心、汇聚力量、奋勇向前。作为大学生创业者，一般把握的创业原则就是“剔除没有前景的创意、做有节制的计划和分析、把设想和行动结合起来”，切记 “不做思想上的巨人、要做行动上的能人”。

（5）创造创业资源。你的创业项目不一定是“高大尚”的专利应用、全新的创意和商

案　例 12-2

“送杨梅”的易卖市场调查

市场调查对易卖来说是一个屡试不爽的经营方式，这次为了做好新的市场开拓调查，郝建龙在说服小伙伴们后，决定在周边的几个高校再次进行尝试。适逢 6 月，南方的杨梅开始上市，而这个水果对北方的孩子们还停留在果干的印象中，恰好长期合作的供应商有渠道搞到了一批新鲜且价格适宜的货品，郝建龙和小伙伴们精心准备杨梅的“迷你装盒”。

在周边高校的市场中出售吗？不，他选择了赠送，并且制订了“动动手指下载易卖 APP，完成问卷免费获得杨梅迷你装”的宣传海报。一经推出，获得了活动高校同学们的关注和支持，两天的时间，3000 份价值 1.2 万元“迷你装盒”杨梅换回了 3000 份有效市场调查问卷，也换回了远远大于 3000 的潜在消费顾客，并且在活动实施后的 1 周内周边高校新增客户达到 1726 人。

在问卷内容设计中，不仅有对产品需求品类、价格、包装形式、送达方式的调研，更可喜的是设计了周预定、月预定的相应问题。通过统计整理，有 26% 的同学可接受“一次性付款 100，预定一周水果天天送”的销售方式，有 10.67% 的同学可接受“一次性付款 408，预定一月水果天天送”的销售方式。郝建龙和小伙伴们似乎看到了扩大销售范围后资金瓶颈问题解决的方案。

→资料来源：
→根据黑龙江大学提供素材整理

业模式创新，只要有市场需求、有顾客的群体购买行为就可以了。在研讨创业构思时，你必须深入地思考你需要的创业资源，整合团队现有资源，并有效利用资源，为你的创业项目开辟全新局面。

（6）规定创业期限。你在创业初期应规定一个合理的创业期限，否则过长的时间准备可能消磨你的意志，此外做好创业的时间管理，也有助于你尽早实现企业的盈亏平衡，同时也能有效地预测你的资金准备额度。

（7）分配股权比例。无论你创业项目的投资者来自于团队内还是外部，在研讨构思阶段，一定要考虑好新创企业的股权比例问题，一个适合的股权结构会有效地保障团队的稳定和合作的持续。

（8）构建创业团队。你的团队内的成员不一定每个人都是"尖子"，但要做到优势互补、精诚合作，凝聚在你的周围，同时要对创业项目有高度的认知统一，这就是一支优秀的创业团队。

2. 分析创业过程中可能遇到的问题和困难

完善创业构思的过程也是一个分析问题和困难的过程。在创业构思的初期，你充满了斗志和信心，但由于缺乏经验就往往会犯"自大"的错误。而实际创业的过程中你会遇到各种各样的问题和困难，例如，现金流短缺、员工被撬走、山寨产品横行、开拓市场乏力等问题。问题很多，归纳起来主要有以下五个方面，如图 12-2 所示。

图 12-2 创业过程中的主要问题

（1）资金需求。"钱不是万能的，但没钱不行"，你在创业行动之前一定要预测好所需资金，如资金不足就要考虑筹资的方法了，目前的"互联网＋金融"所开展的"众筹"是你的一个全新的选择。

（2）行业选项。雷军说："台风来的时候，猪会飞。"马云却说："风过去了摔死的还是猪。""入对行"对创业者来说是极为重要，即不要盲从、不要跟风，选择政府重点支持的产业、选择适合自己的行业、选择需求趋势明显的行业方向。

（3）团队人员。人是创业的首要因素，也是创业的首要问题。股权分配的不合理、团队成员信息沟通的不顺畅、经营管理的意见不统一、激励机制设计的不完善等问题经常会引起团队内的冲突。

（4）初创管理。"没有规矩，不成方圆"，新创公司虽小但也"五脏俱全"，你没必要弄得像大公司一样"本本主义"，初期以实用有效为主，要学会"做减法"，管好财、抓住人、开好业就可以了，随着新创企业的成长和发展再逐步完善。

（5）自身因素。你是创业的核心，一定要在创业的过程中调整好身心状态、社会关系、资源和能力储备，它将直接影响你的团队。

你完成了创业项目的市场调研了吗？你是否通过和小伙伴们的研讨完善了创业构思，如果是的话，那就让我们一起学习如何制订完善的创业计划吧。

一个完善的创业计划，一定符合社会环境，并结合创业的人、商机、协议与外部环境四个因素完成；一个完善的创业计划，应具有重视市场、揭示顾客利益、发现市场机遇、对言行进行取证、讨论投资者的需要、变现、可靠预测、企业发展阶段、产品价格合理和行动计划。

那什么样的创业计划才能称之为"完善"呢？我们从创业计划的结构和编写内容上来向大家说明。◥案例 12-3

案 例 12–3

郝建龙的创业计划

郝建龙和他的易卖团队在保证日常业务开展的情况下，着手准备易卖校园连锁经营的创业计划了。首先团队核心成员集思广益，分析目前易卖“互联网 + 定制水果” 业务中的“痛点”问题，尤其是在供应商、分销渠道、产品加工、物流配送等环节中存在的各种问题。其次通过“送杨梅”市场调查中获得的数据，进一步讨论如何通过校园活动、广告宣传进一步增加市场的开拓能力，并且准备成立专项的营销策划工作组，负责客户的“黏度”建设和业务信息反馈，筹划易卖 APP 软件的 2.0 版设计和上线。再次，认真地考虑易卖现有业务和新增业务之间的关系和合作加盟方式，希望吸引更多的小伙伴们加入，同时希望得到供应商等外围相关合作伙伴的支持。最后，易卖确定了以“互联网 +”APP 线上销售为主线、线下众筹模式为辅助的业务发展模式和短期、中期的企业工作目标。郝建龙和他的易卖团队对拓展线的市场充分了信心和期待，他们把所有明确的构思和统一达成的想法逐一地落实到创业计划的纸面上。

→资料来源：
→根据黑龙江大学提供素材整理

【Tips】

完善创业构思是重要的，它将决定你创业的成败，所以要用充分的时间去思考和讨论。

“头脑风暴”是最有效地讨论方法，这会使团队内的成员集思广益，很多新颖、创意的点子就会不轻易间的“抛出来”。

创业过程中会遇到很多问题和困难，但你作为团队的核心，一定切记要激励团队成员的信心，冷静地思考解决问题的方法比什么都重要。

第二节
制订完善的创业计划

一、创业计划的基本结构

一份相对完整和完善的创业计划应由封面、目录、正文和附录四部分组成。

（一）封面

封面是首先映入阅读者眼中的资料，一般包括企业名称、创办人姓名、联系方式、邮箱、办公地址、日期等，反面或扉页应附有创业计划的保密须知等内容。注意事项有以下三点：

第一，企业名称（地域+名称+经营性质+组织形式）一定要以醒目的字体标示，例如，哈尔滨易卖电子商务有限公司。

第二，需要有保密须知，它会对创业项目起到法律保护作用。

第三，封面要从审美和艺术的双重角度去细心设计，力求达到最佳的视觉效果，与创业项目符合的封面会给阅读者产生亲近感，使之有兴趣继续阅读下去。

（二）目录

目录是创业计划最后完成的内容，其实就是正文的索引，按照章节顺序逐一排列并对应页码，如果你的 Word 水平有限，可要求助“高手”。

（三）正文

这是核心内容，正文包括概要、主体和结论三大部分。

1. 概要

概要是对整个创业计划的概括和总结，是全计划中十分重要的一个部分，也称计划摘要。概要是整体创业计划的精华，通常是主体完成后才撰写，一份出色的创业计划概要，1~2 页纸就 OK 了，内容要简洁、一目了然、要鲜明、有特点，让阅读者直观感受到创业项目的独特之处、市场潜力和可行性。一般包括以下内容：企业基本情况、企业竞争力、企业市场概况、企业营销策略、企业管理策略、创业项目的财务计划、团队情况等方面的综合概述。

2. 主体

主体是创业计划的核心内容，你需要将其中各项内容展开说明，尽可能考虑周全且条理清晰。大致包括企业描述、产品或服务、市场分析、管理团队、研发与生产、营销策略、竞争分析、财务分析、风险与对策、退出策略等。

主体部分在写作的过程中因内容多且复杂，并且存在着十分明显的逻辑关系，团队写作时一定要对创业项目有清晰、统一的认知。此外，各部分的原始数据，应是团队通过前期的市场调研与预测统一获得的，只有这样才能保证前后数据的一致性。

3. 结论

结论是对创业计划展现内容的总结，与最前面的摘要首尾呼应，体现了你创业计划的完整性，一般包括写作团队分工介绍、写作过程中的感受、创业项目的后期执行设想和致谢。这个环节千万不要忘记，内容不宜多，大半页就行了。

（四）附录

附录部分是对整个计划起补充和说明作用的内容，把证明自己创业项目的各种参考资料、数据分析情况和各种资质呈现出来，以供阅读者参考和更为清晰地理解创业项目。包括各种调研数据、市场调查问卷、产品的技术参数、各类财务预测、专利证书或专利授权证书、企业营业执照、商业合同、企业管理制度、与项目有关的获奖证书等。

二、创业计划的编写内容

我们了解了创业计划的基

本结构，那优秀的创业计划编写有哪些内容呢？其实就是将你创业构思的各个环节向阅读者逐一展现的内容，一般情况下包括企业描述、产品或服务、市场分析、团队、研发与生产、营销策略、竞争情况、财务状况、风险与对策和退出机制10项内容，这些内容之下又包含着若干小的内容，但是内容之间存在着强烈的逻辑性和完整性，所以这一部分的写作是重点和难点。

你不用担心，来看一下创业计划的内容框架，见表12-1，相信你就会对撰写创业计划有清晰的认识了。

你根据框架表的结构，逐一的把创业项目构思和想法展现出来，这就是一篇相对完整的创业计划了，当然框架表中的内容描述不适合或不符合你创业项目的部分你就需要调整了。

创业计划要写的内容很多，一般情况下是由你和你的团队完成的，如果想完成得不错，应注意以下六点，这是经验之谈：

（1）你在写作前，首先要和团队成员明确你的创业项目，对各个环节要做合理的梳理和推敲。

（2）要花足够的时间去收集各种原始资料和市场数据，用真实的数据才具有可靠性。

（3）切记要多找几篇不错的创业计划阅读，这会拓展你和团队的写作思路，进而提高你们对创业项目各项内容的把握。

（4）如果你觉得文字并不能非常清晰地阐释你的观点或做法，表格、示意图、数据对比也是一个不错的选择。

（5）写作创业计划内容分工是，切记用专业的人做专业的事，这样才能达到“事半功倍”。

（6）你们还应该拥有一个良好的心态，请记住这样一句话“复杂的事情简单的做、简单的事情重复的做、重复的事情快乐的做”，去鼓励自己和团队人员，我想你一定会成功地完成创业计划撰写。

三、创业计划编写的注意事项

如果你想完成一份优秀的创业计划，不仅仅是把各项内容表述清晰就足够了，而且要让阅读者做到“读进去、愿意读”才是最好的。如何能达到这样的阅读效果呢？其实并不难，你在编写创业计划的时，做好以下七个方面的事项，就能够实现，如图12-3所示。

（1）突出优势。你的创业计划一定要突出项目的优势所在，虽无须面面俱到但要抓住核心，例如，产品或服务的核心价值、发展的空间，面对竞争对手，你的竞争位置和能力等。

（2）数据真实。你的创业计划中的数据来源要可靠，特别是通过市场调研获得的相关数据，一定是实事求是的，如采用假设、预估的数据必须要有说明。

（3）内容完整。创业计划的内容和格式不是千篇一律的，但内容一定是相对完整的，

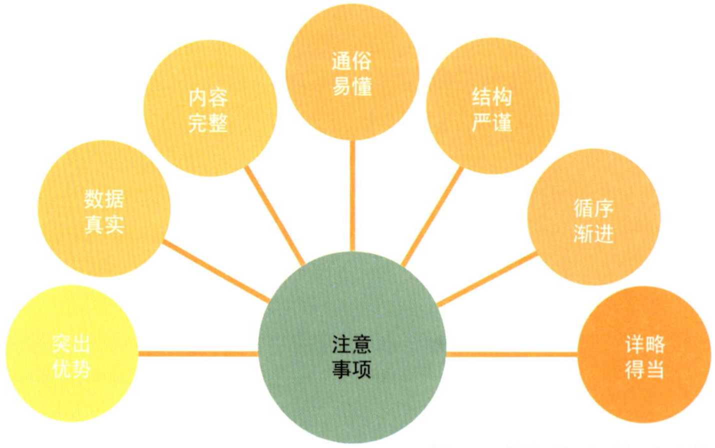

图12-3 创业计划编写的注意事项

表 12-1 创业计划的内容框架

项目内容	描述方向
企业描述	1. 企业简介：企业名称、概况、企业基本信息（创建者姓名、核心创业者、企业地址等） 2. 企业简史：企业背景、创业动机 3. 使命陈述：企业目标、企业使命、企业理念和 logo 4. 产品和服务：特点描述、知识产权描述 5. 企业现状：发展历程、现状描述、发展阶段规划 6. 启动资金：资金总额、资金来源、资金使用大致情况 7. 法律形式：法律形式、选择理由、所有权情况 8. 选址描述：经营地址、选择原因
产品或服务	1. 产业分析： （1）产业现状（产业处于阶段、总销售额、总收益、企业数量、就业人数） （2）发展趋势（产业走向、有利或不利趋势、未来情况） （3）产业特征（产业结构与参与者性质、关键比率、影响因素） （4）产业市场情况（竞争者、消费者、供应商、销售渠道） 2. 产品分析： （1）产品介绍（名称、性能、使用方法、品牌） （2）市场定位（确定市场位置是领先、跟随、模仿） （3）可行性分析（市场调查分析结果、消费者购买意愿结果、产品定位策略）、 （4）市场壁垒（知识产权与专利、无专利的设想和面临的风险）
市场分析	1. 目标市场：定位、规模、趋势、目标顾客 2. 顾客分析：顾客概况、购买动机、购买心理、购买行为 3. 竞争者描述：现有竞争者、供应商、潜在竞争者、替代品 4. 市场开拓战略：锁定目标市场、挖掘潜在市场
管理团队	1. 组织形式：公司管理体系、组织架构图、部门职责与分工、所有有权结构和分配情况 2. 核心团队成员：经验、能力、技术、特长 3. 专业服务机构：法律事务所、会计事务所、企业咨询机构、企业顾问、企业合作机构
研发与生产	1. 研发计划： （1）产品技术原理 （2）研发方式与方法 （3）产品层次（核心产品、有形产品、期望产品、扩张产品、潜在产品） （4）阶段目标（短期目标、中长期目标） 2. 生产计划： （1）生产工艺流程（主要工艺流程、生产设备与人员安排、产品包装与储运、原料采购、生产管理、产品投放、质量管理） （2）成本测算 （3）未来产品与服务规划（产品的生命周期、升级或替代产品的规划、产品的服务规划）
营销策略	1. 销售策略与目标：采取何种销售策略（跟随战术、引领战术、模仿战术）、销售方式、营销计划 2. 价格策略：采取何种价格策略（竞争定价法、心理定价法、产品差异定价法、成本加成定价法等） 3. 分销策略：采用何种分销策略（短渠道、直接渠道、传统渠道、长渠道，或联合销售、网络销售、传统销售等） 4. 促销策略：采用何种促销策略（广告、人员推销、营业推广、公共关系）
竞争分析	1. 现有竞争者：是谁、目标、资源、市场情况、营销策略 2.SWOT 分析：企业的优势、劣势、机会和威胁 3. 竞争优势：产品、技术、商业模式、销售策略、团队等
财务分析	1. 资源需求分析：主要是物质资源（固定资产和流动资产） 2. 融资计划：资金明细表、预计投资金额、阶段股份稀释额度 3. 预计财务报表及投资回报：关键假设、预计利润表、预计资产负债表、预计现金流量表、投资回报
风险与对策	1. 市场风险：来自于生产、销售、竞争、顾客 2. 技术风险：来自于研发技术、研发资金、研发团队等 3. 资金风险：资金周转不畅、资金断流等 4. 管理风险：团队人员、资源匮乏、管理不善等 5. 风险应对方案：逐一提出解决可能出现风险的方法
退出策略	出售业务、并购重组、IPO、重新募集资金等

当你初步完成后应该查缺补漏，我们经常会忽视一些环节，例如，创业过程中可能出现的问题及对策等。

（4）通俗易懂。你的创业计划一定要运用平实准确、通俗易懂的文字来表述，避免歧义、浮夸，其中专业的术语应有适当的注解或说明，这样让非专业人士清晰了解。

（5）结构严谨。你的创业计划一定要有体现你构思逻辑，由于写作时间有限，创业计划分组完成，但一定要由一人统稿。另外，数据要前后统一，否则就不够严谨了。

（6）循序渐进。“巧妇难为无米之炊”，所以在编写前一定要准备好各项资料，包括市场调查报告、财务数据、行业基本状况、竞争对手资料等；然后再拟定提纲，整合信息，展开编写；最后再反复修改后，确定终稿。

（7）详略得当。创业计划一定要适度，根据用途来规划详写、略写的内容，一般情况下详写的是企业的竞争优势和可持续发展的原因等，略写的是企业基本情况、人员组织、前景目标等。

在编写创业计划时，你要做好阅读者提问的准备，特别是创业项目中明显不足的地方，往往问题都集中于此。如果你编写创业计划的目的是为了获得融资，你切记要提出明确的投资回报率，对于投资商来说，最关心的就是这个。此外，创业计划还有 6C 要素，即概念（Concept）、顾客（Customers）、竞争者（Competitors）、能力（Capabilities）、资本（Capital）、永续经营（Continuation），你在撰写时可要着重考虑，审核时看看有没有遗漏。

【Tips】

亲爱的同学们，创业计划还可以参加各级各类的创业大赛和创业路演活动！

通过参加创业大赛和创业路演，不仅可以展现我们的创业项目和团队，更能收获到行业资深专家对我们创业项目的剖析与点评（这是绝对的“干货”）。此外，创业大赛和创业路演也是我们获取项目投资很有效地方式，当然我们也能在活动中找到你一直寻觅的创业“小伙伴”。如果你在高水平的创业大赛中获奖了，对你继续深造学业，免试攻读硕士研究生是有加分的。

创业计划赛事：

全国“互联网+”大学生创新创业大赛

“创青春”全国大学生创业大赛

中国青年创新创业大赛

中国大学生跨境电商创新创业大赛

“创客中国”大赛

“中国创翼”青年创业创新大赛

大学生“微创业”行动大赛

“昆山杯”全国大学生优秀创业团队大赛

……

第三节 如何展示你的创业计划

今天，“大众创业、万众创新”已成为时代的主旋律，在新一轮供给侧改革下，基于互联网技术将催生出更多的“小而精”“小而专”的创新型企业。拥有知识、技术和团队合力的大学生们正是时代的创新者和创业者。你的创业构思通过研讨、市场调研、撰写商业计划，已经相对完善和成熟了，该到了向他人展示的环节，特别是面向投资人的路演了。

创业计划的展示一般分为两种形式，即书面展示和陈述展示。陈述展示就是我们经常说的路演，也是创业计划展示最普遍、最重要的形式。

一、创业路演及展示注意事项

（一）创业路演

何谓路演？路演（Road Show）就是创业者在公共场所进行演说、演示产品、推介理念，让创业项目与行业专业人士、创业评审专家、投资方和顾客在短时间内了解你的创业项目最有效的方式。

投资人往往在一个阶段内会约见很多的创业者，你知识其中的一位，因为投资人最终选择投资的新创企业或项目还是非常少的，所以你应尽可能地在有限的时间内给投资人留下深刻的印象，这个过程类似求职者进入面试的环节。

你在与投资人会面之前，对你的路演一定要做好充分的准备。你要重点考虑以下四个问题：

第一，如何着手准备这项艰巨的任务，团队人员该如何有效分工？

第二，采用什么样的演讲形式，进行一次精彩的创业项目汇报呢？

第三，演讲由谁来完成呢？当然你是最佳的人选。

第四，推荐项目、团队等内容的时间比例该如何分配呢？

（二）创业路演展示注意事项

你的创业项目通过路演，一旦获得投资人的青睐，就能帮助你的企业腾飞；相反，如果搞砸路演，你的创业想法可能就永远无法实现。如何做一场引人注目，令投资人难以忘怀的路演呢？尤其是对初创的你，应该了解以下展示的注意事项。

1. 讲清你做的事情

投资人在决定是否要投资你的项目之前，首先想知道你是干什么的。一定要讲你团队最擅长的那些问题，比如通过技术解决了用户的哪些问题。例如，你开场白最好是：“我们是 ×× 创业团队，我们正在做一个基于移动互联网的黑龙江省休闲养老 APP 应用平台，下面我将介绍一下为什么用户会需要这个产品。”

为了让投资人印象深刻，最好凝练出一句足够吸引人的口号或句子，并在展示过程中多次提及，让投资人牢记。

2. 详细介绍你的团队

大部分需要融资的新创企业还没有将创意转化成真正的业务，盈利模式还不明确。投资人最终投资的还是“人”，所以团队介绍是你路演中重要的环节。

你要向投资人展示出你们对这个项目有多么的热爱，团队成员在行业中的经验，甚至团队成员认识多久、彼此的默契程度，都决定着潜在投资者是否相信你们有能力将梦想变为现实。

3. 提高 PPT 的效率

一定要做一个有视觉冲击力的 PPT，太多的文字让观众迷茫，用简洁和凝练的语言表达出你的所思所想。要仔细斟酌自己每一页讲稿，确保没有多余的文字和图片，每一个元素都提醒你应该说什么，而不是将文字堆砌到 PPT 上。

当然，如果你真的不擅长 PPT 的制作，那就请 PPT 制作高手来帮你吧。最后，千万要记得多带一个存有 PPT 的 U 盘，以免不时之需。

4. 提供产品或服务演示模型

一个 DEMO 演示胜过千言万语。如果能把你的旅游 APP 应用软件的样品 DEMO 在路演现场展示给潜在投资人，并使其模拟用户使用场景，潜在投资人在互动中体验你的产品，同时你再分享下朋友或顾客使用该产品后的感受，我想这会给他留下深刻的印象。

5. 注重你的演讲技巧

为了不让“千里马”错过“伯乐”的眼光，你还需要一些演讲的技巧。谁都喜欢和自信的人合作，如果你自己都不够自信，那凭什么要求投资人投资呢？自信不是自负，夸夸其谈，而是言谈举止自然从容。

优秀的演讲者不是天生的，你可以适当的控制语速，让你的讲话听起来更清晰。这些没有诀窍，只能靠你反复练习。

6. 合理使用你的非语言表达技巧

PPT 一定做得简明扼要，只提供总体框架以及发言的重点内容，你一定要让听众的目光聚焦在你身上，合理使用你的非语言表达技巧就显得很重要。你可以通过眼神的转换、表情的传递、手势的示意、位置的移动、语音语调的变化与停顿来吸引听众注意力，提高互动的沟通效果。

当然这些非语言表达技巧都要适度，毕竟是为你创业项目以及演讲做辅助作用的，如你使用过度就显得太做作了。

二、创业路演展示 PPT 制作

创业路演展示过程中除了创业者自身的演讲水平之外，其制作的创业项目 PPT 也是一个重要的展示内容。车库风险投资公司（Garage Venture）董事会主席盖伊·川崎建议使用路演项目 PPT “10—20—30” 法则，即如果能用 10 张 PPT、在 20 分钟内、用 30 号的字体将创业项目阐释清楚，创业者核心的创业想法一定能够简洁高效地传递到投资人的大脑里。

“将 Word 文档直接搬上 PPT，没有做好减法，文字君让投资人看得堵心” “只讲自己和产品，不提团队成员，投资人又如何知道团队的实力和执行力呢？” “粗暴简单，没有经过简单的美化，纯自然美在这可不好看。”

如何制订一份汇报结构合理、内容简洁实用的 PPT 呢？并且能抓住重点，尤其是投资人可能感兴趣的点呢？我们一起来看看样例吧，这一定会对你有帮助。

“若你必须证明你的思想的价值，劝说他人为你的思想付钱，就会扫除一大堆糊涂的想法”

——塞蒂姆·奥莱利

【PPT 样例】

资料来源：3W 孵化器制作

除了样例以外，我们也可以从创业计划结构的角度去制作 PPT，包括概述、需解决问题、解决方式、机会与目标市场、技术、竞争者、市场和销售、管理团队、财务规划、目前企业现状、财务情况、总结。

思考与实践

1. 你和小伙伴们已经有了创业项目，那试做一份创业计划吧。

2. 假如你的创业计划要进行融资路演，你尝试着完成路演 PPT 的内容设计。

3. 路演演讲是路演中最重要的环节之一，团队每个人员分别尝试一下，看看谁最适合代表团队进行演讲。

第十三章

将你的计划赋予生命

学习目标

- 了解新创企业的设立途径
- 学习企业选址和命名的技巧
- 掌握新创企业可能遇到的风险
- 探索经营新创企业的管理要点

第一节 生命的开始——新创企业的设立

现在，相信你已深深领悟到了创业的复杂与艰难。本章之前所学习的内容主要是“脑力劳动”，包括寻找商机确定项目、提升能力组建团队、筹集资金整合资源、市场调研制订计划等，都是为了新创企业的“诞生”而做的准备工作。创业的实现依赖于创业平台的搭建，你的脑海中或许已经充斥着疑问和思考——注册企业为了什么？如何注册？怎样选择注册类型？企业设立之后，该怎么“活”下去？

那么，带着这些问题，开启本章的学习旅程吧！

其实，新创企业在设立中的注册工作是比较简单的，只要按照政府的相关规定，按部就班地以标准化流程实施即可。难的是，在孕育出一个果实，决定让这个“新生命”降临前，必须明确三个重要事项：一是她以什么形象出场——选择适合企业的组织形式；二是她在哪儿成长——确定企业经营的地址；三是她用什么名字与外界建立联系——设计企业的名称。

然而，你知道为什么要登记注册成为一家企业吗？

许多创业型企业都有过“无照”经营的历史。对于创业者来说，从“非法”工作室到合法企业，是实质性地“惊险一跃”。若想为市场经济的发展添砖加瓦，首先要有法律意识，熟悉相关法律条文，遵照市场的准入制度，给自己一个合法的身份。也就是说，要通过工商登记赋予自己所从事经营活动的资格和能力，成为市场经济主要市场主体中的一员。登记注册成为一家企业，无论是经营范围、规模、信誉度、招聘、贷款，还是政策、舆论……都会有极大的不同，会给你带来更广阔的发展空间。

一、新创企业的组织形式选择

企业组织形式反映了企业的性质、地位、作用和行为方式，规范了企业与出资人、企业与债权人、企业与政府、企业与企业、企业与职工等内外部的关系。简单来说，企业组织形式反映的是企业的财产构成、内部分工协作与外部社会经济联系的方式。毫无疑问，它必须和社会制度相适应，和生产力发展水平相适应，同时还要充分考虑企业的行业特点。企业只有选择了合理的组织形式，才有可能充分地调动起各个方面的积极性，使其充满生机和活力。

对于新创企业而言，由于自身规模、能力、资源等都还处于有限的状态中，往往会在选择企业组织形式时受到一定的限制。适合新创企业“出场形象”的选择主要有三种，分别是个人独资企业、合伙企业、有限责任公司三种组织形成，比较情况见表 13-1。

适用于任何情形的企业组织形式是不存在的。对于即将新生的企业而言，精心挑选企业组织形式至关重要。选择适当的企业组织形式时，主要任务就是平衡出最能满足实际需要的组织形式。那么，除了要了解上面表格中的内容之外，你还要考虑创业资金和企业规模大小、业主或投资者的数量、风险责任问题、行业类型和发展前景、创业者的观念等。

不同类型的创业项目，同类型创业项目的不同行业定位，不同的创业者，都会有不同的适合选项。个人独资企业的适合人群一般是计划在小型加工、零售商业、服务业领域开办较小规模企业的创业者。

合伙制企业组织形式推荐人群是有意涉足广告代理、咨询服务、设计事务所、会计事务所、法律事务所、股票经纪、零售商业等领域并计划设立企业规模不大的创业者；从实际操作来看，大多数由多名志趣相投者组成的创业团队会选择设立合伙企业；另外，如果合伙人中既有本国居民，又有外国居民，就会出现合伙企业跨国税收现象，由于国籍不同，税收将出现差异。而有意开办中小型企业的创业者，则推荐选择设立有限责任公司。

你要知道，企业组织形式并非一劳永逸、永远不变。随着企业成长发展，你需要定期反思当前的组织形式是否仍然恰当和合适。选择企业组织形式、拟定协议等事宜都可以求助律师，在律师的指导下，做出较为正确的选择。

表 13-1 适合新创企业“出场形象”的三种选择

组织形式	设立条件	特点	缺点
个人独资企业 （自然人企业，个人业主制企业）	遵照《中华人民共和国个人独资企业法》设立： 1. 投资人为一个自然人且是中国公民 2. 有合法的企业名称 3. 有投资人申报的出资 4. 有固定的生产经营场所和必要的生产经营条件 5. 有必要的从业人员	· 结构简单、容易开办、利润独享、限制较少 · 易保密，易得到个人满足 · 业主对债务负有无限责任 · 不必缴纳企业所得税	· 融资困难 · 企业连续性差 · 投资流动性低
合伙企业 （自然人企业，合伙制企业）	遵照《中华人民共和国合伙企业法》设立： 1. 有二个以上合伙人 2. 普通合伙人对合伙企业债务承担无限连带责任 3. 有书面合伙协议 4. 有合伙人认激或者实际缴付的出资 5. 有合伙企业的名称 6. 有经营场所和从事合伙经营的必要条件	· 生命有限 · 责任无限 · 相互代理 · 财产共有 · 风险共担，利益共享 · 不必缴纳企业所得税	· 合伙人之间易发生纠纷 · 权力分散，决策缓慢 · 产权转让困难 · 融资能力有限 · 关键合伙人对合伙企业影响巨大
有限责任公司 （法人企业，公司制企业）	遵照《中华人民共和国公司登记管理条例》规定登记注册： 1. 股东符合法定人数 2. 有符合公司章程规定的全体股东认缴的出资额 3. 股东共同制订公司章程 4. 有公司名称，建立符合有限责任公司要求的组织机构 5. 有公司住所	· 设立程序较简单，不必发布公告，也不必公布账目 · 组织机构设置灵活 · 规模可大可小，适应性强 · 具有独立寿命，易于存续 · 税负较重 · 资本总额不分为等额的股份 · 股东出资的非股份性 · 公司资本的封闭性 · 股东人数的限制性 · 股东权利、责任、义务的有限性 · 股东过半数同意即可出资转让	· 股东责任的有限性易损害债权人利益 · 股东最高人数限制使企业无法大规模筹资，限制企业发展 ·产权不能充分流动，资产运作会受到一定的限制 · 税收会计相对较复杂

【Tips】

新创企业所面临法律问题也是不容忽视的。一般来说，创办阶段的法律问题主要包括确定企业组织形式，设立税收记录，办理相关经营许可证，进行租赁和融资谈判，起草合同，申请专利、商标和版权保护等；经营中的法律问题主要包括劳动法规、安全法规、质量法规、财务和会计法规、市场竞争法规等。此外，还必须考虑创业者与原雇主、创业团队成员与成员、创业者和其他利益相关者等关系之间的伦理问题。

二、新创企业的地址选择

从世界各地新创企业成功和失败的经验来看，选址的重要性不言而喻。对于企业来说，选址的确是一门技术活。企业地址选择主要解决两个问题：一是选择一个地区；二是在这个地区选择一个地点。◥案例 13–1

（一）企业地址选择的影响因素

总的来说，企业选址应综合考虑区位交通、建筑标准、配套服务、产业布局、人才资源、政策支持等因素。多数情况下，创业者都会就近寻找空闲的地方作为企业地址。我们要注意的是某些类型企业的成败主要依赖于地理位置的选择，如零售类和服务类中的服装店、擦鞋店、零食店、餐馆等，是靠客流量生存的，所以必须要靠近它的顾客；而另外一些提供较高成本产品的企业，如汽车4S店、家具城等，主要是以“扎堆效应”来吸引顾客；还有一些咨询服务类的企业，一般会选择设立在公司比较集中的写字楼中。

可见，因企业经营类型不同，选择经营地址时重点考虑的因素是有差异的，具体参见表13-2。

如果你打算创办一家电商类企业，那么在选择地址时，办公场所与仓库要有不同的筹划，主要考虑租金和交通状况两方面因素。

（二）企业地址选择的程序

在选定具体位置时，你可以参照以下六个步骤进行。

Step 1. 把你认为“必要的”（选定地址的底线）和“希望达到但不必要的”（渴望好上加好的）选址条件列出来；

Step 2. 找出预选区域内符合你所列出条件的位置；

Step 3. 实地考察，搜集信息，确定出几个备选位置，重点应放在你打算创办的企业经营类型的关键影响因素上；

Step 4. 咨询专业人士，获得指导和帮助；

Step 5. 综合分析信息和意见；

Step 6. 确定企业地址。

以上6个步骤较为笼统，你可以学习下面的知识，进一步做出科学分析。

首先，要进行选址的区域分析，包括需求分析、市场发展潜力分析、市场规模分析、消费者购买行为分析、竞争分析五个方面；然后，进行商圈

◥案　例 13–1

两个月就关张的西餐调料店

小刘毕业后一直想自己做老板，看到邻居在小区里开了一家食品杂货店收益一直不错，颇为心动，便也打算开一家食杂店。小刘为了让自己的小店具有特色，并没有像邻居一样经营茶、米、油、盐等大众日常居家用品，而是将经营范围主要锁定在沙司、奶酪、芝士等一些西餐调味食品上。想法确定后，小刘筹集了一万多元钱做启动资金，租了小区边缘的一面库房做店面。就这样，小刘开起了她的“特色”食杂店。但是在经营了两个月后，小刘的食品杂货店就撑不住了，最后不得已关张了。有特色的食品杂货店反而经营惨淡，这是为什么呢？她很是不解。

求新求异并非处处适用。小刘创业之初的这种标新立异的心理，是很多大学生都有的。这是优点，可利用不当也可能是致命的缺点。经营需要有自己的特色，但是首先要符合市场环境的需要。如果你决定了经营范围，那就要找到适合这个项目经营的地方。像小刘的特色食杂店之所以会关张，是因为她没有做好市场调研，这是特色食杂店绝不适合开在普通居民区中。

→资料来源：
→根据网络素材整理

分析，包括人口规模及特征、劳动力保障、货源、经济情况、法规等；之后，对经营地点开展评估工作，包括新店营业潜力分析、投资和经营费用预算，可以用比较法和市场占有率预估法；最后，形成选址分析报告，包括地理位置特征表述（附图说明）、周围商业环境和竞争情况、周围居民及流动人口消费结构和消费层次、开业后预计辐射范围、营业面积和商品结构、市场定位和经营特色、经营效益预估、未来前景分析这八个方面内容。

（三）企业地址的新选择

“双创”时代的到来，大量人才涌入到创新创业的队伍中，各类创新创业孵化器不断涌现。全国各地建立起的创业园、创意产业园、创新中心、创新大厦、创客空间、创业咖啡等特别场所，纷纷走到创业者的面前。这些特别场所得到了公众、政府、传媒等各方的支持，入驻手续简化，费用较低，基本上是专门为创业型企业提供经营场地的。对新创企业来说，孵化器的主要功能——是为企业诊断问题；为

表 13-2 不同类型企业地址选择的主要影响因素

企业经营类型	主要影响因素
零售类 服务类	·地理因素（区域规划、商业环境、地理特点、交通状况、企业可见度） ·经济因素（能源供应、行业分布、地价或租金、生活水平、收入水平、消费习惯、购买能力） ·市场因素（消费者资源、竞争情况）
批发类	·地理因素（交通状况、公共设施） ·市场因素（“扎堆效应”）
生产制造类	·地理因素（交通状况、距离原材料和客户的远近） ·经济因素（地价或租金、劳动力成本） ·法律和法规（环境保护条例、地方性法律法规）

【Tips】

1.零售类企业又分日杂店（仓买）、便利店、折扣店、超市、专卖店、购物中心等，选择地址时应该考虑的因素是有具体区分的。

2.零售类和服务类企业选择地址时，尤其要研究交通状况、道路宽窄、街区的具体位置（拐角处的位置好于街区的中间位置）、邻近店铺等。

3.作为企业住所（经营场所）的地址，应当符合法律法规和当地有关规定，即企业房屋必须办理了房屋所有权证，且记载的用途与企业从事的经营活动一致。简言之，就是“权属明确，用途一致”。

4.所有类型企业在选址时，都需要考虑租购期限、租房协议、付款方式、停车场地和营运成本等。

企业规划财务；为企业设计资本结构和资本道路；为企业导入可靠的早期投资机构，并进行专业的路演和财务顾问活动等。不同的新创企业同聚一个屋檐下共同前行，可能会出现很多新的商机，也会增加创业的成功机会。然而，在选择之时，你仍要慎之又慎，需要实地考察研究，进行全面了解。

三、新创企业的名称设计

索尼（Sony）创始人盛田昭夫说："取一个响亮的名字，以便引起顾客美好的联想，提高产品的知名度和竞争力。"企业名字是一种寄托与希望，好的名字能够引起消费者的关注，能为企业树立良好的形象，能成为企业的无形资产。创业者在企业正式成立之前，必须精心设计企业的名称。

企业名称由行政区划、字号、行业或经营特点、组织形式四项基本要素构成，必须符合国务院批准的《企业名称登记管理规定》。以"杨凌屹林葡萄酒文化有限责任公司"为例，其中"杨凌"是行政区划，是企业所在地，要求地县以上行政区划的名称，可以忽略"省""市""县"等字，但省略后可能造成误认的除外；"屹林"是字号——企业名称的核心要素，应由两个以上的汉字组成，是某一企业区别于其他企业或社会组织的主要标志，不能与国家法律、法规相悖，不能在客观上使公众产生误解和误认，一般不得使用行业字词；"葡萄酒文化"是行业或经营特点，这个要素具体反映企业的业务范围、方式或特点，可以依照国家行业分类标准划分的类别使用一个具体的行业名称，也可以使用概括性字词，但不能明示或暗示有超越其经营范围的业务；"有限责任公司"则是组织形式，是反映企业组成结构、责任形式的字词。

（一）企业名称申请登记的注意事项

在企业名称申请登记时，有很多相关事宜需要你格外注意，具体见表 13-3。

企业名称的设计主要是针对"字号"这一要素，已经成为一门学问和产业，有一定的原则和方法。

（二）企业名称的设计原则

合法性——能够在法律上得到保证，取得注册；

识别性——消费者易建立鲜明的认知，具有独创意义，力避雷同，让人一目了然；

传播性——简短清晰，易记忆，易口口相传。

（三）企业名称的设计方法

创业者应该结合创业项目的特点和需求，遵照原则，参考经典范例，运用企业名称的命名方法，为企业设计一个有创意的名称。

四、新创企业的注册流程

2015 年 8 月，国家工商行政管理总局贯彻落实《国务院办公厅关于加快推进"三证合一"登记制度改革的意见》的通知。"三证合一"登记制度是指企业登记时依次申请，分别由工商行政管理部门核发工商营业执照、组织机构代码管理部门核发组织机构代码证、税务部门核发税务登记证，改为一次申请、合并核发一个营业执照的登记制度。2015 年 10 月 1 日起，营业执照、组织机构代码证和税务登记证"三证合一"。2015 年底前，全国全面推行"一照一码"登记模式。"三证合一、一照一码"登记制度的实施范围包括有限责任公司、股份有限公司、非公司制企业法人、合伙企业、个人独资企业、农民专业合作社及上述市场主体的分支机构、外国（地区）企业常驻代表机构、外国（地区）企业在中国从事生产经营活动的市场主体，暂不适用于个体工商户。

现在，企业 5 天左右即可

表 13-3 企业名称申请登记相关事宜

相关事宜	具体内容
企业名称 遵循原则	不得含有的文字： （1）有损国家、社会公共利益的 （2）可能对公众造成欺骗或者误解的 （3）外国国家（地区）名称、国际组织名称 （4）正当名称、党政军机关名称、群众组织名称、社会团队名称及部队番号 （5）外国文字、汉语拼音、阿拉伯数字 （6）除国务院决定设立的企业外，企业名称不得冠以“中国”“中华”“全国”“国家”“国际”等字样
	不得含有其他企业名称，企业分支机构名称应冠以其所从属企业的名称
	不得含有其他法人的名称，国家工商行政管理总局另有规定的除外
	企业营业执照只准标明一个企业名称
企业名称 不予批准情形	与同一工商行政机关批准或者登记注册的同行业企业名称字号相同，有投资关系除外
	与其他企业变更名称未满 1 年的原名称相同
	与注销登记或者被吊销营业执照未满 3 年的企业名称相同
	其他违反法律、行政法规的名称

注：企业名称需译成外文使用的，由企业依据文字翻译原则自行翻译使用，不需报工商行政管理机关核准登记。

办完相关手续（图 13-1）。

需要注意的是，各省市地区落实改革意见时存在不同做法，如黑龙江省自 2015 年 7 月 1 日正式启动“一表申请、信息共享、联动审批、一照四号”的改革模式，实行营业执照、组织机构代码证、税务登记证、社会保险登记证“四证合一”。

此外，根据教育部、工商总局在 2015 年 10 月制作的《大学生自主创业宣传手册》，除了上文中适合新创企业选择的个人独资企业、有限责任公司、合伙企业三种企业组织形式之外，个体工商户和农民专业合作社也是你可以选择的经营主体类型。

图 13-1 “三证合一、一照一码”登记制度主要内容

第二节 生命的起伏——新创企业可能遇到的风险

一些创业者在成功设立企业之后，往往会进入盲目乐观的懈怠状态，这是万万不可的。这个刚刚诞生的小生命，此时最需要你万般的呵护和悉心的照顾。你需要在时刻警醒自己风险始终存在的同时，还需要找定位、拓市场，需要建设团队、用好人，需要精打细算、管理财务……天有不测风云，人有旦夕祸福。一个小小的差错就有可能给企业带来无尽的风险，陷入危机，更何况是一个尚在“襁褓中”的新生命。

新创企业可能遇到的风险各有不同，创业环境的不确定性、市场的复杂性以及新创企业能力与实力的有限性是根本来源，直接表现在融资、研究、信息和信任、资源及管理这五方面的缺口。在思考风险防控措施之前，必须深入研究创业风险。

一、创业风险的共同特征

在开始创办企业之前，你就要意识到风险将贯穿企业整个生命周期，但它们都有共同的“标签”。

（1）客观性：创业本身就是一个识别风险和应对风险的过程，风险的出现是不以人的意志为转移的。

（2）不确定性：创业所依赖和影响的因素是不确定的，是不断变化和发展的，是难以预料的，创业中遇到的风险并不都是指向失败和损失的，真正的创业者要去审视风险，甚至利用风险。

（3）双重性：创业有着成功或失败的两种可能性，创业风险具有盈利或亏损的双重性。

（4）可变性：创业过程中内在和外在因素的变化，影响着你所遇到的风险的大小、性质和程度等。

（5）可识别性：根据其特征和性质，创业风险是可以被识别和划分的。

（6）相关性：创业风险与企业行为紧密相连，面对同一风险，应对措施不同，结局也会不同。

二、创业风险的类型

新创企业面临的风险从不同角度切入，所得到的划分类型也不同。你需要了解一下，如图 13-2 所示。

其中，你要格外注意和重视的是按照风险内容划分的管理、市场、财务和技术这四方面风险。

（1）管理风险：主要体现在管理者能力、决策、组织和人力资源、团队、关键员工离职等。

（2）市场风险：主要集中在需求量不确定、接受时间不确定、价格不确定、策略不确定、促销方式选择不当、环境突变等。

（3）财务风险：集中体现在筹资、现金流两方面。

（4）技术风险：具体有研发成败不确定、前景与寿命不确定、效果不确定等问题。

三、新创企业可能面临的具体风险

管理企业的过程充满了抉择，要在风险与收益之间进行权衡，既不能不顾风险地一心只念收益，也不可畏首畏尾地逃避风险而错失良机。

（一）生存阶段可能面临的风险

万事开头难。新创企业的生存阶段，即正式运营→收支平衡阶段，任何低估风险的行为都可能使这个新生命夭折在摇篮当中。

你可能会临渊羡鱼，但这始终不如退而结网；你可能会因“无米”而不能“生炊”，但是风险也意味着机会，如浙商大多出身寒微，起初也是一穷二白，虽经历过“三无”（无资金、无技术、无市场）时代，但最终也“草根”成林了；你可能会逞匹夫之勇，没有认清“天时地利人和”的重要性而一意孤行，但经营管理企业要求你“智勇双全”；你可能会自暴自弃，商场没有一帆风顺，向挫折和失败投降的人永远失去了成功的可能性，这是你的头号敌人，而乐观的态度可以让你从跌倒之处重新站起来；你可能无视计划，计划不明就意味着盲目行动；你可能会选择单打独斗，团队建设滞后；你还可能仓促上阵，丢掉了谨言慎行。

多数新创企业在生存阶段主要会遇到以下四方面风险：

1. 资金不足

创业资金不充分，或将过多的资金投在企业固定资产方面，致使处于起步阶段的新创企业缺乏流动资金。这将直接影响企业的生存和发展。

2. 管理不到位

新创企业刚起步，经营活动一齐发动，团队成员忙碌于各项事务性工作。此时，创业

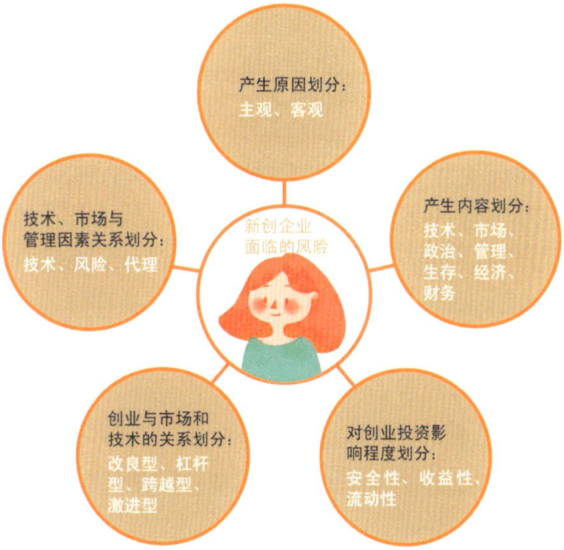

图 13-2 新创企业面临风险的不同划分类型

者极易疏忽管理和团队建设，陷入无序中的企业很难步入正轨。如果创业者自身能力有限，很可能导致新创企业出现混乱，难以生存。

3. 市场不乐观

市场对产品的需求量、接受时间、接受程度等均具有不确定性，如果在新创企业正式运营前，没有对市场做出准确的判断，高估了产品的市场前景，以致实际与预测销售额相差较大，那么，收不抵支的状态的持续时间就会延长。

4. 过于依赖支撑系统

很多创业者凭借着当下丰富的政策资源，顺利设立了企业。为了生存，创业者还需要继续与政府相关管理部门、投资商、供应商、消费者等众多方面进行主动联系和沟通，并形成社会网络系统。一旦某一方面或者环节得不到相应的支持，就有可能使新创企业陷入困境。

（二）成长阶段可能面临的风险

当新创企业进入到成长阶段，即收支平衡→巨额利润阶段，又会出现新的风险问题。你可能会朝三暮四、盲目冒进，陷入“做大”还是“做强”的两难境地无法脱身；你可能会急功近利，失去了“不为所惑”的底线；你还可能会固执己见、义气过剩、心理失衡、坐享其成、挥霍浪费、缺乏创新，甚

至遭遇争权夺利。总之，这个阶段的风险一般体现在以下五个方面：

1. 管理机制不健全

进入到成长阶段的新创企业已粗具规模，创业者易被暂时性的成功所麻痹，停滞不前。管理团队成员之间也容易出现分歧，很可能由于缺乏高效的管理团队难以制订出适时的发展战略和各项规章制度。

2. 市场机制不健全

新创企业发展到成长阶段，随着经营业务和规模的不断扩大，创业者的经营理念不能顺应趋势，缺乏市场洞察力，反馈滞后；创新能力弱，营销策略一成不变，导致用户黏度差。

3. 资源获取机制不健全

企业在不断成长过程中，所需要的资源也会越来越多。由于资源匮乏，创业者难以权衡产品开发、技术升级、发展战略等相互之间的矛盾，不能及时解决问题。

4. 财务监管机制不健全

新创企业的融资计划往往具有严重的短期性，盲目引入投资人，丧失控制权；现金支出缺乏控制；为了获得盈利，盲目投资等。

5. 决策机制不健全

创业者的发展思路不现实，超出自身实力，比如盲目追求多元化发展或扩大企业经营规模，不经全面论证改变经营方向和业务，采用先进但并不合适的营销策略等，这些都会给企业的成长埋下隐患。

创业在很多时候都是张灯结彩地张罗起来，却以灰头土脸草草收场。如武汉大学的成某，离校后在武汉创办了一家公司，从事网站建设和流媒体嵌入。然而，仅仅坚持了两年，他就因资金短缺不得不解散了公司。又如成都某高校食品科学系六名研究生倒是不差钱儿，筹集 20 万的启动资金开起了“六味面馆”。创业之初，计划两年内在成都开 20 家连锁店，要跟麦当劳、肯德基较量较量。但是，理想的丰满与现实的骨感始终无法和谐共存，“研究生面馆”最终因经营管理不善而关门大吉。还有一些“创业网红”，靠着“90 后”和“大学生创业”标签带来了线上曝光率。然而，没有成熟的产品和运营机制，网络营销铺垫再好却也是无力进攻的“纸老虎”。每次小有成就的大学生创业者出现在公众面前，都会刺激到整个社会的观望欲。这些凌空出世、一举成名的创业故事的确引来了媒体，招来了风投公司，可热闹过后又怎样了呢？扩展阅读 13–1

扩展阅读 13–1

101 个失败案例背后：创业公司失败的 20 大原因与占比

2014 年，美国科技市场研究公司 CB Insights 通过分析 101 家科技创业公司的失败案例，总结出了创业公司失败的 20 大主要原因，包括融资烧完、竞争力不足、产品糟糕和商业模式不佳等，如图 13–3 所示。

以下是这 20 个原因：

1. 没有分析需求就贸然开发产品

42% 的失败创业公司出现过这个问题。创始人执著于执行自己的创意，却没有弄清楚创意是否符合市场需求。Patient Communicator 的创始人对 CB Insights 说：“我意识到实际上我们没有客户，因为没有人对我们开发的产品感兴趣。医生需要更多的病人，而不是一个效率更高的办公室。”

资料来源：
2014 年 9 月 28 日网易科技报道

2. 融资烧完，无法获得新融资

29% 的失败创业公司遇到了这个问题。Flud 的团队对 CB Insights 称，事实上 Flud 的失败原因在于公司没能筹集到新的资金。

3. 团队不行

23% 的失败创业公司缺少能够指挥大局的人物。这个原因很有趣，多数风投表示，投资之前首先考虑的是团队，其次才是创意。

4. 竞争力不足

风险资本家、亿万富翁皮特 – 泰尔 (Peter Thiel) 建议创业公司一开始应规避竞争，进入其他人没有尝试的领域。约 19% 的公司没有这么做。

5. 定价 / 成本出现问题

对于创业公司而言，产品定价不能过高，也不能过低，应当找到最适合的定价。遗憾的是，18% 的公司没有找到正确的定价。

6. 糟糕的产品

17% 的创业公司开发的产品很糟糕。Game Layers 的创始人回忆称，我想公司本应该放下身段，开发出易于互动的产品。

7. 缺乏商业模式

好的创意需要好的商业模式。这就需要找到将创意变现的途径，而缺乏商业模式导致 17% 的创业公司最终失败。

8. 糟糕的营销

仅仅懂得怎样写代码或开发好的产品是不够的，还要利用有效的营销对外销售更多的产品。14% 的创业公司没有好的营销团队。

9. 忽视客户

哈佛商学院教授克里斯坦森 (Clayton Christensen) 指出，过于听信客户能够导致大公司失败。然而，14% 的创业公司却因忽视了客户导致最终失败。

10. 产品推出时间点不对

时间点至关重要。13% 的失败创业公司的产品没能在正确的时间推出。一位 Calxeda 的员工对 CB Insights 说，虽然公司行动的速度快于客户，而产品却不是客户所需要的。

11. 精力不集中

对于创业公司来说，自始至终保持热情和精力集中并不是容易的事。13% 的创业公司因精力不集中而导致失败。

12. 创始人和投资者意见不合

很多大公司也曾经遭遇过类似的情况。13% 的创业公司出现了这个问题。

13. 发展方向偏离轨道

10% 的创业公司出现了这个问题。

14. 缺乏热情

有想法是一回事，拿出热情付诸实施又是另外一回事。9% 的创业公司因缺乏热情而失败。

15. 地理位置不佳

公司选址的地理位置不好，以及员工之间因距离较远导致工作不便。9% 的创业公司遇到了这个问题。

16. 无融资和投资者支持

相比资金烧完更糟糕的事实，8% 的创业公司从一开始就没能获得投资者的青睐。

17. 法律风险

8% 的创业公司因进入法律风险较高的领域而失败。Turntable.com 的创始人称："我没能吸取很多失败音乐创业公司的教训，从事这个行业实在太难了。"

18. 未有效利用网络和倾听意见

仅仅拥有网络是不够的，还要知道怎么利用网络。Blurtt 的创始人说："让投资者参与进来，你的投资者会帮助你。从一开始就让投资者参与进来，不要害怕向他们寻求帮助。"可惜 8%的失败创业公司没有做到这一点。

19. 筋疲力尽

8% 的创业公司因没能平衡好工作生活之间的关系而导致失败。Blurtt 的创始人说："我开始感到筋疲力尽。我是公司的领导者，但筋疲力尽令我感到无助，失去了创新能力。"

20. 未能及时纠偏

7% 的创业公司因执著于一个糟糕的创意而导致失败。Imercive 公司的人说："中途我们在两个战略之间举棋不定，明知其中一个战略能够取得成功，却未能大胆执行。"

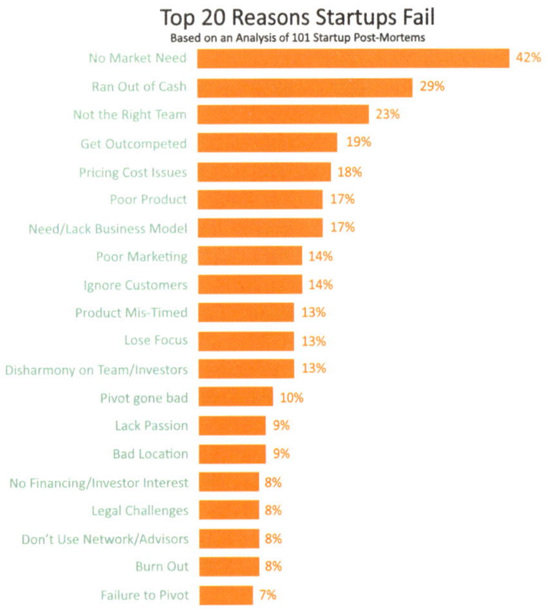

图 13-3 创业公司失败的 20 大主要原因

第三节 生命的延续（之一）——新创企业营销管理

营销，不是我们想象中简单的“卖”东西。在实操中，营销是价值实现的具体措施、方法，是商业模式的具体落地。你主要需要研究的就是如何辨识消费者未被满足的需要，量度目标市场的规模和利润潜力，找到最适合企业进入的市场细分和适合该细分的市场供给品以满足目标市场的需求，同时获取利润。◥案例 13–2

学到这儿，你或许有了些做营销策略的意识。的确，作为新创企业，如何制订营销策略是当下亟待解决的问题。我们就一起来学习相关知识，探索能够解决这个问题的“武器”吧！◥扩展阅读 13–2

◥案　例 13–2

“嗨皮士”的营销策略

黑龙江大学 2012 届毕业生陈玉东创办的哈尔滨嗨皮士旅行社有限责任公司于 2014 年 9 月注册成立。公司以“深度体验式＋个性化量身定制”为基本理念，选择“创业＋内部再创业”的发展形式，最大限度地调动每个人的热情，内部裂变，内部孵化，独立项目制，立志发展成为一个由很多个“小而精”的项目组构成的充满活力的、酷酷的“公司群”。

种种的大背景造就了当今旅游业再度火爆的态势，嗨皮士对旅游行业发展趋势给出了独到的分析，如图 13–4 所示。

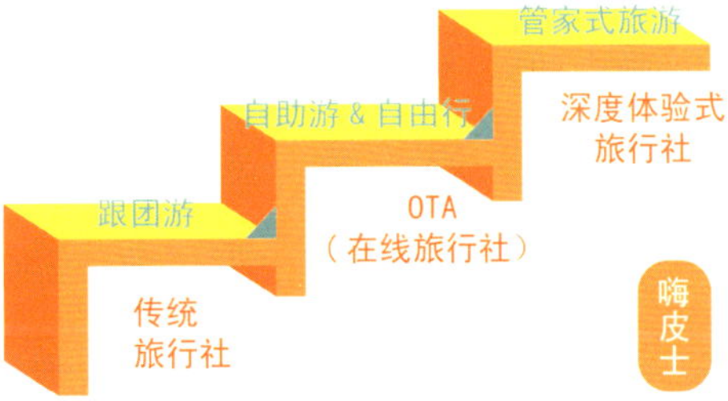

图 13–4　旅游行业发展趋势之“我”见

嗨皮士在还是“下一站旅行”的时候，凭借一些针对大学生的“特色游”（毕业游、班级游、社团游、老乡游、个人游等），逐步打开市场，深受欢迎。其实，这些“特色游”正是团队全力打造的有说服力的销售事件——营销战略——让大家认识我们。

嗨皮士的营销策略

产品

· 旅行产品——立足龙江旅游资源，辐射省外特色（做好本土、外延拓广），大多数线路都是涉及比较保持原生态的地方，突出文化旅游的长线已覆盖全国热点地区，独立探路、独立策划路线、独立组队、独立带队的旅行一站式服务；此外，依靠龙江的地理位置优势，已开通贝加尔湖这条对俄的国际线路（总计 40 余条线路）。

当下，团队着重思考并开发与文体活动、节庆会展、影视文学创作、动漫、主题园区基地等有关的短线，进一步深化“文化”二字。

· 活动产品——休闲、社交等主题的互动活动。

· 其他衍生品——特色工艺品、绿色山珍土特产等。

资料来源：

根据创业者陈玉东提供素材整理

上面的案例有没有给你带来一些启示呢？当你想要进入某一行业领域，首先要找准市场切入点，大力进攻，拿下你的“制高点”。这就说明，除了要搞清楚新创企业的特殊性之外，你还要理顺和清楚战略、商业模式和营销之间的关系。简单来说，制订能够落地的战略，可以从战略（愿景、定位、规划、竞争）到商业模式（价值流程设计），最后到营销（战略、策略）来完成。在这当中，有章有法地设计出你的营销策略是必不可少的。因为营销是新创企业的首要任务，直接影响着你能否“活”在这个世界上。

价格

对目的地资源的把握，使其控制住并降低了产品成本，与一些相类似竞争对手的同类型线路相比，有很大的价格优势，2000 元 + 的线路要比他们价格低至少 300 元 +。

渠道

- 零级渠道——直接面向消费者；
- 分销——有侧重的选择地区和学校设立分销阵地。

促销

- 传统媒体——宣传单、海报等线下纸媒；
- 新媒体——微信、微博等较为活跃的自媒体网络宣传；
- 口碑推广——我们的客户来源“老队员 + 老队员带来的新队员”占 70%。

公共关系

各种公关活动——摄影大赛、游记大赛、大学生宿营节等。

团队也曾建立过网站，但当时由于费用高、效果不明显，便关闭了。嗨皮士选择的所有策略都是根据目标顾客的特点所设置的。目前，嗨皮士正在研发自己的 App，也打算重建网站，推动“互联网 +”的行动步伐，也在思考怎样“借”好政府力量，迎接嗨皮士 2.0 的到来。

扩展阅读 13–2

揭开市场营销组合的神秘面纱

市场营销组合策略历经了“P”“C”“R”“S”“V”“I”六个阶段，无论怎样演变，都脱离不了营销的本质理念——通过交换实现价值。

我们不能完全倡导某一种营销组合理念，不同行业、不同发展阶段、不同区域、不同市场下的企业，其应用的营销组合没有最好，只有合适与否。

一、通过 STP 确立定位

记得一家健身中心的创办者当被问及拥有清晰定义的目标市场的重要性时，他说道："在激烈竞争的健身市场上存在众多的健身企业，普通的小型健身企业唯一的希望就是专注于一点，并在这一点上努力做到比其他任何事情都好。"

基于大量的实际情况研究，"现代营销学之父"菲利普·科特勒提出，市场是多层次、多元化的消费需求集合体，任何企业都无法满足所有的需求。那么，你要推出受欢迎的产品，首先应该把某个产品的市场分为有区别的几个部分，各部分内部具有相似性，但又彼此不同；然后，根据你自身战略和产品情况从子市场中选取有一定发展前景，且符合公司目标和能力的细分市场作为你的目标市场；最后，你需要将产品定位在目标消费者所偏好的位置上，并通过一系列营销活动向目标消费者传达这一定位信息，让他们注意到，并感知到这就是他们所需要的。这一系列动作就是市场细分（Segmenting）→目标市场（Targeting）→市场定位（Positioning）三步走的 STP 理论。若想成为一家管理到位的新创企业，你就要按"步"就班，选择并确定你的目标消费者，使你的产品找到那个适当的位置。

（一）进行市场细分

大多数新创企业没有足够的资源进入广泛的市场，其所拥有的资源一般仅能够满足某个细分市场。市场细分是 STP 的关键，是你在实操过程中做到精准营销和千人千面的基础。

进行市场细分，一般依据地理环境、人口统计状况、消费者心理、购买行为四个变量，如图 13-5 所示。扩展阅读 13-3

（二）选择目标市场

市场细分后，你就要选择出目标市场。在这个过程中，你应该主要考虑目标市场吸引力（市场容量、市场增长率、竞争强度、获利能力四个指标）和企业适应性（资源匹配程度）两方面因素。一般来说，最具吸引力的选择是市场容量巨大、市场增长率较快且竞争强度不太高的细分市场。但是，你绝不可追求多个目标市场，或者消耗大量的时间去寻觅一个"理想"市场的出现，这两种做法都会使新创企业付出很高的代价，最终只会迷失方向。

如图 13-6 所示，目标市场的选择主要有五种策略。

1. 单一细分市场策略

无论从市场还是从产品角度，均集中于一个细分市场。

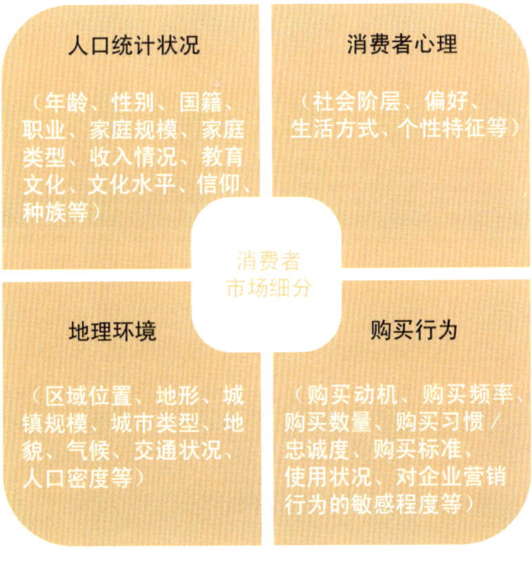

图 13-5 市场细分的四个变量及具体因子

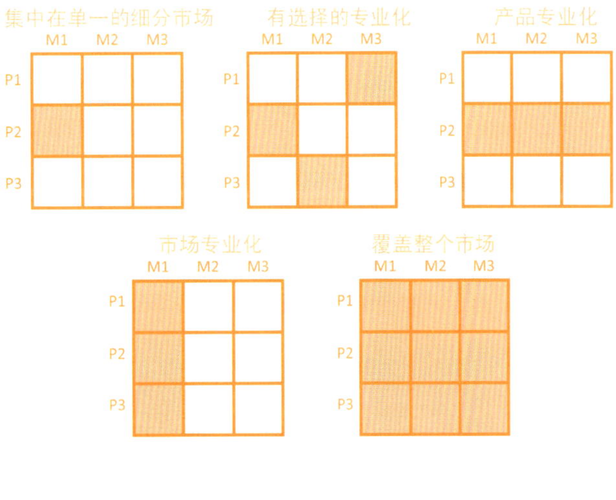

图 13-6 目标市场选择的五种策略（M——market 市场、P——product 产品）

这种策略意味着企业只生产一种标准化产品，只供应某一顾客群。新创或较小的企业通常采用此种策略，它可以帮助企业实现专业化生产和经营，在取得成功后再逐步向其他细分市场拓展。

2. 选择性专业化策略

有选择地进入多个细分市场，并向这些细分市场分别提供不同类型的产品。选择这种策略的主要原因是各细分市场之间相关性较小，每个细分市场都有着良好的营销机会与发展潜力。其优点在于有利于分散企业的经营风险，即使失去某一细分市场，企业仍可在其他细分市场经营赢利。较大的企业通常采用此种策略。

3. 产品专业化策略

只生产经营一种产品，供应给不同的细分市场。当然，由于面对不同的顾客群，产品在档次、质量或样式等方面会有所不同。

4. 市场专业化策略

向同一细分市场提供不同的产品。如企业专为学校实验室生产经营各种实验室用品，又如针对儿童市场提供玩具、家具、学习用品等一系列产品。当然，一旦对应顾客的购买力下降，企业的收益会受到极大影响。

5. 覆盖整个市场

全方位进入各细分市场，为所有细分市场提供所需要的不同产品。这是大企业为在市场上占据领导地位抑或垄断全部市场时采取的目标市场范围策略。

（三）确立市场定位

任何成功的网站在建立前期都会有一份对网站运营的市场定位分析。“90后在线小游戏网站”名称很明显地显示出了市场定位，即市场面向的人群为90后这一代。网站在设置游戏方面一直靠着90后客户喜好的路线走，由于前期定位精准细致，后期落实到位，网站运营很顺利，比一般同类网站更快地得到客户群的支持，网站人气短时间内就急剧上升。

就像上面的小例子，在选择好目标市场之后，需要在这个目标市场内确立一个可以同竞争者相区分的独特“定位”。许多新创企业会将市场定位在细分市场中特定的某个利己市场。市场定位并不是你对一件产品本身做了什么，而是你在潜在消费者的心目中做了什么。市场定位的核心是突出与众不同，也就是差异化，你可以从产品、服务、企业形象等方面择其一体现你的差异化。

二、产品策略

你或许会因为解决“痛点”找寻到了创业商机，确定了创业项目，但你的产品有激发起消费者心中想要的那个“痒点”吗？有能够给客户带来兴奋感、刺激客户产生快感的“卖点”吗？挑剔产品时，消费者大多是理性的。但是，就像“苹果教父”史蒂夫·乔布斯说的：“消费者不懂他们要什么，得靠我们拿出东西给他们看。”所以，想让消费者有“出手”的冲动，你必须仔细研究论证。

扩展阅读 13-3

某产品市场分析过程

1. 确定研究问题（前面讲到的四个变量）

2. 因子分析——总共有多少个因子？（从消费者心理和购买行为两个变量中找到最主要的因子）

3. 聚类分析——有多少个细分市场？（把消费者按主要因子分类，尝试多种分类）

4. 列表分析——每个细分市场有什么特征？（从人口统计状况、地理环境两个变量考虑各类消费者都是谁）

5. 得出市场细分总结及建议（找到消费者）

资料来源：
根据北京大学国家发展研究院马京晶博士《市场细分》讲座内容整理

（一）"产品"是何物

"产品是什么？"这看似不是一个难回答的问题，甚至不算是一个问题。因为企业时时刻刻都在开发、生产、销售产品，而消费者也时刻都在使用、消费和享受产品。产品是企业间市场争夺的基础，是一切生产经营活动围绕的中心。当下，一切外部环境的快速发展，使得消费者需求特征日趋个性化，市场竞争程度愈加深广，导致产品的内涵和外延也在不断扩大。

我们提到的"产品"早已超越了实体形象，其内涵已从有形物品扩大到服务（美容、咨询等）、人员（体育、影视明星等）、地点（桂林、维也纳等）、组织（保护消费者协会）和观念（环保、公德意识等）等；其外延也从其核心产品（基本功能）向形式产品（产品的基本形式）、期望产品（期望的产品属性和条件）、附加产品（附加利益和服务）和潜在产品（产品的未来发展）拓展，如图 13-7 所示。

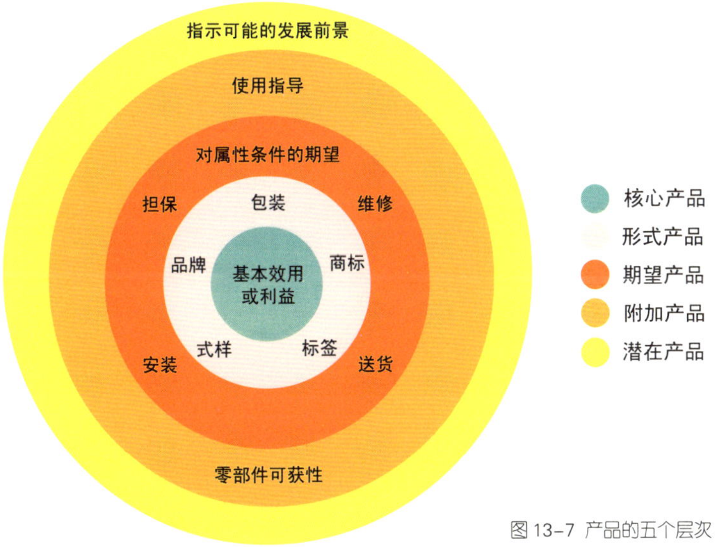

图 13-7 产品的五个层次

这里，我们以极其熟悉的电视机为例，来理解产品这五个层次。产品最基本的层次是核心利益，消费者购买电视机并非是为了拥有这个实体产品，而是为了随时观看节目，获得相应的满足感；但是这个核心功能需要依附在一定的实体上来实现，这就是产品的基本形式，主要包括产品的构造、外型、配置等，如配有 4K 显示屏的电视机；期望产品是消费者购买产品时期望的一整套属性和条件，如购买互联网电视机的消费者，期望能够获得海量视讯内容，不会禁锢在机顶盒提供的有限内容中；附加产品包含附加服务和利益，主要有运送、安装、调试、维修、产品保证、零配件供应、技术人员培训等，如选择在网络上购买电视机，享受次日送货安装、24 小时电话客服等，附加产品来源于对消费者需求的综合性和多层次性的深入研究，要求营销人员必须正视消费者的整体消费体系，但同时必须注意因附加产品的增加而增加的成本，消费者是否愿意承担的问题；产品的最后一个层次是潜在产品，潜在产品预示着该产品最终可能的所有增加和改变，如市面上的互联网电视机不仅可以语音调控想观看的电视节目，还可以下载所需要的 APP，为家庭的文化娱乐带来新体验，实现更高品质的生活方式。◥案例 13-3

（二）品牌和包装不容小视

不断地拓展产品的外延部分已成为现代企业产品竞争的焦点，消费者对产品的期望价值越来越多地包含了其所能提供的服务、企业人员的素质及企业整体形象的"综合价值"。美国著名管理学家哈罗德·利维特曾说过，"新的竞争不在于工厂里制造出来的产品，而在于工厂外能够给产品加上包装、服务、广告、咨询、融资、送货或顾客认为有价值的其他东西"。因此，你还需要格外注意产品品牌和包装的设计。

案 例 13-3

产品“全”真的好吗？

现在，太多的企业在产品设计上吸收了过多的“营养”，一是尽量多的增加消费者的需求，想着满足消费者的所有需求，解决消费者未被解决的问题；二是增加很多功能以体现差异化。你应该试着对最初产品的设计“减负”，减到只针对解决目标消费者未被解决的一两个核心问题即可，达到精益创业所说的“最小可行产品（MVP）”。创业是不断成长、发育、迭代的过程，呱呱坠地之时切不可心急，不可一口吃成个小胖子，冗赘的身体只会拖累创业的前进脚步。

自从2016年央视3·15晚会曝光了外卖订餐平台的食品安全问题之后，原本火热的外卖O2O一时间降到了冰点，整个行业遭遇信任危机。

究其原因，这些外卖O2O平台，一味强调对线下餐饮企业的“升级改造”，却忽视了口味、卫生、服务等基本的用户体验。另外，在价格战和补贴战之下，外卖O2O们本末倒置，以牺牲产品品质的代价来降低成本。另一个现实的困境是，目前国内大多数外卖O2O仍然盈利困难，而制约盈利的难点在于标准化难、配送难、降低损耗难的三大“痛点”。

然而，他山之石，可以攻玉。创办于1965年的玉子屋，日本最大的快餐企业，却每天只卖一种便当，实现规模制胜。凭借“单一菜单”的商业模式，通过高效的服务链条，很好地解决了上面提到的三大难点。

为了应付顾客不同的口味，餐饮企业一般都会准备多种不同的菜单，但玉子屋却反其道而行之，每天只提供一种菜单。虽然每天只有一种菜单，但周一到周五并不重样，并且搭配时令水果，注重健康和营养。这种“单一菜单”的做法在快餐界极为罕见，但却是玉子屋商业模式成功的基础。“单一菜单”不但可以实现大规模批发采购，从而在与供货商的议价中降低采购成本，还可以使工厂更容易实现大规模的标准化生产。

正是有了“单一菜单”对成本和效率的把控，玉子屋才有可能去追求规模经济。玉子屋的经营模式类似会员制，会员以公司为单位，通过电话或者网络订餐，条件是一个公司每天至少要订10份以上的便当。也就是说，玉子屋只接受一定数量的团购，靠的是规模制胜。随着订单规模不断增加，单个产品的成本自然就会减低，因此玉子屋拥有了非常强的成本竞争力。

→资料来源：
→根据《日本外卖之王启示录》（作者：黎晓峰）整理

图 13-8 首次定价步骤

品牌不仅是产品的标识，它是产品的灵魂；而产品是品牌的载体，是品牌的一个特殊元素。品牌有自己的内容，是具有经济价值的无形资产，承载着消费者对企业或产品的认可。品牌注册后形成商标，企业即获得法律保护，拥有其专用权。孔子说过，“名不正、则言不顺，言不顺、则事不成”。在品牌命名时，需要注意合法、尊重文化与跨越地理限制、易记忆、易传播、正面联想、暗示产品属性、预埋发展管线等七个原则。

包装在一定程度上充当着无声推销员的角色，已成为企业开展市场营销活动刺激消费的主要竞争手段之一，尤其是不够理性的消费者面对让其心动的包装时，即使产品本身没有特别吸引力，也会让他倾囊消费的。在产品包装方面，主要有类似包装、配套包装、组合包装、再使用包装、等级包装、附赠品包装、不同容积包装、改变包装八种策略。

三、价格策略

消费者习惯从价格中窥探产品的价值，即使产品价格影响消费者购买行为的程度越来越低，但它仍是决定产品市场份额和盈利率最重要的因素之一。你要意识到，在营销策略中，价格是唯一能够产生收入的因素，其他因素均表现为成本。你所制订的产品价格，传递着很多信息，体现着你的行业定位。

因此，你至少要弄清楚三个问题：如何确定首次销售的价格；如何修订价格来适应各种环境和机会的需要；如何调整价格来应对竞争者的价格调整。在这三个问题中，最重要的就是怎样给产品确定第一次销售的价格。你可以按照图 13-8 所示的步骤，搞定产品的首次定价问题。

（一）定价目标

你所制订的定价目标要以满足市场需要和实现企业盈利为基础，切不可自以为低价格推出产品就能够赢得市场。这样做只会被消费者认定成廉价产品，减少企业利润，损害企业形象。同时，定价目标又是决定定价策略和选择定价方法的依据，影响着定价的最终决定，如图 13-9 所示。

（二）确定需求

通常情况下，我们认为市场需求与产品价格成反比，但这并不是绝对的，你必须了解市场需求对价格变动的反应。例如，对于威望高的产品，适当提价反而可能增加销售量。在很大程度上，市场需求决定

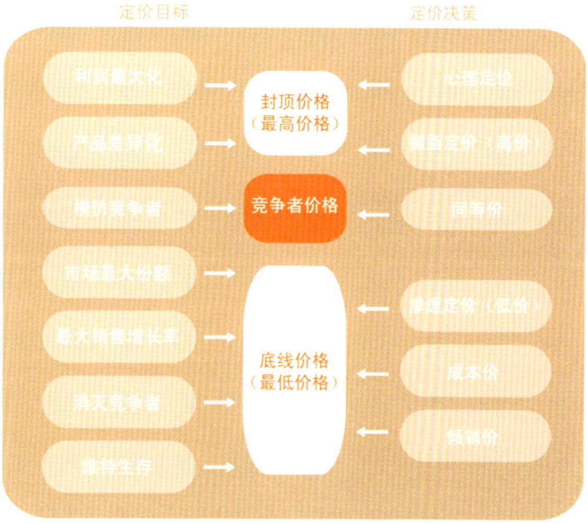

图 13-9 定价目标与定价决策

着产品的价格上限，即为你确定了最高价格；产品成本决定着价格的下限，即产品销售的最低价格；竞争者价格为确定合适的产品价格提供参考，在顾客心目中与其他竞争性产品的感知价值相比较；而产品的客观质量、企业或产品的形象（品牌）、政府或行业组织干预、消费者心理和习惯等也影响着产品的价格。

（三）定价方法

你可以选择的定价方法主要有三种：成本导向（在产品成本的基础上加上预期的毛利润）、需求/价值/顾客导向（估计顾客购买产品愿意支付的金额）和竞争导向（对比竞争对手的价格）。多数专家推荐新创企业选择需求/价值/顾客导向定价法，当然，你也可以将三种基本定价方法综合运用。

四、渠道策略

产品不论多好，如果没有渠道，也就只是废品。“渠道”这个概念并不难理解，就是将产品从生产者转移到消费者手中的途径或通道，划分类别如图 13-10 和图 13-11 所示。

正因如此，如今渠道的选择正从线性关系的传统模式向网状关系的新模式转变，如图 13-12 所示。

当然，新创企业需要在分析好市场、产品、自身、环境等因素之后，明确计划是将产品直接（零级渠道）还是间接

图 13-10 渠道分类

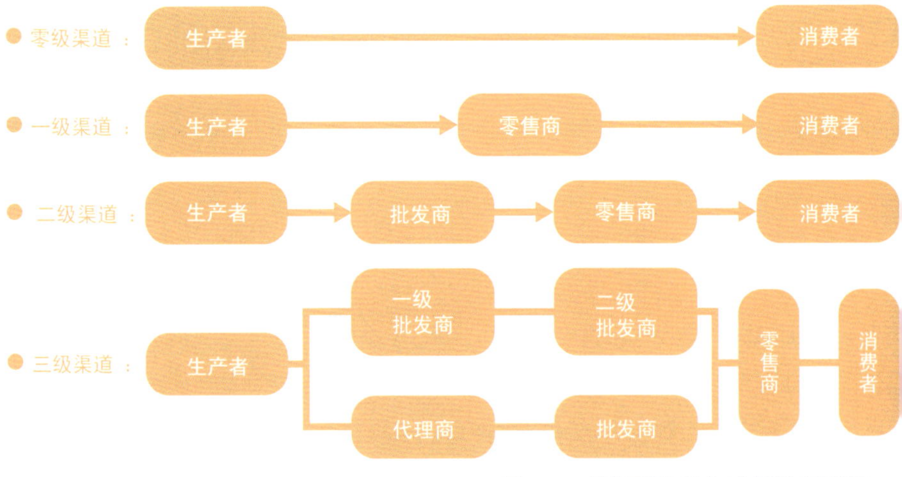

图 13-11 消费品渠道种类（按渠道长短划分）

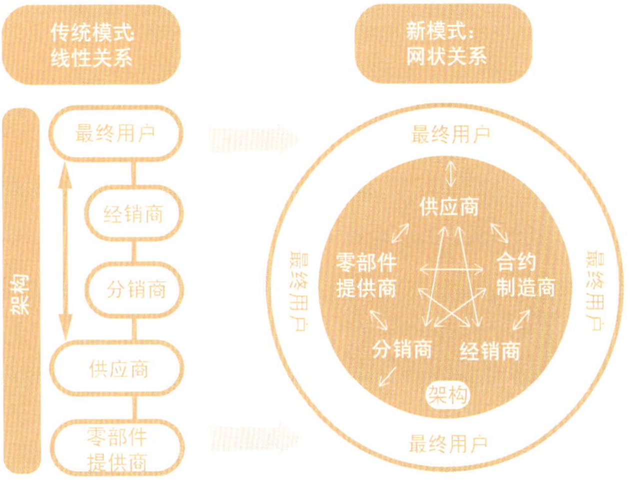

图 13–12 渠道模式的转变

（通过中间商）销售给消费者，是自建网络还是电子商务等。有人认为，选择的渠道越多，企业成长会越快。但事无绝对，选择多个渠道进行营销，可能会出现两个问题：一是新创企业很难控制所有渠道具体销售产品的方式；二是渠道冲突的可能性会增多。

大家基本上都知道一个叫做“无印良品”（MUJI）的日本品牌，但不知道的是它 4 年内实现起死回生，从亏损 10 亿到营收 1410 亿。亏损时期，它的销售端存在非常严重的问题，开十家新店，可能只有两家店能达到目标盈利。后来发现，当时开店的基准非常模糊，没有确定一个可量化的评判。于是，找专人做了很多的定量判断标准，其中“开店城市的平均消费收入指数是多少”是关键标准，因为城市平均消费收入指数与无印良品店的营业状况成正比关系的程度极大。在建立了标准之后，效果显著，新店的成功率达到了 90% 以上。此外，无印良品还有单独的海外开店标准，而且不同区域不同对待。例如，中国市场的做法和欧洲完全不一样，欧洲是比较稳健的做法，而中国市场强调速度。

最后，送给你制订渠道策略的“7—8—8 法则”：

（1）制订渠道策略的“7 步骤”——确定渠道目标、界定渠道层次结构、界定渠道等级结构、分配渠道成员职责、寻找经销商、经销商评估、确定合作关系；

（2）制订渠道策略的“8 原则”——接近终端，市场覆盖，精耕细作，利益共享，协商机制，经济实用，争做渠道领袖，变则通、通则久；

（3）制订渠道策略的“8 戒”——戒盲目自建网络、戒经销商过多、戒渠道过长、戒覆盖面过宽、戒一味求大、戒过度依赖、戒目光短浅、戒优惠过丰。

五、促销策略

隆重声明：促销≠打折。在这里，有必要澄清一下促销真正的含义——向目标顾客传递有关本企业及产品的各种信息，说服或吸引消费者购买其产品，实质上是一种沟通活动。而促销策略则是企业设计出可以通过人员推销、广告、公共关系和营业推广（销售促进）等各种促销方式，达到扩大销售目的的促销组合，详见表 13-4。◥案例 13–4

在营销费用允许的前提下，你最好同时选择多种促销方式，迅速、广泛地打开销路。

到这里，新创企业营销管理的内容暂且止笔，但你需要学习和领悟的还有很多。就像前面讲到的，营销管理是一门单独学科，尤其在互联网普及的时代，营销更是需要你多琢磨的基本“任务”。

最后，还是要叮嘱一下：切忌盲目依照某种营销理论生搬硬套。你须心系目标顾客，统一推广活动的风格，展现企业形象。始终牢记，新创企业虽要以营销为重，但营销永远都只是企业运营的一部分，你要着眼大局。◥扩展阅读 13–4

表 13–4 促销基本策略一览表

基本策略	具体形式	特点	适用阶段	小贴士
人员推销	一对一、一对多（上门推销、柜台推销、会议或宣讲推销会等）	·进行面对面直接沟通，反馈移收及时 ·对推销人员的素质要求较高 ·成本可能较高	知晓阶段、了解阶段、信任阶段、购买阶段	看眼前影响结果
广告	彩页、传单、宣传册、海报、电子公告牌、视频、代言人等（主要依托报纸、广播、电视、杂志、户外、互联网等媒体形式）	·范围广 ·形象生动 ·对设计、制作等要求较高 ·媒介载体选择成本可能较高	知晓阶段、了解阶段、信任阶段	媒体形式选择主要取决于目标消费群体接触媒体的习惯
营业推广	现金折扣、现金满减、满送券、样品赠送、附赠礼品、优惠券、有奖销售、产品展销、以旧换新、会员 /VIP 制等	·形式多样 ·吸引力大 ·针对性较强 ·短期效果显著 ·可能引起顾客质疑	知晓阶段、购买阶段	不可频繁使用，可能有损企业形象
公共关系	内部沟通载体（内部刊物、内部交流网、内部论坛等），新闻报道（记者招待会、新闻稿件、期刊杂志上刊登企业相关文章等），公众活动（赞助或冠名大型活动、参与或举办公益活动或庆典活动等），宣传材料（择时发放宣传册、明信片或台历等宣传礼品、分发资料等）	·提高企业内部凝聚力 ·传播广，信任度高 ·引起公众注意，树立企业形象，展示企业社会责任感 ·引起公众信任与偏爱，加强公众认知度，扩大企业影响力	知晓阶段、了解阶段	重视“小事”的公关效应

案例 13-4

玉子屋建立用户黏性——回收便当盒

在中国，外卖 O2O 提供的便当盒子越来越精致美观，但一次性使用后却被白白丢进了垃圾桶。而玉子屋使用可回收的木制容器，每天下午派人回收便当盒，并通过自动消毒机进行统一清洗消毒。这样做的目的是可以循环利用便当盒，既节约成本又环保。另外就是反馈数据，工作人员在回收便当盒的时候，会打开所有餐盒确认情况，记录哪些菜剩了多少，并将当天的信息反馈给公司。这些信息不仅可以用于制作菜单，还可以结合经验，预估次日的订单量。尽管国内的 O2O 外卖创业者都在谈论大数据，但能够真正建立起有效模型的并不多。玉子屋这种看似简单的方法，或许是一种启示。

玉子屋从不烧钱打广告，也没有专门负责销售的员工。但配送员每天有两次与顾客直接接触的机会，一次是上午送便当，一次是下午回收便当盒。在这个环节中，配送员可以获得大量的客户反馈，实现一对一的真实调研，弄清楚顾客的喜好，并与他们建立信赖关系。因为玉子屋清楚，没有比每周见十次顾客更有价值的客服活动了。

→资料来源：
→根据《日本外卖之王启示录》（作者：黎晓峰）整理

扩展阅读 13-4

理解营销的本质

真正以顾客为中心，说起来似乎很简单，但是大部分企业都没有做到。营销的本质是吸引顾客和保留顾客。然而，大部分企业仍然只聚焦在“吸引顾客”上，而忽略“保留顾客”。所以，我们经常看到很多企业愿意花大价钱做广告吸引顾客，却忽略了一点——广告能带来的仅仅是产品或品牌的知名度，而无法带来顾客的满意度和顾客的忠诚度。

真正吸引顾客和保留顾客的能力，就是优秀的营销能力。对此，首家上榜 Interbrand 全球 100 强品牌的中国企业华为有着非常清醒的认识。2001 年，《华为人》报刊登了一篇题为《为客户服务是华为存在的理由》的文章，任正非在审稿时，将其改成《为客户服务是华为存在的唯一理由》。正因如此，华为才慢慢地打败了技术领先的阿尔卡特—朗讯、诺基亚、摩托罗拉等若干跨国巨头。在竞争异常激烈、残酷乃至血腥的全球电信制造业，昔日行业巨擘的衰落与华为的迅速崛起壮大的对比无不证明，谁能将“以客户为中心”这样一个普世商业价值观坚持到底，谁就是赢家。

在以顾客为中心的营销实践当中，企业需要做到三个关键点：第一，企业要为顾客创造价值；第二，企业要使顾客感到满意；第三，企业要让顾客保持忠诚（长期关系）。

1. 为顾客创造价值

价值等于产品或者服务为顾客提供的利益除以它的价格，简单来说，也就是我们通常提及的性价比。因此，企业要提高产品或服务的价值，最简单的方法有三种：一是提高产品或服务的质量；二是降低产品或者服务的价格；三是提高产品或服务质量的同时降低价格。

2. 创造顾客满意

以顾客为中心的营销理念需要做到的第二个关键点是满意。顾客满意对于企业至关重要。为什么？研究表明，顾客满意与否决定了顾客是否会重复购买；同时，顾客满意还是企业利润长期正相关的唯一变量。研究表明，顾客满意取决于企业为顾客提供的价值以及顾客自身的预期：如果价值≥预期，那么顾客就会满意；如果价值＜预期，那么顾客就会不满意。

3. 创造顾客忠诚

以顾客为中心的营销导向要做到的第三个关键点是忠诚（长期关系）。顾客忠诚是所有公司都梦寐以求的。研究表明，企业获得新顾客的成本是获得老顾客的五倍。由此可见，创造和维持顾客忠诚对企业至关重要。

→资料来源：

→根据《世界 500 强占五分之一，品牌榜却全军覆没，中国企业出路在何方？》（作者：郑毓煌）整理

第四节 生命的延续（之二）——新创企业"人"和"财"的管理

多数新创企业本能地会将创收放在第一位，比较重视营销，却容易忽视"人"和"财"的管理。正如本章第二节中所讲，风险无处不在，人力资源和财务是新创企业必须守好的两个重要阵地。

一、"管人"之法

刘邦乃一介小吏，手无缚鸡之力，与之争天下的是力拔山兮气盖世的大英雄楚霸王项羽，为什么刘邦能够取天下？《史记·高祖本记》中记载了刘邦的自我总结："夫运筹帷幄之中，决胜于千里之外，吾不如子房。镇国家、抚百姓、给馈饷、不绝粮道，吾不如萧何。连百万之军，战必胜，攻必取，吾不如韩信。此三者皆人杰也，吾能用之，此吾所以取天下也。项羽有一范增而不能用，此其所为我擒也。"

在正确的时间，用正确的人，来做正确的事。古语有云："成事在人"，这个准则事无例外。人力资源管理主要发挥四项基本职能——吸纳（"选"人）、维持（"留"人）、开发（"育"人）、激励（"用"人），具体表现在六个方面，如图 13-13 所示。

那新创企业如何发挥这些职能呢？需要做哪些事呢？

人力资源的"三栖专家"乐载兵建议，处于初创期的企业应该做好人力资源规划、组织结构设计、制度建设、人才队伍建设和薪酬管理五方面工作。

（一）人力资源规划

从当你想要创业开始，就必须笃定"规划"或者"计划"的重要性，人力资源管理工作也是一样，是你"管人"的起点。新创企业的人力资源规划主要应该从业务开展的层面（技术、生产、营销等几个主要方面）以及企业整体运营来进行思考，同时结合企业的长远发展来进行规划。

你的企业都需要开展什么业务？需要成立什么机构或部门？需要什么样的人才？需要多少这样的人才？需要的人才在哪里？如何才能把这样的人才引进你的企业？如何让这些人才在企业安心工作并发挥作用？企业在人才方面所做的预算是多少？一般员工的数量、来源、工作分配又是怎样的？企业的薪酬福利制度是怎样的？企业需要裁员时，裁掉什么样的人？如何裁？如果你能够在企业的初创阶段把这一系列问题思考清楚，并有意识地进行各方面的准备工作，能够系统地把这些问题归纳到一起来处理，相信是很容易做好的。

从人力资源规划的角度而言，这里需要着重提到的就是

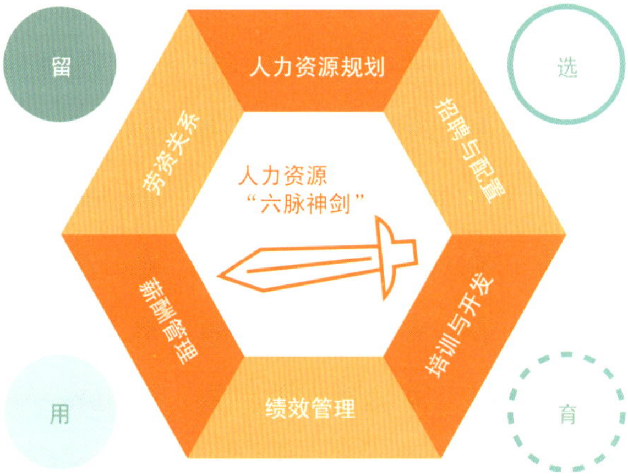

图 13-13 人力资源管理的四项基本职能

企业要建立一个比较完善的薪酬分配制度，即利益分配机制，这是一个最基本的游戏规则，先有规则再请人。当然，还有一个前提，就是“要设什么部门、设什么岗位、这个岗位的职责是干什么的、请来的人需要完成哪些基本目标或任务”，这些东西明确好了，再谈分配制度就是顺理成章的事。

人力资源规划方面需要考虑的一个重要因素就是企业业务规模的定位问题。这里有个提前预估，对企业生产能力和销售前景的合理预期是比较关键的。如果预估失准，就会造成人力资源的浪费，或是造成人员的紧缺。

从整体而言，人力资源规划肯定也会受到企业战略定位的影响。可能受制于多方面的因素，很多新创办的企业开初往往是没有战略规划的。如果有战略，人力资源规划肯定只是企业整体战略的一部分，相信从事战略规划的专业人才会提出比较全面的分析报告的，在此不做赘述。

总而言之，新创企业的人力资源规划需要抓住企业业务定位、企业规模、企业发展计划、人力资源运行模式等几个核心方面。

（二）企业组织结构设计

新创企业在设计组织结构时，需要考虑以下四个原则。

1. 精干原则

这一原则的基本要求就是，尽量减少部门，企业业务尽量实行职能归类管理。一般生产型企业，有如下几个部门就基本足够——生产管理部门、质量管理部门、技术开发部门、营销管理部门、财务部门、人事行政部门（包含办公室在内），其他如采购、仓库管理等职能，要么就归并到上面某个职能部门内，要么只设岗位，不设部门，指定某个领导负责即可。组织精干是企业有效运行的基础，这是一个大致的框架。其实就是台子搭起来了，里面的表演就相对方便了。

2. 垂直管理原则

任何人都很反感多头管理。同一件事，领导A交代这样做，领导B吩咐那样做，具体办事的人就会头疼的想罢工。你在组织设计上要尽量避免出现这样的状况。垂直管理体现的一个基本原理就是只听一个领导的安排，而不是很多人都来安排同一件事。同样，垂直管理对日常业务的开展和效率的提升是非常有效的。

3. 独立原则

独立原则就是组织中的各部门要分工明晰，权责清楚。这个部门负责什么，那个部门负责什么，尽可能清晰明了，不要相互交织。而且，权责一旦清晰，就要尊重这些权责的所属，不是停留在书面上，而是在具体的业务开展中都要始终做到这一点，是哪个部门的事就归哪个部门负责，执行力必须强。此外，你不可和员工抢事干，一般情况下这是不提倡的，要充分尊重部门的独立性。

4. 扁平化原则

中小型新创企业的组织设计，一般都是本着效率原则，管理层级尽量缩减，基本设三到四个层级就够了，即董事会、总经理、部门经理、一般员工。如图13-14所示组织结构图，是某科技公司A创业初期的组织结构图，各部门主管均由技术人员兼任。如果指令下达或者报告审批需要经过很多程序，往往贯彻起来速度变慢，甚至指令失真。

上面的内容是多数情况，有一定的片面性，也是比较传统的做法。但是，经过国内外企业几十年摸索总结出来的东西，要懂得借鉴和运用，不能轻易舍弃。虽然我们提倡创新管理模式，但如果在没有更好的方式可以采纳之前，这个比较稳妥的企业组织管理模式是完全可以“胜任”的。正如凯文·凯利在《失控》中所言：“群体被看做是一种自适应的技巧，适用于任何分布式的活系统，无论是有机的还是人造的。”企业也是一个这样自适应的群体，而建立一个科学的精密的企业组织结构也是自适应过程，然后达到持久的不均衡态。而且，一般情况下，你要根据业务增长的情况平均每两年调整一次组织结构。如上文中某科技公司 A 成立 4 年后的组织结构图，职能部门逐渐齐全，同时招聘专业人员做专业工作，如图 13-15 所示。

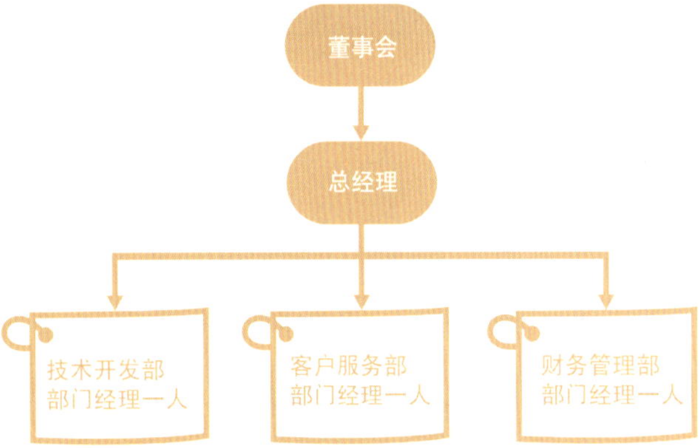

注：各部门经理均由专业技术人员兼任

图 13-14 某科技公司 A 创业初期组织结构图

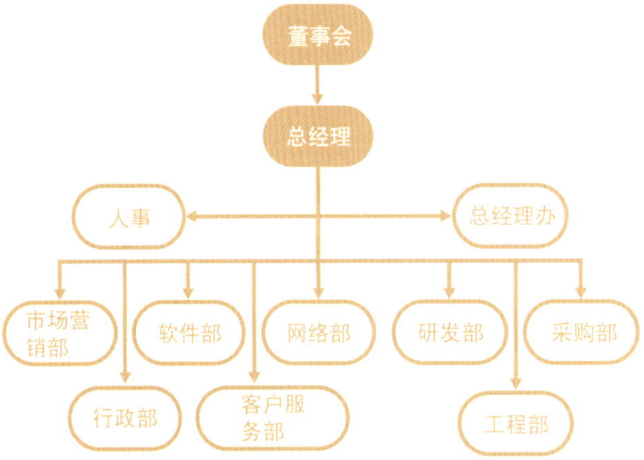

图 13-15 某科技公司 A 成立 4 年后组织结构图

（三）人力资源制度建设

一家新成立的企业，制度并非“大而全”就是好，能够做到一些关键制度没有缺失就可以了。

（1）基本薪酬分配制度（主要规定人员的报酬支付标准）。

（2）考勤制度（既然来上班，点卯是少不了的）。

（3）人员招聘制度（不能把一些根本不符合要求的人招到企业来）。

（4）奖惩制度（什么事情该做，什么事情不该做，做好了怎么奖励，做错了怎么处罚，应该有个标准，否则就失去了准绳）。

新创企业的人力资源制度应该以上面四方面内容为主，其他内容（培训制度、考核制度等）逐步健全即可。制度的实用性是最关键的，人力资源制度一定要结合企业的实际情况来制订，而不是从“度娘”那儿下载一堆东西就可以的了。尤其是薪酬制度，一定要花时间和精力规划，要确实起到能够激励员工积极性的作用。

（四）人才队伍建设

“苹果教父”史蒂夫·乔布斯说过这样一段话，“我以前觉得 1 个好员工能顶 5 个普通员工，后来我发现我错了，一个好员工能顶50个员工。这并不是说一个好员工能干50个人的活儿，而是他能够影响到很多人”。初创期的企业，人才队伍建设值得好好关注。

一是企业高层管理团队，需要对公司经营思想有高度的认同，否则在之后的日常工作中，很容易互相扯皮打架。道不同不相为谋，何况是为了一项共同的事业，更加需要彼此间的精诚合作。如果当初这个高层管理团队就出现分歧，步调不一致，对公司其他人员产生影响，而且肯定也会对公司的业务带来很多不利因素。

二是企业基层管理团队，最重要的是能力和职业意识。没有能力，事情干不好；没有职业意识，即使能力强，干事情也不会用心，甚至牢骚一堆。能力和职业意识都是可以培养的，关键是要选对人——专业能力、敬业精神、团队意识、工作态度、个人品行等都很重要，还要谦虚，能够主动学习。在对企业干部队伍的管理时，职位越高，要求要越严格。如一样的迟到早退，员工扣5元钱，管理人员起码要扣10元。在企业，干部的模范带头作用是很有成效的。

一个企业的精神面貌好不好，关键在于各级管理人员。每一个管理人员都积极向上，都很努力，都勤快不偷懒，都有很强的责任心，都有很好的职业态度，你还用担心企业会不行吗？

三是企业员工队伍建设，员工是企业的脸面。一个对企业有归属感的员工，在哪里都会说企业的好处。如果这个员工对企业不认同，那么，他就会到处宣扬企业的不好，放大企业的问题。员工队伍建设的核心就是企业做事要公平，对他们的付出要给予合理的回报。各级管理人员对员工的工作一定要做细，不仅要求员工完成工作任务，也要适时关心员工的个人生活。

人都是有思想的动物，谁都不是机器。企业里不同岗位、不同职务的人，很多时候只是工作内容和责任不一样，但是，在人格上都是平等的。一家企业若想队伍和谐，彼此之间的尊重必须做到位。作为企业老板，你对下属要保持起码的尊重，这是员工协助你开展好工作的重要条件之一。你在任何时候都要提倡和谐之道，要有亲和力。每个员工都是企业的一分子，尽可能给予必要的重视。

（五）薪酬管理

新创企业的薪酬管理一直是很多创业者心中的困扰，如果没有一套非常适合本企业的薪酬管理制度，创业者定会伤透脑筋。员工对薪酬不满意，往往会采取多种形式和你对抗，主要有上班不积极、偷懒、阳奉阴违、领导在场做事装样子、做事做一半留一半、私下里散布各种不良言论、对工作抱无所谓的态度、公然和领导对抗、找领导软磨硬泡，甚至极端者可能在公司里搞破坏等表现。所以，你必须建立一套科学实用的薪酬管理体系。这方面，在遵照《中华人民共和国劳动法》的基础上，可参考以下几点建议：

（1）薪酬水平比当地同行业略高（或者尽量不要低于当地水平）。

（2）要充分考虑员工的各种支出，以及享受到的其他福利（需要综合权衡）。

（3）在能力、责任、工作内容、业绩、个人表现等方面进行综合评估。

（4）了解员工的心理期望，并且作为确定薪酬的一个参考标准。

（5）加班薪资/责任薪资都要说清楚。

（6）技术人员、管理人员、操作员工、后勤人员的薪酬标

准需要保持一定的平衡。

（7）薪资要按时支付。

（8）各项扣款要有明确说明。

（9）岗位调整后，薪酬也需要及时做出调整，不能在 A 岗位拿 B 岗位的薪水。

（10）奖金的发放方面，要有一定的分配方式，不能凭领导喜好确定。

（11）工资调整，需要按照程序办事，不能由领导自行确定。

（12）与薪酬关联的行为要规定明确，譬如迟到怎么处理，违反生产或工作纪律怎么处理等，并要公示。

（13）与薪酬相关的各项内容，能够公开的尽量公开，减少暗箱操作。

切记：宣布了处罚措施，而在实际情况中不执行，这对企业管理是极大的损害。薪酬管理的核心是“公平”。还要注意的是，员工对于薪酬问题也存在“习惯性接受”现象。做企业不是做慈善，更不能用感情去经营，规则是基础，盈利是前提，制度是保障。扩展阅读 13-5

二、“理财”之道

初创期的企业，往往是预算容易超支，利润少得可怜，现金流管控薄弱。财务管理意识淡薄、欠缺财务管理知识、财务管理体制不健全、资金控制不当、融资困难等财务管理问题已成为阻碍新创企业存活和成长进程的关键因素之一，亟待解决。财务管理环节如图 13-16 所示。

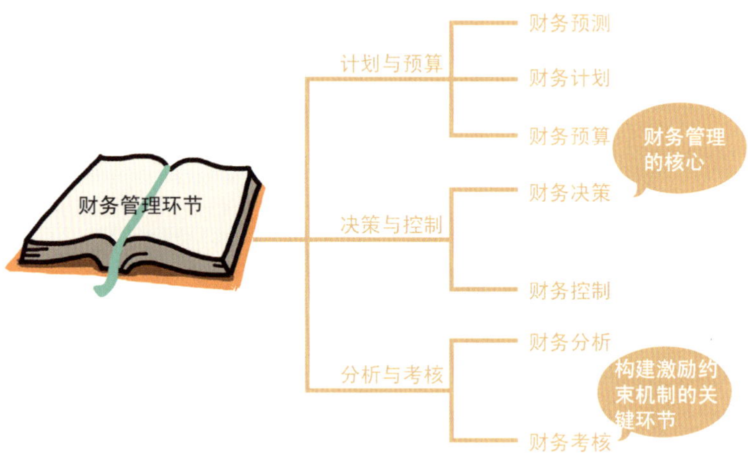

图 13-16 财务管理环节

（一）你需要知道的几个概念

1. 资金时间价值

今天的 1 元钱与明天的 1 元钱一样吗？如果说不一样，那他们之间差在哪儿呢？同样数额的资金在不同的时间点上具有的价值是不同的，这就是资金时间价值，也称为货币时间价值。也就是说，资金具有增值特性。

2. 机会成本

当你为了得到某种东西时，必定会放弃另一些东西，你所要放弃的另一些东西的最大价值就是机会成本。它不是我们通常意义上的“成本”，而是失去的收益。这种手艺不是实际发生的，而是潜在的。所以，于任何人而言，机会成本都是越小越好。那么，对于新创企业来说，考虑它的意义在于它能够让你全面考虑可能采取的各种方案。

3. 沉没成本

一项投资无法通过转移或销售得到完全补偿的那部分成本，或是有些决策所产生的成本一经发生便不可能再被其他任何决策所改变，这样的成本就称为沉没成本。它具有不可收回、不可改变、不可控制的特性，你在做决策时不可被其干扰，不可过分眷恋而继续原来的错误，你应该理性果断地排除掉，向前看。

以加盟创业为例。有意采用加盟方式创业的你，要考虑好两方面问题：第一，先期投入的资金占用成本和沉没成本；第二，加盟结束或中途退出时的退出成本。例如，某快餐连锁加盟前期投资为：加盟

扩展阅读 13-5

你知道如何给自己的新创企业设计出合理的薪酬体系吗？

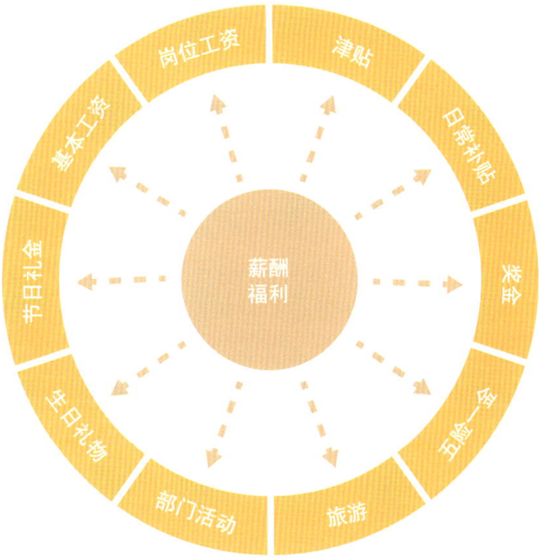

莫莉·格雷厄姆（Molly Graham）坚信打造一个简单、灵活 306
且透明的薪酬体系是每一个新创企业都需要的。很多企业的创始人都饱受员工薪酬问题的困扰：

·应该为新员工提供何种薪酬安排，尤其是针对高级管理职
位？如果他们提出更多要求该怎么办？ 307

·如果员工提出了一次性补偿式薪水与提升股权的要求该如何回应？

·对于业绩突出的应届毕业生员工该如何安排薪水？

·什么时候该加薪？怎样安排加薪？

·如果有别的公司给我的员工开出了更高的工资，我应该给他提薪吗？

莫莉说："在我看来，在你创建公司的前两年里，不应该在薪酬安排上花费过多时间。你应该将精力投入到那些能够引领公司走向成功的事情当中，这也会使得你公司的股权更值钱。这才是你和你的员工应该倾尽全力去做的事情。"

1. 没人会满意自己得到的薪酬，公司不应该仅仅依靠薪水吸引人才

你应该用自己的团队实力以及公司前景去打动员工，这样他们才会长久地留在公司里。你的目标应该是将薪酬话题逐出讨论范围，确保员工能够依靠工资生活下去，并且得到公平的股权分配，这样他们就不会每过一年就考虑一次薪酬问题。这其中最好的做法就是保证薪酬安排的公平与透明。

2. 员工总有办法知道其他人拿到了多少钱，不要将薪酬安排建立在彼此不知道工资水平的假设上

如果你正领导着一家小型初创企业，你应该尽可能让员工薪酬保持透明。这可以提前浇灭公司内部不和谐的火苗，建立起诚实的工作环境。如果薪酬安排有所不公，公司就不能在薪酬问题上保持透明度；反之，如果薪酬安排是公平合理的，就没有理由不透明。

3. 确定好薪酬体系之后就不要频繁调整

你有太多事情要做了，不应该总是让自己被如何调整员工薪酬所困。这也是按年度评估员工薪酬的基本逻辑。对于任何新创企业的员工来说，唯一一件最重要的事情就是努力提升公司价值，这才会让自己手中拥有的股权更值钱。而这一点应该成为公司内

部对于薪酬的主流观点。随着公司越做越大，想要保持薪酬安排的透明度也越来越难，所以要好好利用公司刚起步的这段时间让员工对于薪酬有正确的认识。在公司成立初期就要将“今天的努力换来明日股权更值钱”这一理念植入到企业文化当中，即使你明白随着公司做大这句话可能就不那么有说服力了。公司中最有价值的员工会记住这一理念，它同时还有助于你招人以及留人。

如果你的团队对于薪酬安排颇有微词，你就应该开诚布公地与他们好好谈一次。如果在谈话之后他们还不能安心工作，也许他们就不应该继续留下来。创建好一个薪酬体系会为你节省一笔时间，保持交流畅通可以让员工明白何时才应该与你谈论薪水问题，你在薪酬体系上面的工作就已经做完了。

4. 在酌情考虑与按照公式计算之间，尽可能选择按照公式来计算薪酬

创业公司想要预判长期情况真的是特别难，如果你在创业伊始就对于新人工资安排采取自由裁量的方式，你就会将自己置于一个无法预见的长期问题当中。如果一个人在公司仅有 10 个人时表现优异，公司扩张到 50 个人时他却止步不前，该怎么办？当你需要将一个工作了 3 年的老员工调离原岗位时，该如何安排其薪水？如果你在某一时段中不能提供与以往一样多的基本工资，又该怎么办？

你无法预测一年中员工的业绩表现与公司的业务状况，因此，采取保守的做法是比较好的。你给出的薪酬要与员工的期望博弈，从开始招聘的时候你就应该认真严肃地对待员工的薪资问题，并且一直保持下去。在薪酬安排方面能够出现的最糟情况就是出尔反尔。

5. 让员工理解薪酬安排的构成

在一个初创企业当中，经常会发生的一幕就是为了招聘某一个人而给他开出了相当于公司同等岗位两倍的薪资，这么做仅仅是为了将其招揽进公司。但这种一时的冲动会带来破坏性的失衡，招致团队的普遍不满，同时夸大了对于这个人的期望。在对任何人给出一个关于工资的具体数字之前，你都需要与他好好谈谈公司对于薪酬安排的看法，包括

工资、股权分配以及如何管理它们。切莫直接给出具体数字，别忘了向对方解释薪酬框架，这会在落实之前就保持住正确的方向。

6. 如何在招聘员工时谈待遇

创业公司尤其是在招聘人才的时候，很难为待遇水平确定一个固定统一的说法。创始人们不想硬性规定谈待遇的口径，因为他们感觉为了把人才请进门就需要做出一些妥协，然而他们最终会为这一决定付出代价。公司越早开始统一薪酬谈话的口径与问题内容，在今后的发展过程中遇到的问题就越少。秉持着这一理念，莫莉表示在薪酬安排中有三点是创业公司需要特别注意，并且仔细考虑和处理的地方。

此外，当公司人数扩张时，就要设定更多的绩效等级，这可以让员工待在公司更长时间，不断攀登更高绩效评级的高度；增加更多绩效评级的指标类别，这可以让你在想要基于员工绩效加薪时，得到更多微妙且精细的参考；确保至少根据市场工资水平一年进行一次调薪，这样你会清楚地认识到自己提供的薪酬对于员工是否公平，也让员工能够在办公室之外享有成功的个人生活；若无绝对必要，不要出现例外情况。

一资料来源：
一根据 *First Round Review* 中的文章素材（由陈铮编译）整理

【Tips】

1.正所谓“用人不疑，疑人不用”，你应适当地信任放权，这一点要像海底捞董事长张勇学习。海底捞一线员工忠诚度高的重要原因之一是“有效放权”，海底捞的普通服务员有给客人免单的权力，信任放权已经成为海底捞的品牌基因。海底捞在人力资源管理方面值得学习的好做法还有很多，给你推荐一本书——《海底捞你学不会》，虽说“学不会”，但也并非水中月镜中花，还是可以得到很多启示的。

2.当你认为企业的人力资源出现了问题的时候，审视一下，是不是你无法满足员工所要的“报酬”了。这个“报酬”不只是单指固定薪资、月度奖金、年终奖金、现金补贴、保险福利、带薪休假、利润分享、持股计划等方面的经济报酬，更是涉及工作认可、工作环境、工作氛围、晋升机会、能力提高、职业安全、归属感等方面的非经济报酬。你要善用非经济报酬带来的激励效果。

3.很多新创企业的老板经常抱怨员工对新企业不忠诚，却很少有创业者去思考为什么。“忠诚”从来都是双方面的，体现的是老板与员工之间的合作状态。员工的忠诚来自哪里呢？主要从八个方面可以提高员工的忠诚度：企业的信任、尊重、重用、待遇、信誉、关爱、理解、领导者魅力。

费4万元、设备费5.5万元（按实际结算）、保证金2万元（3年合同期满解除合同后归还）、装修费2.5万元（按场地面积实际情况结算），预计前期共投资14万元，以上所列费用未包括办证费、房租费、水电扩容费等。在这其中，加盟费属于沉没成本，经营结果好坏不可能收回；如果经营不好，中途退出，由于设备有一定的专用性，处理价格较低，装修费、水电扩容费、办证费等成为沉没成本；保证金在3年期内，不会产生任何收益，期存款利息为最低资金占用成本；另外，若中途退出或合同到期时，双方所签署的有关合同条款和对方的财务状况会使该保证金回收产生风险，也有可能使其成为沉没成本。

4. 银行存款准备金比率

为保障存款人的利益，商业银行机构不能将吸纳的存款全部用于发放贷款，必须保留一定的资金，缴存在中央银行，以备客户提款的需要，这部分的存款就叫做存款准备金。而存款准备金与存款总额的比例，就是银行存款准备金比率。银行存款准备金比率提高时，意味着此时国家缩紧贷款总量，说明投资环境不好，不利于投资。

你所做的任何决策都一定是为了企业更好地生存下去，进退均有时，有时退是为了更好的进，关键在于把握时机。而选择时机则须着眼于宏观，所以，你要时刻关注存款准备金比率的变化。

5. 现金流

现金流是企业通过经济活动（经营活动、投资活动、筹资活动和非经常性项目）而产生的现金流入、现金流出及其总量情况的总称，也就是企业一定时期的现金和现金等价物的流入和流出的数量。它是企业收入的衡量指标，是盈利能力的衡量指标，是企业融资潜力的重要评估指标，也是企业贷款偿还能力的重要评价指标。各种“指标”的头衔应该让你意识到它是一个“狠角色”了吧，它是我们学习中的“重头戏”。

（二）读懂资产负债表和利润表

1. 资产负债表

资产负债表反映的是企业某个特定日期的财务状况，是一张静态报表。资产负债表的关注点在于企业的资产、负债及股东权益的增减，企业的总资产在一定程度上反映了企业的经营规模。当股东权益的增长幅度高于资产总额的增长时，说明企业的资金实力有了相对提高。若企业应收账款过多，占总资产的比重过高，说明企业资金被占用情况较为严重。

2. 利润表

利润表又称损益表，用以反映企业在某一时期内的生产经营成果，是一张动态报表。利润表可以用来分析企业利润增减变化的原因所在，可以用来评价企业的经营效率和经营成果，可以衡量一个企业在经营管理上的成功程度，可以作为经营成果的分配依据，可以用来分析企业的获利能力，可以用于考核企业经营管理人员的工作业绩。

在财务报表中，还有一张基础报表，就是现金流量表。它是从资产负债表和利润表两者间推算而得，体现出在某一时期内的经营活动、投资活动和筹资活动，反映的是企业现金流的来龙去脉。

（三）财务预测——现金流管控的主防线

1. 预测从成本开始

企业成立初期，预测成本比预测收入容易得多，如图13-17所示。

成本是在时间框架里一点点发生的。如果将成本细化到每个月，你会发现很多成本并不是在企业开始运营的那天一次性支出的。例如，你预计需要30台服务器，但是它们并不需要在第一天就全部到位，而是随着网站的流量增加而一台台增购的，可能到第二年甚至第三年的时候才会达到 30 台服务器，而那时你企业的销售收入或许早就进账了。再如，营销费用的目的是产生销售收入，每一笔营销费用流出企业，就应该带出一笔销售收入流入企业。新创企业一般都采用促销广告，这就必须和销售收入捆绑在一起，如果不能使销售收入直线上升，那就说明你需要调整营销策略，甚至需要重做市场调查。在实际操作中，如果前一个月的促销广告费用流出后，销售收入却没有如期流入，那么，后一个月的这部分费用就必须立刻停下来。

因此，新创企业一定要在融资前算好账，也许你会发现原来根本没有必要将融资额设定得那么高。

总结一下，预测成本时应该遵循：①由于广告和营销成本总是超出预期，你应该加倍进行预计；②由于法律 / 保险 / 许可费用没有经验可参考，且调研发现很多新创企业在这方面的花销总是超出预期，可用 3 倍进行预计；③记录直接销售和客户服务的时间，将它们作为直接人工成本。

2. 预测收入——“保守”与“乐观”并行

预测收入需要知道三个方面的数字：单价、数量、时间段。

（1）单价。准确来说，应该是产品的单位定价，即一件产品你的定价是多少，这个数字已经在前面定价策略的学习中解决掉了。

（2）数量。对于新创企业来说，什么时候会“开张”？能卖出多少？这是令人迷茫却又极其重要的问题。新创企业需要精打细算，切不可使用“市场占有率”之类的百分比预测销售数量。如果采用分销渠道，你不妨向分销商请教，成熟的分销商可以估计出他每月大概能够卖出去多少个你的产品；如果采用直销，你必须考虑营销策略的效果，如要研究网络营销转化率、广告投放有效率等。

（3）时间段。一般来说，投资人会要求你做出 3~5 年的预测。新创企业的财务预测必须按“月”来计算，这样会使你比较有把握，也不会错过“进钱”“盈亏平衡”“产生利润”等里程碑式的宝贵时刻。

一句逻辑性不太强的话是这样说的：除非你想做大，否则你永远都不会做大！所以，鼓励自己做两份预测，一份“保守”预测，使你对企业的底线了然于胸，即使出现不测，也不会乱了阵脚；一份“乐观”

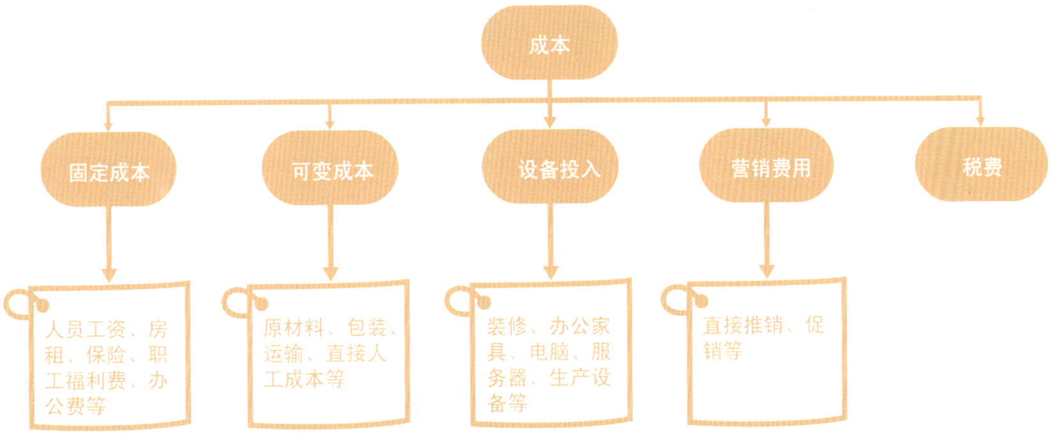

图 13–17 企业成本构成

预测，会让你的创业理想插上翅膀，给你无限的工作动力。例如，你的“保守”预测可能采取了以下假定：产品单价较低、仅有两种营销渠道、没有销售人员、前三年每年有一种新产品或服务推出；而你的“乐观”计划可能包括以下假定：基础产品的价格低、高端产品的价格高，有三到四种营销渠道，以佣金制度支付两名销售人员的工资，第一年有一种新产品或服务推出，第二年和第三年可能有五种甚至更多。释放“想要做大”的正能量，很有可能会激发出你突破性的想法。

3. 检查主要比率，确保预测可靠

当“乐观”预测之后，你极有可能高兴地“找不到北”。此时，你需要冷静下来，积极运转的思维或许能够帮你提高销量，但不会帮你降低成本。考量成本预测和收入预测的最佳办法就是分析几个关键比率的数值，唯有量化才能给你指引光明。

（1）毛利率。直接总成本与全部收入的比值。注意那些能让你的毛利率从10%增加到50%的假定条件，如果客户服务和直接销售成本当前已经很高了，那么将来还可能会更高。

（2）营业利润率。总经营成本与总收入的比值。你应该采取积极的举措提高这个比率。随着收入的增长，一般管理成本占总成本的份额应该逐渐减

案　例 13–5

八佰伴的倒闭与现金流

利润不是现金，只是会计账务处理。像八佰伴这样雄厚的大集团也会在“现金流”里翻船的企业不在少数，德隆倒闭、五谷道场破产重组、长航油运退市、绿城割肉等无不是因为现金流出了问题。新创企业又怎能有不重视的理由呢？

日本著名企业八佰伴集团倒闭，舆论哗然。八佰伴集团是世界知名企业，然而，就这样一家大集团却在一夜之间宣布了死亡。究其失败的原因主要在于资金周转困难。由此看来，人们认为一个企业只有亏损才会倒闭的想法是错误的。即使利润是“黑”字也有资金调度困难的怪事。不少企业陷入经营困境，并非资不抵债，而是由于暂时的支付困难。从企业利润表中看不出钱的问题，但会发生有利润却没有钱而破产的情况。企业有账面利润，但不一定有等额的现金，甚至现金净流量是负数，必须争取到股东或债权人的资金才能继续运转。对企业来说，利润不能用来发工资，不能用来购买材料物资，更不能拿来分红或还债。与此相反，有些企业尽管亏损，但仍能维持，其中奥妙之处在于资金调度得当。实际上，现金流问题是导致中小企业破产的主要原因，尽管它们中许多都是具有活力的。

→资料来源：
→徐向艺主编．创业管理[M]（第147页）．北京：化学工业出版社，2011年

【Tips】

创业投资判断力取决于自身经验和知识的积累，要根据自己所处的实际环境来进行决断。对于大公司来讲，可以通过智囊团或利用“外脑”获得专业投资建议，从而把握投资技巧；而对于创业者来说，这是奢侈的想法。为了减少失误，增加成功机会，自己必须完善各种专业知识，包括财务管理。

少，营业利润率应该提高。许多企业家犯的错误是太早地预测了收支平衡点，而且认为不需要太多的资金支持就能达到。

财务预测并不是一成不变的，你每个月都应该进行仔细的对照和监控，要根据运营情况相应地进行调整，使其更符合现实，更加优化。如果实际情况和预测相差甚远，要及时查找原因，解决问题；若情况没有转好，应该立即停下来，重新思考。有些创业者并不重视计划的制订，总是认为行动更重要、更要紧，认为商业模式会因不断发展而变化，但之后他们都会为此而后悔。当你陷入自我陶醉中时，这些计划就会如冷水般泼醒你。马云在各种不同场合的发言中，不止一次讲到制订计划、执行计划、推敲调整计划的重要性。

财务预测的最终指向就是现金流。在流入企业的现金无法弥补流出企业的现金之前，你必须准备足够的资金来支撑企业活下去。如果自备资金难以支撑下去，就必须知道现金流在哪一时刻会中断，并在那个时刻到来之前找到“血袋”，并保证马上可以进行“输血”。即使财务这种专业性极强的工作可以委托会计公司处理，创业者也必须清楚现金流里的每一个数字，而且要意识到财务预测是大事。

对于新创企业而言，现金绝对为王。◥案例 13–5

思考与实践

帮助店主选择企业组织形式

老王是一个独资经营的成功汽车经销商，由于自己年事已高，他考虑将自己的商店留给儿孙们，想把商店的组织形式进行转换。在企业组织形式的选择问题上，他有以下想法。

（1）他希望无论发生什么状况，都不会影响商店的存续性。

（2）他希望他的两个儿子各拥有 25% 的股份，其余的五个孙子各拥有 10% 的股份。

（3）虽然他希望他的家族保持产业的所有权，但他并不相信他的儿孙们有足够的时间和经验来完成日常的管理工作。所以，他希望将商店交给他的长期店员老李来管理。

（4）他希望尽可能减少他的儿孙们应缴纳的所得税，每年的经营所得都尽可能多地分配给商店的所有人。

（5）他希望能够确保在商店发生损失时，他儿孙们的个人财产不受任何影响。

针对老王提出的这些要求，你有什么好提议吗？又为什么提出这样的建议呢？

参考文献

阿尔冯斯·波特霍夫，恩斯特·安德雷亚斯·哈特曼．刘欣译．工业 4.0（实践版）：开启未来工业的新模式、新策略和新思维 [M]. 北京：机械工业出版社，2015.

埃德蒙·费尔普斯．余江译．大繁荣：大众创新如何带来国家繁荣 [M]. 北京：中信出版社，2013.

鲍勃·罗德，雷·维勒兹著．朱卫未，孙昕昕，王茜译．大融合：互联网时代的商业模式 [M]. 北京：人民邮电出版社，2015.

李家华．创业基础 [M]. 北京：清华大学出版社，2015.

张玉利．创业管理 [M]. 北京：机械工业出版社，2014.

吴金秋．大学生创业管理“三个一”教程 [M]. 哈尔滨：黑龙江大学出版社，2012.

《大学生创新创业导论》编写组．大学生创新创业导论 [M]. 北京：高等教育出版社，2016.

约翰·贝赞特，乔·蒂德．创新与创业管理（第 2 版）[M]. 北京：机械工业出版社，2013.

雷家骕，王兆华．高技术创业管理——创业与企业成长（第 2 版）[M]. 北京：机械工业出版社，2008.

布鲁斯 R. 巴林格（Bruce R. Barringer），R. 杜安·爱尔兰（R. Duane Ireland）著．杨俊，薛红志等译．张玉利审校．创业管理：成功创建新企业（第 3 版）[M]. 北京：机械工业出版社，2010.

丹·塞诺，索尔·辛格．创业的国度——以色列经济奇迹的启示 [M]. 北京：中信出版社，2010.

杰西卡·利文斯顿．创业者——全世界最成功的技术公司初创的故事 [M]. 北京：机械工业出版社，2010.

杰弗里·蒂蒙斯，小斯蒂芬·斯皮内利．周伟民，吕长春，译．创业学 [M]. 北京：人民邮电出版社，2011.

罗伯特 A. 巴隆，斯科特 A. 谢恩．张玉利，谭新生，陈立新，译．创业管理：基于过程的观点 [M]. 北京：机械工业出版社，2005.

彼得·德鲁克．蔡文燕，译．创新与企业家精神 [M]. 北京：机械工业出版社，2007.

埃德蒙·菲尔普斯．余江，译．大繁荣 [M]. 北京：中信出版社，2013.

共青团中央，中华全国青年联合会，国际劳工组织．大学生 KAB 创业基础 [M]. 北京：高等教育出版社，2007.

赵延忱．大学生创业教程 [M]. 北京：北京大学出版社，2010.

王艳茹．创业资源 [M]. 北京：清华大学出版社，2014.

缪佳文．创业融资实战 [M]. 北京：北京师范大学出版社，2004.

查立．给你一个亿你能干什么 [M]. 北京：电子工业出版社，2010.

亚历山大·奥斯特瓦德．商业模式新生代 [M]. 北京：机械工业出版社，2011.

陈明、余文来．商业模式：创业的视角 [M]. 福建：厦门大学出版社，2011.

沈世勇．重新定义中国商业模式 [M]. 北京：电子工业出版社，2011.

彭志强，刘婕，胥英杰．商业模式的力量 [M]. 北京：机械工业出版社，2009.

史雁军．客户管理——打造忠诚营销价值链的行动指南 [M]. 北京：清华大学出版社，2012.

W. 钱·金，勒妮·莫博涅．蓝海战略 [M]. 北京：商务印书馆，2005.

教育部，财政部．市场调查 [M]. 北京：高等教育出版社，2012.

李世杰，于飞．市场调查与预测 [M]. 北京：清华大学出版社，2011.

李文忠．创业管理 [M]. 北京：化学工业出版社，2011.

吴隽，陈森圭，王甜．初创企业营销 [M]. 上海：上海财经大学出版社，2015.

菲利普·科特勒（Philip Kotler），凯文·莱恩·凯勒（Kevin Lane Keller）著．王永贵等译．营销管理（第 14 版．全球版）[M]. 北京：中国人民大学出版社，2012.

竺素娥，裘益政．创业企业财务管理 [M]. 大连：东北财经大学出版社，2013.

段建玲．创新与创业实践 [M]. 兰州：甘肃文化出版社，2010.

刘昌明，赵传栋．创新学教程 [M]. 上海：复旦大学出版社，2006.

王岳森，李惠军．创造学教程 [M]. 成都：西南交通大学出版社，2003.

罗玲玲．创意思维训练 [M]. 北京：首都经济贸易大学出版社，2008.

赵明华．创意学教程 [M]. 西安：西北工业大学出版社，2004.

周学智．创新学 [M]. 贵阳：贵州科技出版社，2007.

庄寿强．创新与创造之异同 [J]. 中国科技术语，2008(5).

大学生
创新创业基础

FOUNDATION FOR STUDENTS'
INNOVATION & ENTREPRENEURSHIP